金安平 李硕 著

中国现代政治学的发端与拓展

北京大学政治学（1899—1929）

本书为国家社会科学基金重点项目『中国现代政治学学科和学术的起源、演变与发展研究』（项目号：12AZZ002）的研究成果

The Origin and Evolution
of Modern Political Science
in China 1899–1929
from the Period of the Imperial University
to Peking University

北京大学出版社
PEKING UNIVERSITY PRESS

图书在版编目(CIP)数据

中国现代政治学的发端与拓展:北京大学政治学:1899—1929 / 金安平,李硕著.—北京:北京大学出版社,2019.7

　ISBN 978-7-301-30543-0

Ⅰ.①中… Ⅱ.①金…②李… Ⅲ.①政治学—学科发展—研究—中国—现代 Ⅳ.①D0

中国版本图书馆 CIP 数据核字(2019)第 105042 号

书　　　名	中国现代政治学的发端与拓展:北京大学政治学(1899—1929) ZHONGGUO XIANDAI ZHENGZHIXUE DE FADUAN YU TUOZHAN: BEIJING DAXUE ZHENGZHIXUE (1899—1929)
著作责任者	金安平　李　硕　著
责 任 编 辑	孙莹炜
标 准 书 号	ISBN 978-7-301-30543-0
出 版 发 行	北京大学出版社
地　　　址	北京市海淀区成府路 205 号　100871
网　　　址	http://www.pup.cn
新 浪 微 博	@北京大学出版社　　@未名社科-北大图书
微信公众号	ss_book
电 子 信 箱	ss@pup.pku.edu.cn
电　　　话	邮购部 010-62752015　　发行部 010-62750672 编辑部 010-62765016
印　刷　者	北京大学印刷厂
经　销　者	新华书店
	650 毫米×980 毫米　16 开本　31.25 印张　463 千字 2019 年 7 月第 1 版　2019 年 7 月第 1 次印刷
定　　　价	86.00 元

未经许可,不得以任何方式复制或抄袭本书之部分或全部内容。
版权所有,侵权必究
举报电话: 010-62752024　电子信箱: fd@pup.pku.edu.cn
图书如有印装质量问题,请与出版部联系,电话: 010-62756370

序
近代中国政治学科的发轫、初创及其启示

王浦劬

人们对于社会政治现象及其相互联系的观察和追究,几乎与人类文明一样久远。记载文字显示,人们在古代就仔细观察、追究和思考社会公共生活及其权威现象,形成了关于政治现象的知识和学问,并且开设学堂,讲授知识、传播思想。在中西方政治学发展史上,人们对于社会政治生活的好奇、探究、思考和传播,初始过程竟也十分相像。古希腊智者柏拉图的《理想国》及柏拉图学院,亚里士多德的《政治学》和他的吕克昂学校,孔子创仁德政治思想并以私学授业,由思考到传授,使得这些智识者的政治思考和学识成为文明意义上的学问和学术。

在两千多年漫长的中西方历史演进过程中,不同文明和政治形态的发展,对于中西方思想家提出了不同的需求,也为他们提供了不同的素材和际遇,使其形成了不同的政治思想和制度理论,从而构建了不同的政治学问和学术。

19世纪末,中西方政治学几乎在同一时期成为独立的知识体系和学科。尽管如此,中西方政治学科独立成型的动因和背景却迥然相异。

在西方,发端于14世纪的启蒙运动引发了此后的资产阶级革命,造就了自由主义为主体的资产阶级政治思想,构成了近代资本主义国家制度体系。及至19世纪末,近代资本主义政治制度已然确立,尽管如此,资本主义经济方式与生俱来的内在矛盾却日益凸显,资本主义国家权力对于维护资产阶级政治统治、有效化解经济社会矛盾的作用随之逐步突出。为此,资本主义国家经济社会生活对于在既有政治制度框架下的政治实际运行提出了更具操作性和现实性的要求,实际政治生活对于专门的研究对象、完备的知识体系、独特的可靠方法和实用的

研究成果的需求,促使原本依托哲学、伦理学、法学而形成并且仍然与哲学学科学术混为一体的政治知识,演化成关于政治运行和技术的专门而清晰的学科、学理、知识和方法体系。正因为如此,独立的政治学科应运而生。1880年,美国哥伦比亚大学政治研究院的成立,通常被公认为西方独立政治学科诞生的标志。

当西方政治学揖别哲学、伦理学而成为独立学科和知识体系时,中西方文明在现代化意义上,已经在社会经济政治形态和发展时序方面形成巨大落差和时差。

没落腐朽的清王朝裹挟着中华文明急剧沉沦,而在后发和外发现代化的中国社会历史进程中,觉醒的先进分子积极向西方和国外寻求拯救民族危亡的良方。甲午战争之前,这种关注和努力无疑大量集中于器物层面,对于西方军事技术、工业制造技术等的直接引进和简单模仿,逐步酿成了近代洋务运动。但是,甲午战争的失败宣告了洋务运动的破产,也宣告了对于西方器物简单模仿学习而达成现代化的路径的受阻。启蒙知识分子由此认为,先进的西方器物,固然是先进的西方技术和制造之花的果实,但是,先进的西方技术和制造之花,却是开放在与此对应的西方制度之枝干和根基上的。因此,欲达成先进的器物,必先达成先进的技术和制造,而欲达成先进的技术和制造,则必先达成先进的制度。"法终当变,不变于中国,将变于外人。"① 实际上,1898年的"戊戌维新",正是当时先进知识分子学习西方的着眼点和着力点转换的集中行动;维新派的变法,实则为制度变革。与此相伴的倡导新学,不过是伴随制度引进的思想、学术和文化的引进。研究表明,恰恰是这种思想、学术和文化的引进,激发了包括政治学在内的中国近代哲学社会科学的兴起和发展。

由此可见,近代中西方政治学形成独立学科的公元纪年虽然同处一期,但是在历史遭际命运和实践使命意义上的社会纪年却迥然相异。近代以来中华民族摆脱深重民族危亡和对于现代化与民族复兴的艰难追寻,引发了对儒家学说为主体的旧政治哲学的抛弃、对中国政治制度变革的追求和对现代化伴生政治形态的知识渴求,这种弃与求,既是近

---

① 严复:《国富论》,北京:商务印书馆1981年版,按语第115条。

代中国政治学形成独立学科的认知滥觞,也是近代中国政治学科发端和发展的实践底色。

金安平教授主持的国家社科基金重点项目"近代中国百年政治学科和学术的起源、演变与发展研究"及其成果《中国现代政治学的发端与拓展:北京大学政治学(1899—1929)》(以下简称《发端与拓展》),是从近代中国政治学的源头追溯入手,破解尘封的故旧典籍,对于近代中国政治学科前尘往事的探幽发微和寻踪觅迹,钩索远逝的文脉沉隐,对于中国近代政治学科源流纵横的严谨梳理和条分缕析。作品展示了近代中国政治学术初生问世的苍凉境况,分析了近代中国政治学科确立过程的内在逻辑,揭示了近代中国政治学人拯救民族危机、图求民族复兴和营造现代国家的拳拳初心。透过作品缜密清晰独到的全景式描述和论述,可以窥见百廿中国政治学的诞生缘由和初生样态。

1. 近代中国政治学科在古老中国的诞生和拓展,是戊戌维新运动移植和嵌入外来知识和制度的幸运例外。

作为独立学科的近代中国政治学,是戊戌维新创立京师大学堂的产物。戊戌维新本质上是当时的先进知识分子变革腐朽的清朝封建制度以救亡图存的重大行动。随着百日维新的失败,戊戌维新的制度变革主张惨遭旧势力疯狂扼杀而几近全部覆亡,但是,京师大学堂却是其侥幸留存的唯一成果,近代中国政治学科正是因为京师大学堂的侥幸留存而得以萌发。

京师大学堂侥幸留存的原因甚为复杂,其中缘由已经诸多学术探讨。而《发端与拓展》以细密的考证和分析,揭示了近代中国政治学科得以引进和确立的复杂要素的契合性。近代中国政治学科的引进和确立,首先是出于晚清统治集团维护摇摇欲坠的政治统治的需要,政治学科的"首要任务是为朝廷培养官员——当然是接受一些西式文化,能懂新政、会搞新政的官员"(第14页)。正因为如此,京师大学堂初始,其课程全科目甚至都设置为培养官吏的"仕学院"。其次,政治学科在京师大学堂的设立和开课,亦是社会和政治不得不趋向变革的社会政治发展要求使然。腐朽的晚清政权难以担当起拯救民族危机的重大使命,对于政治制度变革的巨大期望,使得京师大学堂设置、留存甚至发展了以国家制度认知和阐述为基本内容的政治学科,就此而言,近代中国政治学科的设置恰恰适应了当时政治制度变革的需求。因此,"对于近代学科的选择具有'现代性'的使命,也有'国家需求'和'政治统治'的考量"(第26页)。再次,近代中国政治学科的设置创立,也缘于近代政治学科的独特属性。民族危机既重,旧学伦理说教无以论证政治统治的合法性,难以确定国家的现代政治发展方向,欲维新国家制度,不得不选择新的政治学说。因此,近现代政治学学科的"建立和发展是最能反映中国社会转型以及近代化进程的学科之一,它对中国政治近代化过程的学术折射最为典型;同时它也是中国受外来影响最大的学科之一。面对19世纪末20世纪初现代化的来临,中国曾处于既迎又拒、半推半就的矛盾纠结中。在传统国家向现代国家转变前夕,中国急需现代政治知识,尤其是现代国家知识的积累和传播,作为建设现代国家之政治思想准备。以'国家理论'为核心的西方近代政治学学科与学术,在19世纪末的美国形成不久后就被引进和落地于中国,成为当时中国最权威、地位最高的大学的专业之一,成为中国高等教育体系中重要的学科,这比起其他近代学科的产生与传入要迅捷得多,是中国被动现代化中的一次相对主动的对接,是中国近代社会政治转型在学术发展上的映现和必然"(第2页)。

不同需求的相互契合和复杂交融,造就了近代中国政治学科在旧统治与新变革之间的栖身空间,而不同政治集团关于旧邦新命变革的不同愿景,则赋予近代中国政治学科这一新芽以嫁接于旧制度枯藤的不同寄托,由此使得近代中国政治学科避免了戊戌维新其他新法的命运,成为新知识和新制度嵌入旧体系和旧制度的幸运例外。

2. 近代中国政治学科是在近现代中国大学治理体制和治理结构的蜕变中得以发端和发展的。

近代中国政治学科发端和创立的时期,也是中国现代大学创立和发育的时期。究其初始发端和后来发展可见,近代中国政治学科是在与中国现代大学发育和发展相互联系甚至密切互动中形成和发展的,近代中国政治学科是与中国近现代大学治理体制和治理结构的蜕变同向而行和同步进展的。《发端与拓展》的考证揭示,由于近代中国政治学科的学科特殊性,其近代的发端、发育和发展历史,同时也是中国近现代大学治理体制和治理结构的演变历史。

戊戌维新之后,唯一幸存的维新成果——京师大学堂被赋予双重角色,即中国第一所近代国立综合性大学和中央教育行政管理机构。近代中国政治学科即在这一政学合一的机构中萌发破土。显然,这种政学合一的机构并非现代大学,其属性和职能的混合性,也使得萌芽吐绿的近代中国政治学,实际上淹没在为官之学的"通识教育"课程体系之中。

1905年清廷学部的设置,使得中央政府具有了专司全国教育管理的行政机关,也使得京师大学堂得以蜕除行政机关属性,成为中央直属的综合性大学,由此逐步形成了高等学府与政府机构之间相对独立的体制关系,开始了现代大学政府管理体制的建构。

高等学府外部行政体制的变革,为其内部治理结构的调整创造了条件。京师大学堂由此获得了相对自主的办学权,从而可以更多地按照社会需求、学科和学术发展规律来设置办学专业、办学层次、组织结构和课程体系,建立健全学术共同体。近代中国政治学科的发育成型过程,正是在相对独立的综合性大学的发育和发展过程中逐步拓展和形成的。

《发端与拓展》的研究显示,"自1905年学部成立到1911年前,京师大学堂的学科建设有了较大的调整,朝着更接近近代高等教育的方向改革和发展"(第24页)。首先,大学堂的分科大学设置,使得不同学科体系边界、内容和功能得以清晰;其次,大学本科教育的开展,使得现代大学的教育层次得以正式确立,而政治学科本科教育的开展,成为近代中国政治学科创立的标志;再次,大学管理体系与知识体系合一的学系的构建,使得大学按照学科知识结构构建形成组织结构和管理结构,从而使得大学的内部治理结构以学科和知识体系为基础,也标志着包括政治学科在内的近代学科的设置完成。研究表明,近代中国政治学科正是在北京大学政治学系创立之时完成其现代设置的。

3. 近代中国政治学科的创设和拓展,经历了从学识到学系的多要素多体系构建的漫长过程。

近代社会科学学科包含着复杂繁多的元素,如果以"学"为其根基,其中至少包含着学识、学术、学者、学生、教学等元素,包含着学术认识、学术研究、学术教育、学术组织等体系。为此,人们对于近代社会科学的学科诞生和形成标识,往往见仁见智、各取不同。比如,如前所述,西方近代政治学作为独立学科的创立和形成,是以美国"哥伦比亚大学政治研究院"的创立为标志的;再如,我国新时期政治学科的恢复重建,通常是以1980年中国政治学会的成立为标志的。

《发端与拓展》立足于学科发端和发育的完整性,严谨考证,综合考虑京师大学堂学制和课程设置内容的完整性、政治学科移植学术发育的孱弱迟缓性和生长发展的曲折性、学科多重体系的综合组织依托性,选择近代中国政治学科的三个基本要素即学术、学科和学系①的综合发展,作为学科从发端到创立的衡量标尺。"近代学术和近代教育是以近代意义的大学为重要依托和基础的,而大学又是以学科和学系的建立与形成为基础与核心的,它们互为影响因素。因此,研究近代学科史,必须要有学术、学科、学系三位一体的综合视角,将学术史、学科史、学系史结合起来研究,才能尽可能准确地描述和把握。"(第1页)

据此,近代中国政治学科孕育于京师大学堂"仕学院"的政治学科课程,问世于1899年京师大学堂的政治专门讲堂,"从初步分科授业、按所学专业建立教学单位这一角度考察,可以将1899年9月京师大学堂设立政治专门讲堂看作是北京大学政治学最早的学科与学系渊源"(第39页),发展于1909年的独立专业本科教育,"这既有政治学学科独立的意义,又有政治学系独立建制的意义"(第89页),完成于1913年的第一届政治学专业本科毕业,"是北京大学政治学学科和学系建立完成的重要标志之一"(第90页),确立于1919年北京大学政治学系的正式成立,前后历时长达二十载。

对于近代中国政治学科的学术、学科和学系的三要素综合性标尺考量,体现着对于近代中国政治学科本质的认知,这就是说,近代中国政治学科,本质上是关于社会政治现象及其相互联系的专业思想和知识体系。从《发端与拓展》的论述来看,这种体系实际上内含着诸多体系,包括政治学专业化知识体系构成的学系、政治学专业化研究的学术

---

① 从近代学科发展来看,"学系"具有两种含义,一是作为专业思想和知识的学术体系,二是作为高等学校管理单位的系列单元。实际上,近代中国高等教育创立时,两种含义往往是共为一体的,因此,选择学系的设置作为学科创立完成的标志,本质上是选择专业化思想和知识体系创立作为学科创立完成的标志。

体系、政治学专业化研讨的学术共同体体系、政治学专业化高等教育和训练体系、政治学专业化课程和教学体系以及政治学专业化的话语体系,这些体系交融结合、相互构建,共同形成了近代中国政治学学科。

《发端与拓展》对于近代中国政治学学科发端、发育和发展的这种三要素多体系考量,几近当代的学科评估指标体系,不仅完整呈现了近代中国政治学科诞生和创立的全过程,而且显示近代中国政治学科在北京大学创立伊始就是专业化的学术、学识、学习、课程和学生等多方面体系的有机融合,表明近代中国政治学科问世之初就逐步形成了多重专业性体系复合和相互融合的完备学科体系。按照《发端与拓展》,在这诸多要素和体系中,又以高等学校政治学系的创立为近代中国政治学科创立和完成的重要标志,因为"一个现代学科的形成、生长和成熟,通常是要借助大学的课程体系和专业设置,通过大学以学系为单位的本科生、研究生的培养以及学科建设来完成的,学科和学术的规范和持久的发展必须基于大学学系的建立"(第4页)。这就进一步表明,近代中国政治学科形成之初也许是专业化知识体系和研究体系,但是,只有这些知识体系和研究体系发育发展出高等教育的专业设置、课程体系和人才培养体系时,才能确定其完整的学科的形成和创立。同时,"这样的改变,在学科门类划分的意义中加进了与管理有关的涵意,为学术共同体增加了'单位'的边界"(第95页)。

与此同时,近代中国政治学科多要素多体系发育和创立时间的冗长,在实践意义上,显示了近代中国社会政治转型的艰难,"现代专业化的学科体系建立,从表面上看,是中国整体性知识向专业性知识的妥协,实际上则体现了农业化时代向工业化时代、传统中国向现代中国的转变。既是工业化时代社会生产专门化、精细化的内在诉求,也是政治近代化在文化与意识形态上的反映"(第94页)。另一方面,学科创立时间的迟滞,在知识和学术转型意义上,亦体现了近现代政治学术、学科和知识体系嵌入的困顿,映射了旧制度环境下构建近现代政治学科多重体系的曲折。在废弃旧学创立新学的过程中,近代政治学科的创立,既面临旧势力旧传统的重重阻碍,又面临新学识新学科处处幼弱的培育艰辛,更面临着新学科于现实政治和学生就业的效用的严酷考验。

4. 近代中国政治学科初始到创立的演进呈现中体西用到全盘西化再到本土化尝试的学术发展和运行轨迹。

如前所述，近代中国政治学科是戊戌维新的侥幸留存，其问世和发端既是维新派移植西方学术、学科和制度的结果，也是其为了培养变革人才而嫁接于中国旧有教育制度的产物。"戊戌维新运动实际有两条逻辑进路，殊途同归，都指向了官制改革。光绪皇帝的逻辑是变法首先要进行官制改革，因为对于反对变法的官员和阻碍变法的部门，必须通过官制改革直接清障。康梁等知识分子的逻辑则首先考虑培养新人，认为变法急需的是人才，人才的培养在于兴办新式教育，兴办新式教育就要取消科举，取消科举就要向传统的官制开刀，因此官制改革是为兴办新式教育保驾开道。"（第10页）显然，两条进路都指向兴办政治学科，由此促成了近代中国政治学科的问世。

作为戊戌维新的产物，初创的近代中国政治学科的知识结构和体系，无疑带有浓重的西方政治学的特质。考察其学术、学识、教学、学者乃至学科不难发现，其学科要素，基本是西方舶来品。

但是，与维新派的初心大不相同的是，留存和兴办新学的统治者和旧官僚的始衷，却是使新学服务于旧统治和旧秩序，并且为之培养政治人才。新学科与旧宗旨的冲突，酿出了中体西用的革新主张，办学者正是以此原则开启了近代中国政治学科的发展历程。《发端与拓展》的研究显示，主政京师大学堂的孙家鼐的办学思想是在"中学为体、西学为用"的总体框架下，注重传统经学，兼学西学。"反映在课程设置和教学管理上就是将京师大学堂的学生，分为六堂'课士'，这六堂分别为'诗''书''易''礼''春''秋'。"（第36页）1899年，学堂的专业和课程设置开始变化。尽管如此，京师大学堂政治学课程首先培养的却是学生的传统政治和纲常伦理思维。

及至1902年，恢复重建的京师大学堂管学大臣张百熙深感大学堂的学制设置远远不能满足政治统治和新政培养人才的需要，在考察日本和美国等多所大学的学制之后，设计了学堂学科的新章程。实际上，无论学习日本，还是模仿美国，都使得包括政治学科在内的大学堂课程体系、学科设置和专业科目演化成全盘西化模样。在这其中，日本的影响更大些，"可以说，从构想与创制、从课程到教员，各个方面都体现着日本教育模式对仕学馆的影响"(第48页)。但是,日本近代以来的学制和课程,大都也是从西方学习而来,因此,"总体上,仕学馆的课程体现出一种明显的传统向现代、中学向西学过渡的特征。在以西方法政知识为主的体系框架中,交织熔融着中国固有的知识要素与内容"(第48页)。及至1912年,民国教育部通电各省,"前清用书,如《大清会典》《大清律例》《皇朝掌故》《国朝事实》及其有碍民国精神的科目,须一律废止;前清御批等书刊则一律禁止采用"①。政治学门的课程1912年调整和修订后从原来的19门增至宪法等27门课程②:基本上都是近代西方政治学科的课程。"在对学科的界定和理解方面,从完全仿效日本政治学体系开始转向对欧美政治学的关注和引进。"(第93页)

随着西方政治学理论的引进和消化,与社会政治生活密切联系的政治学科并不满足于纯粹引进和移植西方政治学的知识和内容。在具有五千年连续文明的古老国度,面对中国和世界的现实政治和政策要求,传统文明的惯性和现实政治的需求使得近代中国政治学科逐步转向尝试政治学科本土化及中国政治学独立设立议题的努力。按照《发端与拓展》的说法,"这个过程也是一个政治学知识向政治学学术转换的过程"(第204页)。就其内容和话语系统来看,近代中国政治学科本土化的初次努力,呈现明显不同的取向和特点,大而要之,这种努力可以分为三类:一是以中文话语对于西方政治学基本概念和知识的解说,代表作如1902年杨廷栋编撰的《政治学教科书》、1906年严复的《政治讲义》③、1910年梁启超的《宪政浅说》,等等,这些本土化努力实际上只是西方政治学的汉语解读,缺乏基于本土政治的原创性。另一是以现代政治学名义解说皇权政治和君主政治,代表作即1902年出版的《皇朝政治学问答》,就其内容来看,实际上不过是"用了'政治学'这样一个当时开始流行的现代学科的概念,并且模仿政治学的叙事框架讲解

---

① 王学珍等主编:《北京大学纪事(1898—1997)》,北京:北京大学出版社2008年版,第49页。

② 课程科目见"光绪二十九年/民国元年北大学科设置及课程安排""民国元年学科设置及课程安排"、民国元年所订之大学学制及其学科,北大档案编号:BD1912001(卷内材料顺序号2)。

③ 萧公权认为这是"中国人自著政治学概论之首先一部",参见萧公权:《中国政治思想史》,沈阳:辽宁教育出版社1998年版,第754页。但严复在此著中始终用的是"政治之学"。

清朝政治,但实际上表述的却是传统君主政治的一套运作模式"(第209页)。这种所谓本土化的努力,不过是旧学和皇权政治伦理的翻版,缺乏现代化取向。三是北京大学陈启修教授为代表的、积极把马克思主义政治学原理和方法与中国本土政治现实相结合的本土化努力,"在西方政治学传入中国二十几年后,陈启修就敢于尝试开创一种与之不同的新政治学,是极其难得的挑战和创新"(第267页)。

由此可见,近代中国政治学科本土化,就前两种努力来看,或者失之肤浅,或者取向迷误。而北京大学陈启修教授的本土化努力,不仅积极阐发马克思主义政治学原理和方法,而且运用阶级分析方法分析中国社会阶级分化和政治,堪称中国政治学本土化努力的创举,在马克思主义传播史和政治学本土化发展史上具有特殊意义。

5. 近代中国政治学科具有巩固和完善政治统治的国家学说的学术倾向和价值取向,很大程度上遵循着研习和教授政治统治与为政之要的传统学术逻辑。

虽然近代中国政治学科在初建到创立过程大多移植了西方政治学的知识和课程,但是,从政治学的课程内容和学术内容来看,近代中国政治学科却以统治集团的需求取舍西方政治学术和课程内容,由此使得近代中国政治学科具有保守的国家政治学和旧制度主义政治学的典型特征,实际上缺乏对于西方近代民主革命和民主制度基本原理与政治哲学的深刻阐释和准确把握。

首先,从政治学科课程体系来看,晚清京师大学堂设置的仕学院,到仕学馆,到北京大学设置的政治学专业,基本层面实乃国家学,或者是对于国家、法律、财政及其制度的政治学解释。"在北京大学初步形成了基于现代分科教育的、与世界主要国家可以对话的'法科—政治学系',以政治学基本理论、中外政治制度与思想、行政学(尤其是市政学)、外交学、宪法学、公共财政学、国际关系为主要课程框架的学科体系。"(第96页)因此,"早期中国政治学具有强烈的'国家'底色,甚至当时的政治学有时就直接被称为'国家学'"(第260页)。虽然在1912年北京大学根据中华民国教育部的要求对于政治学科课程进行了调整,在课程设置中同时出现了"政治学"与"国家学"这两门政治学专业核心课程。但是,"在中国,学科的发展从一开始就与政治权力、国家行为、社会意义等重大的时代命题息息相关,存在着权力与学科之间的控制与张力"(第93页)。就1912年调整后设置的27门政治学课程来看,基本是国家法律、国家制度和国家政策的综合,实际上仍然是以官吏培养和治国技能养成作为根本价值取向的课程体系。

其次,从政治学学术体系来看,在北京大学首先形成的近代中国政治学科,实际上是"以国家理论、宪法理论、制度理论为核心内容的学术研究体系"(第96页)。这种以国家理论为核心内容的学术研究,从当时北京大学政治学科代表性学者的学术研究可见端倪。作为中国现代政治学的开拓者和奠基者之一的张慰慈教授在其代表作《政治学大纲》中明言,"政治学是研究国家如何发生、如何进化,找出因果变迁的公例(历史的政治学);并观察现在国家的性质及组织和所处的环境,所发生的变端(叙述的政治学);更从这种性质、组织、环境、变端之中,找出根本观念和具体的原理原则(纯理的政治学);拿来做怎样应付现在政治环境,解决现在政治问题,创造新政治局势的工具(实用的政治学);这就是政治学的涵义"①。张慰慈教授甚至干脆把他为政治学科开设的市政学课程也归为国家学。为此,如同《发端与拓展》指出的那样,"作为中国现代政治学的开拓者和奠基者之一,张慰慈关于国家的理论成为他政治学思想的核心贡献"(第259页)。同时,作为主张以马克思主义政治学及其本土化作为新政治学的代表学者陈启修教授,其学术的视野也集中于国家政治权力方面,他认为,政治也就是人类关于政治权力的活动进程,政治的核心概念就是"权力"。"以权力关系为核心的政治现象中,'政治权力的形成''政治权力的分配和均衡''政治权力的将来'是环环相扣、彼此承接的关系。具体说来,政治权力的形成包含四个层面的内容,即权力的发生、权力的固定化、权力的神圣化和权力的人格化。"(第271页)相形之下,社会成员权利和政治权利的内容,在政治学术中普遍缺位。

政治学科发端时期的这种以国家理论为核心的政治学术,相对以传统的纲常伦理为核心的儒家治国学说,无疑是学术和学理的进步。不过,人权、自由、民主的学术缺位,显示当时的中国政治学科和学术不

---

① 萧公权认为这是"中国人自著政治学概论之首先一部",参见萧公权:《中国政治思想史》,沈阳:辽宁教育出版社1998年版,第9页。

过移植了西方政治学的国家制度之表,缺失了其政治制度之魂,也许因为如此,这样的政治学术研究,既没有成为民主主义革命的行动指南,更没有成为新民主主义革命和现代政治发展的精神灵魂。

再次,从课程内容来看,近代中国政治学科在京师大学堂和北京大学采用的课本内容,大都是国家理论概论、法律制度概述和公共政策解说,其内容大都围绕西方关于国家原理、国家制度建设、公共政策内容而展开。

据此可以认为,近代中国政治学科对于近代西方政治学术、学科、学系和课程的移植,得其形而未详其神,为政权而忽视民权,求治政之道而舍弃自由民主,研权力运用而未尊人民地位。这种学术特点,反映了在特定历史条件下经院式政治学科的局限性,在移植西方近现代政治学的过程中,片面取用其国家和制度建设学说服务于本土既有政治统治,实际上并没有摆脱研习和教授为官之术的传统学术窠臼。

综上可见,近代中国政治学科的诞生与问世、发端和创立,具有高度的历史复杂性,其中既具有近代中国制度变革维新侥幸留存的偶然性,又有中国社会历史发展、政治进步和民族复兴要求建设现代国家和制度的必然性;既具有破除几千年儒家政治伦理说教、冲破旧势力旧制度的艰难曲折性,又具备中国近现代政治学科新文明新学术的生命力和开拓性;既具有维护旧国家和政治统治的职能使命,又承载建设现代国家和政府并且为此培养人才的现代取向和责任。因此,在旧制度与大革命的对抗和转换岁月中呱呱坠地的近代中国政治学科,既是中国政治思想、知识传统和教育体系的重大突破,又必然带有先天的不足和缺憾。

近代中国政治学科的发端和创立,对于近现代中国社会政治和文明的发展具有开拓性意义:

1. 戊戌维新标志着中华民族拯救民族危机和走向现代化的历史进程中制度学习、制度移植、制度更新和制度变革的开始。作为戊戌维新文化和制度遗存的京师大学堂与政治学科,在现代大学教育意义上继续着戊戌维新启动的现代国家建设和制度建设的历程。近代中国政治学科及其学术、学科和教学的努力及其影响,与中华民族寻求拯救民族危亡、实现民族伟大复兴和推进现代化的进程世纪同行,在政治学专业知识移植、生产和传播意义上,导入了近现代政治思想和精神,改变了知识精英的封建政治的陈腐说教,这些学识、思想和学术的引进和传播,使得近现代中国政治学科成为近现代政治学专业化的学术和教育的温床,其知识、思想、学术、学科和教学,对于后来的孙中山先生领导的民主主义政治、中国共产党人领导的新民主主义政治发展,都产生了特定专业知识性影响。在这其中,尤其是李大钊等为代表的马克思主义者使得马克思主义政治学在北京大学政治学科专业中的登堂入室和系统传授,无疑与马克思主义在北京大学的最初传播一起,为中国工人运动和民族解放带来了思想火种,为中国共产党诞生准备了思想基础,进而从根本上改变了中国现代化和中华民族伟大复兴的历史和政治进程。

2. 近代中国政治学科创立,启动了中国现代政治学科的创立和发展的航程。近代中国政治学科的创立,本质上是中华民族摆脱传统旧学腐朽精神枷锁,寻求建设现代国家和制度,进而推进现代化的知识文化和教育努力。在创立近代中国政治学新学科的过程中,先驱政治学人破除了传统经学的教育体系,创立了以近现代政治学识为基础的政治学科体系和多重体系。中国近代专业化政治学科研究和教育由此发端,逐步发展成为现代高等学校中的学科体系、知识体系和教育体系,从而奠定了中国政治学科百廿年的基础和框架,启航了中国政治学学术、学科和学系发展的世纪航程。到20世纪二三十年代,随着中国现代大学的广泛建立和政治学科的普遍设置,"现代政治学学系和学科成为中国大学比较普遍的学系和学科,与政治学研究院所和机构一起,完成了现代政治学科在中国的构建"(第280页)。同时,近代中国政治学科在初创时期形成的学科范式、制度路径、知识体系和课程体系,广泛影响20世纪的全国高校政治学科,甚至至今仍然影响着我国政治学科的学科框架、研究路径和课程体系。

3. 近代中国政治学科的创立和发展,为现代国家建设、制度建设和政治进步培养了专业人才。研究表明,近代中国政治学科在近代高等学校中的创立和拓展,以近现代专业政治思想、理论、知识和方法训练和培养了一大批具备近现代政治意识的知识精英。这些知识精英从晚清通晓新政的朝廷官吏,到民国的政府官员、学术人才以及革命者,为

中国现代政治学的发端与拓展
北京大学政治学（1899—1929）

不同时期的国家政治进步做出了贡献。研究显示，"1913年至1929年北大政治学系的毕业学生，其职业选择和志业取向大致可以分为三类：一是进入现存政治体制，以政治官员（僚）的身份支持或者改造完善现存政体；二是沉入社会基层从事教育启蒙或者其他职业，间接践行救国齐身的理想；三是以反体制的直接政治活动建造一个新国家作为自己的志业和职业"（第184页）。这些政治学知识精英不仅改变了社会知识精英的结构，而且为波澜壮阔的民主革命做了专业人才储备。

近代中国政治学科的发端与拓展，给今天奋力创建世界一流大学和一流政治学科的人们以多方面的启发：

1. 现代社会科学的学科的创立和发展，是中华民族摆脱传统旧学腐朽精神枷锁，图求民族伟大复兴、社会政治进步和国家治理现代化的产物，也是国家制度建设和政治思想发展趋向现代文明和进步，实现文明价值的产物。但是，局限于时代和学识，近代中国政治学科实际上是不可能承担和完成这样的历史使命的。马克思主义的传播，使得现代中国政治学获得科学的指导思想，而中国共产党的成立和新中国的建立，才使得中国政治学科真正成为探究人类社会政治发展规律的学科，成为培养担负历史和天下重任的政治人才的学科。今天，我们建设世界大学和一流政治学科，必须深刻把握共产党执政规律、社会主义社会政治建设规律和人类社会政治发展规律，把握政治文明发展和民主法治进步的世纪潮流，从坚持和完善中国特色社会主义制度，推进国家治理现代化的高度定位，才能真正推进一流世界政治学科的建设。

2. 学科的发育和发展，与高等学校管理体制和治理结构具有千丝万缕的联系。近代中国政治学科既是特定政府管理体制变革的产物，又是与政府行政管理体制逐步分离而获得适度自主办学权的产物；既是移植西方高等教育和学科体系的产物，又是基于中国国情逐步形成现代大学治理结构的产物。《发端与拓展》的研究显示，现代大学的形成与现代学科的发育高度关联，现代大学管理体制机制和治理结构创立完善与现代学科的建设发展同向同步。因此，建设和发展当代中国政治学科，按照现代大学的职权、责任和资源的合理结构性要求，深化改革政府管理高等学校的体制机制，建立健全现代大学的治理结构，科学调整高等学校社会科学和政治学科的学科结构，无疑仍然是今天的中国政治学人通过改革与发展,建设世界一流学科的重大命题。

3. 近代中国政治学科的创立和形成,是学术、学科和学系为基本要素的多体系复合构成,因此,建设世界一流政治学科,需要对于我国高校政治学围绕学术、学科、学系构成的多个体系同步推进和优化建设,实现政治学科思想体系、知识体系、学术体系、话语体系、课程体系、人才体系和教学体系共同成长、均衡发展和相互交融。与此同时,由于现代社会科学诸多学科之间的紧密联系和相互交叉,政治学一流学科的建设,必需其他相关学科比如经济学、法学、社会学和管理学等等的相互强力支撑。同理,其他社会科学的建设发展,也有赖于政治学科的建设发展。为此,如果社会科学其他学科与政治学科之间结构性失衡偏废,恐怕实是建设世界一流哲学社会科学学科的障碍。

4. 中国政治学发展的本土化,是政治学科成长发展的必然。政治学是经世致用之学,与不同的传统文化契合,与社会政治现实结合,围绕重大历史、理论和现实问题展开研究和教育,是政治学科的学科根基和生命力所在。正因为如此,近代中国政治学科创立和发展的第一个学术周期就很快呈现从中体西用到全盘西化再到本土化的趋势。这里的关键在于,如何确定政治学科的科学性、实践性、国际性和本土性?如何实现这些属性的有机结合并产生原创性的政治学成果?改革开放以来得以恢复重建的我国政治学学科、学术研究和教学,在马克思主义、列宁主义、毛泽东思想和中国特色社会主义理论指导下,立足中国特色社会主义政治实践,借鉴国外政治学的有益知识和方法,取得了重要成就和进展。在新时代建设中国特色的世界一流政治学科的未来进程中,需要清楚认识到,"所谓政治学研究的本土化与国际化的关系问题,本质上并非政治学的中国特色与国际标准之间的问题,而只是中国政治学的研究特色与其他不同国家和社会的政治学研究相互影响和借鉴的问题"①。因此,如何把国际性与本土化、科学性与现实性有机结合起来,不忘本来、吸取外来、面向未来,构建中国特色、中国风格、中国气派的政治学科体系、学术体系、话语体系、课程体系、人才培养体系,同样是我国政治学科发展的重要命题和任务。

---

① 王浦劬:《我国政治学学术发展的基本关系论析——纪念十一届三中全会 30 周年》,《政治学研究》2008 年第 6 期。

5. 政治学科的建设和发展,必须以科学的思想指导,确定以人民为中心的学科和学术发展理念和定向,明确培养什么政治人才、为谁培养政治人才、怎样培养这样的政治人才的根本问题,只有这样,才能建设成为中国特色世界一流的政治学科。近代中国政治学科发端和创立的过程,实际上一直蕴含着培养什么政治人才、为谁培养政治人才以及怎样培养这样的政治人才等根本问题。正是基于对于这些问题的回答,初始的近代中国政治学科选取国家建设和制度建设的知识体系、学术体系和课程体系,作为维护晚清统治秩序、治理朝政和推进维新的人才培养的学术和知识依托,这也就使得近代创立的中国政治学科带有国家学说和制度学术的强烈烙印。今天,我国的政治学科建设无疑必须以科学的、实践的、发展的马克思主义为指导,以中国共产党领导的中国人民建设人民民主国家和推进国家治理现代化的伟大实践为基础,以人民为中心的理念和价值定位建设人民共和国的政治学科,培养尊奉人民主权、尊奉社会主义法治、尊奉人民利益的中国特色社会主义民主政治的接班人。

2019 年 5 月 25 日于北京大学

目 录
Contents

导　论 / 1

第一章　中国近现代政治学缘何在此发端 / 6
　一、京师大学堂的双重身份及背景 / 7
　　（一）填补中央教育行政管理的机构空白 / 7
　　（二）补救新式学堂兴起后凸显的旧体制缺陷 / 9
　　（三）破解戊戌维新背后的官制改革难题 / 9
　二、京师大学堂双重身份的优势与困境 / 11
　　（一）行政权力地位带来的资源优势 / 12
　　（二）双重角色在发展中的困扰 / 14
　三、京师大学堂地位的嬗变为接纳现代学科创造了条件 / 17
　　（一）京师大学堂与全国教育管理权力的日渐分离 / 17
　　（二）学部成立与京师大学堂"最高学府"的重新定位 / 19
　　（三）"去行政化"后京师大学堂近代化的加速 / 20

第二章　政治学专业设置从筹划到启动：京师大学堂的三个章程 / 27
　一、《总理衙门奏拟京师大学堂章程》与仕学院 / 28
　　（一）第一个章程的两个版本与仕学院的出现 / 29
　　（二）仕学院时期的"政治学"课程设计 / 33
　　（三）政治专门讲堂：北京大学政治学最早的学科和学系渊源 / 35
　二、《钦定京师大学堂章程》与速成科 / 39
　　（一）《钦定京师大学堂章程》的课程设置与调整 / 40

（二）速成科时期政治学科建设的尝试　/ 44
　　（三）进士馆的增设与"从政之选"的办学取向　/ 56
三、《奏定京师大学堂章程》的预备科与"政法科—政治学门"
　的设计　/ 77
　　（一）预备科不单设政治学相关课程的考虑　/ 78
　　（二）"政法科"与"政治学门"在分科大学规划中的出现　/ 79

第三章　从政治学门到政治学系：中国现代政治学学科与
　　　　学系的建立　/ 87
一、分科大学理想的实现　/ 87
二、教育改革与废门改系(1919)　/ 90
三、北京大学政治学系架构(1912—1929)　/ 97
　　（一）管理结构　/ 97
　　（二）教员结构　/ 105
　　（三）课程结构　/ 135
四、民国初年政治学系学生的就业和职业生涯　/ 181
　　（一）1913—1929年政治学系毕业生规模　/ 182
　　（二）毕业生职业生涯分析　/ 183

第四章　政治学"知识资源"向"学术资源"的转变　/ 203
一、中国政治学知识的早期积累　/ 204
　　（一）晚清国外政治学著述在中国的译介　/ 204
　　（二）清末有关政治学的本土书籍的出现　/ 206
二、北京大学政治学学术共同体的初步形成　/ 210
　　（一）以政治学系教授会为核心的专家学者团队　/ 212
　　（二）以学术性研究社团为平台的研究力量　/ 213
　　（三）以刊物聚集起的学术同人　/ 224
　　（四）以研究高深学问为目标的法科研究所　/ 233
三、北京大学早期政治学学术的建立与发展　/ 241
　　（一）教师的学术成果　/ 241
　　（二）学生的学术表现　/ 250

四、北京大学政治学系代表性的学者及学术贡献 / 257
　　（一）张慰慈的国家学说与市政理论 / 258
　　（二）陈启修的新政治学与公共财政研究 / 266
　　（三）高一涵的政治思想史研究 / 275
　　（四）周鲠生的外交理论与国际法研究 / 278

第五章　北京大学与政治学在全国的扩展 / 280
　一、清华大学与北京大学政治学的交相辉映：中国现代政治学的展开 / 281
　　（一）两校课程设置的异同 / 283
　　（二）两校的交流和资源共享 / 289
　二、燕京大学政治学系的建立发展 / 293
　　（一）燕京大学历任政治学系主任 / 293
　　（二）北京大学政治学系与燕大政治学系的交流 / 296
　三、全国范围政治学专业和学系的建立与北京大学的影响 / 297
　　（一）北京大学政治学系教师的南下和流动 / 297
　　（二）原北京大学政治学系教师直接任教各地大学 / 303
　　（三）通过学术著作和教材呈现的北大影响 / 307

尾　声 / 309

附　录 / 310
　附录1　京师大学堂仕学馆、进士馆与分科大学
　　　　教习简介（1898—1911） / 310
　附录2　京师大学堂仕学馆、进士馆学生简介 / 321
　附录3　北京大学法科政治学系任课教员简介（1912—1929） / 373
　附录4　北京大学政治学系历届毕业生简介（1913—1929） / 395

参考文献 / 447

后　记 / 475

导　论

与中国几千年的古代史相比,中国的近代史是短暂的。但这个短暂的近代又是不寻常的,转型的痛苦与艰难,使得这一时期显得过于漫长。中国近代的社会转型,有外部与内部、政治与经济、军事与文化的多种因素参与其中。在这个多元的近代化的进程中,学术和教育的发展为中国的近代化提供了思想文化基础。

近代学术和近代教育是以近代意义的大学为重要依托和基础的,而大学又是以学科和学系的建立与形成为基础与核心的,它们互为影响因素。因此,研究近代学科史,必须要有学术、学科、学系三位一体的综合视角,将学术史、学科史、学系史结合起来研究,才能尽可能准确地描述和把握。这种研究视角对于近代社会科学的研究更为重要。

但对于近代社会科学的"学科划分"一直存在争论。一方面,专业化、精细化的分类研究促进了科学的进步和现代学术的发展,另一方面,分科又"将社会研究划分为历史、政治、经济、社会、人类等互相分割的学科",尤其是"这套学科划分准则内含着对掌权势者有利的理论前提和意识形态……在它们一一被建构出来的期间,国家政权的力量一直扮演着极其重要的角色"。①

20世纪之前的学科划分导致了一批带有欧洲中心主义色彩的知识范式的产生。20世纪之后,又产生了一批带有美国色彩和印记的社会科学新范式,并随着美国在全世界影响的扩散,逐渐成为世界众多国家

---

① 〔美〕华勒斯坦等:《学科·知识·权力》,刘健芝等编译,北京:生活·读书·新知三联书店1999年版,第3页。

的,包括后发展国家和转型国家的学术模式,这套新的研究范式和学术评价标准渐渐成为学术现代化的标准之一。学科学术发展进程中的这段历史,是研究中国近现代学科发展也必须要考虑的客观背景。

在中国各近代学科的发育发展中,政治学学科的建立和发展是最能反映中国社会转型以及近代化进程的学科之一,它对中国政治近代化过程的学术折射最为典型;同时它也是中国受外来影响最大的学科之一。面对19世纪末20世纪初现代化的来临,中国曾处于既迎又拒、半推半就的矛盾纠结中。在传统国家向现代国家转变前夕,中国急需现代政治学知识,尤其是现代国家知识的积累和传播,作为建设现代国家之政治思想准备。以"国家理论"为核心的西方近代政治学学科与学术,在19世纪末的美国形成不久后就被引进和落地于中国,成为当时中国最权威、地位最高的大学的专业之一,成为中国高等教育体系中重要的学科,这比起其他近代学科的产生与传入要迅捷得多,是中国被动现代化中的一次相对主动的对接,是中国近代社会政治转型在学术发展上的映现和必然。尽管如此,近代政治学学科在中国的落地与生长依然是一个艰难曲折和复杂的过程,这一复杂过程既表现为中国对近代政治学学科的认识和理解有很多误读,也表现为这一学科的发生、成长处在与旧的学科体系纠缠和剥离中难以厘清。

中国近现代政治学学科[①]的出现和生长最早始于京师大学堂—北京大学,不是偶然的。因此本书作为"中国百年政治学学科学术发展史"的第一卷,将以京师大学堂—北京大学的政治学系和政治学学科的发生和发展作为切入点和开篇,这是这个学科发展的逻辑起点,也是这个学科发展历史的真实所在:北京大学是中国近现代政治学的发源地,北大政治学的早期发展构成了中国现代政治学的发端。研究和考察京师大学堂—北京大学政治学的发生发展是探讨中国政治学百年发展史、研究政治学学科与学术的发展与国家政治发展关系的

---

① 在英语中"近代"和"现代"是通用的,但在中国历史研究语境中,"近代"与"现代"有时间上的区别。在学科史研究中,近代学科和现代学科都是相对于传统学科而言,但有程度上的细微分别以及在宏观学科和具体学科使用上的不同。尽管如此,"近代"与"现代"的使用并不严格。本书有时会用"近现代"一词来描述1899—1929年中国政治学从发轫到形成的时期。

必要的前置研究。

本书聚焦的中国近现代政治学的前三十年,也是北京大学政治学发展的前三十年。关于中国近现代政治学历史的研究,目前已经有以孙青的《晚清之"西政"东渐及本土回应》、孙宏云的《中国现代政治学的展开:清华政治学系的早期发展(一九二六至一九三七)》、王向民的《民国政治与民国政治学:以1930年代为中心》等为代表的一批非常有分量的研究专著和华中师范大学桂运奇2018年的博士学位论文《北京大学政治学系与现代政治学科的建立及初步发展1898—1937》。本书的写作也包含着对这些学术成果和研究者的真诚致敬。

本研究的可能贡献主要是在两个方面:第一,研究所涉时间的起始点要远远早于上述著作,即从近现代政治学在中国落地与生长的源头1899年开始写起。据目前掌握的材料来看,1899年秋,京师大学堂设立"政治专门讲堂",可以被视为北京大学政治学的学科渊源和学系渊源①。本研究的截止时间选在1929年,是因为1927年9月至1929年8月期间北京大学被奉系军阀北京安国军政府强行与8所大学合并,北京大学之名一度"不复存在",北京大学大批教师陆续离校南下,结束了北京大学学科发展(包括政治学科发展)的最初黄金时期。与本书有同样观点的是美国学者魏定熙②,他的关于北大早期历史的著作《权力源自地位》直接就以"北京大学、知识分子与中国政治文化,1898—1929"为副标题,其理由也是随着北京丧失首都地位后的1929年出现北京大学教师南下潮导致北京大学影响的衰落③。但另一方面,北京大学政治学系教师的大批南下,也加快了政治学在全国的拓展,由此开始了中国现代政治学的新版图。第二,与大部分著作实际上是侧重政治学的学术史研究有所不同,本书是将政治学的学系、学科、学术

---

① 因1899年秋还同时设立了史学、舆地等专门讲堂,所以在北京大学历史系系史中,作者也是将1899年作为北京大学历史学系的最早的学科渊源和组织渊源。参见郭卫东、牛大勇主编:《北京大学历史学系简史》,北京大学历史学系,2004年。

② 魏定熙(Timothy B. Weston),毕业于美国加州大学伯克利分校,师承著名学者魏斐德(Frederic Wakeman)教授,现为美国科罗拉多大学博尔德分校副教授,研究领域为中国近代知识分子、政治文化和新闻媒体。

③ 〔美〕魏定熙:《权力源自地位:北京大学、知识分子与中国政治文化,1898—1929》,张蒙译,南京:江苏人民出版社2015年版,第10页。

作为一个整体来研究,尤其侧重对学系建制的研究。其理由是一个现代学科的形成、生长和成熟,通常是要借助大学的课程体系和专业设置,通过大学以学系为单位的本科生、研究生的培养以及学科建设来完成的,学科和学术的规范和持久的发展必须基于大学学系的建立。

本书第一章主要讨论为什么是京师大学堂—北京大学成了近现代政治学在中国落地生长之所,其特殊地位如何具备了接纳现代学科的条件。

第二章从政治学学科建立的角度,以京师大学堂的三个办学章程为文本分析对象,描述政治学学科专业从筹划到初具规模的过程,并对京师大学堂时期政治学的相关课程及毕业学生做案例分析和群体素描。

第三章从政治学学系建立的角度,以北京大学政科、政治学门、政治学系的演变为分析对象,描述北京大学政治学学系建制完成的过程,并通过对民国初年北京大学政治学系的基本架构、政治学专业的学生结构与毕业生去向的考察,分析早期政治学专业的学术培养目标与完成程度。

第四章从政治学学术发展的角度,以北京大学政治学系教师和学生的学术贡献为分析对象,从北京大学早期政治学学术共同体的初步形成、北大早期政治学的学术积累和影响等几个层面,研究早期北大政治学的"知识资源"向"学术资源"的转化过程,呈现北京大学如何成为中国现代政治学的最早学术重镇。

第五章通过北京大学政治学与清华大学政治学、燕京大学政治学的关系以及北京大学政治学教师南下的案例,探讨在全国范围内政治学专业和学系的建立过程中北大政治学的影响,为以后各卷研究现代政治学在中国的发展做一铺垫。

本书的附录是以资料形式呈现本研究的另一种重要成果。在本书的写作过程中我们发现,北京大学政治学发展早期的资料并没有得到系统、完整的保存,这些资料的收集和整理本身就是一项复杂但又必须要做的工作,也是记录和还原历史所必须经历的过程,更可以给以后的研究者带来一些方便。这些资料可能是首次被整理和展示出来,它们

将成为本研究的一个有特色的部分,将呈现所有与北京大学政治学早期发展有关的教师和学生的基本情况,具体是:

附录1 京师大学堂仕学馆、进士馆与分科大学教习简介(1898—1911);

附录2 京师大学堂仕学馆、进士馆学生简介;

附录3 北京大学法科政治学系任课教员简介(1912—1929);

附录4 北京大学政治学系历届毕业生简介(1913—1929)。

第一章
中国近现代政治学缘何在此发端

本章先不直接探讨有关政治学学科、学系、学术的产生而是专门讲述京师大学堂的特殊地位,并不是离题万里,因为中国现代政治学学科与学系发端于京师大学堂是有其必然性的,这甚至是理解现代政治学落地中国的钥匙。首先,京师大学堂是中国第一所近代国立综合性大学,是近代中国维新变法的产物。如果仅仅是第一所近代国立综合性大学,也未必就是第一个开设政治学科的大学的理由。京师大学堂筹备开办分科大学(本科大学)时,其设计方案上第一批只选择了4个学科(正式开办时是7个学科),其中就有政法科[①]。为什么政治学科成为京师大学堂最早的学科和首批本科教育的学科?这既与中国的维新变法和清末新政对于现代国家知识和国家理论紧迫的需求有关,也与京师大学堂的特殊地位有关。其次,京师大学堂在成为中国第一所近代国立综合性大学的同时,也获得了兼管全国教育的行政管理职能,它具有的近代大学教育机构和中央教育行政管理机构的双重身份使得它对于近代学科的选择既具有"现代性"的使命,也有对"国家需求"和"政治统治"的考量,当然还有创办人、管理者的价值判断和知识判断。所以本章首先对最早诞生了中国近代政治学学科的京师大学堂的特殊的

[①] 1905年8月(光绪三十一年七月)《大学堂总监督张亨嘉奏京师分科大学亟应择地建置折》称,"京师既设预科,各省高等学堂亦经开办,一二年后毕业之优等生均升为分科大学,拟请饬下学务大臣妥议办法","奏定大学堂章程分列八科,目前骤难全设,拟先设政法科、文学科、格致科、工科,以备大学预科及各省高等学堂学生毕业后考升入学。此外四科,以次建置"。参见王学珍等主编:《北京大学纪事(1898—1997)》,北京:北京大学出版社2008年版,第24页。

双重身份做一个梳理和分析①。这一研究和梳理可能会打破本书的时间顺序,目的是要比较完整地呈现京师大学堂的特殊地位以及它后来的嬗变对于北京大学政治学,也是中国现代政治学的开端具有何种重要的影响。

一、京师大学堂的双重身份及背景

京师大学堂的成立,其意义不仅局限于中国近代教育史,还与中国的一场政治变革成果的存废密切相关,与中国近代中央行政管理体制的变革相关,具有深刻的政治意义。京师大学堂的双重身份,是中央政治统治层与"士绅—知识分子"之间联系的一种桥梁,承载着政治家和知识分子不同的政治期望。京师大学堂最初被赋予双重身份是有复杂的历史背景和原因的。

照片1 京师大学堂马神庙旧址

(一) 填补中央教育行政管理的机构空白

教育机构与教育行政管理机构、教育体制与教育管理体制,本是两对不同的范畴,但在中国古代却多有重合。中国教育延续数千年,"夏

---

① 这部分的一些内容曾发表于陈明明主编:《历史与现代国家》,《复旦政治学评论》第19辑,上海:复旦大学出版社2018年版,第225—247页。

曰校,殷曰序,周曰庠"①就是对古代教育场所和教育机构的记载。春秋时代出现私学②以后,官学和私学便并行发展,形成了从中央到地方、从蒙学到"大学"的一个比较完备的传统教育体系。但"在历代王朝的政治架构中,始终都没有一个统管各级各类学校的专职的中央教育行政机关"。③ 中国古代没有出现专职的、统一的全国教育管理机构的原因,一是以皇权和维护封建统治秩序为核心的中国传统教育由"意识形态部门"代管,并不违和;二是中国古代教育规模,无论官学还是私学,相对于中国人口数量来说比例较小,没有形成对政府的精细分工与专业化管理的强烈需要。

很长时间内,相当于国家层级的教育行政管理职能分属于不同的中央部门,而地方官学归地方管理,地方私学则呈半自治状态。虽然隋唐以后围绕着科举的管理出现了专门或者代管的行政职能部门,但毕竟科举制主要是一种选官制度和考试制度,并不是学校制度。隶属礼部的国子监,虽然也曾是兼具全国最高学府和中央官学的行政管理机构,但它与后来的京师大学堂的不同之处在于,国子监与地方官学无统属关系,与私学就更无统属关系。

清代国子监的定位出现了变化:首先,国子监的地位明显提高,甚至超过了礼部,直接受命于皇帝;其次,国子监管理范围扩大,除了管理京师国学外,还增加了对八旗学校和宗室学校的管理职能。当然这只是很有限的增加,仅与清朝统治者为满族八旗有关。实际上国子监仍仅属于中央官学管理机构,地方官学则由礼部的"仪制司"部分兼管。④但即便如此,礼部也不是真正和全面实施对地方教育行政管理的部门,因为在清代还有一个"提督学政"的设置,由皇帝直接任命,代表中央来主持地方科考(院试或乡试),兼或监督一下地方学官。

总的来说,晚清以前的中央教育行政管理机关并不统管全国各级各类学校,其特点为:第一,教育行政的核心主要是围绕着科举考试,服从于礼制;第二,所谓教育行政管理并不直接面对学校,而是通过管理

---

① 《孟子》,万丽华、蓝旭译注,北京:中华书局 2006 年版,第 105 页。
② "私学"包括书院、私塾、社学、义学等各种形式。
③ 关晓红:《晚清学部研究》,广州:广东教育出版社 2000 年版,第 28 页。
④ 《钦定大清会典·礼部·学校典》卷三一(光绪二十五年礼部刊本)。

科举考试间接影响学校;第三,教育管理不是一个专门的部门,而是由多个相关部门分别掌管互有重叠。① 因此,京师大学堂的设置正好借此填补没有统管各级学校的中央教育行政机关的管理空白,而大学兼具教育行政管理功能,在世界上一些国家也是有先例的。②

(二)补救新式学堂兴起后凸显的旧体制缺陷

近代的一切变革似乎都要从鸦片战争说起。在中国的大门被西方列强粗暴地打开后,出现了西物东渐、西学东渐,乃至西制东渐的现象,中国近代化进程从此开始。1862年京师同文馆的建立开启了中国近代新式学堂和新式教育的历史。早期的新式教育与中国传统的学校教育不同,它们大多是因洋务运动而建,以技艺性为主,比如铁路、船政、矿务、军事、电报、水利等专门学堂即是如此。这些新式学校的管理也给原来的教育管理体制出了道难题,其由礼部或者国子监管理显然都不合适。清朝政府最初的应对是把对这类学校的管理分为两类:一是临时性的对口管理;二是找不到对口管理机构的交由负责洋务的总理各国事务衙门管理。如此一来就等于在过去的礼部和国子监之外又增加了新的教育管理机构。所以,各种新式学堂的出现,带来的不仅是新式教育,还打破了中国传统学校教育管理的格局,形成了"新旧学校交杂,新旧衙门并存"③的局面,凸显出旧的教育行政管理体制的缺陷。大量学校出现而缺乏统一的管理或者出现多头管理,使国家统治阶层产生了对管理"失控"的担忧。对于统治危机的多种担忧促成了清末的改革,也催生了新的教育行政管理体制。

(三)破解戊戌维新背后的官制改革难题

约翰·奥尔森(Johan P. Olsen)认为,行政制度的改革常常是政治议程的一种尝试,而行政制度的改革在特殊条件下会以专项行动进行④。

---

① 关晓红:《晚清学部研究》,广州:广东教育出版社2000年版,第30页。
② 比如法国曾在1806年《帝国大学令》颁布后,设立帝国大学为政府管理全国教育的机构。
③ 关晓红:《晚清学部研究》,广州:广东教育出版社2000年版,第30页。
④ 〔美〕詹姆斯·G.马奇、〔挪威〕约翰·奥尔森:《重新发现制度:政治的组织基础》,张伟译,北京:生活·读书·新知三联书店2011年版,第67页。

戊戌维新运动实际有两条逻辑进路,殊途同归,都指向了官制改革。光绪皇帝的逻辑是变法首先要进行官制改革,因为对于反对变法的官员和阻碍变法的部门,必须通过官制改革直接清障。康梁等知识分子的逻辑则首先考虑培养新人,认为变法急需的是人才,人才的培养在于兴办新式教育,兴办新式教育就要取消科举,取消科举就要向传统的官制开刀,因此官制改革是为兴办新式教育保驾开道的。但这两个逻辑的共同之处是都要进行体制改革。梁启超说:"吾今为一言以蔽之曰:变法之本,在育人才,人才之兴,在开学校,学校之立,在变科举;而一切要其大成,在变官制。"①康有为在1898年年初维新派的纲领性文件《应诏统筹全局折》(上清帝第六书)中,提出了官制改革的重要思路:在"六部"之外新设一个中枢机构即"制度局",这个"制度局"是一个实体职能部门,是对清廷中央政府体制的一种变相的全面改革。按照康有为的设计,制度局下设十二个局作为变法的执行机构,其中第三局就是"学校局"。② 在这个"新官制"方案中,"学校局"所涉及的中央教育行政管理制度,在维新变法中一度处于"上接变官制改政体,下联废科举兴学校"③的焦点位置。甚至在当时的在华外国人眼中,十二个局就是新的十二个部,有的索性把学校局就直接译成教育部④。朝廷大臣当然看得更清楚,制度局是对原有中央架构和官制的否定,"此局一开,百官皆坐废矣","开制度局,是废我军机"。⑤ 官员们群起反对,其结果是,制度局包括学校局设想都胎死腹中。

改革派没有就此停手。成立一套新机构太敏感,而办学校的理由就容易接受得多。于是,在军机处和总理衙门复奏否定了设制度局、学校局的第二天,光绪帝就下谕,回复了拖延两年之久的设立京师大学堂

---

① 梁启超:《论变法不知本源之害》,夏晓虹编:《梁启超文选》上册,北京:中国广播电视出版社1992年版,第15页。
② 汤志钧:《戊戌变法史》,北京:人民出版社1984年版,第542页。
③ 关晓红:《晚清学部研究》,广州:广东教育出版社2000年版,第35页。
④ 中国史学会主编:《中国近代史资料丛刊·戊戌变法》第3册,上海:神州国光社1953年版,第504页。
⑤ 中国史学会主编:《中国近代史资料丛刊·戊戌变法》第1册,上海:神州国光社1953年版,第363页。

之议①:"准其建立,现在亟须开办"。② 在著名的1898年6月11日的《定国是诏》里更明确提及"京师大学堂为各行省之倡,尤应首先举办"。体现朝廷对此机构特别重视的举措之一是管理京师大学堂事务的大臣由中央直接选派,名为"管理大学堂事务大臣",简称"管学大臣",官阶从一品,"以节制各省所设之学堂","各省学堂皆当归大学堂统辖"。③ 这就给了京师大学堂不同寻常的地位和职责。由此可见,开办京师大学堂不仅仅是办所大学这么简单,而是在办学这一难得的共识下,以各派都能够接受的缓冲形式,设立了一个具有替代学校局意义的教育管理机构,是各派力量对于官制改革博弈的结果。京师大学堂能够在戊戌变法失败后的1898年12月31日开学,说明这是包括慈禧在内的朝廷大多数人都同意和认可的。因此,京师大学堂的成立表面上看是办了一所学校,实际上是建立了一个新的中央管理机构。在这样的背景下,大学堂必然会拥有双重身份,也必然具有行政化色彩。管学大臣通过京师大学堂来统辖、管理全国新式学堂,也就成为学部成立前晚清中央教育管理体制的特殊机制。

二、京师大学堂双重身份的优势与困境

京师大学堂从成立开始就肩背着多重角色,它被看作是清末改革的重要象征,是改革派与保守派博弈的结果。京师大学堂在某一个时期具有的双重身份和双重职能,已被绝大多数研究者所认同。④ 后来的实际运行表明,这一定位和身份对于一个近代大学来说,既获得了优势地位也带来了发展的困境,是一把双刃剑,甚至是一个陷阱。

---

① 设立京师大学堂最早的建议是1896年提出的。由此,一些学者认为京师大学堂不算是戊戌变法的产物。

② 《光绪二十四年正月二十五日为开办京师大学堂谕》,《光绪朝东华录》光绪二十四年正月。

③ 北京大学校史研究室编:《北京大学史料》第1卷,北京:北京大学出版社1993年版,第46页、第81页,《总理各国事务衙门奏筹开办京师大学堂并拟学堂章程折》及《京师大学堂章程》。

④ 〔美〕费正清、〔美〕刘广京编:《剑桥中国晚清史1800—1911年》下卷,中国社会科学院历史研究所编译室译,北京:中国社会科学出版社1985年版,第427页。

（一）行政权力地位带来的资源优势

这种资源优势主要表现在经费资源、图书资源、优质生源以及教师资源等方面。

首先，经费资源。京师大学堂开办经费和初期建设运转经费都是朝廷特批，由户部通过外务部，将存在华俄银行的 500 万两白银的岁息大概每年 20 万两左右直接拨付给京师大学堂，后追加到 40 万两左右[①]。除此之外，还有由于京师大学堂特殊地位而获得的由朝廷下令各省认捐的经费。根据"各省督抚量力认解"的谕旨，布政使司将全国各省核定为大省、中省、小省，按每年"大省筹银二万两，中省筹银一万两，小省筹银五千两"的标准为大学堂认捐筹资。除了奉天、吉林、黑龙江外的 19 个省被核定为 9 个大省、6 个中省、4 个小省，如果各省足额筹措的话每年可得 14 万两（实际上每年都筹措不齐）。[②] 这是当时中国任何学校都没有的经费优势。

其次，图书资源。京师大学堂除了其本身就是中国最大的教材编写单位外，由于资金有保障，它还可以购买大量国内外书籍，据统计 1898—1911 年共购买 2000 余部、6000 余册国外教材[③]。1902 年（光绪二十八年），京师大学堂还以与各省平级的地位向各省督抚发出借调书籍和实验设备以充实京师大学堂的藏书楼和实验室的咨文。从北京大学综合档案中可以看到当时各省督、抚、布政使司、提学使给京师大学堂管学大臣呈送大批书籍的咨复。比如广东巡抚回复，已将广东官书局"已刊各种经史子集，以及时务新书，每种提取十部或数部刻日赍送来京……广雅书局提取书籍一百种，分装六箱呈缴前来"；湖北巡抚回复"逐一点齐，装箱十七只，请烦查照"；江苏巡抚说将 696 部书籍"共分

---

① 北京大学校史研究室编：《北京大学史料》第 1 卷，北京：北京大学出版社 1993 年版，第 511—535 页，《户部筹拨京师大学堂兴办经费及常年用款奏折》《学部为提取大学堂华俄银行息银事致外务部咨呈》等。

② 见《各省认定大学堂经费已解欠解简明表》，《中国第一历史档案馆·学部·文图庶务·卷 357》。转引自北京大学校史研究室编：《北京大学史料》第 1 卷，北京：北京大学出版社 1993 年版，第 540—542 页。

③ 张运君：《京师大学堂和近代西方教科书的引进》，《北京大学学报（哲学社会科学版）》2003 年第 3 期。

装十八箱,备批详解,核察验收"等①。可见当时行政地位带来的图书资源获取优势。

再次,优质生源。京师大学堂的特殊地位使其无论是通过考试招考还是保荐推举,都能得到京城年轻政治精英和各省公学优质和优先的生源保障。

最后,教师资源。除了京师大学堂的管理者是由中央选派的官员外,其教员都拥有优厚的薪酬待遇(体育教员都可获每月50两足银的薪酬)和业绩奖励②,尤其是其拥有"列作职官"的特殊地位③的诱惑。列作官籍,意味着京师大学堂的教员被定位为一种准国家官员,意味着他们可以免徭役赋税,可以佩戴顶戴去学堂上课,可以有乘坐轿子等特权。这既可"以便节制",稳定教员队伍,也可吸引更多教员。

照片2 京师大学堂早期教员合影

① 《北京大学综合档案·全宗一·卷36》。
② 参见北京大学校史研究室编:《北京大学史料》第1卷,北京:北京大学出版社1993年版,第305—347页。
③ 1904年清政府颁布《学务纲要》对教师身份做过再次确认,规定"学堂教员宜列作职官"。

（二）双重角色在发展中的困扰

京师大学堂的双重角色必然也会带来角色困扰。

首先，京师大学堂一方面承担着中国教育向近代化迈进、实现教育改革、为中国近代高等教育做出示范的职责，但另一方面，作为中央行政管理体制内的机构，京师大学堂还必须要处处符合和体现中央统治层面的意志，不能在近代化方向独立地发展。京师大学堂前几任管学大臣，尤其是第一任管学大臣孙家鼐，就是把揣摩朝廷旨意放在第一位的。孙家鼐深谙中国国情，明白京师大学堂的首要功课必须是经学；首要任务是为朝廷培养官员——当然是接受一些西式文化，能懂新政、会搞新政的官员，所以孙家鼐在皇帝钦批了《大学堂章程》的当天，就另外提出了重大修改方案，即在京师大学堂建"仕学院"招收"仕学生"的计划，教学内容也从原《大学堂章程》中以新学为主改为注重传统经学，兼学西学。他以自己在官场的声望和地位（吏部尚书）说服了朝廷官员和同僚，实施了由他做了重大修改而不是皇帝第一次钦批的那个章程。①

其次，京师大学堂既要遵循教育规律，又要遵守官署衙门的规矩，实际上是按行政规矩、衙门规矩办学校。京师大学堂的主官——管学大臣，不仅是按照官署规矩由中央委派，而且大学堂的其他办事人员也是中央间接委派，"其在堂办事各员，统由该大臣慎选奏派"。② 京师大学堂早期机构设置更像个衙门，按照衙门的规矩办学校自然就出现了许多与近代教育规律相悖的事情。

最后，京师大学堂既要办好自己这所学校，还要管理全国的学校。必须把相当一部分资源，包括人力和财力资源，放在对全国教育行政的管理而不是作为学校的京师大学堂的发展上。朝廷批准的京师大学堂的三部章程（1898，1902，1904），都明确规定了京师大学堂除开办学校培养人才以外的统辖管理各省学堂之责。这包括：

第一，对全国新式学堂进行绩效管理。1898 年京师大学堂初建时

---

① 北京大学校史研究室编:《北京大学史料》第 1 卷,北京:北京大学出版社 1993 年版,第 47 页,《孙家鼐覆奏筹办大学堂情形折》。
② （清）朱寿朋编:《光绪朝东华录》第 4 册,张静庐等校点,北京:中华书局 1958 年版,第 4108—4109 页,《总理各国事务衙门奏筹开办京师大学堂折》。

直接规定,将《京师大学堂章程》颁给各个学堂"令仿照办理"①。1902年《钦定京师大学堂章程》的总纲部分,把这个职责细化为"京师大学堂主持教育,宜合通国之精神脉络而统筹之。将来全国学校事宜,请由京师大学堂将应调查各项拟定格式簿,分门罗列,颁发各省堂,于每岁散学后,将给学堂各项情形,照格通报京师大学堂,俟汇齐后,每年编订成书,恭呈御览"。②

第二,为全国各级各类新式学堂制定办学章程。京师大学堂对全国教育的管理还体现在为全国新式学堂制定办学章程之上。京师大学堂担负的是"全国教育行政管理"之责,因此相应地担负着制定包括京师大学堂在内的一整套全国新式学堂的办学章程的责任。今天人们所见的《钦定京师大学堂章程》(1902年),只是张百熙(工部尚书)任管理大学堂事务大臣时所制定的一整套办学章程之一。制定这套办学章程是完成朝廷下达的任务,经谕批为"钦定学堂章程",共包括六个具体章程:《钦定京师大学堂章程》《钦定考选入学章程》《钦定高等学堂章程》《钦定中学堂章程》《钦定小学堂章程》和《钦定蒙学堂章程》。这是从幼儿园到大学、从入学到办学的系列章程,这六个章程组成的学制体系后被称为"壬寅学制"。在这些不同层级的学堂章程中处处体现着京师大学堂的统筹管理地位。比如,在《钦定高等学堂章程》《钦定中学堂章程》《钦定小学堂章程》《钦定蒙学堂章程》中均明文规定,各学堂一律必须遵守《钦定京师大学堂章程》第一章之第一至第三节。在《钦定高等学堂章程》中的第一章第八节规定了"高等学堂之功课与京师大学堂预备科功课相同,一切办法均照大学堂预备科一律办理";第一章第十一节规定,"高等学堂应将每岁总理、教习员数,并学生入学及卒业人数,于年终散学后详报京师大学堂以资考核"。甚至在《钦定小学堂章程》中也规定了学籍管理、学生待遇等一些事项照大学堂章程办理。③

第三,对全国学堂的教材负有编纂或指导编纂之责。教材的编写

---

① 刘建:《中国近代教育行政体制研究》,上海:上海教育出版社2014年版,第49页。
② 北京大学校史研究室编:《北京大学史料》第1卷,北京:北京大学出版社1993年版,第87—88页。
③ 舒新城编:《中国近代史教育资料》中册,北京:人民教育出版社1961年版,第412页、第538—549页。

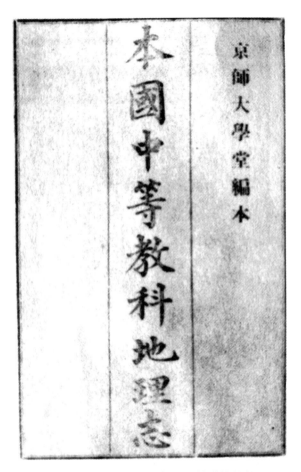

照片 3　京师大学堂编辑的中等学校教材

和审定是发展教育的关键环节,对于教育理念、人才培养目标关系极大,在某种意义上体现着国家的意志。京师大学堂作为中国近代第一所国立综合性大学和全国教育管理机构,兼负有统筹编订全国各级新式学堂教材的责任。1902 年(光绪二十八年),京师大学堂设立编书处和译书处。编书处按照中学堂、小学堂课程门目分类编辑普通课本,包括经学课本、史学课本、地理课本、修身伦理课本、诸子课本、文章课本等。译书处则专门负责翻译西书,为各学堂提供外国教材。[①] 从 1903

---

① 刘玉梅:《近代教师群体研究——以直隶为考察中心》,北京:人民出版社 2016 年版,第 201 页。

年(光绪二十九年)京师大学堂刊出的一本《暂定各学堂应用书目》可以看到京师大学堂对当时各个学校 16 门课程教材的规定。① 当然,由于教材缺口较大,除了京师大学堂外,像商务印书馆、文明书局(上海)等民间出版机构和个人也被允许出版和编写教材,但清政府同时实行教科书审定制度,"如有各省文士能遵照官发目录编成合用者,亦准呈送学务大臣(此时京师大学堂的最高领导已经由管学大臣改称学务大臣)鉴定,一体行用,予以版权,准著书人自行印售,以资鼓励"②。由此也可以看出,审核民间出版机构和个人编写教科书还是由京师大学堂的最高领导负责。

第四,对全国各省教育巡视指导。这是清政府加强中央对地方教育领导和监督的举措。这一巡视职责使京师大学堂作为最高学府而超过一般学府的管理角色凸显出来。

三、京师大学堂地位的嬗变为接纳现代学科创造了条件

晚清学部的建立,使京师大学堂的地位发生了重大变化。学部建立肇始于戊戌维新运动和清末新政中的官制改革。学部成立前,总理各国事务衙门改为外务部,还新成立了商部和巡警部等,这基本属于"增量改革",对旧利益牵动较少。而成立学部,则牵涉到礼部、国子监、翰林院等复杂的利益关系。

(一) 京师大学堂与全国教育管理权力的日渐分离

考察大学堂的发展运行轨迹,有一个职位的变化应该引起注意。1904 年,清廷简派的"管理大学堂事务大臣"(简称管学大臣)变为"总理学务大臣"(简称学务大臣),官职名称上已经没有了"大学堂"这三个字,这一变化实际上标志着京师大学堂与教育行政管理权力开始分离。

---

① 张静庐辑注:《中国近代出版史料初编》,上海:上杂出版社 1953 年版,第 229 页,《教科书之发刊概况 1868—1918》。
② 舒新城编:《中国近代史教育资料》上册,北京:人民教育出版社 1961 年版,第 211 页,《学务纲要(1904 年)》。

1904年张之洞曾上过一份专折,谈到"查现在管学大臣,既管京城大学堂,又管外省各学堂事务。目前正当振兴学务之际,经营创始,条绪万端,即大学堂一处,已属繁重异常,专任犹虞不给,兼综更恐难周。况京城大学堂不过学堂之一,其所办是否全行合法,师生是否一律均有成效,亦宜别有专司考核之大员,方无窒碍"。他给出的解决建议是:"臣之洞与诸臣商酌,拟请于京师专设总理学务大臣,以统辖全国学务。其京师大学堂拟请另设总监督一员,请旨简派三四品京堂充选。俾专管大学堂事务,不令兼别项要差,免致分其精力,仍受总理学务大臣节制考核,如是则全国之学务与首善之大学皆各有专责而成可期矣。"①清廷同意了这个建议,"管学大臣著改为学务大臣钦此"。② 原"管学大臣"的职责由此就一分为二:"全国之学务与首善之大学皆各有专责"。③ 学务大臣的具体职责在《奏定学堂章程·学务纲要》中这样明确规定:"京师专设总理学务大臣,统辖全国学务,凡整饬各省学堂,编订学制,考察学规,审定专门普通实业教科,任用教员,选录毕业学生,综核各学堂经费,及一切有关教育之事,均属焉。"④第一任大学堂总监督是大理寺少卿张亨嘉⑤,大学堂的"行政级别"骤降⑥。

学务大臣时期(1904—1905)是专门的中央教育行政管理机构建立前的过渡时期,没有建立新的官署,只增添了办事机构。在这个时期,京师大学堂与教育行政管理权力渐渐分离,学务大臣"超越京师大学堂之上专职统管全国学务,使得教育行政从传统教育体系内相对独立出来"⑦。京师大学堂这种远离中央行政管理权力的"边缘化",对于一所大学的发展来说,或许是一种松绑和解脱。陶行知曾就此评价说,"张

---

① 北京大学、中国第一历史档案馆编:《京师大学堂档案选编》,北京:北京大学出版社2001年版,第214—215页,《奏请专设学务大臣和大学堂总监督片》。
② 同上书,第215页,《著将管学大臣改为学务大臣谕旨》。
③ 同上书,第214—215页,《奏请专设学务大臣和大学堂总监督片》。
④ 《奏定学堂章程·学务纲要》,转引自朱有瓛主编:《中国近代学制史料》第2辑上册,上海:华东师范大学出版社1987年版,第98页。
⑤ 赵尔巽等撰:《清史稿》(卷84至卷130),许凯等标点,长春:吉林人民出版社1995年版,第2131页。
⑥ 宣统元年(1909),大学堂监督复升为二品官员,参见北京大学校史研究室编:《北京大学史料》第1卷,北京:北京大学出版社1993年版,第67页,《大学堂监督将升二品》。
⑦ 关晓红:《晚清学部研究》,广州:广东教育出版社2000年版,第58页。

之洞等请在京师专设总理学务大臣,以统辖全国学务,别设大学总监督,奉旨颁行。大学及全国学堂,从此纯粹从事教学,不再带教育行政之色彩"①。

当然事实并不是这么简单。权力和权力的使用都是会产生惯性的。

与京师大学堂管学大臣没有专门独立的管理全国学校事务的办事机构和属官不同,新设置的学务大臣配备了专门属官:"分为六处,各掌一门。一曰专门处,管理专门学科学务。二曰普通处,管理普通科学务。三曰实业处,管理实业学科学务。四曰审定处,审定各学堂教科书及各种图书仪器,检察私家撰述,刊布有关学务之书籍报章。五曰游学处,管理出洋游学生一切事务。六曰会计处,管理各学堂经费。每处置总办一员,帮办数员,量事之繁简酌定。学务大臣即于所属各员中,随时派赴各省考察所设学堂规制及课程教法是否合度,禀报学务大臣。如各省学堂学科有未完备、教法有未妥善之处,随时咨会该省督抚转伤学务处迅速整改,务使各省学科程度一律完备妥善,且免彼此参差。"②上述六处也统称为"总理学务处",并成为后来学部的雏形。

学务大臣配备分工如此细致的办事机构才能应付全国学校事务的管理,这说明京师大学堂独自管理全国学校事务时期出现捉襟见肘、头尾难顾的窘况是难免的。如果要全力处理全国的教育管理事务,则很难保证有充足的力量来保证京师大学堂的管理和发展;如果把精力放在发展和管理中国第一所综合性大学的教育发展上,全国学校事务的管理就会变成"能简则简"的应付。

(二)学部成立与京师大学堂"最高学府"的重新定位

作为过渡的学务大臣时期仅仅持续了一年多。全国新式教育的发展,使得学务大臣以及属官设置仍不能满足管理和发展的需要。同时,

---

① 华中师范学院教育科学研究所主编:《陶行知全集》第1卷,长沙:湖南教育出版社1984年版,第200页。

② 《奏定学堂章程·学务纲要》,转引自朱有瓛主编:《中国近代学制史料》第2辑上册,上海:华东师范大学出版社1987年版,第98页。或陈景磐、陈学恂主编:《清代后期教育论著选》下册,北京:人民教育出版社1997年版,第69页。

在新政背景下成立一个新的行政机构,既是新式教育发展管理的要求,也是各派改革和保守力量博弈的一个焦点。

学部成立前一直就有成立一个专门管理全国教育的中央机构的呼声。最早提出此建议的是英国人李提摩太(Timothy Richard)(1887)[①],最早提倡建立学部的中国人是维新思想家何启和胡礼垣(1895)。[②] 学部之所以迟迟未建,很重要的一个原因在于礼部的存在。礼部是关涉中国传统文化核心——科举制的核心部门,学部的设立将从体制上挑战旧势力——礼部的地位和一些守旧官员的利益。在新政的推进中,清廷于1905年9月2日正式宣布废除科举制,这使以科举管理为重要职能的国子监和礼部失去了教育行政机构的作用和意义,直接促成了学部的成立。1905年12月6日,清廷颁布上谕,确认振兴学务,"必须有总汇之区,以资董率而专责成。著即设立学部,荣庆著调补学部尚书,学部左侍郎著熙瑛补授,翰林院编修严修,著以三品京堂候补,署理学部右侍郎"[③],并将国子监归并学部。至此,中国历史上第一个专职管理全国教育事务的中央行政机构正式产生。学部的成立也成了中央行政体制变革突破瓶颈的关键一步,之后不到一年,清政府的官制改革全面开始。

京师大学堂的最高管理者由管学大臣变为大学堂总监督。京师大学堂不再具有兼管全国学校事务的责任,而成为一所设在京师的中央直属的综合性大学,即俗称的"最高学府"。

(三)"去行政化"后京师大学堂近代化的加速

单刃为刀,双刃为剑。双刃剑在今天被人们用来形容一件事物的两面性,或者对于特定事物产生的双方面的影响。

学校教育权力以外的行政管理权力和地位对于一所大学发展的作用就像一把双刃剑。京师大学堂在初期,一方面可以借掌教育行政管

---

① 参见〔英〕李提摩太:《七国新学备要》,广学会,1892年。
② 参见何启、胡礼垣:《新政真诠——何启、胡礼垣集》,郑大华点校,沈阳:辽宁人民出版社1994年版,第103—180页,《新政论议》。
③ (清)朱寿朋编:《光绪朝东华录》第5册,张静庐等校点,北京:中华书局1958年版,第5445页。

理权力,扩大和发展学校的影响和地位,在这个意义上,这一行政权力有助推器的作用;但另一方面,作为体制内国家行政管理机构的一部分的大学,其学术学科的自由独立与发展往往因此而受到约束。对全国学务的管理之权,实际上是一个超出了学校职能和能力范围的"负担"。一所大学过分倚仗行政权力,也容易对教育发展规律产生误判。

全国教育管理权从京师大学堂剥离出来后,京师大学堂作为一所相对单纯的大学在学部的一个专门司的"行政指导"下得到了相对独立的发展。"去行政化"后京师大学堂的发展呈现出一种什么样的状况呢?由于没有当时的学科评估数据,很难量化研究。本书对这个问题的研究角度是通过研究学部的机构设置以及所要承担的职能反推京师大学堂对于本该承担如此多的全国教育管理职能其实是勉为其难,甚至事实上是无法做到的,"合署"下去的结果不仅是全国学务管理的弱化和受损,而且京师大学堂的学科发展也必受其累。因此"去行政化"后的京师大学堂实际上是松绑和解脱,获得了某种自由发展的空间。但同时也应注意到,政治地位和管理权上"边缘化"后,京师大学堂虽然在学科学术发展中有了相对独立和自由,但促进其发展的某些资源也有所受限,其困境的解决办法有时还要从"行政化"余波带来的特殊待遇中"获取"。

1. 京师大学堂获得了专注内部发展的精力和空间

与教育管理行政职能的分离,使京师大学堂免去了必须设置众多教育行政管理机构才能履行的管理教育职责的困扰。

学部成立本身及其成立后的重要举措就是添设对全国学务的管理机构(当然学部的机构庞大也为时人所诟病)。这也可以理解为,对于全国学务的管理本来就是需要专业分工和建立专门的管理机构的。如果不另设学部,京师大学堂实际上是没有能力和实力(包括编制和预算)设立如此多的管理机构并且履行管理职能的。学部成立后,马上增设和扩展用于专门管理全国学务的机构和职能,其中有从京师大学堂和学务大臣的职责中接手继承的,更多则是新增设的。比如学部的整体机构设置为"五司十二科"("总务司"下设机要科、案牍科、审定科;"普通司"下设师范教育科、中等教育科、小学教育科;"实业司"下设两科专管实业教育;"专门司"下设教务与庶务两科掌核办大学堂、高等学堂及各种专门学堂等一切事务;"会计司"下设度支、建筑两科)以及"三局二所"(京师督学局、编译图书局、学制调查局;教育研究所和高等教育会议所),形成了有机构、有属官的设置。在这个庞大、复杂且具体的教育管理体制机构设置中,京师大学堂原来承担的对全国学校的教材编写翻译、审核办学章程、考核教员、制定标准等具体管理事务,都交由学部的多个分工细致的专设部门去做;京师大学堂专为处理各地学校事务而设的纯粹事务性机构,如文案处、支应处、杂务处等部分事务也由学部新设立的相关部门去做;原来京师大学堂和管学大臣基本无暇顾及的对各地学校教学的分类指导和巡视工作,也由学部专门设立的定员和不定员的"视学官"和"咨议官"来完成①。在新的设置中,视学官"专任巡视京外学务",以了解对方学务情形,督促规范办学。而以前大学堂兼任指导京外各地学务时,只是在形式上应付,比如让各地学校填个报表然后汇总一下呈上即可。谘议官是学部事务的参谋顾问,"凡学部有重要筹议之件,随时咨询。该员于教育有所建议,均得随时分别函呈,以备采择"。谘议官分为四等,"一等视丞,二等视参议",均由学部从中央和地方的中高级官员及教育界名流中挑选奏派;"三等视郎中、员外,四等视主事,也由学部委派",但更多是在各省学界挑选有办学经验者担任。1906年和1908年,学部先后两次奏派一等谘议官12人、二等咨议官34人②。上述庞大的管理机构和专门管理人员,应该是当时全国新式教育发展所需要的管理规模,这些显然是京师大学堂难以调动、使用和满足的资源配置。换个角度说,赋予京师大学堂管理全国学务这一权力和职责,对于京师大学堂所拥有的资源来说,只能做到如张之洞所言的"应付"③。学部成立后,以庞大的机构管理全国教育事务,而京师大学堂的总监督一职,主要就是针对京师大学堂的内

---

① 关晓红:《晚清学部研究》,广州:广东教育出版社2000年版,第98页。
② 《奏续调人员差遣折》,《学部官报》第4期,1906年10月28日。《学部官报》光绪三十二年七月(1906年8月)创刊于北京,1911年停刊。第1、2期为月刊,第3期起改为旬刊。期数按发刊总期数排序。
③ 《光绪二十四年正月二十五日(1898年2月15日)为开办京师大学堂谕》,《光绪朝东华录》光绪二十四年正月。

部管理和发展了。

2. 学部成立后京师大学堂的经费专门用于办学

京师大学堂开办经费和初期建设运转经费是由朝廷特批将华俄银行的岁息直接拨付给京师大学堂以及各省认捐的费用和资助。但这两笔比较稳定的款项的用途是包括了用于京师大学堂本身的发展和京师大学堂对于全国教育管理之费用的。学部成立后，户部拨付的华俄银行岁息和各省认捐仍然由京师大学堂使用，但已经可以全部用于京师大学堂的建设和发展，而不再用于对全国教育的管理（京师大学堂分科大学开办后，又申请了追加经费）。对全国学务管理之费用，则由学部单独筹措和预算。学部的经费来源有三条途径：一是将各省岁科两考的棚费①分提数成作为学部常年经费；二是把礼部、国子监两署经费并入学部；三是学部自行设法添筹其他款项。除了一段时间内因礼部仍保留而未将经费划入学部外，其他经费均照上述落实②。也就是说，学部成立后对全国学务之管理另有经费来源，而京师大学堂原来得到的拨款可以作为办学经费专款专用了。

3. 京师大学堂的教员仍享有较高地位

虽然大学堂不再拥有国家教育管理机构之地位，总监督的品级也降为四品（在京师大学堂开办本科后总监督一职又被升为二品），但学堂管理者和教员却仍享有很高的薪酬待遇和社会地位。这个很高的地位是由其"列作职官"的身份来保障的。1905 年学部成立时，曾对行政管理权限剥离后的学堂教员是否保持原来身份问题进行过讨论，最后的决定是学堂教员仍然列作职官，"别以品秩，判以正副，重以礼貌，优以俸薪"③，以达到尊师重教、稳定师资的目的。据 1905 年 12 月 21 日刊于《申报》的《议定学堂管制纪闻》报道，当时有"大学堂监督，三品；大学堂助教，六品"之说。后来又有"大学堂监督既为专官，所有各学堂的监督、提调、庶务员等亦应一律分别品级改为实官，以便专心教育而

---

① 考棚即贡院，是科举考试的场所。修、建考棚的经费为棚费，一般由各地公银支出和各地官绅捐资。
② 关晓红：《晚清学部研究》，广州：广东教育出版社 2000 年版，第 91 页。
③ 舒新城编：《中国近代史教育资料》上册，北京：人民教育出版社 1961 年版，第 275 页。

免分营"①的方案。这一身份,在官本位的中国,具有强大的吸引力,起到了稳定教师队伍的作用。当然,这也强化着其对朝廷的忠诚、认同和服从,这一点对于大学的学术发展是何种作用是另一个研究话题。

4. 京师大学堂的学科发展有了相对自主性和灵活性

与全国教育行政管理权力脱钩后的京师大学堂,获得了相对轻松和自由的发展空间,在决定其学科与学术向近代大学方向发展方面有了相对的自主性和灵活性。自1905年学部成立到1911年前,京师大学堂的学科建设有了较大的调整,朝着更接近近代高等教育的方向改革和发展。

对于京师大学堂来说,让实操性、应用性的法政理财科独立出去另设专门学校,而保留和设置学术型的政治学、法律学,并将之合并为法政科,是符合近代学术性大学的一般规律的。1908年6月,学部奏准京师大学堂优级师范科改为京师优级师范学堂,以后脱离京师大学堂而独立。这些对大学学科设置的近代化都具有重要意义。

开办本科教育是大学的关键指标。由于创办初期没有符合近代大学生源的中学生生源,所以京师大学堂第一部章程(1898年)承认了"西国大学堂学生,皆由中学堂学成者递升,今各省之中学堂,草创设立,犹未能遍;则京师大学堂之学生,其情形亦与西国之大学堂略有不同"②的现实。尽管如此,在第一部章程中还是按照西方近代大学学科的设置方式,设计了公选课和专业课共25种③。在1902年的京师大学堂第二部章程即《钦定京师大学堂章程》中,则明确提出了开办分科大学(大学本科)的方案,"今定大学堂全学名称:一曰大学院,二曰大学专门学科,三曰大学预备科"。由于没有大学本科生源,所以在大学分科专业设置一节的第一句写有"大学分科俟预备生卒业再议课程"这样无奈惋惜的话。1904年京师大学堂第三部章程即《奏定大学堂章程》,在没有开办大学本科的条件下仍然对未来分科大学的8个学科45个专

---

① 《学堂教员均改实官》,《申报》1907年7月22日。
② 北京大学校史研究室编:《北京大学史料》第1卷,北京:北京大学出版社1993年版,第81页。
③ 同上书,第82页。

业课程体系做出了详尽的规划。可见,开办分科大学、实现本科教育一直是京师大学堂明确的办学目标,也是很长时间内没有实现的举学之痛。

时间终于到了 1908 年。这时预备科和速成科的毕业生数量有了一定的积累,各省兴办的新式学堂的毕业生也可以为分科大学提供生源,教员也基本到位。按照第二个和第三个京师大学堂章程的规划,分科大学的条件已经成熟。京师大学堂上下几次酝酿,于 1908 年 10 月向学部奏请开办分科大学,1909 年获准。1909 年,是清政府的新政突围之年(京师大学堂创办人孙家鼐去世),也是京师大学堂开办本科教育之年。但因分科大学新校舍的筹建需费时日,京师大学堂分科大学的开学典礼推迟到 1910 年 3 月 31 日(宣统二年二月二十一日)才举行。至此,京师大学堂才真正成为有本科教育的近代意义上的综合性大学。

脱离了行政管理权力的京师大学堂的独立性只是相对的,毕竟它仍是中国政治体制和教育体制下的学校。学部成立后经朝廷奏准,立即颁发了国家的教育宗旨,即"忠君、尊孔、尚公、尚武、尚实"①。这十个字,简明扼要、指向清楚。"忠君"是当时清朝帝国体制必不可少的内容,这涉及的是教育的政治原则;"尊孔"涉及的是教育的意识形态要求。京师大学堂奏请开办分科大学时,按照近代大学教育规律设置的学科,本来没有设立"经科大学"之计划。但学部大臣张之洞认为世风日下,"非早立经科,不足匡救其失"②,坚持增设经科大学,结果京师大学堂不得不将经科(下设毛诗学、周礼学、春秋左传学,四书为通习之课)③列为本科教育的首要学科。教育宗旨的后三项则被认为是针对当时"中国民质之所最缺"的品质而立。"尚公"指要崇尚公共政治,暗含着对王权政治的一种否定;"尚武"指要崇拜武力,重视军事教育,暗含着近代化的取向;"尚实"则指要崇尚实用科学教育。"尚公、尚武、尚

---

① 参见《奏陈教育宗旨折》,璩鑫圭、唐良炎编:《中国近代教育史料资料汇编·学制演变》,上海:上海教育出版社 1991 年版,第 535 页;王学珍等主编:《北京大学纪事(1898—1997)》,北京:北京大学出版社 2008 年版,第 26 页。
② 《议开经科大学》,《盛京时报》1908 年 5 月 29 日。
③ 王学珍等主编:《北京大学纪事(1898—1997)》,北京:北京大学出版社 2008 年版,第 41 页。

实"体现的才是中国近代教育的基本转向。京师大学堂只能尽量在其他课程设计中努力向教育近代化的方向接近。

总之,从晚清学部成立前后京师大学堂的定位和发展来看,行政权力因素对大学发展的影响是一把双刃剑,即有着两方面的影响。京师大学堂初建时期借助自身的行政权力地位获得了较多的资源,确立了最高学府的示范和地位,但同时兼负教育行政管理职能也对自身的学科学术发展带来限制和约束;"去行政化"后的京师大学堂,在学科和学术方面有了相对独立的发展。晚清学部成立前后的京师大学堂,是在拥有和失去、摆脱又离不开教育行政管理权力因素的"行政化"与"去行政化"的纠结和矛盾中曲折发展的。

京师大学堂的特殊地位及其演变,对其成为中国政治学学科与学系的诞生地有重要和密切的关系。作为中国最早的国立综合性近代大学,它的行政化与去行政化,分别从不同的两个角度说明了为什么京师大学堂—北京大学能成为现代政治学在中国扎根生长之地,它对于近代学科的选择具有"现代性"的使命,也有"国家需求""政治统治"的考量。它的政治使命和行政地位决定着它会紧密而自觉地与实现国家政治目标靠近,它的知识使命和精英地位决定着它对教育和学术的最直接目的的本能追求,这使京师大学堂—北京大学最早具备了接纳和建立现代政治学科的客观条件和主观动力。

第二章
政治学专业设置从筹划到启动：
京师大学堂的三个章程

本章将以三部办学章程为线索来描述京师大学堂政治学专业设置从无到有的过程。章程，是组织或团体经特定的程序制定的关于组织规程和办事规则的规范性文件。办学章程或学校章程则是关于办学的基本思想、基本架构、基本运行等规则和设想的纲领性文件。在设立京师大学堂的动议产生后，清廷曾责成总理各国事务衙门着手先行拟定《京师大学堂章程》。在未办大学堂之前起草章程，显然是要先制定一个总体规划。总理各国事务衙门大臣找到积极倡议办学的康有为起草，康有为又请出梁启超，梁启超起草后由总理衙门修改上奏。京师大学堂的历史上，先后有过三部御批章程，即《总理衙门奏拟京师大学堂章程》《钦定京师大学堂章程》《奏定京师大学堂章程》，由此可以看出清廷对于建立京师大学堂这一项事业的重视。

这三部章程反映出的京师大学堂规划设计的变化轨迹，实际上也反映了中国对于近代高等教育的不断认识的过程，当然也给后人留下了重要的文本资料。这三个章程出台的背景、时间以及带来的结果，就成了我们今天观察京师大学堂时期政治学专业从蓝图到现实的一个重要窗口。不过，章程只是重要的文本，在帝国时代，像《京师大学堂章程》这样的文件，是需要经过有关大臣和相关部门上奏和皇帝钦批的，因此会出现拟本、奏本与钦批本的不同；更重要的是，在章程中提出的理想设计即便是御批了，也并不一定就真的能够得以实现。所以，对这几部章程中出现的课程设计和学科建制，在过去的研究中往往被误认为是发生过的事实,甚至明明在章程中清楚地注明了本科课程只是设计,目前没有条件实行,"俟预备科学生卒业之后再议"①,仍然有性急和粗心的研究者和读者把文本和设想当成现实来看,总有文章把1902年章程中的"政治科"和1904年章程中政法科—政治学门"的设计,当成是1902年和1904年京师大学堂就已经有了政治学门的分科建制。所以,厘清这三个章程与实际政治学科建设之间的关系非常必要。

一、《总理衙门奏拟京师大学堂章程》与仕学院

现代学系是现代学科赖以生长的单位和依托。

阐述中国政治学学科与学系建立的渊源,肯定要回溯到京师大学堂时期,但京师大学堂的建立并不意味着政治学学科就开始设立了。京师大学堂初建时,还没有任何学科意义上的政治学专业,也没有学科建制意义上的政治学教学单位。作为学系的政治学,究竟发端于何处、肇始于何时?它的前身或起源为何?比较流行的说法有两个:一是1898年京师大学堂建立时的"仕学院"是北大政治学系的渊源;二是京师大学堂的"仕学馆"是北京大学政治学系的渊源。但是,这两种说法都不十分严谨。第一种说法没有对京师大学堂初建时"仕学院"的真正情形有准确的了解;第二种说法则没有分清京师大学堂"仕学院"与"仕学馆"的区别。"仕学馆"的设置和称谓是1902年京师大学堂恢复招生和设立速成科时才有的。史料显示,由于计划办学和实际办学的差别,1898年12月31日京师大学堂开学时,办学规模与第一部章程中的办学计划相比是大大压缩的,以至于都没有专业划分,整个大学堂实际只有一个"仕学院"。② 如果将初办时的仕学院认定是政治学系的前身,那么,许多学科专业和学系(尤其是文史哲各专业和学系)都可以这样"认宗",京师大学堂的仕学院就成了众多学科和学系共同的前身。

更值得注意的是,在京师大学堂的第一部章程里根本没有仕学院

---

① 北京大学校史研究室编:《北京大学史料》第1卷,北京:北京大学出版社1993年版,第88页。

② 除仕学院外,还有年龄较小的无官品功名的所谓"中学生"和"小学生"。

第二章
政治学专业设置从筹划到启动:京师大学堂的三个章程

的建制和计划,可实际上京师大学堂历史上的第一个时期却是"仕学院"时期。

(一) 第一个章程的两个版本与仕学院的出现

《总理衙门奏拟京师大学堂章程》被称为京师大学堂的第一部章程,这也是今天人们广泛引用的版本。本来拟任管学大臣孙家鼐是计划请张謇起草《京师大学堂章程》的,但不知为什么这事就没有下文了。1898年(光绪二十四年)6月11日《定国是诏》颁布后,京师大学堂建设进展缓慢,皇帝便催促总理各国事务衙门抓紧办理,于是他们就找到康有为帮忙起草。康有为当时正忙着为能觐见光绪皇帝在赶写《各国政变考》,就转请梁启超参考英美和日本的大学制度起草个章程。据记载,梁启超起草的章程为8章52节。但7月2日,由总理衙门呈给皇帝的《总理衙门奏拟京师大学堂章程》是8章54节,显然经过了总理衙门的修改。修改的地方主要是京师大学堂的管学大臣和总教习的权责和人选,这一修改否定了康有为当总教习的可能。为此康有为愤而表示以后"誓不沾大学一差,以白其志。……"①

照片4 1898年奏拟京师大学堂章程原件

京师大学堂之名,其"京师"之意是开在首善,由中央举办;"大学堂"之意,则为区别中国现有学堂并体现仿照西方各国近代大学的初衷。也就是说,举办京师大学堂,办的是大学,而且是与世界各国大学

---

① 《康南海自编年谱》,转引自北京大学校史研究室编:《北京大学史料》第1卷,北京:北京大学出版社1993年版,第87页。

培养和教育主体是本科大学生相同的大学。但是,由于中国兴办近代大学和兴办近代中小学的"新学"事业,基本是在洋务运动和戊戌变法后的同一个时期开始的,所以,当时举办新式大学却没有足够的学成毕业的新式中学的学生作为大学的生源。1898年总理衙门奏拟的《京师大学堂章程》,在总纲部分也明确承认这一现实:"西国大学堂学生,皆由中学堂学成者递升,今各省之中学堂,草创设立,犹未能遍;则京师大学堂之学生,其情形亦与西国之大学堂略有不同。"①

这部《奏拟京师大学堂章程》提出了解决这一问题的办法和设想,但是这个办法和设想并没有来得及完全实现。这个解决的办法是:"今当于大学堂兼寓小学堂、中学堂之意,就中分列班次,循级而生。"②这初看起来似乎是要在开办大学堂同时,自己直接办小学堂、中学堂,然后待小学堂、中学堂的学生学成毕业后即成为大学堂的生源的意思了。甚至《京师大学堂章程》还为这种办学提供了更充足的理由:大学堂要办师范学堂培养师资,"西国师范学堂每与小学堂并立,即以小学堂生徒,命师范生教之"③,也就是说,办小学堂也是一举两得,还可以给师范生提供实习的机会。所以,"今拟择其年在十六以下十二以上者作为小学生,别立于小学堂中,使师范生得以有所考验,实一举两得之道"。④这个解决方案在当时是有争议的,比如陕西道御史吴鸿甲就几次上奏皇太后和皇帝,提出大学堂"顾名思义不应设小学堂在内"⑤,孙家鼐回复解释,"查上年军机大臣暨总理各国事务衙门大臣奏定章程以各省之中学堂未能遍立,当于大学堂中并寓小学堂中学堂之意,并非降格相就",并取得了皇帝的采信。⑥ 所谓大学堂中的中小学堂究竟办没办?是不是今天的大学附属中学、附属小学的形式?在档案资料中可以找到相关的文字描述。比如在《京师大学堂规条》中确实有关于"小学

---

① 北京大学校史研究室编:《北京大学史料》第1卷,北京:北京大学出版社1993年版,第81页。
② 同上。
③ 同上。
④ 同上书,第82页。
⑤ 北京大学、中国第一历史档案馆编:《京师大学堂档案选编》,北京:北京大学出版社2001年版,第73,77页,《陕西道御史吴鸿甲奏请删并大学堂折》。
⑥ 同上书,第77页,《协办大学士孙家鼐奏陈大学堂整顿情形折》。

第二章
政治学专业设置从筹划到启动：京师大学堂的三个章程

生"的管理条文，①比如1900年（光绪二十六年正月）礼部左侍郎许景澄在《奏覆大学堂功效折》中说到，"现计住堂肄业者仕学院学生27人、中学生151人、小学生17人、附课学生43人"②，共计238人③。京师大学堂最早的学生招收标准和学生性质，对于京师大学堂的定位和演变是一个重要的考察角度。首先要注意的是其表述为"中学生""小学生"，而不是学校意义上的"中学堂""小学堂"。其次要注意的是，仕学生、中学生和小学生这三类学生到底是什么认定标准？按照第一部章程的设计方案，京师大学堂招收的学生主要分为两种，第一种是"逾旨所列翰林院编检、各部院司员、大门侍卫、候补候选道府州县以上及大员子弟、八旗世职、各省武职后裔之愿入学堂肄业者"；第二类学生是"各省中学堂学成领有文凭咨送来京肄业者"。④ 也就是说，京师大学堂建立之初计划招收第一届学生，一是有特定地位背景的在职人员或世家子弟；二是已经中学毕业的应届或往届学生。从报名和录取情况看，符合这个条件的生源是缺乏的。在1898年（光绪二十四年五月十五日）的《总理衙门奏拟京师大学堂章程》中，原本并无"仕学院"之建制，仕学院在京师大学堂的设立既是不得已也是有意为之。孙家鼐作为京师大学堂的实际操办人和主持人，深谙中国国情，明白在刚刚兴办新式教育不久的中国，是找不到充足的符合攻读现代大学的在职人员和现代中学生的生源，况且京师大学堂的首要政治任务是为朝廷培养和训练一批接受西式教育，能懂新政、搞新政的官员，所以孙家鼐在皇帝钦批了《大学堂章程》的当天，就提出了重大的修改方案——"拟立仕学院"⑤，招收有功名的官员，而且成功说服了朝廷和同事，皇帝当天就批复"孙家鼐奏筹班大学堂大概一折……与前奏拟定办法，间有变通之

---

① 北京大学校史研究室编：《北京大学史料》第1卷，北京：北京大学出版社1993年版，第209页。
② 北京大学、中国第一历史档案馆编：《京师大学堂档案选编》，北京：北京大学出版社2001年版，第87页，《礼部左侍郎许景澄奏覆大学堂功效折》。
③ 也有218人之说。
④ 北京大学校史研究室编：《北京大学史料》第1卷，北京：北京大学出版社1993年版，第83页，《总理衙门奏拟京师大学堂章程》（光绪二十四年五月十五日）。
⑤ 同上书，第47页，《孙家鼐奏覆筹办大学堂情形折》（光绪二十四年六月二十二日，1898年8月9日）。

处,缕析条分尚属妥协。造端伊始,不妨博取众长,仍需折衷一是,即著孙家鼐按照所拟各节,认真办理,以专责成"①。他的修改方案中提出的在京师大学堂以外的五城另建中学堂和小学堂的建议同时也得到了奏准,"著五城御史,设法劝办与大学堂相辅而行,用副备人才之意"。②

最终,在章程之外,在招生生源和教学计划匹配方面,实行了孙家鼐提出的"仕学院"的计划,即招收那些已经取得了进士、举人功名的在京七品以上官员。而中学堂、小学堂是在京师大学堂以外的五城另建的。所以,在京师大学堂开办的第一个阶段(1898—1900),只设立了一个院即仕学院,但确实有三类学生,即仕学生、中学生、小学生。为什么已经在京城另设中小学堂了,在京师大学堂还会出现中学生和小学生呢?这里的中小学堂和中小学生应该非一般中小学校意义上的。按照第一部章程的设计,京师大学堂设的小学堂招收的是16岁以下12岁以上的学员,这个年龄段应该还是孩子,但在所能看到的材料中,没有针对少年的考试,也没有见到有人回忆曾有一群孩子在京师大学堂学习的材料。京师大学堂庶务提调(总务管领)喻长霖的回忆说,其实并无中学堂和小学堂,只是把20岁以上、35岁以下的非官员生称作"中学生",年龄在20岁以下的非官员生叫"小学生",③这既是为与仕学生相区别,更是出于管理的需要。余音在《孙家鼐创办京师大学堂风云》一书中曾写到,京师大学堂第一任西学总教习丁韪良(William Alexander Parsons Martin)回忆说,"大学堂本部,分仕学、中学、小学三个部分,但这里的中小学跟我们现在所理解的中小学有所不同……官至七品的举人和进士即为仕学院学生,无官职、但在20岁以上的即为中学生;无官职、20岁以下的通称为小学生"④。特别是这三类学生的学习内容和学习安排都完全一样的这一点,更能说明在大学堂里并无实质上的小

---

① 北京大学校史研究室编:《北京大学史料》第1卷,北京:北京大学出版社1993年版,第48页,光绪二十四年六月二十二日谕(德宗实录卷四二二)。
② 同上书,第47页,《孙家鼐奏覆筹办大学堂情形折》(光绪二十四年六月二十二日,1898年8月9日)。
③ 参见喻长霖:《京师大学堂沿革略》,刘锦藻撰:《清朝续文献通考》第2册,卷一百六,上海:商务印书馆1936年版,第8648—8649页;萧一山:《清代通史》(四),上海:华东师范大学出版社2006年版,第64页。
④ 余音:《孙家鼐创办京师大学堂风云》,北京:人民出版社2008年版,第245页。

学——中学——大学的"循级而生"的体制,他们都是按照"中学西学"的"时刻各半"的课时安排,根据学习进阶水平(溥通学、专门学)分为"头班"和"二班"①。这种局面其实持续的时间也很短,1900年义和团运动爆发,京师大学堂暂停,1902年复校后,在京师"五城另建中学堂小学堂"的计划也同时普遍实行,复校后的京师大学堂亦再无所谓"小学生"。

总之,京师大学堂的第一部章程,有两个版本,一个是康梁起草,另一个是总理衙门修改后奏拟并得到御批的京师大学堂章程。但是,关于仕学院的设置并不在章程中。由此也可以看出,我们在阅读和分析《章程》时,区分设计与现实是非常重要的,这一原则,在研究关于京师大学堂的课程设置时尤为重要。

(二) 仕学院时期的"政治学"课程设计

1898年《总理衙门奏拟京师大学堂章程》的起草者(实际上主要是梁启超)参考西方国家和日本的教学体制,根据当时有限的条件做了一些变通后,对京师大学堂的课程做了初步的规划:

> 西国学堂所读之书皆分两类:一曰溥通学("溥"通"普"),二曰专门学。溥通学者,凡学生皆当通习者也。专门学者,每人各占一门者也。今略依泰西日本通行学校功课之种类,参以中学,列表如下:
>
> 经学第一,理学第二,中外掌故学第三,诸子学第四,初级算学第五,初级格致学第六,初级政治学第七,初级地理学第八,文学第九,体操学第十,以上皆溥通学。
>
> 英国语言文字学第十一,法国语言文字学第十二,俄国语言文字学第十三,德国语言文字学第十四,日本语言文字学第十五。以上语言文字学五种,凡学生每人自认一种,与溥通学同时并习,其功课书悉各该本国原本。

---

① 北京大学校史研究室编:《北京大学史料》第1卷,北京:北京大学出版社1993年版,第83页,《总理衙门奏拟京师大学堂章程》(光绪二十四年五月十五日)。《万国公报》卷一百二十,曾报道过京师大学堂分为三班,"凡中学已通,而西学又知门径者作为头班;中学已通而西学尚不知门径者作为二班;其仅通中文而未通中学者作为三班"。这里以章程为准。

高等算学第十六,高等格致学第十七,高等政治学第十八(法律学归此门),高等地理学第十九(测绘学归此门),农学第二十,矿学第二十一,工程学第二十二,商学第二十三,兵学第二十四,卫生学第二十五(医学归此门)。以上十种专门学,俟溥通学卒业后,每学生各占一门或两门。①

严格说,这套课程还不是完全建立在现代分科基础上的专业教学体系,更像是加入了西学的一种"通识教育"规划。这个教学规划包括了基础课10门、专业课10门、外语课5门,共25门,是一个"大杂烩"式的课程安排。所有学生都必须学习的10门必修基础课,实际上涵盖了10个学科领域,比较接近今天中国大学的公共必修课;而每个学生都要自选1门外语课作为外语必修课,体现了清廷和京师大学堂对于西学以及与西方交往能力培养的极度重视(对年纪大些的学生有所通融②);专业课列出了10门("专门学"),但学生只需从中选择1—2门。如果"专门学"所列10门只是课程,从大学分科教育的要求来说,在公共必修基础课后只选择1到2门的专业课显得薄弱;如果这10门是专业方向,那么在高等算学、高等格致学、高等政治学、高等地理学、农学、矿学、工程学、商学、兵学、卫生学等专业下还应该有一套支持专业的系列课程。目前没有发现支撑专业的具体课程,而且10门基础课(溥通学)显然也只是课程名称,按罗列的规则,与基础课并列的那些专门学,应该也是课程。显然这是一套基于快速培养人才目标的课程体系而不是学科体系。但值得关注的有三点:第一,政治学在这个课程体系中出现了两次,一次是作为公共必修基础课出现的"初级政治学"(章程中为"溥通学"),一次是作为专业课(章程中称"专门学")出现的"高等政治学"。可以推测出当时对属于经世致用之学的政治学的极端重视。第二,在专业课"高等政治学"出现时,后面有一个"法律学归此门"的注解。这又是一个让人浮想联翩的表述,此门是否就是后来所说的"政治

---

① 北京大学校史研究室编:《北京大学史料》第1卷,北京:北京大学出版社1993年版,第82页。
② 同上,《总理衙门奏拟京师大学堂章程》中有"其年在二十一以上,舌本已强,不能学习者,准其免习"的记载。

学门"呢?① 是不是1898年就有了"门"这一学系的概念了呢？通盘考察1898—1900年的课程设置,这时的"门"与后来依托于学科的独立机构与建制的"门"是不同的,应该还只是中国传统意义上的知识门类而已。第三,从京师大学堂的早期开始,法律学确实常和政治学共属一个大的学科门类,从此开始了北京大学学科史上政治学与法律学在"政法科""法政科""法科"辖下不断缠绕、反复的历史。

这一开列了25门课程的教学规划课程体系是否如约施行,是个更重要问题。仕学院只存在了一年多的时间,学生人数从130多人最多时曾增至218人,分为七堂授课,这样的学生规模和授课规模是否已经能够按照"基础课10门、专业课10门、外语课5门"的25门课程的计划执行了呢? 目前没有找到具体的课程表等材料证实,也没有教师开课名单来供研究者反推课程体系。京师大学堂第一阶段(1898—1900)的原始材料一直是缺失的,现在比较多的课程资料主要是京师大学堂1902年到1912年这一时期的。1900年2月18日(光绪二十六年正月十九),管学大臣许景澄有一个回复皇帝询问京师大学堂开办后的情形的复折,说"大学创办仅及年余,现分教经史、政治、舆地、算学、格致、化学、英法德俄日各国文字等科,宽以时日,必能成材"②,如果管学大臣不是仅仅让皇帝高兴而"谎报军情"的话,从这个回奏看,京师大学堂仕学院时期的教学方向是基本按章程计划实施的,但是否在仕学院时期就能开出"初级政治学"和"高级政治学"这样的课程并且能做出专业上的区分还是存在很多疑问的。

(三) 政治专门讲堂:北京大学政治学最早的学科和学系渊源

在京师大学堂的发展历史中,什么时候开始具备了分科、分专业进行教学和人才培养的意识和条件呢? 换句话说,基于近代学科分科的教学体系起源于何时呢?

近代学术的发展,在很大程度上依赖于近代的学科分科制度,学科

---

① 在这个课程规划中,还有"测绘学归此门""医学归此门"的表述。
② 北京大学校史研究室编:《北京大学史料》第1卷,北京:北京大学出版社1993年版,第50页,《光绪二十六年正月为详京师大学堂情形谕》(《德宗实录》卷四五八)。

分科的一个重要依托便是大学学系的建立,基于分科治学的教研单位——学系的建立才将学科划分的边界相对稳定地固定下来。

1899年御史吴鸿甲曾有奏本,指责大学堂的种种不是,其中有一条就是大学堂"学生功课不分难易,统以分数核等第"①,这一指责实际上反映了当时京师大学堂初建时没有专业划分、不是按照专业分科培养的大致情形。如前所述,京师大学堂的仕学院时期,所有学生研习的内容基本是一样的:在传统经学之外,加学一门外语和若干西学课程。这显然是快速训练粗懂西方的新政人才的思路,而不是培养近代专业科学人才的思路。

孙家鼐在主政京师大学堂初期,除了修改了招生方向并开设了仕学院之外,也没有严格按照《京师大学堂章程》的计划办学。他的办学思想是在"中学为体、西学为用"的总体框架下,注重传统经学,兼学西学。反映在课程设置和教学管理上就是将京师大学堂的学生,分为六堂"课士",这六堂分别为"诗""书""易""礼""春""秋"。② 这里的"堂"到底是什么?是指专业还是指课堂?似乎兼而有之。这里的"堂"首先是分班的概念,但结合当时社会上有人嘲笑京师大学堂"犹如国子监之旧制"的讥讽话语,京师大学堂以"诗书易礼春秋"命名的分堂,应该也是与授课内容主要是经学有关,更多体现了办学取向和文化价值观(比如为什么不用"声光电气""自由平等民主博爱"命名?说明还是有文化价值观的因素)。所以这产生了让后人不断想象的一个情景:京师大学堂开始时,100多个学生被编入名为"诗""书""易""礼""春""秋"的6个班,上午学习传统经学,下午学习包括格致、算术、化学、外语等在内的西学。这个场景其实反映了京师大学堂开办之初,并没有基于现代大学学科理念的专业划分、组织设置和管理意义上的教学单位。

---

① 北京大学校史研究室编:《北京大学史料》第1卷,北京:北京大学出版社1993年版,第49页,《光绪二十五年三月二十七日为整顿大学堂谕》(《德宗实录》卷四四一)。
② "大学堂开办初,分诗书易礼春秋六堂课士,每堂不过十余人,春秋堂的人数略多,也不过二十余人"。参见喻长霖:《京师大学堂沿革略》,刘锦藻撰:《清朝续文献通考》第1册,卷一百六,上海:商务印书馆1936年版,第8648—8649页;萧一山:《清代通史》(四),华东师范大学出版社2006年版,第63页。

第二章
政治学专业设置从筹划到启动:京师大学堂的三个章程

这种情况在1899年的9月发生了一点变化。这也是与政治学系前身的出现关系最为密切的一个重要变化。京师大学堂的第二个学期,即1899年的秋季,有不少新学生陆续到校,人数达到218人[1],学生结构也发生了一些变化,按照管学大臣的汇报是,有强烈学习西学之愿的人明显多了起来。于是京师大学堂决定,按照课程和学习科目调整教学组织设置,开设史学、政治、舆地三个专门讲堂,以及格致化学讲堂和英文、法文、德文、俄文、日本文学堂[2]。吏部左侍郎许景澄在《奏覆大学堂功效折》里说,"自上年八月(指1899年9月)以后,由经史常课学生内陆续拨入专门政治舆地等堂者计有四十二人,由算学拨入格致化学等堂者计有四十九人"[3],喻长霖也回忆说,"乃拨其尤者,别立'史学、地理、政治三堂',中学小学合并,仕学院仍保留其名"[4]。这里的变化是:首先,在管学大臣许景澄的覆奏中,史学、政治、舆地叫作专门讲堂,其他各班只是一般讲堂或学堂;其次,这些新设"讲堂"都是以所学新学科命名的,而不再是以"诗""书""易""礼""春""秋"等传统经典命名;最后,专门讲堂是"拨其尤者"成立的,就是经过特别挑选的一些表现优者去研读内容非常明确的特定的知识。这些新设讲堂是根据研习内容所设立的相对独立的教学专业"单位",已经有了学科取向的意识。在另立讲堂的同时,原来的经学六堂缩减为四堂,摒弃了"诗""书""易""礼""春""秋"的命名,另名"立本""求志""敦行""守约"四堂作为京师大学堂入门的经学讲堂,"学生录取入堂,先令研究经史。经史讲解明晰者再拨入政治、舆地等堂"[5]。

---

[1] 北京大学、中国第一历史档案馆编:《京师大学堂档案选编》,北京:北京大学出版社2001年版,第77页,《孙家鼐奏陈大学堂整顿情形折》。

[2] 同上书,第87页,《吏部左侍郎许景澄奏覆大学堂功效折》(光绪二十六年正月十九日)。需要特别指出的是,很多文章只谈及分立"史学、地理、政治三堂",实际上还设了格致、化学等堂。

[3] 北京大学、中国第一历史档案馆编:《京师大学堂档案选编》,北京:北京大学出版社2001年版,第87页,《吏部左侍郎许景澄奏覆大学堂功效折》(光绪二十六年正月十九日)。

[4] 喻长霖:《京师大学堂沿革略》,刘锦藻撰:《清朝续文献通考》第2册,卷一百六,上海:商务印书馆1936年版,第8648—8649页;萧一山:《清代通史》(四),华东师范大学出版社2006年版,第63—64页。

[5] 北京大学、中国第一历史档案馆编:《京师大学堂档案选编》,北京:北京大学出版社2001年版,第87页。

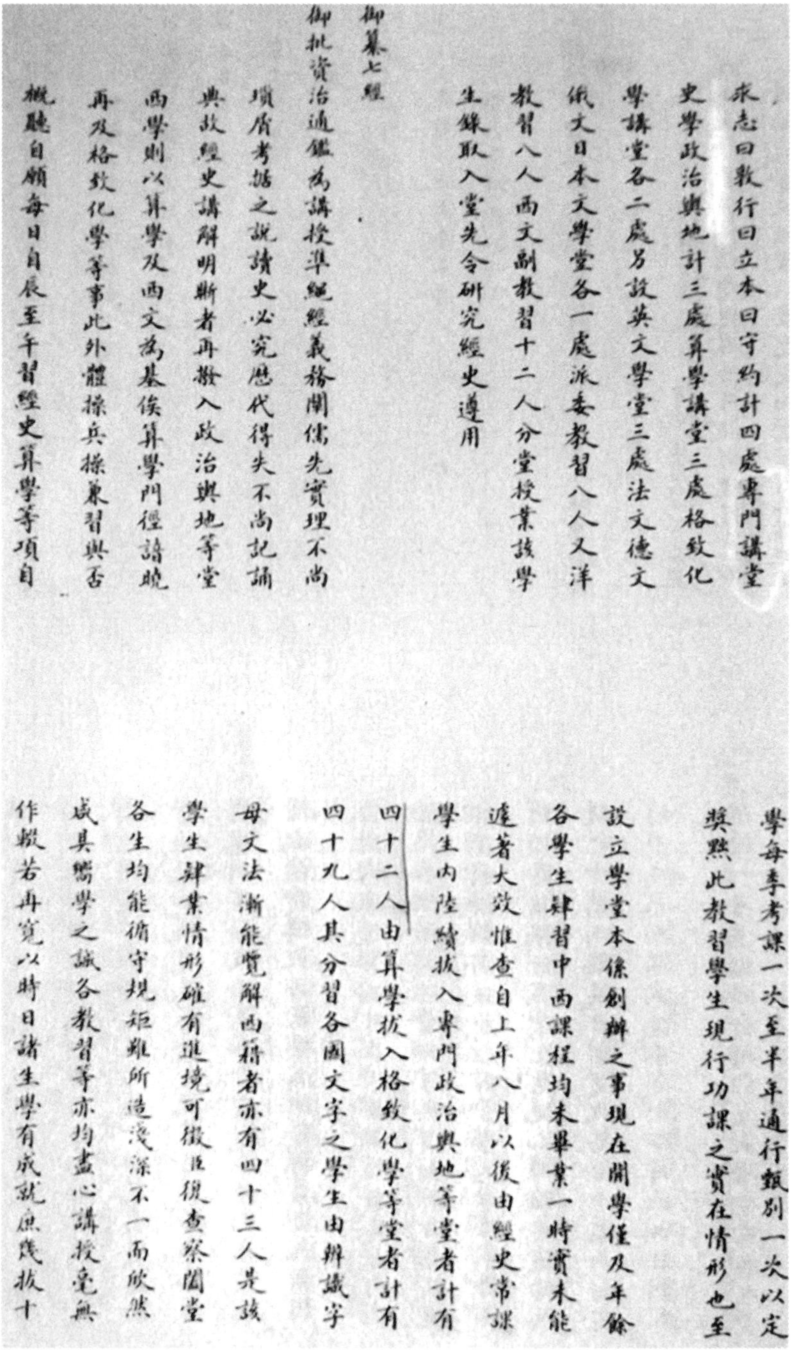
求志曰敦行曰立本曰守約計四處專門講堂
史學政治輿地計三處算學講堂三處格致化
學講堂各二處另設英文學堂三處法文德文
俄文日本文學堂各一處派委教習八人又洋
教習八人西文副教習十二人分堂授業該學
生錄取入堂先令研究經史遵用
御纂七經
御批資治通鑑為講授準繩經義務闡儒先實理不尚
瑣屑考據之說讀史必究歷代得失不尚記誦
典故經史講解明晰者再撥入政治輿地等堂
西學則以算學及西文為基俟算學門徑諳曉
再及格致化學等事此外體操兵操兼習與否
概聽自願每日自辰至午習經史算學等項自

學每季考課一次至半年通行甄別一次以定
獎黜此教習學生現行功課之實在情形也至
設立學堂本係創辦之事現在開學僅及年餘
各學生肄習中西課程均未畢業一時實未能
遽著大效惟查自上年八月以後由經史常課
學生內陸續拔入專門政治輿地等堂者計有
四十二人由算學拔入格致化學等堂者計有
四十九人其分習各國文字之學生由辨識字
母文法漸能覺解西籍者亦有四十三人是該
學生肄業情形確有進境可徵臣復查察闔堂
各生均能循守規矩雖所造淺深不一而欣然
咸具嚮學之誠各教習等亦均盡心講授毫無
作輟若再寬以時日諸生學有成就庶幾拔十

照片 5 《吏部左侍郎许景澄奏覆大学堂功效折》中提及开设政治专门讲堂

上述表明,从 1899 年秋季学期开始,京师大学堂的仕学院已经按照授业内容开设不同的讲堂,有了分专业授课和分类培养的考虑。从初步分科授业、按所学专业建立教学单位这一角度考察,可以将 1899 年 9 月京师大学堂设立政治专门讲堂看作是北京大学政治学最早的学科与学系渊源。从学术与社会的关系来看,在传统经学中分离出具有一定应用价值的政治专门讲堂,反映了当时国家对新政人才的迫切需要。从技术层面看,这也可能是借鉴了日本的经验。1898 年总理事务衙门在上奏了《京师大学堂章程》后,曾派章京顾肇新、徐承煜二人前往日本驻华使馆与日本公使(署理)林权助商讨大学堂事宜。林权助回答了二位章京所提的问题,其谈话要点被写成《日本使臣问答》。林权助向中国官员建议的第四点是"中国当前急需之三项人才为:政治、矿学与工程"。① 总理事务衙门除将《日本使臣问答》上呈御览外,还抄录一份给了受命筹办京师大学堂的孙家鼐。孙家鼐在他的《奏陈筹办大学堂大概情形疏》中多次引用这份文件,可见应该受其影响较多。

二、《钦定京师大学堂章程》与速成科

命运多舛的京师大学堂开办一年多后发生了义和团运动和八国联军侵华战争。京师大学堂大部分校舍在战乱中遭到毁坏,"俄兵德兵先后来学堂占住,看守人役力不能支,均已逃散。所有书仪器、家具、案卷等项一概无存"②。由于京师大学堂的办学经费来自存在外国银行的款项利息,因此经费支付也受到影响。1900 年 7 月 9 日(光绪二十六年六月十三),京师大学堂代理管学大臣奏请暂行裁撤大学堂并得到迅速批准③。这一停,就一直停到了慈禧回銮京师。1902 年 1 月 10 日,清廷连

---

① 吴汝纶:《桐城吴先生日记》下册,宋开玉整理,石家庄:河北教育出版社 1999 年版,第 551 页。
② 王学珍等主编:《北京大学纪事(1898—1997)》,北京:北京大学出版社 2008 年版,第 9 页。
③ 北京大学、中国第一历史档案馆编:《京师大学堂档案选编》,北京:北京大学出版社 2001 年版,第 89—90 页,《吏部左侍郎许景澄暂行裁撤大学堂折》《著依议暂撤大学堂谕旨》。

续降下两谕,下令重新举办大学堂,任命张百熙为新的京师大学堂管学大臣,大学堂开始恢复重建。① 经过庚子一役以及西行出逃,慈禧等保守派对于改革变通一事应该是有了新的想法。如果说1898年京师大学堂的建立与戊戌变法密切相关的话,1902年京师大学堂的恢复重建与慈禧默许或者主导的清末新政则密切相关,至少是这盘大棋中的一步。朝廷重建京师大学堂的谕旨都显得异常急切:"著即认真举办切实奉行,朝廷于此事垂意至殷",甚至把办学经费保障都落实了:"所需经费著各省督抚量力认解其有未尽事宜应即随时具奏。钦此。"②

(一)《钦定京师大学堂章程》的课程设置与调整

1902年2月13日(光绪二十八年正月初六日),走马上任的张百熙提交了恢复重建大学堂的办法,即《管学大臣张百熙奏办京师大学堂情形疏》,提出了五条办法③:

> (一)办法宜预定也。由于目前并无应入大学肄业之高等学堂毕业生,因而暂且不设专门(正科),而先办预备科。预备科分政、艺两科。以经史、政治、法律、通商、理财等事隶政科,以声、光、电、化、农、工、医、算等事隶艺科。预科学制三年,学生毕业后考试及格者,升入大学正科。与此同时,设速成科,以收急效。速成科分仕学馆、师范馆。凡京员五品以下八品以上,以及外官候选,暨因事留京者,道员以下,教职以上,皆准应考,入仕学馆。举贡生监等皆准应考,入师范馆。仕学馆三年卒业学有成效者,请准由管学大臣择优保奖。师

---

① 1902年1月10日(光绪二十七年十二月初一日)上谕:"兴学育才,实为当今急务。京师首善之区,尤宜加意作养,以树风声。从前所建大学堂,应即切实举办。"1月11日(光绪二十七年十二月初二日)上谕:"昨已有旨饬办京师大学堂,并派张百熙为管学大臣。所有从前设立之同文馆,毋庸隶外务部,着即归并大学堂,一并责成张百熙管理,务即认真整顿,以副委任。"参见王学珍等主编:《北京大学纪事(1898—1997)》,北京:北京大学出版社2008年版,第10页。

② 北京大学、中国第一历史档案馆编:《京师大学堂档案选编》,北京:北京大学出版社2001年版,第112页,《著张百熙悉心兴办大学堂并由各省认解经费谕旨》(光绪二十八年正月初六,1902年2月3日)。

③ 王学珍等主编:《北京大学纪事(1898—1997)》,北京:北京大学出版社2008年版,第10页,《管学大臣张百熙奏办京师大学堂情形疏》。

第二章
政治学专业设置从筹划到启动:京师大学堂的三个章程

范馆三年卒业学有成效者,由管学大臣考验后,择其优异,定为额数,带领引见。如原系生员者准作贡生,原系贡生者准作举人,原系举人者准作进士,均候旨定夺。准作进士者,给予准为中学堂教习文凭;准作举贡者,给予准为小学堂教习文凭。(二)讲舍宜添建也。现在大学堂,从前原系暂拨应用,将来另须拨地新造。目前只好就旧基修葺,并将附近地方增拓办理。(三)译局直附设也。拟就官书局之地,开办译局一所,同时在上海分设一所。(四)书籍仪器应广购也。(五)经费宜宽筹也。除户部存放华俄银行库平银五百万两息银仍拨应用外,各大省每年拨二万,中省万,小省五千金。

其中的第一条即是后来《钦定京师大学堂章程》教学设置和课程规划的基础。

1902年8月5日(光绪二十八年七月十二日),张百熙将起草的大学堂章程奏上,称"臣此次所拟章程,谨上溯古制,参考列邦,拟定京师大学堂章程"[①]。

就是在这部章程中,后人熟悉的预科、速成科、仕学馆出场了。许多被后人津津乐道并进行研究的那些课程其实就只出现在预科和速成科中。

也是在这部章程中出现了既借鉴国外教育体制又结合中国国情加以变通的京师大学堂规划。但这部章程并没有完全实施。实施的是加以变通的应急部分,没有实施的是借鉴国外教育体制的规划部分,但它还是对京师大学堂早期的学科发展产生了影响,其中就包括新的政治学课程设置。

京师大学堂的这部章程有可能参考了哪些"列邦"的教育体制呢?

首先是日本。据记载,大学堂曾直接向外务部提出派人去日本考察学制。1902年6月14日(光绪二十八年五月初九日),外务部回复大学堂说,大学堂总教习、五品卿衔吴汝纶去日本考察学校之事已经照会

[①] 北京大学校史研究室编:《北京大学史料》第1卷,北京:北京大学出版社1993年版,第56页,《张百熙奏筹拟学堂章程折》(《光绪朝东华录》光绪二十八年七月)。

中国现代政治学的发端与拓展
北京大学政治学（1899—1929）

日本提供一切方便了。① 吴汝纶是张百熙亲自提名的大学堂总教习，吴汝纶一行人员在日本前后居留了三个月之久，除详查文化设施、参加学制讲座外，还遍访日本知名人士。其时日本的主流观点都主张：中国当以推行速成教育为主，以求应一时之急，同时亦发展正规教育。② 他赴日考察后写成《东游丛录》一书，又编《东游日报译编》一书。这两本书都详细地介绍了日本学制。张百熙与张之洞等就有关参考日本学制问题也多次通信进行讨论③。

其次可能是美国。这里有一个比上奏章程稍晚一点的史料。1902年11月30日（光绪二十八年十一月初一日），"驻美公使伍廷芳应京师大学堂张百熙之请，将所收集的美国各学堂授课章程共十三本送交大学堂，并表示'如有应行选择之本，听候贵大臣开列书目，再随时采购。'十三本授课章程中有美国各学科章程书目、哈瓦特大学堂（哈佛大学）课程总录、可伦比亚大学堂（哥伦比亚大学）课程全例、耶路大学堂（耶鲁大学）深造科课程全例、宾夕洼尼亚大学堂（宾夕法尼亚大学）课程全例、美都（华盛顿特区）中小学堂课程全例等"。④ 张百熙之所以还索要了美国中小学课程设置及章程，是因为这次他要制定提交的是包括幼儿园、小学、中学、高等学堂和大学在内的一整套办学章程。这些材料虽然是等到驻美公使回国述职时才交到张百熙手里的，但张百熙的索要应是早于这个时间。这些美国大学的章程和课程设置，在多大程度上影响到第二部章程，特别是一年多以后的张百熙和张之洞的第三部大学堂章程，还需具体细致研究。但从最后颁布的第二部章程看，仿照

---

① 外务部为大学堂呈请派员出洋考察学务咨复大学堂："本年四月二十一日准咨称：现查有大学堂总教习、五品卿衔吴汝纶，提调浙江候补道荣勋，杂物提调、兵部员外郎绍英，堪以派往日本东京等处访询学堂事宜，请照会驻日本使臣能行外务大臣妥为照料等因，当经本部照会日本内田使转达去后，兹准复称：已详细达知外务大臣，……等因前来，相应咨复贵大臣查照可也。"参见王学珍等主编：《北京大学纪事（1898—1997）》，北京：北京大学出版社2008年版，第11页。

② 其理由为：第一，中国当时推行新教育比日本迟了三十年，应以明治初年的教育为范本。第二，日本在明治初年仅推行速成教育，特别努力在短期内培养师资。参见〔日〕实藤惠秀：《中国人留学日本史》，谭汝谦、林启彦译，北京：北京大学出版社2012年版，第48页。

③ 参看璩鑫圭、唐良炎编：《中国近代教育史资料汇编·学制演变》，上海：上海教育出版社1991年版，"官员函电商讨"一节。

④ 王学珍等主编：《北京大学纪事（1898—1997）》，北京：北京大学出版社2008年版，第12页。

第二章
政治学专业设置从筹划到启动：京师大学堂的三个章程

日本学校体制的痕迹更明显。

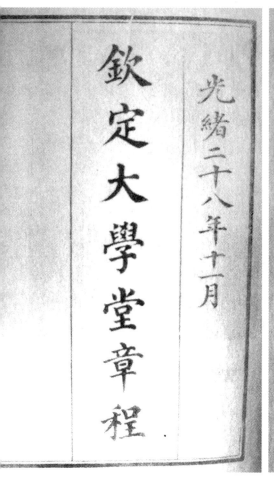
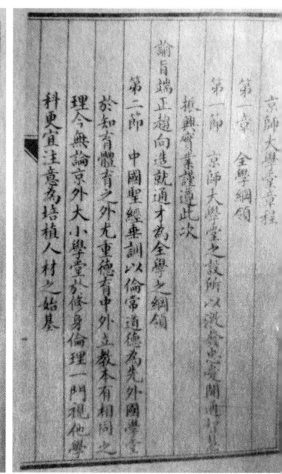

照片 6　钦定京师大学堂章程封面及首页

1902年12月，张百熙所奏的六个学堂章程得到御批后成为《钦定学堂章程》系列，其中有关京师大学堂的是《钦定京师大学堂章程》，这也被称为京师大学堂的第二部章程。这部章程在课程体系、学科设置以及机构建制方面值得注意的就是预备科和速成科的计划或者权宜之计，在京师大学堂还不具备开办本科（正科）的情况下，这不失为一个解决问题的过渡办法。当然这也成为这部章程经常被后人误读的原因。

（二）速成科时期政治学科建设的尝试

1. "政科"与大学分科中的"政治科"

第二部京师大学堂章程，设计了京师大学堂的教学架构，即"今定大学堂全学名称：一曰大学院，二曰大学专门分科，三曰大学豫备科。其附设名目：曰仕学馆，日师范馆。……兹首列大学分科课程，次列豫备科课程。其仕学、师范二馆课程，亦以次附焉"①。在大学分科门目表中，政治科排各科之首，下设两个专业方向，即"其政治科之目二：一曰政治学，二曰法律学"②。

但事实上，此时京师大学堂并无办大学分科之条件，《章程》在《功课》这一节的第一句即是"大学分科，俟豫（预）备生卒业再议课程"③，明明白白地表明了大学分科之课程以后再议，但还是被后人误读。不仅分科大学是以后的事，就连这个章程规划中的预科的课程体系其实也并没有立即施行，先行开办的只是速成科中的仕学馆和师范馆。但是因为这部章程中的预科设想带有"创新"色彩，并设计了全套的课程，所以需要将预科中的"政科"和分科大学中的"政治科"之区别与联系做出说明。

预科的课程体系明显来自于张之洞的教育思想。首先应该肯定的是，在开办本科教育之前办预科是明智之举。《管学大臣张百熙奏筹办京师大学堂情形疏》曾提出过两个变通方案。第一个是开办预科，"由于目前并无应入大学肄业之高等学堂毕业生，因而暂且不设专门（正科），而先办预备科"④。这里指出的专门或正科就是后来人们所说的本科。当时各省所办之高等学堂也不是大学，只相当于高中或大学预科，当时还不能给京师大学堂提供充足的高等学堂毕业生以充生源。第二个变通方案是办速成科。预科与速成科的主要区别是预科是为将来升入本科做准备的；而速成科是为新政快速培养人才的。

---

① 北京大学校史研究室编：《北京大学史料》第1卷，北京：北京大学出版社1993年版，第88页，《钦定京师大学堂章程》（光绪二十八年十一月）。
② 同上。
③ 同上。
④ 王学珍等主编：《北京大学纪事（1898—1997）》，北京：北京大学出版社2008年版，第10页，《管学大臣张百熙奏办京师大学堂情形疏》。

预科被设计为"政科"和"艺科"两大类,但因为预科的真正开办还是一年之后的事情,"政科"和"艺科"的通识课程方案这个时候并没有真正实行,此时的政治学课程更多的是出现在另一个教学建制中,这就是速成科的仕学馆。

2. 仕学馆的设置及其政治学课程

《钦定京师大学堂章程》的分类培养的思路其实很清楚,预科是为本科做准备的,但预科三年加上本科三年(后又特别规定政法科本科为四年),是一个比较漫长的过程。国家急需人才,所以才有"与此同时,设速成科,以收急效"的计划①。速成科也一度成为京师大学堂最显著的办学形式。速成科的办学志向也深受日本影响,除了"欧美各国,程途窵远,往返需时。日本相距最近,其学校又兼有欧美之长"等原因外,也有文化传统的因素。1876年(明治九年)成立的东京大学也试图通过"简易速成"的方式来满足日本近代化不断提高的人才需求,尽快弥补理想与现实之间的鸿沟。

速成科分为两部分,即仕学馆和师范馆。师范馆培养师资,其重要性无须赘述。仕学馆的思路则是延续了京师大学馆初期仕学院的思路,"凡京员五品以下八品以上,以及外官候选,暨因事留京者,道员以下,教职以上,皆准应考,入仕学馆"②。仕学馆也是三年学制,但学成之后就可以直接由管学大臣择优保奖出去做官了。

1902年10月14日(光绪二十八年九月十三日),京师大学堂速成科的师范馆和仕学馆开始在京招生考试,计划招生名额为每馆100人。仕学馆考试科目有史论、舆地策、政治策、交涉策、算学策、物理策、外国文论等。③ 仕学馆和师范馆又录取了92名学生,其中仕学馆录取了36名,此外还有直隶、奉天、贵州、山东等省选送学生若干。11月25日,再次考试,两馆又录取90名学生,其中仕学馆录取57名。1903年仕学馆录取78名学生。④

---

① 王学珍等主编:《北京大学纪事(1898—1997)》,北京:北京大学出版社2008年版,第10页,《管学大臣张百熙奏办京师大学堂情形疏》。
② 同上。
③ 其中政治策试题为:不成文法与成文法有何异同之点。
④ 萧超然等主编:《北京大学政治学与行政管理系史(1898—1998)》(未正式出版稿),北京大学政治学与行政管理系,1998年,第6页,1903年仕学馆名录。

照片 7　1903 年暑期仕学馆师生合影

仕学馆的课程设置,自有其明确的指导思想,那就是考虑到仕学馆的学生是"仕途之人入馆肄业,自当舍工艺而趋重政法"[1],所以政治学反倒是仕学馆的必修课。速成科的仕学馆课表显示,这套课程与京师大学堂刚建立时的仕学院相比,明显少了儒家经典的经科内容,但仍然属于通识类的基础课,并没有形成专业学科体系。值得注意的是政治学课程所占课时的比例是非常高的,每个学年都有每周 4 个学时政治学的课程安排[2]。不学外语者,则还要在理财、交涉、法律、政治四门课中再加 1 学时。

表 2-1　仕学馆课程设置

仕学馆第一学年			仕学馆第二学年			仕学馆第三学年		
课程名称	周学时	课程内容	课程名称	周学时	课程内容	课程名称	周学时	课程内容
算学	3	加减乘除比例开方	算学	3	平面几何	算学	4	立体几何、代数

---

[1]　北京大学校史研究室编:《北京大学史料》第 1 卷,北京:北京大学出版社 1993 年版,第 91 页,《钦定京师大学堂章程》(1902)。

[2]　北大最早计算课程实行的是学年单位制,后改为学期学分制。

(续表)

仕学馆第一学年			仕学馆第二学年			仕学馆第三学年		
课程名称	周学时	课程内容	课程名称	周学时	课程内容	课程名称	周学时	课程内容
博物	2	动植物形状及构造	博物	3	生理学	博物	2	矿物学
物理	3	力学声学浅说	物理	3	热学光学浅说	物理	3	电气磁气浅说
外国文	6	音义	外国文	4	翻译	外国文	4	文法
舆地	3	全球大势、本国地理	舆地	3	外国地理	舆地	3	地文地质学
史学	2	中国史典章制度	史学	3	外国史典章制度	史学	2	考中外治乱兴衰之故
掌故	2	国朝典章制度沿革大略	掌故	2	现行会典则例	掌故	2	考现行政事之利弊得失
理财学	4	通论	理财学	4	国税、公产、理财学史	理财学	4	银行、保险、统计学
交涉学	4	公法	交涉学	4	约章使命交涉史	交涉学	4	通商传教
法律学	4	刑法总论分论	法律学	4	刑事诉讼法、民事诉讼法、法治史	法律学	4	罗马法、日本法、英吉利法、法兰西法、德意志法
政治学	4	行政法	政治学	4	同上学年	政治学	4	国法、民法、商法
合计	37			37			36	

说明:1学时即1小时,不习外国文者,于理财、交涉、法律、政治四门各加课1小时。表格中数据来自北京大学校史研究室编:《北京大学史料》第1卷,北京:北京大学出版社1993年版,第92页,表格由作者自制。

从课程内容可以看出,仕学馆的课程突出体现了以政法为主导的设置思路,主课是经济、法律、政治三门,政治学课程内容实际上是以"法"学内容为主。当时世界法学系统中占据重要地位的是大陆派和英美派,大陆派国家的代表是德、法等国,英美派国家的代表是英、美二国。大陆派的学校通常将法律、政治、经济三门包括在一个学院内,对法学意义的理解宽泛,较为重视法典制度。而英美派受到历史法学派、分析法学派的影响,是以纯法律研究机关的方式来研究法律。① 仕学馆的课程设置显然是承袭了大陆派法学的传统,而追其根源是由于日本曾经将法国的专科学校作为模仿对象,其后又学习德国的"国家大学"的组织形式。中国仿效日本,自然也就具有了大陆派法系的特点,这一点从高桥作卫对吴汝纶的建议中也可以看出。② 不仅如此,法律、政治等必修课程的教习都是日本人,上课时主要依靠助教进行翻译。③ 其中,日本法学博士岩谷孙藏(いわや　まごぞう)、日本文学博士服部宇之吉(はっとり　うのきち)任正教习;日本法学士杉荣三郎(すぎ　えいざぶろう)、日本理学士太田达人(おおた　たつと)任副教习。除了上课,服部宇之吉还从日本代购大量的教学参考书以及杂志等,邮寄给大学堂。④ 可以说,从构想与创制、从课程到教员,各个方面都体现着日本教育模式对仕学馆的影响。总体上,仕学馆的课程体现出一种明显的传统向现代、中学向西学过渡的特征。在以西方法政知识为主的体系框架中,交织熔融着中国固有的知识要素与内容。

速成科之仕学馆设置了如此多学时的政治学课程,也是后人多把

---

① 孙晓楼等:《法律教育》,北京:中国政法大学出版社1997年版,第47—51页。

② 高桥作卫曾这样建议:"今拟贵国大学法科,宜置以下诸学科:一、政治学。二、法学通论。三、清国法制沿革。四、欧美政治史。五、国际公法。六、法制沿革。七、财产法、亲族相继法。八、国法学。九、刑法论。十、经济泛论。十一、经济学历史。十二、货币信用、银行论。十三、租税论、岁计预算论(如商法、诉讼法,随次加之)。"参见〔日〕高桥作卫:《与北京大学堂总教习吴君论清国教育书》,璩鑫圭、唐良炎编:《中国近代教育史资料汇编·学制演变》,上海:上海教育出版社1991年版,第192—197页。

③ 参见吴叔班记录、张树勇整理:《吴景濂自述年谱(上)》,中国社会科学院近代史研究所近代史资料编辑部编:《近代史资料·总106号》,北京:中国社会科学出版社2003年版,第15页。

④ 参见《北京大学综合档案·全宗一·卷118》(年份不详)。服部宇之吉购书的信件(二月十八日):敬启者,月前上日本,代购物理、化学、数学三门教科书日前已寄科。……付讫单另具:英德法各新闻及杂志共四十七种,约银五百四十两;日本新闻及杂志共三十五种,约银八十一两。由日本所买数学、物理、化学、心理各教科书,约银五百五十两。由德国所买各样参考书,约银二百六十两。各科教习临时所要参考书,约银五百七十四两。卷内号2:(十二月初三日)照原单内除官报一种及西文报纸上无中文未能检查者外,所有东文各报检查原单内本馆俱已收过开单于左,此覆:……(共三十二种)。

仕学馆看作是政治学系前身的原因之一。不过,尽管速成科仕学馆的政治学课程学时不少,但也只是其十三门必修课程中的一门,仔细考察这三年政治学课程所讲授的具体内容,主要以行政法、国法、民法、商法为主,因此,这还不是完整意义上的政治学学科的形成,仕学馆也还不具备政治学系的意义。

3. 仕学馆毕业学员的职业生涯分析

京师大学堂的西学总教习丁韪良曾说:"这座专门培养精英的大学堂与那个必将把学校推广到大清国每一个城乡的复杂国民教育体制之间相去甚远。实际上,旧制度下的高官贵爵们仍对这种新式教育侧目而视。就像对待铁路那样,他们将它视为一种危险的尝试和祸根。"[①]但实际上,官员进这所学校读书的"好处"很快就表现出来了。仕学馆的教学构想基本效仿日本的"法政速成科",目的是"人才速成""冀收实效",核心课程涉及的政治学、法律学与经济学等内容,都是在未来中国社会中有用的新鲜的知识。到此时为止,仕学馆的教学内容和培养目标离"政治学"介入现实社会政治运行的应用目的是最接近的。这首先体现在官员学员个人升迁的可能性上。该馆的学员主要为五品以下八品以上京员,以及外官候选暨因事留京者等,虽然进了仕学馆可能会影响科举功名,但是朝廷给了这些学员相应的奖励。所以,这种附带激励机制的西学学习制度,在以另一种方式解构着旧有制度,回应与改变着原有社会政治结构,推动着受训官员的趋新转变。

这些学员在仕学馆毕业后的政治选择与职业生涯是评估和考察法政学科最初教育的一个角度。

分析之前需要说明的是,仕学馆录取的学员人数与实际到馆学生人数并不一致,但这对分析样本和分析结果的影响不大。京师大学堂在1903年曾对速成科仕学馆全体学生进行过人员普查。[②] 调查结果显

---

① 〔美〕丁韪良:《中国觉醒:国家地理、历史与炮火硝烟中的变革》,沈弘译,北京:世界图书出版公司2010年版,第160—161页。

② 关于人员普查的具体普查时间,光绪二十九年《北京大学堂同学录》(原书名即为《北京大学堂同学录》)公布的大体调查日期为光绪二十九年十一月,而调查报告的印刷日期显示为光绪二十九年十一月十六日,据此推测调查的时间应在十一月十六日之前,阳历日期应为1903年12月19日到1904年1月2日之间。

示,当时仕学馆登记在册的学员只有 78 人,其中,包括译学馆拨入 13 人,旁听学生 3 人。从学生的具体信息可以看出,大多数学生的年龄都集中在 25 岁到 38 岁之间,但也有 17 岁的袁励贤和 50 岁的崔汝翙。学员主要来自直隶、江苏、安徽、浙江、湖南、湖北、四川等地。坚持在馆内学习的学生不过 33 人,尚不足注册总人数的一半。未到馆的"因由"被明确标注为四类,即"考取而未入堂肄业""因事已他就""假归也"以及"已派遣出洋",除了最后一条外,其余三个离馆的具体原因是什么呢?因何如此多的学生以"告假"和"因事"为名不到馆肄业?所告之"假"与所因之"事"究竟为何?上海译书分局总办、时任京师大学堂执事的王仪通曾有文分析,大学堂与礼部的往来咨文也可窥之一二。王仪通说,仕学馆"于壬寅十一月十八日开,学生徒济济称盛,次年三月为癸卯会试,先期乞假者十之一二,至四月间乡试,渐近乞假去者盖十之八九焉,暑假后人数寥落如晨星,迨九月中各省次第放榜,获隽者利速化视讲舍如蘧庐,其失意者则气甚馁,多无志于学,胶胶扰扰者先后殆九十,阅月而一星终矣,竭管学大臣中外教习管理诸员之心思才力一岁之春秋,两试堕之于无形"①。也就是说,"告假"和"因事"的主要原因实际都是为了准备癸卯年的科举考试,而这却是符合大学堂规定的请假合理情由的,"钦定大学堂章程第四章第六节,凡在堂肄业学生均准其照例应乡会试","今届癸卯年补行辛丑寅恩正并科会试,兹据本大学堂仕学、师范馆学生,呈请给咨赴河南会试",馆内为举人者因此"假归"②。其后乡试时,学员更是纷纷离馆,以求功名。对于速成科开办的初衷而言,这不啻为一种讽刺。在科举制度的冲击下,仕学馆似乎显得岌岌可危,即使学堂承诺学员毕业合格后予以举人、进士出身的奖励,但这也只是"相当于",制度的改弦更张并不能立刻使政治文化和社会心理发生同步的改变,其时,人们心中大多仍以科举的资格为标准。速成科仕

---

① 北京大学堂编:《北京大学堂同学录》(原书名如此),北京:锦合印字馆 1903 年版,第 7—8 页。
② 参见光绪二十九年正月二十五日《大学堂咨礼部在堂学生照例会试开列名籍由》,《北京大学综合档案·全宗一·卷35》。在这份档案中,京师大学堂开具了会试学员三代年貌籍贯咨送礼部,其中仕学馆学员有范熙壬(丁酉科举人)、洪汝冲(己丑科举人)、胡长泰(丁酉科举人)、胡子明(庚子辛丑科举人)、程澍(辛卯科举人)、王大亨(甲午科举人)、杨肇培(甲午科举人)。另,此档案中将杨肇培列为师范馆学生,而大学堂学生姓名报告中将其列为仕学馆学生,此处存疑待考。

学馆的危机反映了一种制度转型时的困惑,即"学堂与科举能两存耶?""使学校与科举分途,则学校终有名无实。何者?利禄之途,众所争趋;繁重之业,人所畏阻。学校之成期有定,必累年而后成材;科举之诡弊相仍,可侥幸而期获售。"①西学学堂,阻不断士子科举进阶之心,学堂因此难以留住学生。因此,张之洞等干脆奏请"必须科举立时停罢,学堂办法方有起色,学堂经费方可设筹。入学堂者恃有科举一途为退步,既不肯专心向学,且不肯恪守学规。"②为了补救时艰,必须推广学校、学习西学,而要推广学校,就要先停科举。这成为倒逼科举改革或停罢的动因之一。

虽然学生人数不多,但仕学馆毕竟也按照计划办了下去。值得注意的是学堂章程中明确规定了仕学馆的主课为"法政专科"③,课程内容多是针对实际事务的"切要"之学。课程学习的要求比师范馆、预备科都低,算学、物理、舆地、博物、外国文等属于通有之课,要求"略习大概"就可以了。而属于"法政专科"特有的课程,如理财、交涉、法律、政治等课程,则作为最终毕业考试的核心内容,要求学生认真学习。

1903年,京师大学堂又加设进士馆,目的与仕学馆相同,即"为了造就已仕人才"。因所学内容相近,所以在1904年5月(光绪三十年四月)京师大学堂索性将仕学馆归入进士馆,各学员以及听讲员一并移送。但事实上,由于李阁老胡同的进士馆校舍局促,课程讲堂依然分别自成一馆,尤其是仕学馆的毕业考试是单独进行的。1906年春,仕学馆毕业之期将至,大学堂奏禀学部,分内外二场对学员进行了考试。第一场为外场,在仕学馆本部举行,按所学科目分门试验(考试),然后将功课分数,连同试卷、讲义、行检履历等册籍,咨送学部。随后由学部组织第二场,即内场考试,其又分为两场,首场以中学出题,经史各一,二场

---

① 袁世凯、张之洞:《奏请递减科举折》,璩鑫圭、唐良炎编:《中国近代教育史资料汇编·学制演变》,上海:上海教育出版社1991年版,第523—526页。
② 张百熙、荣庆、张之洞:《奏请递减科举注重学堂片》,璩鑫圭、唐良炎编:《中国近代教育史资料汇编·学制演变》,上海:上海教育出版社1991年版,第527—529页。
③ "前管学大臣奏设仕学馆,考选京外有职人员入馆肄学法政……",《学部奏仕学馆毕业学员照章分别给奖折》,参见王学珍等主编:《北京大学纪事(1898—1997)》,北京:北京大学出版社2008年版,第27页。

以西学出题,政治、法律各一。① 最终根据平日功课以及考试成绩综合评定,满 80 分以上列为最优等,满 60 分列为优等,满 40 分为中等。最终合计最优等 1 名,优等 29 名,中等 4 名,共 34 名。②

按照仕学馆设立时的规定,仕学馆学员主修"法政专科"毕业后都会受到保举升官的待遇,"考列最优等者,各就原官优保升阶,并保送引见,候旨录用。其未经中式举人者,并准作为副榜。考列优等者,各就原官保奖升阶,分别京外分省分部,尽先前补用。自愿候选者,就其升阶保奖尽先前选用。其未经中式举人者,并准作为副榜。考列中等者,各就原官分别保奖,尽先补用"③。

表 2-2 1906 年仕学馆 34 名学员的保荐奖励建议

姓名	考试等级	原来职位	保荐奖励建议
朱麟藻	最优等		现值丁忧,应俟服阙
吉 样	优等	候补笔帖式	请以主事分部,尽先前补用
徐承锦	优等	户部候补主事	请以员外郎留部,尽先前补用
翁 廉	优等	安徽补用布政使经历	请以知州仍留原省,尽先前补用
史锡永	优等	拣选知县	请以直隶州知州分省,尽先前补用
文 琦	优等	候选堂主事礼部笔帖式	请以员外郎分部,尽先前补用
蒋 棻	优等	户部候补主事	请以员外郎留部,尽先前补用
唐宗愈	优等	户部候补主事	请以员外郎留部,尽先前补用
雷凤鼎	优等	兵部候补主事	请以员外郎留部,尽先前补用
徐象先	优等	候选州同知	请以知州分省,尽先前补用
胡 嵘	优等	候选太常寺典簿	请以主事分部,尽先前补用
梁载熊	优等	候选县丞	请以知县分省,尽先前补用

---

① 北京大学校史研究室编:《北京大学史料》第 1 卷,北京:北京大学出版社 1993 年版,第 427 页。
② 《仕学馆毕业学员照章分别给奖折》(光绪三十二年八月十五,1906 年 10 月 2 日),朱有瓛主编:《中国近代学制史料》第 2 辑上册,上海:华东师范大学出版社 1987 年版,第 842—843 页。
③ 同上书,第 841—843 页。

第二章
政治学专业设置从筹划到启动：京师大学堂的三个章程

（续表）

姓名	考试等级	原来职位	保荐奖励建议
周忠纬	优等	分省试用县丞	请以知县分省,尽先前补用
张玉麟	优等	拣选知县	请以直隶州知州分省,尽先前补用
邵万稣	优等	拣选知县	请以直隶州知州分省,尽先前补用
欧阳颖	优等	刑部候补主事	请以员外郎留部,尽先前补用
周玉柄	优等	候选州同知	请以知府分省,尽先前补用
李文权	优等	候选县丞	请以知县分省,尽先前补用
徐焕	优等	候选州同知	请以知府分省,尽先前补用
傅琛	优等	候选教谕	请以知县分省,尽先前补用
杜翰煜	优等	候选县丞	请以知县分省,尽先前补用
严启丰	优等	户部候补主事	请以员外郎留部,尽先前补用
连捷	优等	候选主事	请以员外郎分部,尽先前补用
郑思曾	优等	候选知县	请以直隶州知州分省,尽先前补用
郭进修	优等	山西试用县丞	请以知县仍留原省,尽先前补用
雷祖根	优等	刑部学习主事	请以员外郎留部,尽先前补用
王秉权	优等	内阁中书	请以内阁侍读,尽先前补用
李毓菜	优等	广东委用知县	请以直隶州知州仍留原省,尽先前补用
倪大来	优等	分省委用知县	请以直隶州知州分省,尽先前补用
冯寿祺	优等	刑部候补主事	清以员外郎留部,尽先前补用
沈家彝	中等	工部候补郎中	请仍以郎中留部,尽先补用
杨肇培	中等	工部候补主事	请仍以主事留部,尽先补用
袁励贤	中等	候选州同知	请仍以同知,尽先选用
安凤森	中等	拣选知县	请仍以知县,尽先选用

说明：根据《学部官报》第 5 期本部章奏第 70—73 页内容制作。

  这是"法政专科"学生从仕学馆毕业"获益"的最早的明确记录。这 34 名学员，毕业时中国还处于帝国时代，他们得到了可能升迁的"承诺"。很快，中国改朝换代进入了民国。曾经的法政专科教育对他们产生的"利好"影响这时就再次体现出来了，他们的新学知识，尤其是法政知识,使他们游刃有余地在两个时代中完成了精英身份的转换。他们后来的政治选择和职业生涯,基本完成了仕学馆法政科塑造、培养新式经世致用人才的初衷①。

仕学馆毕业后有一些人选择先赴日本留学,之后回国工作。留学日本的志向很大程度上反映出仕学馆制度移植的痕迹,因其主要模仿日本学制而来,所以学员继续选择到日本求学,在知识体系与制度衔接上都更为自然和顺畅。除了赴日本之外,其他毕业学员依然按照清廷安排延续着传统的学而优则仕的道路或者分部补用,或者以知州、知府、知县等身份分省补用。辛亥革命后,依旧置身仕途的他们由于其西学和法政背景与专长,开始获得了新的行政职务和安排,成为新的政治变革后所需要的新的精英。最优等生朱麟藻②在清末仕学馆毕业丁忧结束后曾任兵部主事、员外郎、兵学馆教员、教务长,在辛亥革命后则担任军法司司法官、蒙藏事务处副科长、大理院书记官、司法部佥事等职。优等生徐承锦③毕业后先是留部补用员外郎,后任户部主事,民国建立后则任国会参议院议员、司法部秘书、肃政厅肃政史、平政院评事等职。优等生徐焕④在清末历充四川法政学堂教员、学部司员,广东、广西、福建视学官,中央教育会会员等职,民国后则任总检察厅检察官。唐宗愈⑤回国后先调东三省补用道,后任奉天法政学堂总教习、奉天大清银行会办、江宁大清银行总办、江皖赈务会办,民国时曾任奉天都督府参事,1914年在北京执行律师业务,1915年6月任黑龙江省财政厅厅长、黑龙江劝业银行督办、东三省官银号督办等职,1917年任法律编查会会员。梁载熊也在归国后担任奉天法政学堂教务长,积极培养新式法政人才。沈家彝从京师大学堂仕学馆毕业后留学日本帝国大学,先任清

---

① 具体详情见本书附录2:京师大学堂仕学馆、进士馆学员简介。
② 朱麟藻,字石斋,浙江绍兴上虞县人。参见敷文社编:《最近官绅履历汇编》,台北:文海出版社1970年版,第28页。
③ 徐承锦,字尚之,贵州铜仁府人。丁酉优贡。
④ 徐焕,字章夫,浙江杭县人。光绪二十九年在馆学生调查登记中并未出现此人,但在毕业名录中列出。参见敷文社编:《最近官绅履历汇编》,台北:文海出版社1970年版,第99页。
⑤ 唐宗愈,字慕潮,江苏无锡县人。1899年邑庠生,清末著名义赈志士唐锡晋长子,随父查赈,未应试,1902年入京,以候补主事签分户部。著有《唐公哀感录史部传记类存》。参见南京师范大学古文献整理研究所编著:《江苏艺文志·无锡卷》上册,南京:江苏人民出版社1995年版,第920页。

政府工部郎中、大理院推事；民国时曾任京师高等审判厅厅长、奉天高等审判厅厅长；1929年1月任北平特别市政府秘书长、上海中国公学法律系教授，后又任河北省高等法院院长、司法院大法官等职。朱献文也是京师大学堂仕学馆毕业后留学日本帝国大学法科，回国后历任翰林院院检讨、修订法律馆协修；中华民国成立后历任国务院法制局参事，江西高等审判厅厅长、司法院参事，江苏高等审判厅厅长，国民政府司法部司长。范熙壬从京师大学堂仕学馆毕业后留学日本帝国大学法科，回国后先后任咨政院速记学堂教务长和湖北都督府秘书；1913年被选为民国众议院议员，后又任护法国会众议院议员。周玉柄，京师大学堂仕学馆毕业后历任黑龙江巡抚署秘书，黑龙江、嫩江知府，海伦府知府等职，1913年任黑龙江高等审判厅厅长、吉林政务厅厅长、吉林教育厅厅长、吉林自来水局总办、长春市政筹备处处长等职。

无论是先留学后回国就职，还是一直在国内，他们的共同特点是比较从容地接受了时代之变，能在辛亥革命前后并轨"新""旧"两种职业选择。这样看似顺畅的身份转换与"新""旧"职业并轨，也说明辛亥革命后推翻帝制代之以中华民国，政体虽然发生了重大改变，但是并没有发生大规模的社会精英代际更替，相当一部分精英是通过内在转变完成的。哪些精英能在新的政体内继续留用，转变为新体制内的精英？除了政治上的站队从而被新体制接纳外，其所具有新的体制、新的国家所需要的管理技能和专业知识是一个重要的条件。在京师大学堂仕学馆经受过法政专门知识学习和训练，接触过西方的法律、政治、经济知识的这些学员，拥有这一心理优势和专业优势，这从他们在中华民国所任职务大多与法政相关可以看出来。另一方面，他们的政治法律知识也让他们可能成为参与并推动国家政治变革的较为积极的力量。如曾经身为庚子辛丑并科举人的周玉柄[①]在清末就积极推动宪政运动；徐象先[②]作为孙中山的支持与拥护者，积极参加议会活动，数次当选国会议

---

① 周玉柄，字斗清，四川成都县人。参见敷文社编：《最近官绅履历汇编》，台北：文海出版社1970年版，第77页。

② 徐象先，字慕初，浙江温州府永嘉县人，编有《大清律讲义》。参见敷文社编：《最近官绅履历汇编》，台北：文海出版社1970年版，第102页；邹姿化、董伟斌：《取友必以端、崇德必努力》，《中国纪检监察报》2016年5月16日第6版。

员。当 1913 年袁世凯宣布解散国会、停止参众两院议员职务时,他严正声讨袁世凯。李文权在民国也积极参与政党政治活动,曾担任进步党评议员。

仕学馆毕业学员在入馆时很多人参加过不同层级的科举考试或者有了不同品级的官位,年纪约 30 岁左右,有一定的社会经验,按说其价值取向与行为规范已经相对成型,但事实说明这些人通过学习还是能够接受西方法政思想观念与知识技艺,重新审视甚至改变旧有的观念和行为规范。当然,"新"与"旧"在他们身上是纠结的,他们一方面在沿袭中求稳定,一方面在变动中求适应。他们中的大部分人并不是推翻体制的主导力量,但他们能在进入民国后较快实现角色的转变,适应新的官僚体制与职业需求,也是仕学馆"法政专科"的教育成果。政治学在成为中国的现代学术和学科之前,先以实践性、入世性的品格昭示于人了。

(三) 进士馆的增设与"从政之选"的办学取向

在中国的科举制度中,"进士"意味着通过了最后一级或者最高一级的朝廷考试,也是科举系列中的最高出身,在庙堂与江湖都拥有自带光环的优越。被赋予进士,意味着读书人获得了科举制中的最高功名,也预示着通过考试授官,完成了从"士人"到"仕人"的转换。三甲进士作为官吏的基本来源和朝廷可资利用的核心人才,历来备受重视。但这一学而优则仕的制度通道,在清末废八股、改试策论和兴办新式学堂、奖励出洋游学的新政中,不断遭受冲击,最终被彻底废除。但政治和文化是具有惯性的,制度的改革也并不意味着短期内政治伦理和政治承诺的瞬时转变。在科举彻底废除之前,清廷对最后两科进士[①]依然信任和器重,希望"加意陶成,用资器使"[②],通过在他们的知识结构和价值体系中加入"格致实学"的因素,变成新政人才,继续为朝廷和国家效力。这一重任又落到了京师大学堂的肩上,这也正是在速

---

① 1903 年癸卯科后的 1904 年甲辰科为恩科加试。1905 年科举制度停止,所以癸卯科和甲辰科是中国科举的最后两科。
② 《光绪二十八年十一月初二日为进士馆学员授职事谕》,《光绪朝东华录》光绪二十八年十到十一月。

成科中加设进士馆的原因之一,朝廷下谕,"凡一甲之授职修纂编修,二、三甲之改庶吉士用部署中书者,皆令入京师大学堂分门肄业"①,这实际上是进行为官之前的新学,尤其是法政方面的教育。

1903年,京师大学堂在西城李阁老胡同加设进士馆,开法政专科,次年上课。②

1. 课程设置与授业方式

进士馆的课程设置,充分考虑了新进士的特点,即"以教成初登仕版者皆有实用为宗旨"③,以适合"从政之选"的科目安排为出发点。上课的时间也比仕学馆和师范馆的每星期36个钟点④少了12个钟点,即每天4个钟点,每星期24个钟点,每周休息1天。

表2-3　进士馆三年课程安排

进士馆学科程度及每星期教授时刻表		
学科	内容及进度	每星期钟点
第一年		
史学	世界史	5
地理	地理总论、中国地理	5
格致	博物学大要、物理大要	2
教育	教育史、教育学原理、教授法管理法大要、教育行政法	4
法学	法学通论、各国宪法、各国民法	4
理财	理财原论、国家财政学	4
合计		24

---

①　北京大学校史研究室编:《北京大学史料》第1卷,北京:北京大学出版社1993年版,第153页,《为进士馆学员受职谕》(光绪二十八年十一月初二日)。

②　1903年2月(光绪二十九年正月),京师大学堂在西城李阁老胡同(今力学胡同)添设进士馆馆舍,并定于次年四月开学。1904年年初《奏定进士馆章程》(光绪二十九年十一月)颁行。参见北京大学校史研究室编:《北京大学史料》第1卷,北京:北京大学出版社1993年版,第155页。

③　北京大学校史研究室编:《北京大学史料》第1卷,北京:北京大学出版社1993年版,第153页,《奏定进士馆章程》(光绪二十九年十一月)。

④　这里的钟点即小时,1小时为1学时,1932年后北京大学改为每学期每周1学时为1学分。

(续表)

进士馆学科程度及每星期教授时刻表

学科	内容及进度	每星期钟点
第二年		
史学	泰西近时政治史、日本明治变法史	2
地理	外国地理	2
格致	化学大要	3
法学	商法、各国刑法、各国诉讼法、警察学、监狱学	5
交涉	国事交涉、民事交涉	3
理财	银行论、货币论、公债论、统计学	3
商政	商业理财学、商事规则、附海陆运输及邮政电信等规则	3
兵政	军制学、附海军陆军学校制度、战术学	4
合计		24
第三年		
地理	界务地理、商业地理	2
法学	各国行政法、中国法制考大要	6
商政	外国贸易论、世界商业史	2
兵政	兵器学、考求兵器用法、近世战略史略	2
工政	工业理财学、工事规则	6
农政	农业理财学、农事规则附山林水产蚕业等规则	6
合计		24

说明：表格内容来自北京大学校史研究室编：《北京大学史料》第 1 卷，北京：北京大学出版社 1993 年版，第 154 页。

从《进士馆章程》规定的课表看，直接与政治法律相关的内容并不占绝对优势，令人意外的是有关军事内容的突出，此外还有许多新的管理类课程出现，甚至包括了对边界事务相关知识的介绍，比如"界务地理"。章程强调"惟所列各学科，均系当官必须通晓之学，不能再减"[①]。

1904 年 5 月（光绪三十年四月），进士馆正式开学上课，同时速成

---

① 北京大学校史研究室编：《北京大学史料》第 1 卷，北京：北京大学出版社 1993 年版，第 154 页，《奏定进士馆章程》（光绪二十九年十一月）。

第二章
政治学专业设置从筹划到启动:京师大学堂的三个章程

科之仕学馆因内容相近也被要求归并入进士馆,馆内各学员及听讲员也都悉数移送。① 进士馆学员主要为新科进士,②入学时曾有这样的规定:"年龄在三十五岁以上者,自揣精力不能入馆学习者,准其呈明改以知县分发各省补用,到本省仕学、课吏等馆学习"③。也就是说,三十五岁以下年轻的进士必须入馆学习,而年纪长者可以就地就近学习。入馆后学员被分做内外两班,内班为翰林中书,住馆肄业(住读);外班为部曹④,到馆听讲(走读)。既然学堂所学以未来职业所需为指向,进士馆的课程内容也主要围绕着法律、交涉、学校、理财、农、工、商、兵八项政事展开。同时还要学习兵政、体操;史学、地理、法律、教育、理财、东文、西文以及格致、算学、农学、工学、商学等课程。每日上课4个小时,3年毕业。课表显示所学门类众多,其实要求标准并不高。东文、西文、算学、体操为随意科目,是否学习听其自便。农、工、商、兵四科只需选修一到两科即可。其他科目也是"皆能知其大要为成效"⑤,能做到入职后通达事理、遇事不茫然即可。即使这样,课程设置也遭到进士馆学员反对,他们认为,既然"馆以法政为主,而加入物理化学,为必修科,甚不合也",于是一致奋力争取,最终导致物理化学等课从所学课目中撤销。⑥

1905年(光绪三十一年)秋,清廷下诏废除科举,⑦这一重大的历史变革对进士馆产生了直接和重大的影响。科举既停,不再开取进士,进士馆也再无生源可进,名不副实,难以为继。在这种情况下,清朝学部变通进士馆原来的办学章程,将在馆部分学员直接资送日本游学,原有

---

① 王学珍等主编:《北京大学纪事(1898—1997)》,北京:北京大学出版社2008年版,第16—22页。
② 开学后主要是1903年癸卯科进士,但也少有其他科进士。第二年又招录1904年甲辰科进士。
③ 北京大学校史研究室编:《北京大学史料》第1卷,北京:北京大学出版社1993年版,第153—156页,《奏定进士馆章程》(光绪二十九年十一月)。
④ 指各部司官。
⑤ 北京大学校史研究室编:《北京大学史料》第1卷,北京:北京大学出版社1993年版,第153页。
⑥ 子厂(本名为郭则沄):《杂叙进士馆旧事以资谈柄仍叠前韵》,《中和月刊》1940年第1卷第11期,第51—52页。
⑦ (清)朱寿朋编:《光绪朝东华录》第5册,张静庐等校点,北京:中华书局1958年版,第5392页。

堂舍改设京师法政学堂,进士馆即行结束。此时,馆中癸卯科(1903)进士应于当年毕业。甲辰科(1904)进士应于第二年毕业。① 由于癸卯、甲辰进士毕业之期远近不同,因此清廷做了区别对待。

首先,是进士馆内甲辰科进士的安排。其内班学员共计 30 余名于 1906 年 9 月(光绪三十二年八月)资送日本法政大学辅修科学习,其余外班,即未住馆之学员,送入日本法政大学第五班速成科。② 派往日本虽然说是一时权宜之策,但也是多重考量之后的结果。日本距离近,靡费无多,风俗较近,文字易学,而且日本法政速成科不设复杂的考试程序,仅凭驻日公使的介绍信就可入学。③ 更重要的,进士馆法政科从创办之初就多向日本学习,无论从课程设置还是所学内容,都易于衔接④(出国后,由于情况变化,学员所入学校也或有变更,比如一些学员进入了陆军学校或者日本其他专科大学等)。两年后,也就是 1908 年(光绪三十四年),赴日本游学的甲辰科进士相继毕业,陆续返京后参加学部组织的考试,酌定分数后分别获得给奖升阶。⑤

其次,是进士馆内的癸卯科进士的安排。因三年之毕业期已近,仍留馆中学习至毕业。但是由于甲辰进士分派留学后,馆内学员人数大减,学部计划馆舍改作他用,因此规定外班学员不必到馆听讲,而是只领取讲义,按时参加月考、季考即可。⑥ 就这样一直维持到 1906 年(光绪三十二年)年底,留于国内的馆内进士学员也终于迎来了毕业考试。1907 年 1 月 20—23 日,学员在进士馆讲堂会集,学部派员按照各学科

---

① 北京大学校史研究室编:《北京大学史料》第 1 卷,北京:北京大学出版社 1993 年版,第 158 页,《进士馆沿革略》。
② 1904 年到 1908 年之间,日本法政大学专为中国学生开办法政速成科,吸纳了相当一部分中国的留日士大夫,五年之间,开办了五期速成班,在 1908 年第五班毕业后,此速成科停办。参见朱腾:《清末日本法政大学速成科研究》,《华东政法大学学报》2012 年第 6 期。
③ 王敏:《关于日本法政大学清国留学生法政速成科与辛亥志士的考察》,《徐州师范大学学报(哲学社会科学版)》2012 年第 2 期。
④ 〔日〕实藤惠秀:《中国人留学日本史》,谭汝谦、林启彦译,北京:北京大学出版社 2012 年版,第 48 页。
⑤ 给奖主要是根据留日所学科目的不同,给予农科、工科、商科、法政科、格致科进士或者举人待遇。参见《奏进士馆游学毕业学员续兴回国者拟随时补考折》,《学部官报》第 77 期。
⑥ 子厂:《杂叙进士馆旧事以资谈柄仍叠前韵》,《中和月刊》1940 年第 1 卷第 11 期,第 51—52 页。

分场发题考试,除了所习西学科目以外,并加试经史以觇根底。① 考试结束后,阅卷拟定分数,同时与各学期分数平均计算,根据最终成绩核定癸卯科内班学员最优等38名,优等21名,中等16名,下等2名;外班学员优等11名,中等17名,②同时公布分数清单,按照成绩优劣分别给予奖励,或由学部派遣出洋游历。

进士馆开办时间不长,却从一个侧面反映了清末社会转型期的矛盾与纠结。一方面,它具有官员培训机构的特征,其生存有赖于科举制为其源源不断地输送进士生源;另一方面,进士馆具有西学学堂性质,"进士回炉"其实本身预示着对科举制的某种"否定"。而这样的时代悖论与冲突不仅体现于进士馆,也显现在进士馆学员后来的职业走向和政治选择上。癸卯科进士学员因为没有整体出国,基本上是完整地在进士馆完成学业,是唯一一批留馆毕业学员,资料相对完整,因此可以追踪他们后来的去向,并以此验证进士馆法政科培养目标的实现情况。

2. 进士馆学员的去向

与仕学馆的学员类似,唯一一届进士馆留馆毕业学员也是一个特殊的群体,他们本是科举体制下最为荣耀的一群——三甲进士可以直接授职为官。但新的时代到来之际,他们却被告知"皆当入学肄业"③,不领有卒业文凭不得为官。

回炉再造的进士馆的学员毕业之后,面临的是一个错综复杂、亦新亦旧的变革年代。他们究竟是退而安身立命还是进而匡扶大业?是以备国家时任,任宦海浮沉还是淡然避世,怀抱儒家理想?自我认同与社会认同之间的艰难抉择,让他们在历史的岔路口踯躅徘徊。

按照最后毕业考核成绩,这批进士学员可分为三部分。

(1)第一部分是考列最优等的内班学员,共38名。按照"部属最

---

① 《致驻日本杨大臣进士馆内外班学员分别送学电》(光绪三十二年七月初十),《学部官报》第4期;《奏请钦派大臣会考进士馆游学毕业各员并酌拟考试章程折》(光绪三十三年十月十一日),《学部官报》第39期;《奏陈进士馆学员考试办法折》,《学部官报》第13期。

② 《考试进士馆毕业学员折》,《学部官报》第15期。

③ 北京大学校史研究室编:《北京大学史料》第1卷,北京:北京大学出版社1993年版,第155页,《奏定进士馆章程》。

优等保奖以原官遇缺即补,中书最优等者保以劳绩遇缺"①的规定,并参照他们原来的科举名次,他们获得了不同的奖励。②

表2-4 癸卯科内班学员38名最优等毕业学员职业去向

姓名(字号)	毕业总平均分	籍贯与出身	进士馆毕业后所受教育及从事职业	
			清末	民国
郭则沄	94.52③	福建福州人,礼部右侍郎郭曾炘长子,光绪癸卯科进士	授职编修并记名遇缺题奏。1907年留学日本早稻田大学。回国任东三省总督二等秘书官、浙江金华知府、提学使、温处道道台	北洋政府国务院秘书厅秘书,政事堂参议,铨叙局局长兼代国务院秘书长,经济调查局副总裁,侨务局总裁。1922年后讲学著书。1937年创办国学院。拒任伪政府职务
胡大勋	93.77	湖北武昌人,光绪癸卯科进士	授职编修并记名遇缺题奏。后任宪政编查馆编制局副科员	暂不详
朱寿朋	91.07	江苏松江人,光绪癸卯科进士	授职编修并记名遇缺题奏。编纂《光绪朝东华录》	江苏南菁学校校长,国务院秘书,驻巴西公使馆秘书,外交部政务司佥事、代理条约司司长
陆鸿仪	90.32	江苏苏州人,光绪癸卯科进士	授职编修并记名遇缺题奏。1907年留学日本中央大学	北洋政府司法部佥事,大理院推事、庭长,修订法律馆总纂、副总裁。1923年辞职,在苏州设立律师事务所。1945年任文心图书馆(中共苏州地下组织)董事长
水祖培	90.17	湖北武昌人,光绪癸卯科进士	授职检讨并记名遇缺题奏	暂不详

---

① 《奏明进士馆部属中书奖励班次折》,《学部官报》第16期。
② "原议毕业最优者比照大考擢用,以前辈诸公哄争,乃改为最优等记名题奏,优等加衔,皆虚也,同人憾之。"参见子厂:《杂叙进士馆旧事以资谈柄仍叠前韵》,《中和月刊》1940年第1卷第11期,第51—52页。
③ 即九十四分五厘二毫。以下皆同。

（续表）

姓名（字号）	毕业总平均分	籍贯与出身	进士馆毕业后所受教育及从事职业	
			清末	民国
陈云诰	90.15	直隶易州人，光绪癸卯科进士	1911年任奕劻内阁弼德院参议	辛亥革命后不仕，靠卖字鬻文为生
陈善同	89.06	河南信阳人，光绪癸卯科进士	授职编修并记名遇缺题奏。1909年后任辽沈道监察御史，新疆道监察御史	1918年后任河南省实业厅厅长、财政厅长、河务总局局长。1926年任河南省省长。1931年返乡定居，拒任日伪职务。著有《豫河续志》等
夏寿康	88.26	湖北黄冈人，光绪戊戌科进士	授职编修并记名遇缺题奏。1909年任湖北咨议局副议长	湖北军政府都督府参议、内务司司长。后任北洋政府平政院院长、总统府秘书长。1920年任湖北省省长，不久辞职
顾准曾	87.96	河南开封人，光绪癸卯科进士	主事，留部以原官遇缺即补	暂不详
吕慰曾	87.18	河南漳德府林县人，光绪戊戌科进士	暂不详	司法部主事、佥事
顾承曾	86.39	河南开封人，光绪癸卯科进士	授职编修并记名遇缺题奏	暂不详
朱国桢	86.06	湖北武昌人，光绪癸卯科进士	翰林院庶吉士。赴日本早稻田大学学法律。任政要处纂修、国史馆纂、实录馆纂修、中丞参政等	任黎元洪顾问，湖北法律专科学校校长、省政府秘书长、省自治筹备处长、代理教育厅长、省选举总事务所长、全国禁烟局总督办，浙江省教育厅长等职
史宝安	85.76	河南陕州卢氏县人，光绪癸卯科进士	授职编修并记名遇缺题奏。预修《德宗实录》	北洋政府参议院议员、河南教育司司长等职。精通目录版本学

(续表)

姓名 (字号)	毕业总平均分	籍贯与出身	进士馆毕业后所受教育及从事职业	
			清末	民国
潘鸿鼎	85.54	江苏太仓宝山县人,光绪戊戌科进士	授职编修并记名遇缺题奏。1907年任宝山绘丈学堂堂长。1908年任宝山县清丈局长	民国后任司法部佥事,参与编著《续东华录》
潘昌煦	85.48	江苏苏州人,光绪戊戌科进士	翰林院编修、国史馆协修、编查处协修、英武殿协修。赴日本中央大学学习法律	北洋政府大理院刑庭庭长,后辞职任燕京大学、清华大学教授。1933年返乡。抗日战争爆发后,参与组织难民救济会
杨 渭	85.38	山东莱州府潍县人,光绪癸卯科进士	授职编修并记名遇缺题奏,后任八旗第六高等学堂堂长,军机处章京	辛亥革命后,辞归故里
汪升远	85.22	江苏江宁人,光绪癸卯科进士	授职编修并记名遇缺题奏	安徽省立五师国文科教员
吕兴周	84.88	直隶乐亭人,光绪癸卯科进士	主事留部以原官遇缺即补,后任法部实缺主事	吉林省高等检察厅检察长
秦曾潞	84.58	江苏嘉定人,光绪戊戌科进士	授编修,后任国史馆协修,法律馆译书处校理官等。曾参加"公车上书"	暂不详
张祖荫	84.28	顺天府宝坻县人,光绪癸卯科进士	授职编修并记名遇缺题奏	暂不详
张 濂	84.03	直隶河间府献县人,光绪癸卯科进士	授职编修并记名遇缺题奏	1911年任"安福国会"众议会议员。结束议员职务后改研究医学

第二章 政治学专业设置从筹划到启动:京师大学堂的三个章程

（续表）

姓名（字号）	毕业总平均分	籍贯与出身	进士馆毕业后所受教育及从事职业 清末	民国
朱燮元	84	山东青州府诸城县人,光绪癸卯科进士	以主事留部以原官遇缺即补	暂不详
范之杰	83.92	山东济南府历城县人,癸卯科进士	授职编修并记名遇缺题奏。1911年任山东高等学堂校长。后任安徽道监察御史	山东省都督府秘书,江西高等检察厅厅长,湖北高等审判厅厅长,黄河水利委员会专门委员兼总务处长等职
王寿彭	83.9	山东莱州府潍县人,光绪癸卯科状元	翰林院修撰记名遇缺题奏。任湖北提学使,创办两级师范学堂	北洋政府总统府秘书,山东省教育厅厅长。1926年改组成立省立山东大学,兼任校长
王大钧	83.74	浙江嘉兴府秀水县人,癸卯科进士	授职编修并记名遇缺题奏	暂不详
张家骏	83.64	河南漳德府林县人,光绪癸卯科进士	授职编修并记名遇缺题奏。后改法部参事	担任司法部佥事
林步随	83.61	福建福州人,癸卯科进士	授职检讨并记名遇缺题奏。赴美任"留学生监督",后留学西北大学	北洋政府国务院法制局参事,国务院秘书长,币制局副总裁,国务院铨叙局局长。1927年后经商
龚元凯	83.13	安徽合肥人,癸卯科进士	授职编修并记名遇缺题奏	暂不详
徐谦	83.01	安徽徽州府歙县人,癸卯科进士	法部参事。京师地方审判厅厅长,高等监察厅检察长,发起"国民共进会"	1921年后历任广州国民政府最高法院院长、国民政府中央委员会委员。后成为武汉国民政府时期国民党中央和国民政府的主要领导人之一

(续表)

姓名（字号）	毕业总平均分	籍贯与出身	进士馆毕业后所受教育及从事职业	
			清末	民国
孔昭晋	82.6	江苏苏州人，癸卯科进士	礼部主事，长洲县官立高等小学堂堂长，发起成立"苏学会"，长元吴三县城董事会董事	历任苏州教育会会长，江苏省议会第二届议员，苏州工巡捐局董事，城市市民公社正社长，民国《吴县志》总纂等
吴增甲	82.15	江苏江阴人，癸卯科进士	因办学务授翰林院编修。曾奉派赴日本考察	民国后，隐居不仕，著有《亦愚诗文钞》
马振宪	82.14	安徽桐城人，癸卯科进士	授职检讨，后任国史馆协修，编书处协修官等，派日本考察政治，回国后撰《考察纪实》	任京师地方审判推事，1922—1926年任安徽财政厅厅长、特派交涉员兼芜湖监督，国务院参议兼中国佛教协会会长等职
赵曾樯	81.73	直隶涞水人，癸卯科进士	主事留部以原官遇缺即补。1907年任吏部主事	暂不详
王震昌	81.73	安徽阜阳人，癸卯科进士	授职编修并记名遇缺题奏。后任国史馆纂修	民国职业暂不详，1949年后任浙江省文史馆馆员
左霈	81.02	广州驻防正黄旗汉军人，癸卯科榜眼	翰林院撰文，云南楚雄府、丽江府知府	《蒙藏报》总编纂、清华学堂教师、蒙藏学校学监、香港圣士提反书院教师
商衍瀛	80.97	广东番禺人，汉军正白旗，癸卯科进士	授职编修并记名遇缺题奏。派赴日本考察学制。任京师大学堂斋务提调、预科监督教务长，兼任资政院议员	1918年任奉天清室办事处会办。1929年后任天津红十字会名誉会长，伪满洲国执政府秘书、审查局局长等，曾任天津红十字会名誉会长，1939年辞职
徐彭龄	80.61	江苏青浦县人，癸卯科进士	以主事分部学习，公费留学日本，回国后任刑部主事	青浦县民政署民政长，北洋政府大理院第三庭庭长，后执律师业

（续表）

姓名 （字号）	毕业总平均分	籍贯与出身	进士馆毕业后所受教育及从事职业	
			清末	民国
张恕琳	80.3	山东掖县人，癸卯科进士	授职编修并记名遇缺题奏。1910年任齐鲁学堂及京师第一女校监督	清帝逊位后，抱忠君之志，离京返乡，远离政坛

说明：参见李硕、陈鹏：《京师大学堂进士馆毕业学员考述》，《杭州师范大学学报（社会科学版）》2015年第2期。学员姓名及成绩参见《学部官报》第15期，光绪三十二年十二月二十日。进士名次见江庆柏编著：《清朝进士题名录》（光绪三十三年二月二十一日），北京：中华书局2007年版，第1312—1328页；（清）朱汝珍辑：《清代翰林名录》，北京：燕山出版社2000年版。

（2）第二部分是考列优等者的内班学员共21名，按照进士馆奖励章程，"部属优等者保以尽先前补用，中书优等者保以本班尽先"①。

表2-5 优等毕业学员的职业去向

姓名	成绩	籍贯与出身	清末	民国
汪应焜	79.93	安徽六安人，癸卯科进士	户部主事	暂不详
赵东阶	79.51	河南汜水人，戊戌科进士	翰林院林编修，侍讲衔，编纂国史	清帝退位，返回原籍，其间应邀讲学。1928年修编汜水县志
张之照	78.95	直隶遵化人，癸卯进士	授职编修并赏加侍讲衔	修撰《遵化县志》
饶叔光	78.83	湖北武昌人，戊戌科进士	官至礼部员外郎	著《春秋左氏传述义》等
史国琛	78.08	江苏常州人，癸卯科进士	以主事分部学习	暂不详
张新曾	77.48	山东青州人，癸卯科进士	直隶广平府肥乡县知县，河北昌黎县知事，工部主事	山东博山商会会长

① 《奏明进士馆部属中书奖励班次折》，《学部官报》第16期。

（续表）

姓名	成绩	籍贯与出身	清末	民国
龚庆云	77.2	安徽卢州人，癸卯科进士	山西和顺县知事，安徽歙县知事	暂不详
杨廷纶	77.09	福建福州人，癸卯科进士	授职编修并加侍讲衔。福州府中学堂第一任监督。资政院议员	福建禁毒社社长
余炳文	76.53	河南商城人，乙未科进士	翰林院检讨，赏加侍讲衔。浙江严州府知府	暂不详
胡 藻	76.09	江西新建人，癸卯科进士	授职编修并赏加侍讲衔	暂不详
刘 敬	75.72	福建福州人，癸卯进士	刑部主事，四川长寿县知县	四川绵阳县知县。民国后不久辞官
于君彦	75.45	福建福州人，癸卯科进士	授职编修并加侍讲衔。福建官立商业学堂监督	暂不详
丁毓骥	75.4	山东登州人，癸卯科进士	法部主事，江苏司行走	1918年考取法官资格，1919年6月署任湖南高等检察厅检察官
李玉振	75.1	云南大理人，癸卯科进士	主事留部以原官尽先补用	暂不详
尚秉和	74.79	直隶行唐人，癸卯科进士	1905年调入巡警部后升员外郎，考取军机章京，以一等记名	先后担任内务部土木司科长、警政司科员职方司科长、署理营缮司司长等职。后辞官执教于清华大学、中国大学。1937年后授徒讲《易》。象数派易学的代表人物之一
胡炳益	74.6	江苏苏州人，癸卯科进士	授职编修并赏加侍讲衔	民国后任职法律界

（续表）

姓名	成绩	籍贯与出身	清末	民国
延昌	73.58	京口驻防镶白旗人，蒙古族，癸卯科进士	授职检讨并加侍讲衔，典礼院直学士	广西都督府民政部长
陈树勋	73.53	广西岑溪人，癸卯科进士	授职编修并加侍讲衔，1910年任广西咨议局局长。后任云南候补知府	历任广西民政司长、内务司司长、政务厅厅长、苍梧道尹、梧州中关监督，广西参议会副议长等职
吴璆	71.34	江西南昌人，癸卯科进士	江苏候补道署江宁提学史	1914年任内史，1919年后改为公府秘书
区大典	70.63	广东广州人，癸卯科进	授职编修并赏加侍讲衔	香港大学经学总教习，中文学会首届会长
赵黻鸿	70.53	正白旗汉军人，乙未科进士	工部主事，江苏奉贤县知县	1916年任常熟县知事，后引咎削职

说明：参见李硕、陈鹏：《京师大学堂进士馆毕业学员考述》，《杭州师范大学学报（社会科学版）》2015年第2期。学员姓名及成绩参见《学部官报》第15期（光绪三十三年二月十一日）。进士名次见江庆柏编著：《清朝进士题名录》，北京：中华书局2007年版，第1312—1328页；朱汝珍辑：《清代翰林名录》，北京：燕山出版社2000年版。

（3）第三部分是内班学员考列中等者共有16名，"照散馆班次即用"，如果有自愿外派知县者也可赴地方任职①。

表 2-6　中等毕业学员的职业去向

姓名	成绩	出身	清末	民国
路士桓	69.3	直隶南宫人，癸卯科进士	授职编修。官至陕西道监察御史	暂不详
华宗智	68.91	四川长寿人，癸卯科进士	福建建宁县知县	四川长寿县参事会参事员

---

① 《附奏进士馆毕业考列优等最优等各员准其呈请改外片》，《学部官报》第16期。

（续表）

姓名	成绩	出身	清末	民国
蓝文锦	68.44	陕西汉中人，癸卯科进士	国史馆协修，湖北候补知府	曾任汪伪政府立法委员
徐绍熙	68.13	安徽侯官人，癸卯科进士	户部主事，署外城巡警，总厅参事	南昌地方检察厅检查官，江西民国银行监理官，众议院议员
恭　正	68.02	主事	以知县归部即选	暂不详
胡嗣瑗	68.01	贵州贵阳人，癸卯科进士	天津北洋法政学堂总办	冯国璋都督公署秘书长，江苏金陵道尹、将军咨议厅厅长。伪满洲执政府秘书长、参议府参议等
王　塏	67.94	直隶河间人，癸卯科进士	以知县归部即选	暂不详
程继元	67.75	安徽徽州人，癸卯科进士	暂不详	暂不详
赖际熙	67.04	广东广州人，癸卯科进士	国史馆纂修、总纂	1913年任香港大学教授兼中文总教习、文学院院长
谈道隆	65.24	广东广州人，癸卯科进士	礼部主事	暂不详
吴功溥	64.36	广东番禺人，戊戌科进士	四川汶川县知县	民国初任湖南宜章县知事。1912年回乡不再为官
周廷干	63.93	广东广州人，癸卯科进士	授职检讨，后任清史馆纂修官	暂不详
朱德垣	63.2	广西桂林人，癸卯科进士	支部主事，以知县即用	暂不详
郑家溉	63.08	湖南长沙人，癸卯科进士	授职编修	1934年，拒绝在伪满洲国任职，返回长沙。1944年遭日军乱枪射杀
罗经权	63.16	甘肃金县人，乙未科进士	山东沂水知县，赴日本考察法政	1917年后任甘肃大林区总办、省立甲种农业学校校长、实业厅长等职

(续表)

姓名	成绩	出身	清末	民国
刘凤起	60.36	江西建德府南城县人，癸卯科进士	江西省咨议局议绅、宪政筹备处咨议、教育总会会长、师范学堂监督	民国初任江西民政长。1922年后不再从政

说明：参见李硕、陈鹏：《京师大学堂进士馆毕业学员考述》，《杭州师范大学学报（社会科学版）》2015年第2期。学员姓名及成绩参见《大清德宗景皇帝（光绪朝）实录（卷69）》"引见进士馆毕业学员"；"进士馆毕业学员考试成绩单"，光绪三十二年十二月二十日，《学部官报》第15期；进士名次见江庆柏编著：《清朝进士题名录》，北京：中华书局2007年版，第1312—1328页。

此外，还有内班下等学员二名，晋魁，毕业总平均分为59.29，曾尔斌，毕业总平均分为58.01。

上述进士馆这批毕业学员，在馆期间虽然被笼统以"癸卯进士"统称，但详考其出身，也并非悉数癸卯进士。这77人中除了3人资料暂缺外，其余74人中，属癸卯科进士的64人，此外还有戊戌科进士7名，乙未科进士3名。① 这74人的籍贯信息显示，生源广布19省，但人数参差不一，其中，江苏学员数量最多，计11人；其次是河南、直隶和安徽，各有8人；此外，山东7人、广东6人、福建和湖北各5人，而其余省份各1人。

表 2-7　各省毕业学员人数分布

籍贯	江苏	河南	直隶	安徽	山东	广东	福建	湖北	广西	江西	湖南	浙江	云南	贵州	四川	陕西	甘肃	江西	顺天府	旗籍
人数	11人	8人	8人	8人	7人	6人	5人	5人	3人	1人	1人	1人	1人	1人	1人	1人	1人	1人	1人	3人

说明：表中数据依据上文总结、统计得出。

按照学部奏议的进士馆变通办法，癸卯科进士毕业后也可选择出洋游历。这77人中有13人毕业考试合格之后，也先后踏上了游学之

---

① "上一两科进士，无论翰林中书，如有志坚力强，自愿入馆讲求实学者，准其自行呈请本衙门堂官咨送，由学务大臣监督察核，可收入者均予收入"，参见北京大学校史研究室编：《北京大学史料》第1卷，北京：北京大学出版社1993年版，第155页，《奏定进士馆章程》。

路,其中赴日本12人,赴美国1人。游历日本的有两个去向,一是在日本的各大学继续学习,主要集中于日本中央大学和日本早稻田大学,专业多为法律,如朱国桢、潘昌煦等。二是考察日本宪政。先后共有7人以考察为主要目的赴日,并在归国后将考察记录结集出版,如王寿彭写了《考察录》,马振宪写了《考察纪实》。留学美国的林步随,先是以"留学生监督"职位赴美,后来留学美国西北大学。

进士馆留馆毕业生在民国前的职业走向有资料可考的共计46人,大致可以归为两类。

第一类,入仕为官。这部分人所占比例最多,约计总人数的五分之四强,其职务类型与仕学馆毕业生大多从事与司法有关的职业不同,他们的进士"功名"和科举底色,决定了他们的职业多为翰林院编修、国史馆纂修、协修等,如朱寿朋、马振宪、王震昌、赵东阶等。也有少数任职各部,如饶叔光为礼部员外郎等。赴任地方的有:陈善同曾任辽沈、新疆道监察御史;左霈曾任云南丽江府知府;吴璆任江宁提学史;等等。清廷认为进士馆所学科目用为地方行政官吏,更为相宜[①],所以不少毕业学员得"以知县归部即选"。

第二类,办教育。这几乎是从政以外的最多职业选择。这与仕学馆毕业学员有比较明显的区别。虽然设馆授徒也是历来中国士子退而求其次的选择,但他们此时的办教育是在中国新式学堂勃发生长之际。所以他们以进士和京师大学堂进士馆毕业生之双重身份,以"新学"与"实务"为要旨的积极办学就具有了不同于以往的意义。如范之杰曾任山东高等学堂校长;潘鸿鼎(潘光旦之父)办宝山绘丈学堂,积极培养土地清丈人才;王寿彭创立湖北师范学堂,首创预算制度,其后又参与改组创设了山东大学。

辛亥革命不仅是时代的转折,也给这个时代中的个体带来了命运的转折。从民国后可考的40人的职业履历来看,其政治选择和命运也是跌宕起伏。在革命后,有一些人实际上内心是抗拒这个结果的,在帝制崩塌、军阀并起后,他们在现实中失去了精神依附,转而隐居乡里,于内心的理想世界避世求安,如陈云诰、张恕琳、赵东阶、吴功溥四人就归

---

① 参见《附奏进士馆毕业考列优等最优等各员准其呈请改外片》,《学部官报》第16期。

乡不仕,或讲学授徒或卖字鬻文。还有落入"君臣父子"之窠臼无法自拔的,如胡嗣瑗,为了实现其"忠君之志",参与张勋复辟,追随溥仪前往东北,并任伪满洲国政府秘书长。这些人的表现说明,对于一些已经形成了传统价值观并经过"进士"这样的功名地位作为强化剂的成年人来说,三年的法政新学教育,作为其社会化过程中的一个阶段又显得太短暂和太晚了,并不足以颠覆或重塑他们的价值信念和品德,在这点上,他们又与前边提及的大多数仕学馆学员不同。如果能够适应近代的变革和社会分工,这些人的职业就有了多元选择,可以在从政、当律师、办教育、做企业的尝试中找到新的栖身之所,完成传统士大夫阶层向现代官僚的过渡。

进士馆毕业学员与仕学馆毕业学员的另一个不同之处还表现为,日后从事学术的比例明显提高,这与进士馆学员在入馆之前就都已经完成了中国文化教育并通过了"验收"(成为进士)有关。他们当中,有创立法政学校的夏寿康;曾任燕京大学、清华大学政治学系教授的潘昌煦;辞官执教于清华大学的尚秉和;等等。

孔飞力(Philip Alden Kuhn, 1933—2016)曾言,"每一代人所要应对的,是从先前继承下来,但又同他们所处时代相适应的根本性问题。新的根本性问题会随着历史的发展而出现,但同时,这些问题也会超越最先面对他们的那一代人而存在下去"①。京师大学堂的仕学馆、进士馆以法政为主要内容的新学培训,使仕学馆、进士馆学员成为新旧时代交替中的"过渡性精英",为近代化培养了潜在的力量。其法政科的课程体系、学科体系也是过渡性的,并没有完成政治学学科与学术的现代诞生。

3. 京师法政学堂与京师大学堂的政法—法政科②

速成科一度存在着仕学馆、师范馆、进士馆三馆并存的局面。但这

---

① 〔美〕孔飞力:《中国现代国家的起源》,陈兼、陈之宏译,北京:生活·读书·新知三联书店2013年版,第23页。

② 关于政治学专业的学科所属,经过了政治科(1902)——政法科(1904)——法政科(1908)——法科(1913)的演化。1905年(光绪三十一年十一月初九日)《学务大臣奏请设分科大学折》中,为"拟先设政法科、文学科、格致科、工科……"而到了1908年(光绪三十四年七月二十日《学部奏请设分科大学折》中的分科大学,就列为经科、法政科、文学科等了。参见北京大学校史研究室编:《北京大学史料》第1卷,北京:北京大学出版社1993年版,第197页。

个局面持续时间并不长,1904年仕学馆归与进士馆合并,师范馆改为优级师范科(这是师范科从京师大学堂独立出去成为京师师范学堂的前奏),同年预科还开始正式招生。

进士馆课程设置的初衷是对新科进士进行以法政知识内容为主的西学培训,这与当时全面铺开的新政需求相关,也是时人的基本共识。1905年年底科举制废除,永久地结束了传统进士身份的给予和获得。这样一来,刚刚开办一年多的进士馆,其存续就出现了十分尴尬的局面。晚清翰林院侍讲恽毓鼎①在科举制废除这天的日记这样写道:"悲哉,悲哉!废科举,立学堂,不能不叹息痛恨于南皮、长沙二张矣。今日大局之坏,根于人心,而人心之坏,根于学术。若夫学术之坏,则张之洞、张百熙其罪魁也。二张之昧心,何尝醉心新政,直热中耳。因热中而甘心得罪圣贤,得罪宗社,他日公道犹存,非追削官谥不可。"可是,第二天他在日记却迅速写下了这样的决定:"科举虽罢,子弟不能不读书。命宝惠(他的长子)专一研究政法学,为他日致用之道。一切琐琐异同可置之。"②不考科举了,就去学政法——这成为当时很多人认同的一条出路。可见进士和进士馆可以不复存在,但政法或者法政之学在科举制取消以后却仍然有着重要的地位。

进士馆学员当时分为内外两班(内班住宿,外班走读)。如前所述,针对科举制取消以后最后入馆的癸卯、甲辰班学员的前途发展问题,京师大学堂向学部做了一个变通计划的奏报。1906年得到学部奏准,这个计划的主要内容是将进士馆的甲辰科学员全部公费送到日本东京法政大学补修科或者速成科学习,学满毕业之后按照清朝现行规定考核奖励使用。这一举措最终得到了落实。1908年,朝廷降谕为进士馆游学归来的学员给奖,除授予最优秀的学员以翰林院编修等衔外,还分别赏赐了103个学生"农科进士"和"农科举人""法政科进士"和"法政科

---

① 恽毓鼎(1862—1917),字薇孙,一字澄斋,河北大兴(今属北京)人,祖籍江苏常州。光绪十五年考中进士,历任日讲起居注官、翰林院侍讲、国史馆协修、纂修、总纂、提调,文渊阁校理、咸安宫总裁、侍读学士、国史馆总纂、宪政研究所总办等职,担任晚清宫廷史官达十九年之久。
② (清)恽毓鼎:《恽毓鼎澄斋日记》,史晓风整理,杭州:浙江古籍出版社2004年版,第276—277、507、562页。

举人""工科进士"和"工科举人"等奇怪的"双轨制"学位。①

正是在进士馆学员游学日本、进士馆停馆之前,京师大学堂与学部有了一次合作办学,这次办学为最后解决进士馆的出路做了铺垫。在进士馆学员被送到日本后,学部提出一个动议,"查进士馆甲辰内外班学员业经本部派遣赴日本游学,馆中讲堂尚有空闲之处,教习亦有闲暇之时,拟就该馆暂设政治理财讲习科","法政理财为从政必修之学,国家预备立宪需用此项人才尤为殷切,非及时讲习不足以应急需"②。经与京师大学堂商定,这个讲习科于1906年11月开班,期限是6个月,生源由学部从"各部院选择有根底自愿讲习之员"。学员定额80人,概不住宿,由京师大学堂进士馆为学员"预备午餐,以免往返之劳"。除此之外,京师大学堂还提供教室和教员。讲习班的学习内容共8门课,包括法学通论、宪法、行政法、国际公法、理财通论等,每星期授课22小时。显然这是学部出于国家新政实际需求的考虑,也体现了学部与京师大学堂在办学上的灵活性。一个意外的结果是,以进士馆为基础的法政短期班的举办为彻底解决进士馆的尴尬地位指出了"方向"。随着科举制的废除,进士馆的使命实际上已经完成,加大新政所需要的法政人才培养的呼吁已经在社会上酝酿多时,京师以外的地方已经出现了多所法政学校。自仕学馆并入进士馆以来,两馆的研习内容早就渐渐以法政内容为主了③,加上又有了开办法政短期专修班的经验,所以1907年进士馆正式改为京师法政学堂也是水到渠成。进士馆的校舍,还有京师大学堂出面聘请的进士馆法政教习,如岩谷孙藏、杉荣三郎和林棨等,也大多转至京师法政学堂工作④。京师大学堂与京师法政学堂是两

---

① 北京大学校史研究室编:《北京大学史料》第1卷,北京:北京大学出版社1993年版,第407—408页,《为进士馆游学毕业学员给奖谕(光绪三十四年九月二十一日)》。
② 《咨行各部院选择人员咨送政治理财讲习科以便开学文》,《学部官报》第6期。
③ "学部查仕学、进士两馆,系前管学大臣为造就法政人才,研经世之学而设",参见北京大学校史研究室编:《北京大学史料》第1卷,北京:北京大学出版社1993年版,第316页,《会奏仕学进士两馆办学各员请奖折》。
④ "京师法政学堂咨呈,本学堂正教员、日本法学博士岩谷孙藏、教员、日本法学士杉荣三郎,皆自二十八年自日本应聘到京,由仕学馆、进士馆及本学堂接续延订合同迄今,实已阅时五年",参见北京大学校史研究室编:《北京大学史料》第1卷,北京:北京大学出版社1993年版,第311页,《京师大学堂法政学堂日本教员五年期满请赏给宝星折》(光绪三十四年三月)。

个学校,互不隶属,但在初期仍有着某种联系,主要是教员的交流使用。进士馆教习林棨,先是转任京师法政学堂的监督和教务长,在京师大学堂开办分科大学后,又署京师大学堂法政科监督。

新成立的京师法政学堂与进士馆招收的学生对象和培养目的不同,是以造就完全法政通才为宗旨,学制为5年,其中预科2年,正科3年。正科分政治、法律2门,预科招收年龄在20—25岁,品行端正、体质坚实,有中学根底者;正科招收预科毕业生及有相当学力者,均需考试入学。预科课程与中学略同,并设论理学、法学通论、理财原理、日语等。正科课程有人伦道德、皇朝掌故、大清律例、政法学、政法史、宪法、行政法、民法、刑法、商法、国际公法、国际私法、理财学、社会学、外交史、统计学、民事刑事诉讼法、监狱学、财政学、中外法制史、日文、英文、体操等。另设有"别科",招收成年在职人员,规定年35岁以上各部院人员及举贡生员,经考试入学进别科,3年毕业,课程与正科略同,但无英语。又设讲习科,招收吏部新分及裁缺人员,保送入学,授以政治、理财各门大要,1年半毕业。① 1910年12月(宣统二年十一月)改定章程,将正科延长为4年,分设政治、法律、经济共3门。法律课程以中国法律为主,废止讲习科。民国成立后,京师法政学堂改名北京法政专门学校。

京师法政学堂的独立建制彻底地结束了进士馆的使命。曾有学者认为进士馆的法政科从京师大学堂剥离出去,特别是进士馆的中籍和外籍法政教员几乎全部转入新成立的法政学堂,是京师大学堂法政学科的损失。但其实相对于京师大学堂创办中国高等教育的理想,仕学馆和进士馆本就都是京师大学堂的临时机构和附设机构,承担的并不是真正意义上的近代高等教育,只不过其开设的一些课程和专业具有一定的学科开创意义。进士馆的结束是京师大学堂摆脱"速成科"教育向常设专业学科迈进,最终促成"分科大学"建立的重要契机。也就是说,进士馆这个带有培训性质的"干部法政学堂",并不是京师大学堂所追求的学术型的法政科大学,它的剥离也许是一件好事。京师法政学堂的建立,剥离的实际上是京师大学堂的法政培训部分,这反倒使京师

---

① 参见:《学部奏筹设京师法政学堂酌筹拟章程折》《京师法政学堂章程》,参见朱有瓛主编:《中国近代学制史料》第2辑下册,上海:华东师范大学出版社1987年版,第479—484页。

大学堂可以朝着更加专业化、学术化的现代大学发展了,对京师大学堂基于本科教育和学术意义的政治学和法律学来说并没有影响。实际情况也确实如此,就在京师法政学堂独立建校前后的时间里,京师大学堂正紧锣密鼓的准备申请和开办分科大学,①这其中就包括开办法政科本科。

三、《奏定京师大学堂章程》的预备科与"政法科—政治学门"的设计

1903 年 2 月,清廷任命刑部尚书荣庆与张百熙共同管理大学堂。上任四个多月后,荣庆与张百熙在 1903 年 6 月 27 日联名奏请派张之洞会同商办京师大学堂事宜,重新制定章程。清政府很快批准了这一请求,"着即派张之洞会同张百熙荣庆将现办大学堂章程一切事宜再行切实商定,并将各省学堂章程一律厘定"②。张之洞曾在湖北推行了卓有成效的教育改革,具有学务方面的策划与统筹能力。作为新学堂章程的主要编撰者,他的"中学为体、西学为用"的思想对京师大学堂的办学思路产生了很大的影响。张之洞主持重新修订学堂章程的工作从 1903 年 6 月到 1904 年 1 月进行了半年多的时间,以 1902 年的壬寅学制为基础,取法日本,同时以湖北教育改革的经验为参考。新的学堂章程是一套针对全国各级学堂的系列章程,共增添了 15 章,据记载曾六易其稿,"拟就之稿本页数几于盈尺",张之洞在寓所雇用了十多人分门缮写进呈后,"皇太后披览三日尚未看毕"③。

清廷批准颁布这套学堂章程是在 1904 年 1 月 13 日,被称为《奏定

---

① 1905 年就有人提出了申办分科大学的动议,在最早申办的学科中就有政法科。1905 年 8 月 25 日(光绪三十一年七月十五),大学堂总监督张亨嘉奏折称"奏定大学堂章程分列八科,目前骤难全设,拟先设政法科、文学科、格致、工科……"1907 年 9 月 25 日,学部关于招生事知照大学堂:"查大学堂预科瞬届毕业,明年开办分科……"参见王学珍等主编:《北京大学纪事(1898—1997)》,北京:北京大学出版社 2008 年版,第 24—32 页。

② (清)朱寿朋编:《光绪朝东华录》第 5 册,张静庐等校点,北京:中华书局 1958 年版,第 5036—5037 页。

③ 《学章业已进呈》,《大公报》1903 年 12 月 1 日;《缮写大学章程》,《大公报》1903 年 12 月 28 日;《学章六易其稿》,《大公报》1903 年 12 月 31 日。转引自关晓红:《晚清学部研究》,广州:广东教育出版社 2000 年版,第 56 页。

学堂章程》。这时旧历年仍然还是癸卯年,所以这个学堂章程所开启的新学制被称为"癸卯学制"。但根据癸卯学制反推《奏定学堂章程》是1903年颁布则为误。这个章程与京师大学堂有关的是其中的《奏定京师大学堂章程》,也叫第三部京师大学堂章程。

照片8 《奏定学堂章程》

(一)预备科不单设政治学相关课程的考虑

第二部章程曾规划了开办预备科,并为预科设计了一套课程。不过,"预备科"的培养规划中并没有政治学科,只是将三年制的预科(这个预科的学制年限较长,后来改为两年)分为"政科"和"艺科"两大类。这是接近于打通学科界限的通识教育体制。在规划中,"政科"和"艺科"分别拥有不同的两套课程体系,选择政科或者艺科,将来升学的专业方向是不同的。"政科"预科生的升入方向为政治本科、文学本科、商科本科;"艺科"的升入方向为农学、格致、工艺、医术本科。[①] 预科中"政科"课程体系包括经学、史学、外语、算术、物理、财政、地理、体育等十几门基础课程,即所有政科的预科生都要学这些通识课程。"政科"

---

① 北京大学校史研究室编:《北京大学史料》第1卷,北京:北京大学出版社1993年版,第89页,《钦定京师大学堂章程》(1902)第二章第三节。

预备生中打算卒业之后升入政治本科者,在第二、第三年的课程中减掉物理课,增加法学课一小时即可(想升入文学科者,第二、第三年的课程中除去算学;想入商科本科者在第二或第三年减去史学、名学,增加商业史两小时即可,等等)。所以在1902年第二部京师大学堂章程的"政科"课程设置中,并没有政治学方面的专门课程,其理由是在未来的本科阶段是有政治科的,想读政治学专业的可以在本科阶段研习。

预科真正开办时间是在1904年2月①,这时,第三部大学堂章程刚刚颁布。在这部章程中,修改了第二部章程中的大学预科体制,将政、艺二科改分为预科三类:第一类为预备升入经学、政法、文学、商学等分科大学的;第二类为预备升入格致、工科、农科等分科大学的;第三类为预备升入医科大学的②。但"第一类"预科课程设置中,仍然没有设政治学方面的专门课程,计划学习政治学的学生仍是未来在政法分科大学阶段专门研习。可以看出,京师大学堂的主持者在开办预科时心心念念的仍是未来开办的本科教育。当然,这样的预科培养规划,也给分科大学的课程规划增加了难度和压力。

(二)"政法科"与"政治学门"在分科大学规划中的出现

《奏定京师大学堂章程》仍然是在没有开办本科的条件下对未来本科教育的学科体系和课程体系做的规划并进行完善。但是与第二部章程只有粗线条的大纲不同,这个章程规划设计了详细的课程体系包括所有修习科目,中国本科教育理想的实现似乎不太远了。这个章程也反映出时人对政法科与政治学门的关系以及学科与学系的概念已日渐清晰。

第三部章程规定,"各分科大学之学习年数,均以三年为限;惟政法科及医科中之医学门以四年为限"③。医科学习年限较长,容易理解,"政法科"的学习年限为什么也设计为比别的学科多一年?除了需要记忆的法条知识较多以外,暂时可以理解为对政法科的重视。

---

① 王学珍等主编:《北京大学纪事(1898—1997)》,北京:北京大学出版社2008年版,第22页。
② 同上书,第21页。
③ 北京大学校史研究室编:《北京大学史料》第1卷,北京:北京大学出版社1993年版,第97页,《奏定大学堂章程》。

《奏定京师大学堂章程》设计的分科大学的系统图可以帮助我们看清政法科—政治学门在整个大学中的位置①。

大学堂
- 经学科大学
- 政法科大学
- 文学科大学
- 医科大学
- 格致科大学
- 农科大学
- 工科大学
- 商科大学

一、经学科大学
- 周易学门
- 尚书学门
- 毛诗学门
- 春秋左传学门
- 春秋三传学门
- 周礼学门
- 仪礼学门
- 礼记学门
- 论语学门
- 孟子学门
- 理学门

二、政法科大学
- 政治学门
- 法律学门

三、文学科大学
- 中国史学门
- 万国史学门
- 中外地理学门
- 中国文学门
- 英国文学门
- 法国文学门
- 德国文学门
- 俄国文学门
- 日本国文学门

---

① 北京大学校史研究室编:《北京大学史料》第1卷,北京:北京大学出版社1993年版,第129—130页。

四、医科大学 { 医学门
药学门

五、格致科大学 { 算学门
星学门
物理学门
化学门
动植物学门
地质学门

六、农科大学 { 农学门
农艺化学门
林学门
兽医学门

七、工科大学 { 土木工学门
机器工学门
造船学门
造兵器学门
电气学门
建筑学门
应用化学门
火药学门
采矿及冶金学门

八、商科大学 { 银行及保险学门
贸易及贩运学门
关税学门

  这一规划设计与第二部章程对分科大学的设计相比,首先从学科数量上看,分科大学多了一科,即经科大学,这是张之洞坚持的结果。其次,原来所有分科大学下的"目"都改为了"学门",比如政法科下原来的二目变为二门,即政治学门、法律学门。这是首次在学科设计中出现"学门"字样。如果说政法科是大的学科类别概念,而政治学门则已经带有明确的学科意义上的专业分科概念了。这里的"学门"就是后来的"学系",是在学科分类和教学行政单位上双重使用的。1919 年的废门改系,主要是在语汇层面最后剔除了中国传统学问分类使用的"门"

类的概念。最后,在分科办学的专业思想指导下,对每个学科下学门的课程在科目、学时(最早是根据上课钟点计算的"单位制",后来改为"学分制")和教材都方面都做了详细的规定,这至少在形式上与当时世界上主要国家的大学学科学系建制明显靠近甚至接轨。

在这样一个比较明确的分科办学的思路下,政治学不再是一门课程,而已经被设计为一套名为"政治学门科目"的课程体系,具体参见表 2-8。

表 2-8　规划中的政法科大学政治学门课程表[①]

课程名称	第一年 每星期钟点	第二年 每星期钟点	第三年 每星期钟点	第四年 每星期钟点
主课				
政治总义	2	1	1	0
大清会典要义	2	2	2	2
中国古今历代法制考	4	4	4	4
东西各国法制比较	1	1	1	1
全国人民财用学	1	1	0	0
国家财政学	1	1	0	0
各国理财史	1	1	1	0
各国理财学术史	0	0	0	1
全国土地民物统计学	0	0	1	1
各国行政机关学	0	0	1	1
警察监狱学	2	2	2	2
教育学	1	1	1	1
交涉学	2	2	3	3
各国近世外交史	0	1	1	0
各国海陆军政学	3	3	3	3

---

① 参见"光绪二十九年/民国元年北大学科设置及课程安排",(卷内材料顺序号 1)光绪二十九年学科设置及课程安排(1903),附:经学科大学各门学科,法政科大学各门学科,文学科,医科,格致科,农科,商科,工科,共 8 科,北大档案编号 BD1912001。

（续表）

课程名称	第一年 每星期钟点	第二年 每星期钟点	第三年 每星期钟点	第四年 每星期钟点
补助课				
各国政治史	1	1	1	1
法律原理学	1	1	0	0
各国宪法民法商法刑法	2	2	2	2
各国刑法总论	0	0	0	1
合计	24	24	24	24

说明：除以上各个科目外，如果想听其他学科或者其他分科大学课程，均作为随意科目。

政治学门的19门课程分为主课15门，辅课4门，共98个钟点。其中，"大清会典要义""中国古今历代法制考""东西各国法制比较""警察监狱学""教育学""各国海陆军政学""各国政治史""各国宪法民法商法刑法"等8门课，是需要在4年中每年都修的跨年修业课程，其中学分累计最高者为"中国古今历代法制考"，累计下来4年共16学分①；其次是"各国海陆军政学"，4年累计学时12学分。

这部《章程》课程体系的规定，体现了当时对政治学门学生的培养预期和首要目的仍是"入仕"为官，也反映了自洋务运动、维新变法后产生的对官员的一种新要求。1895年后，朝野上下虽然对甲午战争失败原因进行了制度和文化方面的反思，但中国的军事和武力不如西方这一事实，还是深深地、直观地刺激着中国人，因此在学校教育中开始了加强对学生，尤其是成为未来官员的学生在这方面的培养。1903年年底，张百熙、荣庆、张之洞三人拟定的《学务纲要》中就明确指出"中国素习，士不知兵，积弱之由，良非无故……兹于各学堂，一体练习兵武体操，以肄武事。并于文高等学堂中，讲授军制战史、战术等要义"，故特别规定"**大学堂政治学门，添讲各国海陆军政学**，俾文科学生，稍娴戎略"，目的十分明确，即"此等学生入仕后，既能通晓武备大要，即可为开办武备学堂之员，兼可为考察营务将卒之员"②。可以看出，对于政治学

---

① 16学分的概念是采用1932年以后北大的换算，即每学年每周1小时为1学分。
② 舒新城编：《近代中国教育史料》第2册，北京：中国人民大学出版社2012年版，第201页，《学务纲要》（光绪二十九年十一月）。

门学生的培养预期和目标,虽然是"入仕"为官,但在世界列强环伺的情况下为官,必得具备"通晓武备"之能力。而"警察监狱学"成为政治学门的学生贯穿大学四年每年必修的课程设置,也体现了当时对政治学门毕业学生未来职业能力和生涯职业的考虑,即"警察监狱之学,最为吏治要图"①,这也是对政治学学科培养方向的一种新的考虑。

总的来说,课程体系有了向现代政治学专业化的某种学术转向。比如,算学、物理、化学等格致类的通识性课程不再包括在政治学门的课程中(原来仕学馆、进士馆中的这些课程是因当时士人新学基础教育不足而特别设置的);比如,有了类似现代政治学专业课程体系中的政治学概论课("政治总义")、中国政治制度("大清会典要义")、西方政治(各国政治史)、法学基本理论和各国法律、公共财政,行政学、外交学("交涉学")以及比较研究("东西各国法制比较")等,特别是有关行政学的课程明确成为独立的课程,成为政治学中的重要专业。还可以看出对法学的格外重视,政治学门这套课程与同在政法科下的法律学门的课程有近50%是完全一样的。还需要注意的是政法科提法的变化。在1905年以前的文献中出现的一般是"政法科",1907年后的文件渐渐改称为"法政科"。"政法"与"法政"的变化,体现了政治学与法律学的紧密相关程度和时人对政法关系的认识。"政法"一说,更偏以政治为主,法律为从,法律从属于政治的范畴;而"法政"一说,则以法律为主,政治次之,既突出了法律之宪政国家对于政治的优先地位,政治受制于法律,也反映了为培养专门法律人才的法学教育在整个教育体系中的重要性。

将政治学与法律学安排在同一分科大学内,也是大陆法系教育的基本特点。这与英美派法律教育体系将法律系单独成立一个学院而与文学院、理学院等并立,将政治、经济诸科包含于文学院之内的设置是有所区别的。此时的京师大学堂,从课程设置理念上,强调政治与法律的紧密联系,所以政治学门有6门课程是直接与法律相关的,而法律学门将政治学门中的3门主课"各国行政机关学、全国人民财用学、国家财政学"也设置成为补(辅)助课。

---

① 舒新城编:《近代中国教育史料》第2册,北京:中国人民大学出版社2012年版,第204页。

第二章
政治学专业设置从筹划到启动：京师大学堂的三个章程

在教学要求和教材的使用方面，除了对使用的教材做出明确规定外，还特别倡导采用翻译教材和自编讲义，这是既吸取国外最新学术成果又具有学科自主建设的构想和计划，后来形成了京师大学堂以至民国时期北京大学的一个传统和特色。

《奏定大学堂章程》对分科大学政治学门各科教材讲义用法以及建议具体如下：

> 政治总义，日本名为政治学，可暂行斟酌采用，仍应自行编纂。
>
> 各国政治史，日本名为政治史，可斟酌采用，仍应自行编纂。
>
> 中国古今历代法制考，此时暂行摘讲近人所编《三通考辑要》，日本有《中国法制史》可仿其义例自行编纂教授，较为简易。
>
> 全国人民财用学，日本名为理财学及经济学，可暂行采用，仍应自行编纂。
>
> 国家财政学，日本名为财政学，可暂行采用，仍应自行编纂。
>
> 各国理财史，日本名为经济史，可暂行采用，仍应自行编纂。
>
> 各国理财学术史，日本名为经济学史，可暂行采用，仍应自行编纂。
>
> 全国土地民物统计学，日本名为统计学，可暂行采用，仍应自行编纂。
>
> 各国行政机关学，日本名为行政法学，可暂行采用，仍应自行编纂。
>
> 各国近世外交史，日本有原书，可斟酌采用，仍应自行编纂。
>
> 各国海陆军政学，日本有译本，可暂行采用。
>
> 法律原理学，日本名法理学。可暂行斟酌采用，仍应自行编纂。
>
> 各国宪法、民法、民事诉讼法、商法、刑法、刑事诉讼法，讲习。
>
> 其余西学各名目，外国均有成书，宜择译外国善本讲授。①

---

① 北京大学校史研究室编：《北京大学史料》第1卷，北京：北京大学出版社1993年版，第102—103页，《奏定大学堂章程》。

虽然这只是规划中的课程体系,但对政治学学科建设依然是重要的。在1909—1910年分科大学初办时,基本采取了这一课程体系。正因为有这样一套专业化、近代化的政治学教学体系,政治学(系)门的设立才有所托依;有了政治学(系)门这一基于近代分科的教学单位,政治学这个近代学科才可以在大学立足和发展。所以,1904年"政治学门"的概念和课程规划设置的出现,是政治学学科和学系成为独立的近代学科学系的重要前奏和蓝图,为以后实体政治学门(系)的建立奠定了基础和方向。

第三章
从政治学门到政治学系：中国现代政治学学科与学系的建立

一、分科大学理想的实现

开办分科大学，是中国近代高等教育兴办者的追求和目标。在经过了预科、速成科多年的酝酿和预热之后，分科大学，即本科大学，终于在1909年"千呼万唤始出来"。虽然这与世界上最早一批本科大学的开办有几百年的时间距离，但对于中国而言，这个开山创始，意义重大。

分科大学的开办有一个非常重要的历史背景，就是1908年清廷宣布预备立宪，这次立宪改革相对于1901年清末新政的起步阶段，可以说是清末新政的高潮。也正因为此，国家对于宪政和法政人才的需求再次凸显。

1905年10月（光绪三十一年九月），作为清末一系列新政中最重要计划之一的出洋考察宪政计划终于成行，载泽[①]、端方、戴鸿慈、李盛铎、尚其亨五大臣代表清廷出洋考察，他们游历欧美各国及日本归国后，分别拟出立宪方案。载泽在《奏请宣布立宪密折》中传达给慈禧的信息是，立宪可以使"皇位永固""外患渐轻""内乱可弭"，并说明"今日宣布立宪，不过明示宗旨为立宪之预备。至于实行之期，原可宽立年限"[②]。慈禧太后很赏识载泽的这个"预备"立宪的意见，七次召见出洋

---

① 载泽（1876—1929），满洲镶白旗人，初名载蕉，字荫坪，爱新觉罗氏，宗室，清末重臣，改革立宪派人物。

② 载泽：《奏请宣布立宪密折》，《宪政初纲》，上海：商务印书馆1906年版，第4—7页。

大臣,并经御前会议反复筹划,于 1906 年 9 月 1 日颁布"预备仿行宪政"的谕旨,并设立考察政治馆,1907 年改建为宪政编查馆,作为预备立宪的办事机构,此后,还进行了一些预备立宪活动,比如,设立谘议局和筹建资政院等。

1908 年 8 月,清廷正式宣布预备立宪,以 9 年为限,同时颁布《钦定宪法大纲》23 条。1908 年 11 月 14 日(光绪三十四年十月二十一日),光绪皇帝去世,随后溥仪继位。1909 年 3 月下诏重申预备立宪,命各省年内成立谘议局。

尽管对于预备立宪是"骗局"的猜疑和批评一直不绝于耳,但预备立宪的启动毕竟是在实践层面开始了政治改革,而立宪一旦进入实施层面,就会加大对于宪政研究和宪政实施人才的需要。事实上,各省的谘议局后来就成了京师大学堂政法科毕业生的一个重要去处。[①]

1904 年开学的京师大学堂预备科,到了 1908 年已积累了一定数量的毕业生。按照第二个和第三个京师大学堂章程的规划,预科学生毕业后应该升入分科大学继续本科学习,甚至进入大学院(研究生院)学习。与此同时,在清末新政中各省兴办的那些新式学堂,尤其是那些省立高等学堂的毕业生,也陆续为分科大学的开办提供了生源。生源条件已经满足,于是 1908 年 10 月,京师大学堂为开办分科大学致信学部奏请正式开办分科大学,获清廷批准[②]。1909 年(宣统元年),一些已经毕业多时的预科生终于迎来了他们升入本科学习的通知[③]。但因新校

---

① 见本书附录对毕业生的介绍。

② 1908 年奏设八科分科大学,实际开学时为七科。"学部奏。查奏定学堂章程内,开京师大学堂为各省弁冕。规模建置,当力求完善,以树首善风声,早收实效等语。现在京师大学预科学生,本年冬间即当毕业,自应遵章筹办分科,以资深造。查分科大学列为八科,经学、法政、文学、医科、格致、农科、工科、商科,皆所以造就专门治人才,研究精深之学业,次第备举,不可缺一。所有分科大学开办经费及常年经费,允宜指定的款,分年等办,以宏造就"。参见北京大学校史研究室编:《北京大学史料》第 1 卷,北京:北京大学出版社 1993 年版,第 197 页,《学部奏请设分科大学折(光绪三十四年七月二十日)》(《光绪朝东华录·三十四年七月》)。

③ 宣统元年五月十七日《为各省选送分科大学学生学部奏折》:"学部奏:准大学堂总监督刘廷琛咨开'大学分科,业经开办'",参见北京大学校史研究室编:《北京大学史料》第 1 卷,北京:北京大学出版社 1993 年版,第 358 页,《宣统政纪》卷十四。

第三章
从政治学门到政治学系:中国现代政治学学科与学系的建立

舍的筹建①还需费时日,京师大学堂分科大学就在原预科马神庙旧址先行开办了几科,其中就包括法政科。1910年3月31日(宣统二年二月二十一日)举行了七科的统一开学典礼②。这个开学典礼,是京师大学堂,也是中国的大学以法政科—政治学门为单位、以政治学为专业首次正式招受本科生的仪式。这既有政治学学科独立的意义,又有政治学系独立建制的意义。1909—1910年是中国政治学学科的一个重要时间节点③。

照片9 德胜门外京师大学堂分科大学旧址(郭京华供图)

分科大学办了一年多后,辛亥革命发生。在革命山雨欲来、风起云

---

① 1908年(光绪三十四年)京师大学堂分科大学在北城外黄寺以南破土动工,于1910年(宣统二年)建成。未及使用,一年后清朝覆亡,改作了北洋政府的炮兵营。

② "京师分科大学,选经臣部商同大学堂总监督刘廷琛筹划开办事宜。数月以来,规模粗具,曾于上年十一月,将大概情形奏明在案。现在中外各科教员均已到堂,应行升学各生,业经详加考验,分别录取。兹定于本月二十一日(1910年12月31日)行开学礼。据该监督咨呈请奏前来。谨附片具陈伏乞圣鉴。谨奏。宣统二年二月十五日奉旨:知道了。钦此。"参见北京大学校史研究室编:《北京大学史料》第1卷,北京:北京大学出版社1993年版,第202页,《学部奏分科大学开学日期片(宣统二年二月)》(《学部官报》第180期)。分科大学本计划在位于黄寺新的分科大学校园中举行,但典礼推迟数月仍逾期未建成,开学典礼仍在旧址举行。

③ 政治学学科本科入学的上课时间应该在1909年,但开学典礼在1910年举行,这里只好以1909—1910年为时间节点。

涌之时,清政府曾命学部严令各学堂约束学生,不准随意出堂干预政事①。1911年11月,京师大学堂暂停。1912年5月京师大学堂再次恢复开学时,清朝的学部变为了中华民国的教育部,京师大学堂改为了"北京大学校"②,后改称国立北京大学,简称北京大学。

学校名称改了,学科名称也变了。根据中华民国教育部颁发的《大学令》和《大学规程》,中国大学的学科分类分为文、理、法、商、医、农、工等七科,北京大学的法政科由此改为法科。③ 1910年3月以京师大学堂"法政科—政治学门"身份参加开学典礼的12名学生,在1913年12月4日毕业时,以北京大学"法科—政治学门"毕业生的身份获得法科学士学位。因为这是第一批政治学专业的本科学生,具有标志性的意义,特将名单录下,他们是钱天任、张辉曾、谢宗陶、张振海、刘秉鉴、陈恩普、裘敏麟、黄文濬、彭望邺、伦哲同、张承枢、王廷勷等12人。④

1913年北京大学政治学本科学生毕业并获得法科学士学位,是北京大学政治学学科和学系建立完成的重要标志之一。

二、教育改革与废门改系(1919)

中华民国教育部颁布了《大学令》《大学规程》后,国立北京大学按照新的大学规章进行了学科和教学的调整。

首先是学科方面。曾经排在第一位的"经科"被取消,只成为"文科"的一个专业方向。这一改动,意味着在学校培养目标、教学体制、意

---

① 1911年9月11日(宣统三年七月十九日)清政府命学部严令各学堂约束学生,不准随意出堂干预政事。

② 刚开始时称为北京大学。1912年5月3日,北京政府批准教育部呈请改京师大学堂为北京大学校;大学堂总监督改称大学校校长;分科大学监督改称学长。临时大总统袁世凯任命严复为北京大学校校长。参见王学珍、郭建荣主编:《北京大学史料》第2卷,北京:北京大学出版社2000年版,第3页,《教育部总长荐任大学校长等文》。

③ 中华民国北京政府教育部1912年10月24日颁布的《大学令》和1913年1月教育部颁布的《大学规程》,参见王学珍等主编:《北京大学纪事(1898—1997)》,北京:北京大学出版社2008年版,第51、53页。

④ 《中华教育界》1913年第1卷第4期报道:"北京大学开办十余年,先设预科、师范科,毕业四次,造就良多。本年为分科第一次毕业,全校计230人。按照教育部公布的《大学令》,大学毕业授以学士学位"。学生名单见1913年5月1日出版的《教育杂志》第5卷第3号。

第三章
从政治学门到政治学系：中国现代政治学学科与学系的建立

照片10　1913年北京大学首次学位授予典礼

识形态方向等几个层面，否定了传统学科和传统意识形态的统领地位。"法政科"根据《大学令》改为"法科"，经济学系列入法科，其他各科大学及预科基本不变。①

其次是教材和课程的调整。1912年3月2日，教育部通电各省，"前清用书，如《大清会典》《大清律例》《皇朝掌故》《国朝事实》及其他有碍民国精神的科目，须一律废止；前清御批等书刊则一律禁止采用"②。这批明确废止的用书中，有不少是与政治学门原来的课程和教材相关的。

1912年调整和修订后，政治学门的课程从原来的19门增至27门③：宪法、行政法、政治学、民法、刑法总论、国家学、社会学、农业政策、国际

---

① 《民国元年所订之大学学制及其学科》，北大档案编号：BD1912001。何基鸿：《北京大学沿革述略》，国立北京大学卅一周年纪念会宣传股编印；《国立北京大学卅一周年纪念刊》，北京大学1929年编印，第23页。

② 王学珍等主编：《北京大学纪事（1898—1997）》，北京：北京大学出版社2008年版，第49页。

③ 课程科目见《光绪二十九年/民国元年北大学科设置及课程安排》《民国元年学科设置及课程安排》《民国元年所订之大学学制及其学科》，北大档案编号：BD1912001（卷内材料顺序号2）。

照片 11　政治学系所在的北大三院（北河沿）法科教学楼

公法、国际私法、商业政策、交通政策、法理学、经济学、政治学史、政治地理、外交史、国法学、财政学、政治史、统计学、刑法总论、工业政策、社会政策、殖民政策、政党史、国际公法各论。

这一调整的意义至少有如下几点：

第一，与现代政治学学科越来越接近。民国元年，北京大学政治学门的课程体系取消了原来课程分量最重（16个学分）的课程"大清会典要义"。《大清会典》是清朝官修的一部帝国朝代典章制度史，主要记录了清代六部官制以及政府各个行政机构的职掌和事例，是教育部通令中明确列为有碍民国精神须一律废止的书籍。"大清会典要义"这一核心课程的取消，从教育和文化意义上否定了王朝政治的合法性，肯定了民主革命的正当性。此外，还大量减少了教育学以及自然科学等与政治学相关程度不太高的课程。但依然重视法学课程，其中有9门课程是有关法律的且与法律学门的课程设置相同。在总数27门的课程中，直接与政治学相关的课程几乎占到了半数，特别是政治学、国家学、政治学史、政党史等这些新开设的政治学基础课程，直接采用了一些西方国家大学的现代政治学科的课程和通行的课程名称。

第三章
从政治学门到政治学系：中国现代政治学学科与学系的建立

第二，突出了现代大学精神和对学术培养的重视。1912年5月15日，蔡元培作为民国的教育总长在北京大学开学典礼的演说中强调"大学为研究高尚学问之地"，这一观点在蔡元培就任北大校长时得到再次强调；1912年10月马相伯在就任北京大学代理校长的演说中也强调"大学者，非校舍之大之谓，非学生年龄之大之谓，亦非教员薪水之大之谓，系道德高尚、学问渊深之谓也"①。他们对大学地位的阐述对北京大学后来的课程改革有着直接的指导意义。

修改后的民国元年政治学课程在体现现代知识性质、培养引导研究高深学问、不将政治学科的设立当作培养官僚为唯一目标等方面，前进了一大步。

第三，在对学科的界定和理解方面，从完全仿效日本政治学体系开始转向对欧美政治学的关注和引进。比如在处理法律学与政治学的关系方面，开始了大陆学派与英美学派的冲突与转换。课程设置中还同时出现了"政治学"与"国家学"这两门政治学专业核心课程。"国家学"与"政治学"在理论内涵上，既有重叠也有区别，前者多强调国体、政体等问题，而后者则开始关注政治现象和政治规律的研究，这样的转变和选择也同样发生在20世纪初的日本政治学界。日本学者高田早苗（たかだ さなえ）曾解释："德国所谓国家学，英国所谓政治学，皆统括国家之性质组织作用等学问之总称也，而兹之所谓国家学原理（或又称为普通政治学）者，则仅为其总论耳。"②日本的政治学科在经历了大学自治与学问自由的斗争后，逐渐脱离政府的管辖，开始独立发展，并开始了向欧美政治学的转向，进入"面向美国政治学"的时期。曾以日本政治学为进路的中国政治学学科的发展，同样遇到两种范式的交替。进入民国以后，随着中国新的国家建构任务的到来和大批留学欧美的学者的回国，中国的政治学科已经越来越向西方大学通用的专业分科体系和标准靠近。在这一转变期，北大政治学将国家学和政治学同时定为核心课程，反映了当时还不能准确判断自己课程体系中将采用何种政治学理论体系，又不愿在国家政治发展的重要时刻失去和漏掉政治学理论的重要议题的矛盾和犹豫。在中国，学科的发展从一开始就

---

① 《申报》1912年10月29日。
② 〔日〕高田早苗：《国家学原理》，东京：早稻田大学出版部1903年版，第1页。

与政治权力、国家行为、社会意义等重大的时代命题息息相关,存在着权力与学科之间的控制与张力。现代专业化的学科体系建立,从表面上看,是中国整体性知识向专业性知识的妥协,实际上则体现了农业化时代向工业化时代、传统中国向现代中国的转变。既是工业化时代社会生产专门化、精细化的内在诉求,也是政治近代化在文化与意识形态上的反映。

1917年1月,北京大学迎来了历史上最具影响力的校长蔡元培。

蔡元培先生执掌北大后领导了北京大学历史上最重要的一次教育改革和学科改制。在这一改革过程中,蔡元培先生虽然曾一度建议北京大学建设的方向以文理为主,把法科从北京大学独立出去另成立应用型的法政大学①,但最终这个想法和建议没有实行。② 没有实行的原因很复杂。科举制的废除和民国的建立,并没有结束学而优则仕的价值趋向,具有明显实用性的法政类的学科成了求职的热门专业,在全国大学和高等学堂中法政学科类的学科设置已经形成规模,据统计,1918年,全国高等学校在校生共17950人,其中法政类学生达9222人,占51.4%③,且就业出路比较顺畅,而废除一个就业出路好的学科,还是会有一定的压力的。当然这不是主要原因,1907年京师大学堂进士馆法政科独立出去另建京师法政学堂,事实上已经将应用型的法政专业剥离过一次了,这也许使蔡元培先生看到了民国时的北京大学法科,尤其是法科下的政治学、法律学的学术性转型,因此最终保留了法科。1920

---

① "大学者,研究高深学问者也。外人每指摘本校之腐败,以求学于此者,皆有做官发财思想,故毕业预科者,多入法科,入文科者甚少,入理科者尤少,盖以法科为干禄之终南捷径也。因做官心热,对于教则不问其学问之浅深,惟问其官阶之大小。官阶大者,特别欢迎,盖为将来毕业有人提携也。现在我国精于政法者,多入政界,专任教授者甚少,故聘任教员,不得不聘请兼职之人,亦属不得已之举……果欲达其做官发财之目的,则北京不少专门学校,入法科者尽可肄业法律学堂,入商科者亦可投考商业学校,又何必来此大学? 所以诸君须抱定宗旨,为求学而来。入法科者,非为做官;入商科者,非为致富。宗旨既定,自趋正轨。"蔡元培《就任北京大学校长之演说》(1917年1月9日),参见蔡元培:《蔡元培全集》第3卷,高平叔编,北京:中华书局1984年版,第5—7页。

② "我本来想把法科与法专并成一科,专授法律,但是没有成功",参见蔡元培:《蔡元培全集》第6卷,高平叔编,北京:中华书局1988年版,第348—356页。

③ 金以林:《近代中国大学研究:1895—1949》,北京:中央文献出版社2000年版,第197页。

第三章
从政治学门到政治学系：中国现代政治学学科与学系的建立

年北京大学法科政治学系学生毕业时，蔡元培亲自到政治学系与毕业师生合影。

照片12　民国九年北京大学政治系毕业同人暨校长各教员摄影纪念（蔡磊砢提供）

自1919年7—8月，北大开始陆续废门改系，弃用中国对知识门类传统划分所使用的汉语"门"（discipline），而采用"学系"来指称西方大学创建的以学科为核心的教学、管理单位"department"。这样的改变，在学科门类划分的意义中加进了与管理有关的涵意，为学术共同体增加了"单位"的边界。但总的来讲，废门改系与旧的传统学科体制告别在形式上的意义更大于内容上的意义。

"废门改系"后全校共设本科系18个（开始时13个），分为5个学科组，政治学门改为政治学系，与史学系、经济学系、法律学系共属第5组（政治学系虽改新名，但1919年当年并未立即实行新的教学体制），①这样一种组合，显示出将政治学朝着学术型而不是应用型建设的用意

---

① "最近改称为法律学政治学经济学三系者，若照新制则属之第五组，但本年所涉之第一年级仍未改用新志，仅于科目略加变动"。"第五组中政治经济法律三系本年尚未实施新制"。参见《北京大学之最近学制》，《申报》1919年10月11日，转引自王学珍等主编：《北京大学史料（1912—1937）》第2卷上册，北京：北京大学出版社2000年版，第66—67页。

和期望。不久,学科组制又恢复学科制,政治学系等系重新归属法科,经济学系也一度归属法科。政治学系、法律学系、经济学系同属法科时期,三个系的选课有很大的自由度和重合度,在这几年毕业的许多政治学系的学生毕业后直接从事了法律和经济领域的职业,与此有关。

北京大学1919年开始"废门改系"后,"北京大学政治学系"这一个集学术共同体、教学和管理单位于一体的学科学系正式问世①。这是与西方主要大学现代学科相同的新名称,其所设的政治学专业课程也日益表现出与世界主要国家现代政治学学科逐渐接轨的趋势。特别是从1917年开始,留学美国和欧洲的归国青年学者加盟政治学系成为教员,加速了北京大学政治学面向欧美、面向现代的进程。经过五四运动,中国知识界和政治界也从早期对现代政治既迎又拒的相对被动的"迎拒"态度逐渐转变为相对主动的态度。在对待西方现代政治学理论方面,除了引进、模仿外,也根据中国国情和特点做了中国化的努力。在北京大学初步形成了基于现代分科教育的、与世界主要国家可以对话的"法科—政治学系",以政治学基本理论、中外政治制度与思想、行政学(尤其是市政学)、外交学、宪法学、公共财政学、国际关系为主要课程框架的学科体系,以及形成了以国家理论、宪法理论、制度理论为核心内容的学术研究体系。北京大学政治学系培养出的学生活跃在中国的政治、学术和教育各个领域。

从京师大学堂政治专门讲堂开办到政治门②本科学生毕业,再到北京大学政治学系名称的获得,北京大学学政治学学科和学系早期建立、演变过程可如图3-1所示。

---

① 政治学门改为政治学系的准确时间,目前没有找到。根据1919年10月11日《申报》的《北京大学之最近学制》报道,"法科所属有政治、经济、法律三门自本学年起所有科之名称一律废去,当招考时简章(指1919年4月招生简章)中尚称十三门,今则一概改成十三系矣",以及历史学门改称历史学系的时间为1919年8月16日(《北京大学日刊》刊载北京大学评议会议决,"北京大学旧有之史学门,依新制以后改称史学系")推断,北京大学政治学系正式启用新名在1919年10月以前,考虑到新的学期开始前应该完成改名,北京大学政治学系的新名称也应该在1919年8月间启用。

② 在京师大学堂的档案资料中,"政治门"与"政治学门"经常交互使用,但都是在同一个意义上。故本书的使用一般以所涉事件当时的文献用法。如无明确文献记载时,一律使用"政治学门"。

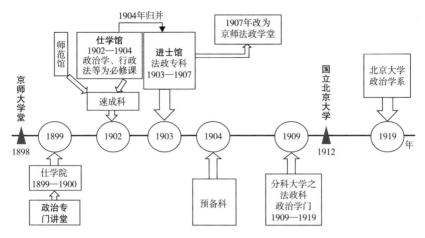

图 3-1　北京大学学政治学学科和学系早期演变图

三、北京大学政治学系架构(1912—1929)

(一) 管理结构

蔡元培执掌北大后最重要的教育改革首先是实行教授治校(后来逐渐过渡到"校长治校、教授治学"和"民主管理、教授治校"),这包括学校评议会的改革、各系教授会的建立。

教授治校的主张和制度最早产生于欧洲中世纪。欧洲中世纪时的大学就出现了由教师组成 faculty(教职员意义上的教授会)管理学校的制度。有的是分学科成立教授会(比如文学、法律、医学和神学等不同学科的教授会),有的是整个大学成立一个教授会。通常会推选资深教授担任教授会主任。近代欧美国家后来普遍继承和采用了以教授会为主要形式的教授治校的传统。

京师大学堂的最高行政管理者先后为管理京师大学堂事务大臣(一品或二品尚书)和京师大学堂总监督(三品或四品),下辖各个学馆监督(比如译学馆、仕学馆、进士馆、师范馆等),后为各分科大学监督;最高教学管理者主要是京师大学堂总教习(包括中文总教习和西文总教习),下辖各科专门教习,总的来说还是传统社会"学监制"的变种。1912年蔡元培出任中华民国教育部教育总长后,主张仿效德国大学制度,实行民主办校,他亲手起草的《大学令》第十六条规定:"大学设评议会,以各科学长及各科教授互选若干人为会员,大学校长可随时召集评议会,自为议长。"第十八条规定:"大学各科各设教授会,以教授为会员,学长可随时召集教授会,自为议长。"①但这些规定并没有在全国大学得到很好的实施,包括北京大学。蔡元培就任北京大学校长后,改组以前形同虚设的评议会为名副其实的评议会,强调评议会是北京大学的最高立法机构,凡大学立法均须评议会通过,借以"容纳众人意见"。同时,评议会又是大学的最高权力机构。蔡元培主持制定的《国立北京大学评议会规则》,对评议会组成诸事作了明确规定:"本会以下列人员组织之:(甲)校长;(乙)学长;(丙)各科教授每科二人自行互选,以一年为任期,任满可再被选。""本会议长一人以校长任之书记一人由会员中推举。"②1917年年底,全校共推选出包括校长在内的评议员19人。除蔡元培校长和陈独秀等学长③为当然的评议员外,教员胡适、章士钊、沈尹默、陶履恭等,被选为评议员。1919年改为每5名教授推选1人,每年改选1次,既可开会选举,也可将票事先填好后寄去,当众唱票。评议会外蔡元培还组织更具群众基础的各学科(后改为学系)教授会,规划各个学科的教学工作。校长和学长及其他评议员术业有专攻,很难对各科的具体情况了如指掌,为了避免做出错误的决策,设立各科教授会也是势在必行。1919年通过了《国立北京大学学科教授会组织法》和《国立北京大学内部组织实行章程》,规定"本校各科各门之重要学科,各自合为一部,每部设一教授会。其附属各学科或以类附属诸部或各依学科之关系,互相联合组成合部,每一合部设一教授会"④。每一部设主任1人,任期2年,由本部会员投票选举决定。当年共成立了国文、英文、数学、物理、化学、法律、政治、哲学、经济、法文、德文共11个学科教授会。1919年采用学系制后,改为各系教授会。政治学系的教授会成立于1919年。

---

① 蔡元培:《蔡元培全集》第2卷,高平叔编,北京:中华书局1984年版,第284—285页。
② 吴惠龄、李壑编:《北京高等教育史料》第1集,北京:北京师范学院出版社1992年版,第22页,《国立北京大学评议会规则》。
③ 文理法各科学长相当于各院院长。
④ 吴惠龄、李壑编:《北京高等教育史料》第1集,北京:北京师范学院出版社1992年版,第23页,《国立北京大学学科教授会组织法》。

各系教授会投票选举各学系教授会主任,凡系里有教授一人者的,即为主任;二人者则轮值,以先入校者为始;3 人以上互举。① 比如,1920 年 4 月 10 的《北京大学日刊》刊登的一则启事即为:

(一) 政治学系教授会主任,现经一年,任期已满。该系教授三人,互选结果,陈启修先生得两票当选。此后关于该系教授上各项事务,请与陈先生接洽为要。

(二) 教务长一职,系由各系主任互选,今已届任满之期,日内即行改选。所有新教务长未选出以前,一切事务,暂由履恭②代理。此启。③

评议会和各科教授会是蔡元培实施教授治校的机构,设立的目的是为了体现了学术至上的精神,调动教授的积极性,平衡行政与学术的关系。当然,在实际运行中也遇到了一些问题,后来评议会被取消。

作为一个教学单位和学术单位,改革后的政治学系的管理架构包括四部分:一是作为学校评议会成员的政治学系教授,他们参与学校管理并作为学校与政治学系之间的联系;二是政治学系教授会;三是由系教授会互选推举产生的教授会主任(实际上与系主任重合);四是教务管理系统。其中最重要的是教授会和系主任。

1. 校评议会评议员

校评议会成员被称为"评议员"。北京大学历届评议会中,法科各个学系的教授轮流出任或同时几人当选。能作为学校教授评议会成员的教授在学科学系发展中一般也有比较重要的话语权。政治学系教授出任校评议会评议员次数较多的是陈启修、周览(鲠生)、陶履恭、高一涵、何基鸿等。评议会是蔡元培任校长时期北京大学的最高立法机构,凡大学立法事项均须评议会通过。同时,评议会又是北京大学的最高权力机构,凡关于各学科的设立与停废,各门课程的增减与改革,以及

---

① 王学珍、郭建荣主编:《北京大学史料》第 2 卷,北京:北京大学出版社 2000 年版,第 78 页。

② 即陶孟和。

③ 《北京大学日刊》第五七八号,1920 年 4 月 10 日。

聘请新的教授等重要事项,都必须经过评议会审核通过,然后才能付诸实施①。因此,政治学系教授参加评议会,除了对北京大学的发展有表达权和参与决策权外,在政治学系学科发展方面也有重要影响。在学校评议会,政治学系教授可以从自己专业的角度对北京大学的发展产生影响。当时对北京大学《内部组织试行章程》规定的四大组织系统,即评议会、行政会议、教务会议、总务处的职权和运行模式有这样的说明:"北大内部组织现分四部:(一)评议会,司立法;(二)行政会议,司行政;(三)教务会议,司学术;(四)总务处,司事务。教务会议仿欧洲大学制。总务处仿美国市政制。评议会、行政会议两者,为北大所首倡。评议会与教务会议之会员,由教授互选,取德谟克拉西之义也。行政会议及各委员会之会员,为校长所推举,经评议会通过,半采德谟克拉西主义,半采效能主义。总务长及总务委员为校长所委任,纯采效能主义;盖学术重德谟克拉西,事务则重效能也"②。这里每个组织系统的运行都要按照民主和效能的原则,"德谟克拉西"(民主)和"效能主义"虽然是政治学(包括行政学)的基本概念和原则,但由于这两个概念在当时普及度比较高,所以,用来当作政治学理论对学校建设的影响,可能证据有些不足。据记载,这个《内部组织试行章程》是由蔡元培指定蒋梦麟、陶孟和等牵头起草的,确实深刻体现出推崇"学术重民主,行政重效能"的原则。当时媒体也报道说北大总务处是仿美国市政制运作,反映了留美归来学者的一种美国流派治校理念。

2. 政治学系教授会

《国立北京大学学科教授会组织法》和《国立北京大学内部组织实行章程》先后规定"各学系教授会由各学系之教授组织之,规划本学系教科上之事务"③,"各系教授会,应每月至少开会一次",教授会主要讨论决定的事项包括:(1)聘请与辞退教授;(2)开设何种课程;(3)各教授应担任何项课程;(4)选举系主任等。④ 但事实上,所有教员,即本

---

① 评议会后来改为校务会议和行政会议。
② 王学珍、郭建荣主编:《北京大学史料》第 2 卷,北京:北京大学出版社 2000 年版,第 81 页,《北京大学新组织》(《北京大学日刊》第五六二号,1920 年 3 月 15 日)。
③ 同上书,第 84 页,《国立北京大学内部组织实行章程》。
④ 同上书,第 420 页,《评议会第五次会议》(1922 年 2 月 11 日)。

科、预科的教授、讲师、外国教员,均可为教授会会员,实际上是"教师会"。只不过教授会主任只能在符合规定的教授中间产生,那些在外兼职的教授不能担任教授会主任一职。根据北京大学学校评议会规定,"凡教授在校外非教育机关兼职者,及在他校兼任重要职务者,须改为讲师或以教授名义支讲师薪"①,"凡以教授名义支讲师薪者,不得享教授之权利"。这些教授不能享受的权利就包括:"一、教授会主任之选举权及被选举权。二、评议员之选举权与被选举权。三、关于优待教授之一切权利。"②

从保存下来的资料中可以看到,政治学系的课程体系的制定、修改和调整,哪位教师讲授何种课程,有关学科发展、学系建设、学生管理的诸多事项都是经过教授会讨论通过并发布。比如,1923年11月,针对政治学系学生因不满意某门课程而罢课一事,政治学系教授会就曾作出决议并公告:"查系三年级学生对于社会学一科,因要求另聘教员,擅自罢课。本会认为学生此举动不合校规,当经商请现任教员照常上课。惟教员本人不愿再教此班,兹议定将三年级社会学一科暂行停止。特此布告。"③1926年政治学系教授会还曾就一项课程的变动讨论并公告说,"从本学年起,政治演习改定为本学系必修课,凡四年级学生均须修习"④。

3. 政治学系主任

分科大学刚开办时,由于教师和学生人数都不多,各学系的重要事务曾一度由学科的学长兼管。比如,法科学长兼管法律学门和政治学门。后来随着学科的发展才分设各学门主任。1919年《北京大学内部组织实行章程》规定,各个学系最高决策的机构是教授会,教授会主任为责任人。教授会主任由教授互推,经投票产生。教授会主任实际上与系(门)主任是重合的。现在查到的最早资料是陶履恭(陶孟和)1917年开始任政治学门主任,他也是1919年撤门改系后第一个政治

---

① 王学珍、郭建荣主编:《北京大学史料》第2卷,北京:北京大学出版社2000年版,第421页。
② 同上书,第423页,《评议会第六次会议》(1922年2月25日)。
③ 同上书,第1786页,《政治学系教授会布告》(《北京大学日刊》第一三五零号,1923年11月27日)。
④ 同上书,第1788页,《政治学系教授会布告》(《北京大学日刊》第二〇〇〇号,1926年12月6日)。

学系主任。系主任对于学系管理、学科发展负有重要责任。一个学系的教师聘任、课程设置、经费预算、学生管理等,一般是由系主任提出建议和办法,交由教授会讨论通过。后来,学科改为学院,学科学长改为院长,1931年后系主任由院长聘任。

表3-1　1909—1952年北京大学政治学系的历届系主任或负责人①

时间	姓名	职务
1909年至1912年4月	林　荣	法政大学监督,兼管法政科—政治学门
1912年4月至1912年9月	王世澂	法政科学长兼管法政科—政治学门
1912年10月至1913年1月	张祥麟	法政科学长兼管法政科—政治学门
1913年2月至1914年1月	余启昌	法科学长兼管法科—政治学门
1914年1月至1915年11月	林行规	法科学长兼管法科—政治学门
1916年至1917年	王建祖	法科学长兼管法科—政治学门
1917年至1919年	陶履恭	政治学门主任(兼哲学门主任)
1919年至1920年	陶履恭	政治学系主任(1919年北京大学撤门改系先属第五组,后属法科),出国期间由陈启修代理
1920年至1923年	陈启修	政治学系主任,属法科
1923年至1927年	周鲠生	政治学系主任,属法科
1927年至1928年	王黼炜	京师大学校政治学系主任②
1928年至1929年	何基鸿	北平大学北大学院第三院院长兼政治学系主任
1930年至1931年	陈启修	政治学系主任,属法学院,院长何基鸿
1931年	陶孟和③	政治学系主任,属法学院,院长周炳琳
1931年至1933年	邱昌渭	政治学系主任,属法学院,院长周炳琳

---

① 为体现材料连续性,此处的系主任或者负责人从筹办分科大学政治学门的1909年开始截至1952年。

② 1927年,北京大学等九所国立大学被"安国军政府"强行合并为国立京师大学校,法科学长为林修竹;1928年改为中华大学,后又改为国立北平大学。1929年1月北京大学允许称为北平大学北大学院。1929年8月6日,北大学院复校改回国立北京大学。

③ 陶履恭后名陶孟和。在北京大学教职员名录中,两个名字都出现过。本书的使用,主要根据该时期他在《北大教职员名录》中登记的名字。总的说来,早期为陶履恭,20世纪20年代开始,多用陶孟和之名。

(续表)

时间	姓名	职务
1933 年至 1936 年	张忠绂	政治学系主任,属法学院,院长周炳琳①
1936 年至 1937 年	陶希圣	政治学系代理系主任、系主任
1938 年至 1941 年	钱端升	法学院院长兼政治学系主任
1941 年至 1945 年	周炳琳	法学院院长兼政治学系主任
1938 年至 1945 年②	张奚若	西南联大法商学院联合政治学系主任。未到任时由张佛泉任,外出时分别由王赣愚、钱端升、崔书琴等代理
1946 年 5 月至 1946 年 8 月	周炳琳	法学院院长兼政治学系主任
1946 年 7 月至 1946 年 12 月	钱端升	政治学系主任,属法学院,院长周炳琳
1946 年 12 月至 1947 年 8 月	周炳琳	法学院院长兼政治学系主任
1948 年至 1952 年	王铁崖	政治学系主任

说明:以上资料引自国立北京大学编:《国立北京大学廿周年纪念册》,国立北京大学,1918 年;朱有瓛主编:《中国近代学制史料》第 3 辑下册,上海:华东师范大学出版社 1992 年版;王学珍、王效挺、黄文一、郭建荣主编:《北京大学纪事》,北京:北京大学出版社 2008 年版等。

4. 教务管理

按照 1919 年 12 月评议会通过的《国立北京大学内部组织试行章程》,北京大学的教务管理机构包括教务会议、教务处(后来一部分事务拨归总务处和课业处)、教务长。教务会议会员为各学系主任,教务长由各学系主任互举,教务处为教务长与各学系主任合组之行政机关。各学科定期召开教务会议并成立教务处,根据学校教务处和本科学长的要求开展工作。

1917 年 11 月法科设教务处,聘有事务员若干人。法科教务处承学长之命,负责缮写学长文件、计算教员课时、组织考试监考、登记和公布成绩、管理各种表册、印刷分发讲义、印刷试题、教员学生上课的一切事

---

① 周炳琳任河北教育厅厅长期间(1934 年 6 月至 9 月),院长由校长蒋梦麟兼任。
② 西南联大时期由北大、清华、南开三所大学的政治学组成联合政治学系,属法学院,但各校政治学系建制仍保留。

务,包括排座位、点名、清洁卫生等①。

法科教务处还根据北京大学教务处要求和法科教务会议决定,颁发法科考试规则和要求。比如,1918年法科教务处颁布了考试规则:

一、试验②分临时试验、学期试验、学年试验三种。

二、考试成绩分甲乙丙丁四等:

甲八十分以上

乙七十分以上

丙六十分以上

丁不满六十分

丙等以上为及格,丁为不及格。

三、各科目分数由临时试验及学期或学年试验分数决定之。

四、临时试验由各该教员就原授课时间随时举行,不须预先宣布。

五、最高分数定为一百分,取每学期各科目之分数之和,以科目之数除之,为学期平均分。各学期平均分数之平均分数为学年平均分数。学年平均分数之平均分数为毕业平均分数。

六、凡学生有考试不及格之科须补考,补考不及格者须重习此科。

七、凡学生一学年中有九单位以上不及格,补考又全不及格者,令其退学。

八、凡学生二学年中,每年有六单位不及格,补考又全不及格者,令其退学。

九、如因特别事故于学期试验缺席者,得学长之允许,可以补行试验,但此种事由以下列各项为项:

甲、至亲丧亡或重病。

乙、本身疾病(须有保证人及医生证书)。

---

① 《法科研究所事务员任务规则》,《北京大学日刊》第三十一号,1917年12月22日。
② 试验即考试。

十、补行试验由学长指定日期举行一次,至期不出席者,不得再请补考。

十一、预科每学年平均分数或主要学科(国文及第一种外国语)试验分数不及格,补考又不及格者,均应留级,其已连续留级二次,考试仍不及格者,令其退学。

附则

本规则宣布后,现行大学规程第四章第六节各条不适用。①

由此可知,当时北大法科政治学系遵从学校的教学管理框架,考试实行百分制,60分为及格线。考试安排和成绩计算由法科教务处负责。

(二) 教员结构

一个教学单位的教员结构一般包括教员的年龄结构、性别结构、教育背景结构、知识结构以及专业分布等。在一个相对独立的大学教育体制下,这些在很大程度上会影响甚至决定着一个学系的教学水平和学术方向。北京大学政治学系早期(包括京师大学堂时期的政治学门,甚至更早的时期)的教员来源主要由三部分构成:一是外籍教员(主要来自日本和欧洲);二是有科举出身又毕业于京师大学堂的教员;三是赴日本和欧美留学归国人员。

为了描述1929年前北京大学政治学系教员组成结构和变化,还需要先对早期京师大学堂政法科教员的结构做一些说明。从个案角度看,后来的一些教员就是那时留任的;从变迁角度看,最早的结构也可以反映出后来的发展曲线。

1. 政法科的"洋教员"

京师大学堂开办之初,就曾盛议聘请洋教习之事,这也是开办西学、维新变法的题中之意。1898年江南道监察御史李盛铎建议聘请日本教员,"至选订教习,除中学即用华人外,西学各门,华人如无专精者,宜聘用日本人,较为妥善,彼国新学蒸蒸,几无不备"②。在引入新学方

---

① 《法科试验规则拟稿》,《北京大学日刊》第四十九号,1918年1月18日。
② 国家档案局明清档案馆编:《戊戌变法档案史料》,北京:中华书局1958年版,第256页,《江南道监察御史李盛铎折》。

面,通过西学而日益强大的日本确实是中国的学习范本。1898 年的《总理衙门奏拟京师大学堂章程》,也提出聘请 6 名英国人担任英文分教习①;一名日本人为日本分教习;俄德法文分教习随机而定,专门学(专业课)分教习,均聘请日本人与欧美人。根据《奏定大学堂章程》的规定,每一专门学科都要设正副教员。日本教员讲授的是日本化的西学,内容主要以法学和日本变法经验为主,集中在仕学馆和进士馆。英语等外语教习主要是教授外文,集中在译学馆。但因为外文是所有学生的必修课,所以法政学科的学生也上欧美教员的课。1909 年分科大学筹办时拟设本国教员 3 人,英文正教员 1 人,副教员 1 人;法文正教员 1 人,副教员 1 人。② 法政科大学聘请了毕业于日本早稻田大学政治经济科的林棨为首任监督,并从 1910 年 1 月开始进行大规模的师资聘请工作。王家驹、芬来森(H. C. P. Finlayson)、李方、王基磐、陈箓、沈觐扆、冈田朝太郎(おかだあさたろう)、白业棣等 8 人在分科大学开学前即被聘为法政科大学教员。1910 年后又陆续聘请了一些教员,如博德斯、震銮、科拔、王宝田等。1911 年又聘徐思允、嵇镜、巴和三人。从聘请的教员规模看,人数远远超过了招聘计划(计划招聘 8 人,实际招聘了 16 人)。虽然在这个过程中也有教员流失,但这些外聘教师中至少有 6 位教师完整地教完了一届学生,这批教员中服务年限少于一年的也只有 4 人。考虑到动荡不安的时代背景,外籍教师队伍可以说是保持了相对的完整和连续。当时法政科学生人数很少,到 1913 年第一届本科生毕业加上 1912 年招的在校生一共才 24 人,师生比例至少达到了 1∶1.5,所以师资力量还算充实。

表 3-2　京师大学堂及分科大学时期部分外籍教员任职情况

职名	姓名	任职时间	学科背景	国籍
速成科正教习	岩谷孙藏	1902—1906	法学博士,京都大学教授,教授日文	日本

---

① 分教习是相对总教习而言。
② 北京大学校史研究室编:《北京大学史料》第 1 卷,北京:北京大学出版社 1993 年版,第 200 页。

（续表）

职名	姓名	任职时间	学科背景	国籍
速成科正教习	服部宇之吉	1902—1906	日本东京帝国大学文科大学教授、文学博士，日文兼伦理心理	日本
速成科副教习	杉荣三郎	1902—1904	法学博士，教授日文	日本
速成科副教习	太田达人	1902—1906	日本帝国文部省图书审查官理学士，教授日文、算学	日本
速成科教习	矢野仁一	1906	日本帝国大学文学专业毕业，早稻田大学副教授	日本
法政科教员	冈田朝太郎	1910—1915	法学博士，教授刑法总论	日本
法政科教员	毕善功（Louis Bevan）	1911—1914	英国剑桥大学硕士	英国
法政科教员	博德斯（M.Baudez）	1910—1913	法国法政大学毕业	法国
法政科教员	巴和（Julien Barraud）	1911—1917	法国巴黎大学法学博士	法国

说明：参见北京大学校史研究室编：《北京大学史料》第 1 卷，北京：北京大学出版社 1993 年版；周川主编：《中国近现代高等教育人物辞典》，福州：福建教育出版社 2012 年版；李海东主编：《日本刑事法学者》上册，中国法律出版社、日本国成文堂联合出版 1995 年版。

维新变法以及清末新政以后，不仅是京师大学堂，中国各类学堂都普遍开始聘任外国教员。京师大学堂聘请外国教习经历了从欧美到日本，又从日本转向欧美的路径转变。创办初期欧美教习相对较多，中后期聘请的外国教习则多来自日本。早期聘请的欧美教习主要是教授外语，专业水平较低。张百熙就抱怨过，"向皆就近延其本居中国者，或为传教来华之神甫，或为海关退出之废员，在教者本非专门，而学者亦难资深造"①。当京师大学堂逐渐重视专业教育时，发现这批欧美籍教习难以符合"德望具备品学兼优"的标准。1902 年，京师大学堂复校后出台人事改组计划，部署新的人事布局，张百熙断然提出对所有的洋教习进行辞退处理。"惟现在大学堂开办需时，各洋教习闲住一月，即需月修金。大学堂经费无多，不能不设法樽节。是以将各西教习不论去留，

---

① 陈学恂主编：《中国近代教育文选》，北京：人民教育出版社 2001 年版，第 272 页。

目前一概辞退"①,其中也包括曾经的西学总教习丁韪良,将重点转向聘任日籍的专业教育人士。因此,后来京师大学堂的洋教习多来自日本,且大多拥有学士甚至博士等专业的高等教育背景。尤其是驻华公使内田康哉建议"在帝国大学教师中选拔"②后,京师大学堂日籍教员的专业化程度明显增强。

京师大学堂洋教习的引进途径主要包括以下两种:

其一,由外国驻华使馆推荐或者引荐担任教习。这种所谓主动的不请自来的积极"荐举"在助力中国教育之外往往带有强制和其他企图,名义上是荐举教员入大学堂任教,实际上也带有对清末内政,尤其是教育内政干涉或者从中分一杯羹的意思。京师大学堂先后收到总理衙门转来的许多咨文,称意大利、德国等国大使推荐本国人担任学堂教习,如"准德国海大臣照称,京师建立大学堂,须聘请德文教习三人、专门教习三人,以推广德国语言文字等"③。对此,孙家鼐严词拒绝:"中国开设大学堂,乃中国内政,与通商体事不同,岂能比较一律"④,并回复总理衙门"且中外交涉者,共十有余国,若各国皆荐教习,贵衙门何以应之"⑤。但是在清廷日渐软弱、西方列强环伺的情形下,聘请西方教习往往也不容有商议的余地,最终德国教习还是来了。据师范馆学生潘敬回忆,"当时日本、英、法各驻华使署,都纷纷欲插手于我国教育事业,推荐教员,计日本有铃木信太郎、三宅、小野,英籍有巴考斯,法籍有贾士霭、柏良才、何世昌等。……德使署亦推荐教员来教授德文。因学堂无俄文功课,故俄使署虽欲效尤推荐而无可借口。其最无理的是法署强行推荐一法籍人为体操教员,学堂因碍于情面,勉与邀请半年以敷衍。体操一课原有本国人担任,此乃中国人自己仅有的

---

① 北京大学、中国第一历史档案馆编:《京师大学堂档案选编》,北京:北京大学出版社2001年版,第113—114页。
② 内田康哉驻清公使致小村寿太郎外务大臣电,日本外交史资料馆,日本外务省档案,转引自王晓秋:《近代中国与世界:互动与比较》,北京:紫禁城出版社2003年版,第339页。
③ 北京大学校史研究室编:《北京大学史料》第1卷,北京:北京大学出版社1993年版,第323页。
④ 同上书,第324页。
⑤ 同上书,第325页。

第三章
从政治学门到政治学系：中国现代政治学学科与学系的建立

一只饭碗，亦被异人夺之为快"①。

其二，中国有关官员自己考察挑选，包括中国官员赴国外挑选以及对自荐人士亲自考察。在挑选过程中，背后也常有争夺。当日本获知德、意等国通过各种方式向京师大学堂派遣教习之后，急忙派遣使者来华。1899年，在东京帝国大学中国哲学专业毕业、任职于日本文部省专门学务局的服部宇之吉奉命来华。名义上是留学，实际上是借机会通过各种途径结交中国官员。但由于中国正值义和团运动，他的使命没有完成。1902年张百熙任管学大臣后，明确提出聘请日本教习，"将来延请教习专门，亦非彼国文部及高等学堂考问，不能分其优劣。似派员考察一层，为必不可少之举。现在湖北闻已派人先赴日本，即此用意"②。他主张可以提请日本的文部省和高等学堂帮忙挑选合适的教员，并派"学问纯粹、详悉中外"的大学堂总教习吴汝纶到日本考察学务，其中请聘日本教员是考察的重要内容之一。吴汝纶奉命来到日本后，马上将中国方面聘请日本教习的要求告诉了文部大臣菊池大麓、外务大臣小村，吴汝纶认为"师范速成学堂均以研究西学为主，服部君大可襄助"③。日本文部很快发电给正在德国的服部宇之吉，令其火速回到日本。文部省大臣菊池大麓推荐的则是法学博士岩谷孙藏。1902年8月，服部宇之吉再次来到中国，他又推荐了杉荣三郎等任职法政科教员。

由于"洋"教习身份特殊，背后又多有不同政治利益，所以往往难以管理，对此，学部专门颁布了《聘请外国教员的规范合同》文本，要求"惟与外人交涉以合同为主，合同既定之后，彼此办事即应按照合同办理……现由本部酌定聘用外国教员合同十九条，通行各省"④。合同明确规定了聘用年限、教学活动、薪资福利、教习规范等内容，基本上能够做到对外籍教习的管理有据可依。

---

① 全国政协文史资料委员会编：《文史资料存稿选编·第24辑·教育》，北京：中国文史出版社2002年版，第757页，潘致：《京师大学堂忆述》。
② 北京大学校史研究室编：《北京大学史料》第1卷，北京：北京大学出版社1993年版，第53页。
③ （清）吴汝纶：《吴汝纶尺牍》，徐寿凯、施培毅校点，合肥：黄山书社1990年版，第286页。
④ 北京大学校史研究室编：《北京大学史料》第1卷，北京：北京大学出版社1993年版，第325页。

应该肯定的是,这些来自于国外,尤其是日本的教习,对早期京师大学堂的发展是有一定帮助和影响的。

第一,对大学堂早期学科建设的帮助。杉荣三郎被聘为京师大学堂教习后,编写了《经济学讲义》,由京师大学堂出版。这是中国首次出现以"经济学"学科命名的书。服部宇之吉当时教授的科目是心理学、伦理学、日语等科目,也自编了很多讲义,还多次为大学堂从日本购买教科书、教学仪器、动植物标本等。北京大学档案中有多封他购书的信件,如"月前上日本,代购物理、化学、数学三门教科书日前已寄科。……付讫单另具:英德法各新闻及杂志共四十七种,约银五百四十两;日本新闻及杂志共三十五种,约银八十一两。由日本所买数学、物理、化学、心理各教科书,约银五百五十两。由德国所买各样参考书,约银二百六十两。各科教习临时所要参考书,约银五百七十两"①,"按照原单内除官报一种及西文报纸上无中文未能检查者外,所有东文各报检查原单内本馆俱已收过开单于左,此覆:(共三十二种)其中,有哲学杂志、实业之日本、外交时报、人类学杂志、图书月报、学艺杂志、太阳报、史学杂志、理学界、丁酉伦理集、时事新闻报、朝日新闻、国华"②,等等。

第二,外籍教员将国家、民主等现代观念引入大学堂。1904年日俄战争爆发,日本试图取代俄国霸权,获得中国东北利益。其时大学堂学生深居学堂,尚不与闻,学习生活一如常态,而日本教习却纷纷请假,学生不知何故。法政教习岩谷孙藏说:"中国存亡,在此一举。乃外而观士夫,歌舞升平,安然无恙;内而观学堂,学生出入讲堂,绝无忧色。士夫无论已,若中国所有几希之望在教育,教育者,养全国忠爱之精神者也。处亡国之时,学生绝无影响;以日本学生例之,当痛哭流涕,结大团体,发大志愿,决不令政府以此地与俄。中国学生俱属亡国性质,我不削教,当即回国矣!"③当天仕学馆和师范馆学生鸣钟上堂者200余人,

---

① 《北京大学综合档案·全宗一·卷118》(年份不详),"服部宇之吉购书的信件(二月十八日)",(卷内材料顺序号1)。
② 《北京大学综合档案·全宗一·卷118》(年份不详),"服部宇之吉购书的信件(十二月初三日)",(卷内材料顺序号2)。
③ 《京师大学堂学生公致鄂垣各学堂书》,转引自《苏报》1903年5月20日。

听闻岩谷孙藏的"讥语",痛哭流涕,齐声应许,场面震撼。学生们开始联合起来,请政务处代奏疏争俄,表示"生等皆国民之一分子,有报效国家之责任"①,致电各省学生合禀管学代奏,并电告各省督抚力争,以阻政府。这些学生从原来传统"忠君"的臣民观念转向"爱国"的现代公民观念竟是源于日本教习的启蒙。大学堂学生参加的拒俄运动,虽然最终被镇压了下去,但还是引发了社会的震动。袁世凯后来参观京师大学堂时,就认为这里是酝酿暴乱的温床,说"大学里的人都支持宣扬人权及人身自由的理论,假若这些理论继续传播下去,必定会产生更大的影响,带来比戊戌年更大灾难"②。

第三,开启了学生毕业后留学日本的渠道。1906年10月,日本法政大学杂志《法学志林》中刊载了一条消息:"清国北京进士馆这回变更制度举其学生(进士)托我法政大学实施法政教育。曩由进士馆教头严谷博士与法政大学交涉,更经清国学部与滞清中的梅总理熟议,至今回由清国公使馆正式发出入学介绍信。进入补修科三十七人加上另项记载的进入第五班的五十八人合九十五人,均为有学识有地位的清国绅士。"③这可以证明1906年在安排进士馆毕业生到日本进修学习的计划实施中,岩谷孙藏是发挥了一定的作用的。

如前所述,当时日本教员在中国的教育工作,也掺杂着国家的政治目的。服部宇之吉就曾发表"今皇国旷古之圣业,著成于改造再建中国之伟业,吾等欲同心协力,达成此伟大使命"④的演讲,说明一些日本教员在教员身份以外可能负有进行文化教育渗透政治的目的。

2. 北京大学政治学门(系)教员群像

专家或学者对知识的生产和传播展现出一种现代性秩序,他们通过成功拥有局外人所不具备的具体技能或者专门知识而获得相应的能

---

① 《京师大学堂师范馆学生请政务处代奏疏争俄约事》,《光绪政要》卷二十九。
② 《中国纪实》,《新民丛报》1903年第7册。
③ 李廷江主编:《清华日本研究》第1辑,北京:社会科学文献出版社2014年版,第318页。
④ 汤一介主编:《中国文化与中国哲学1988》,北京:生活·读书·新知三联书店1990年版,第451页。

力,并由于自己的专业知识而获得公众较为广泛的尊崇,使之能够作为一种重要的知识精英在现代社会中发挥作用。作为社会分化后形成的新的知识阶层,大学教师是一种新的职业归属和身份认同。现代化进程中的国家与社会为大学发展设置了舞台,这个平台因为知识的传承而生存,因为政治的诉求而得以向更广的舞台扩展。

从世界现代化发展的历史经验来看,许多国家的启蒙运动皆是由知识分子,尤其是其中的精英阶层所倡导的。① 由于现代社会的分化而产生的中国学者型知识精英,在社会中也扮演了重要的角色。无论是戊戌变法、立宪运动还是辛亥革命、五四运动,可以说每一次重大历史事件中,知识精英都是主角之一,他们作为中国现代化转型的领导者或者推动人物,在历史的岔路口亟起求变,"自觉"且"觉他"。

现代知识发展会经历一种价值和经验逐渐分离的过程,政治学在中国也是如此。与传统的"政"艺不同的是,中国现代政治学的培养目标不再只是训练官员,而是要成为一门独立的学科和学术。但政治学又从来没有与它的研究对象——政治完全剥离开过,对于政治学系的教师来说,很难不扮演"知识人"与"政治人"的双重角色,越是有理想、有抱负,就越无法清楚地剥离。他们是学者、学人,是政治思想的传播者;但往往他们又是政治参与者、政治行动者或者职业的政治官僚。提供批判的武器和进行武器的批判,在政治学者这里就更难完全分开,尤其是在中国的政治变迁和转型时期,不同的身份之间会有融合,同时也会发生冲突。对于北大政治学系的教师们而言,他们的首要职业身份的本质是学者或专家,负责现代知识的传承与思想的传播。但他们大多也会以两种方式扮演自己的社会角色,一种是思想者,一种是行动者。作为思想者,他们以学术为主业,以政治学的理论为"治学"的基础。但政治学学科的特点和知识分子的使命与责任,又使他们对政治改造抱有极大热情,不由自主地成为行动者。但他们毕竟不是职业政治家,他们以不同的方式表现出的"治术",也往往无法离开"治学"的基础。这就是自从政治学这门学科诞生以来学者与研究对象的纠缠和

---

① Ron Eyerman, *Between Culture and Politics: Intellectuals in Modern Society*, Cambridge: Polity Press, 1994, p. 75.

第三章
从政治学门到政治学系:中国现代政治学学科与学系的建立

内部张力。

在本书中,确定哪些人进入北京大学政治学系教师群像,在技术上是一件难事。因为民国时期北京大学聘请教授的程序和方式,以及编制、归属、待遇等都比较复杂。无论是专任教授还是兼课教授,最早是由校长直接聘请(比如蔡元培先生初掌北京大学的时候),后来是教授聘任委员会(1919年北京大学成立聘任委员会)讨论决定,由校长出面聘请;教授以下的教员由各科教授会决定,各科学长(后来是院长)出面聘请,学校备案。20世纪30年代后改为所有教授聘请都由各科教授会提出,各科学长或者院长直接聘请,学校备案。北京大学对专任教授和兼职教授的权利和待遇有不同的规定。第一种是外校教授在北京大学兼课,除校长特别聘请之外,薪酬一律按讲师待遇。比如,清华大学的张奚若1929年在清华大学政治学系已经是教授,但1930年在北京大学兼课则是讲师待遇;浦薛凤、萧公权在北大政治学系兼课期间也是讲师待遇。第二种是北京大学教授在北大以外的学校兼课,课时有一定限制(比如一周不能超过6小时),超过课时限制,在北京大学也只能领取讲师薪金。第三种是北京大学教授在校内不同学科任职和兼职,这种情况就要根据该教授被主聘为哪个学科做判断。北京大学早期学科区分并不十分细致,学者所擅长的学科领域也不止一个,不同学科常常编制在一个大学科或者学院里,一个教授在几个不同学科都当教授、都开课是常见的。比如,李大钊受聘为史学系教授,但也被政治学系聘为兼任教授;陶履恭在北京大学文科哲学系、法科政治学系、经济学系都做过教授(其实陶履恭主要是社会学家和教育学家,但长期受聘政治学系);陈长乐、鲍明钤在英文系和政治学系同时开设英语和政治学课程。根据他们在不同学科或者学系的待遇,可以判断他们的主要聘任单位。比如,陶履恭主聘为文科哲学系教授并在政治学系讲课期间,《北京大学职员录》教员名单里陶履恭的名字后边就注有"政治学教授、讲师待遇"。[①] 当他被政治学系主聘为政治学系教授时,在政治学教员名单上就是教授待遇。第四种是在同一学科(后来是学院)下不同系的教师交

[①] 王学珍、郭建荣主编:《北京大学史料》第2卷,北京:北京大学出版社2000年版,第369页,《国立北京大学职员录》(1930年编)。

叉讲课,在这种情况下其待遇不受影响。在政治学系的授课教员名单上,就有多个同是法科但不同系的教员。比如,法科经济学系的教授顾孟馀、王建祖同时也是法科政治学系的任课教授;法科政治学系的陈启修教授同时也是法科经济学系的兼课教授。法律系与政治学系自始至终都在一个法科下,所以政治学系与法律系的教员之间交叉最为明显。王世杰、燕树棠等都是政治学系和法律性的双科教授。

鉴于上述复杂情况,对教师群体的人员进行选择和确定时,仅从教师名录上分出专任教师还是兼课教师有可能不准确,甚至有的教师回忆他们自己都不清楚到底在哪个学校是专任、在哪个学校是兼任,因而统一写成在哪个学校"上课"。许多教师虽然在政治学系是兼课(主聘单位是外校或者外系),但对北京大学政治学系的教学,包括对学生的影响是很大的。所以,本章在以教师为对象做宏观归纳分析时,将政治学系专任教师和在政治学系的任课教师作为一个教师群体进行观察。

1912—1929年出现在政治学系课表上的大约有40位教师(体育课一类的公选课老师不算在内),下面将他们个人的资料,包括教育背景、在北大的授课情况、出版著作及政治活动等以简表的形式列出,借以勾画这一知识群体的简况,并将其作为观察分析这一时期中国政治发展变迁的一个角度。

表3-3　1912—1929年北大政治学系任课教师最终学位获得学校分布

国别	学校名称	人数	总人数比例(%)
日本	东京帝国大学	7	18.9
	早稻田大学	4	8.1
	京都帝国大学	2	5.4
	明治大学	1	2.7
	法政大学	1	2.7
	日本大学	1	2.7
	小计	16	41.0

(续表)

国别	学校名称	人数	总人数比例(%)
美国	哥伦比亚大学	2	5.1
	哈佛大学	1	2.6
	普林斯顿	1	2.6
	霍普金斯大学	1	2.6
	耶鲁大学	1	2.6
	爱荷华大学	1	2.6
	芝加哥大学	1	2.6
	加利福尼亚大学	1	2.6
	小计	**9**	**23.1**
英国	伦敦大学	5	12.9
	牛津大学	1	2.6
	农工科大学	1	2.6
	小计	**7**	**17.9**
德国	柏林大学	4	10.3
法国	巴黎大学	2	5.1
中国	北京大学	1	2.6
合计		**39**	**100**

说明：大约40名教师，其中有1名毕业学校不详。参见北京大学编：《国立北京大学民国三年同学录》，1914年版；《国立北京大学毕业同学录（民国九年）》，1920年；周川主编：《中国近现代高等教育人物辞典》，福州：福建教育出版社2012年版；刘国铭主编：《中国国民党百年人物全书》，北京：团结出版社2005年版；樊荫南编纂：《当代中国名人录》，上海：良友图书印刷公司1931年版。

表 3-4　教师简况（按姓氏拼音排序）

	姓名	教育背景	教授科目	职业及政治活动
1.	鲍明钤 （1894—1961）	美国耶鲁大学，哥伦比亚大学，于霍普金斯大学获博士学位	政治史及外交史	1924年回国，先后任教于北京师范大学、北京政法专门学校、北平大学、北京大学、菲律宾大学、东北大学等。1938年被逼任长春伪满建国大学政治学教授，后称病辞职。1947—1949年于北京朝阳大学、辅仁大学等校兼课

（续表）

	姓名	教育背景	教授科目	职业及政治活动
2.	陈长乐 （1886—1961）	美国西北大学，耶鲁大学，于芝加哥大学获博士学位	美国宪法	毕业后执教于北京大学，1918年赴新加坡经营史丹福汽车公司，1922年回国，先后主持英文日报《广东宪报》，任广东大学英文系主任、外交部美洲司司长等职。1927—1948年先后任中国驻新加坡、旧金山、加尔各答等地总领事
3.	陈翰笙 （1897—2004）	美国波莫纳大学，芝加哥大学，于德国柏林大学获得博士学位	英国政治史、现代政治	1924年任北京大学教授，1925年加入中国共产党，1929—1934年任中央研究院社会科学研究所副所长，1933年发起成立中国农村经济研究会。1935年任莫斯科东方劳动大学研究员，1939年参与发起成立"工业合作国际委员会"，主编《远东通讯》，宣传抗战，1950年任中国外交部顾问、中国社会科学院社会科学学部委员等职
4.	陈介 （1885—1951）	日本东京帝国大学，德国柏林大学	民法债权	1912任北洋政府工商部商务司长、国务院参议等，兼任北京大学、北京法政专门学校等校教员，1920年后历任全国水利局副总裁、上海公共租界工部局华董等。1935年任南京国民政府外交部常务次长，1938年任驻德特命全权大使，1943年后，历任驻巴西、墨西哥、阿根廷大使
5.	陈启修 （1888—1960）	日本东京帝国大学	统计学、政治学或国家学	1917年回国任教北京大学，1922年任北大马克思学说研究会《资本论》研究组导师，1926年任广州黄埔军校政治教官、武汉《中央日报》总编辑等，1927年流亡日本，1930年重返北大，1946年创办西南学院，1947年受任重庆大学商学院院长，1949年任四川财经学院筹备委员会委员，1956年当选第三届全国政协常委

(续表)

	姓名	教育背景	教授科目	职业及政治活动
6.	陈廷均 （1893—？）	美国威斯康星大学获政治学学士学位，普林斯顿大学硕士学位	政治史	1918年任教北京大学，后任京奉铁路总稽核
7.	陈源 （1896—1970）	英国爱丁堡大学，于伦敦大学获博士学位	政治及外交史	1922年回国任教北京大学，兼任《北京大学季刊》社会科学组编辑员，1924年参与创办《现代评论》，1929年任教武汉大学，抗日战争期间任国民参政会参政员，1946年任联合国教科文组织第一届大会中国代表团成员，后任中国驻联合国教科文组织巴黎总部首任常驻代表
8.	陈兆焜	癸卯科举人，京师大学堂，于伦比亚大学获博士学位	财政学总论、财政学各论	京师大学堂毕业后1909年赴美国留学，1914年获哥伦比亚大学哲学博士学位，回国后任北京大学教授
9.	杜国庠 （1889—1961）	日本京都帝国大学	市政论、工业政策及社会政策、内外商业政策、政党论	回国后任北京大学、中国大学和朝阳大学等校教授，1925年后广东澄海任县立中学校长、国民党澄海县党部执行委员会主席，1928年加入中国共产党，领导中国左翼作家联盟，1935年被国民党逮捕，西安事变后获释，抗日战争时期，受共产党委派担任国民政府军事委员会政治部第三厅对外宣传第一科科长等职。抗战胜利后，在民主人士和工商界上层人士中开展统战工作
10.	高一涵 （1885—1968）	日本明治大学	政治学原理、政治学史	1918年先担任北大丛书编译委员会委员，后任法科教授，参与发起成立"马克思学说研究会"，1924年加入国民党，1926年加入共产党，1927年脱离共产党。后任教于上海法政大学、吴淞中国公学，1931年后从政，任国民政府监察委员、两湖监察使、甘宁青监察使、国民大会代表等，1950年加入中国民主同盟

117

(续表)

	姓名	教育背景	教授科目	职业及政治活动
11.	耿丹 (1892—1927)	于英国伦敦大学获博士学位	社会政策	1913年参加"二次革命",1919年回国任教北京大学,1920年任武昌高等师范学校教务长,1921年加入湖北共产主义小组领导的马克思学说研究会,1924年任武昌大学代理校长,声援"五卅"运动,1926年任国民革命军第十五军政治部主任,国民党湖北省党部执行委员,同年加入中国共产党,1927年任国民革命军第十五军副军长,同年被杀害,后被追认为革命烈士
12.	顾孟馀 (1888—1972)	德国柏林大学	经济学原理	中国同盟会会员,1916年任北京大学教授,1924年后,历任中国国民党中央执行委员会委员、中央军事委员会委员、国民政府委员、宣传部部长、教育部部长等职,后遭到停止国民党籍三年的处分,恢复党籍后当选为中央执行委员会委员,1932年任铁道部部长,1935年任交通部部长,1938年任国民参政会参政员,与汪精卫决裂,1941年后历任中央大学校长、中国国民党中央常务委员等职
13.	郭汝熙	英国农工科大学	政治学、政治史	1917年前后任北京大学英文门兼政治门教授
14.	黄右昌 (1885—1970)	举人,湖南时务学堂,日本法政大学	民法、罗马法	回国后授法政科举人,民国后任湖南省立第二法政学校校长,湖南省议会议长,1915年起任北京大学教授、法科研究所主任,主编《社会科学》季刊,兼任清华大学、朝阳大学、中国大学教员,1930后任南京国民政府立法院立法委员、司法院大法官,1948年后执教于湖南大学

（续表）

	姓名	教育背景	教授科目	职业及政治活动
15.	康宝忠 （1885—1919）	日本东京经纬学校，早稻田大学	商业政策、社会学	1905年任同盟会总部评议员及陕西主盟人，1909年留学归国后获法政科举人，先后任大清银行学堂教习、监学、教务长，民国后任临时大总统府秘书、临时参议院议员，后与章士钊共同创办《独立周报》，1913年任上海吴淞中国公学教务长，1915年后任北京大学教授，北京教职员联合会总务干事、主席
16.	李大钊 （1889—1927）	日本早稻田大学	现代政治、唯物史观	1918年任北京大学图书馆主任、北大评议会评议员，后被聘史学系教授兼任政治学系教授，组建"少年中国学会"，与陈独秀等人创办《每周评论》，1920年组织北京大学马克思学说研究会，任中国共产党北京支部书记，1921任中国劳动组织书记部北方分部主任，1924年出席国民党第一次全国代表大会，当选国民党中央执行委员，率中共代表团赴莫斯科出席共产国际的第五次代表大会，任中共中央北方局书记。1927年牺牲
17.	李傥 （1884—1965）	日本东京弘文书院，早稻田大学，德国柏林大学	财政学、农林政策	1913年回国后任明德大学校长，后在北京大学、法政大学任教，兼任北洋政府国务院法制局事事、司法部参事等，1928年后历任农矿部秘书、实业部秘书、中国银行经济研究处事务处长、财政部主任秘书、财政部国库署署长、财政部常务次长，1948年秋离职
18.	林彬 （1893—1958）	北京大学	刑法总则、刑法分则	毕业后任北大助教，后历任地方法院检察官、高等法院庭长、最高法院审判官等职，1927年任国民政府法制局编审、第一至第四届立法委员，兼任北京大学、政法大学、中央大学等校教授。1945年任国民党第六届中央监察委员，1948年当选宪国民大会代表，选任司法院大法官

(续表)

	姓名	教育背景	教授科目	职业及政治活动
19.	罗鼎 (1887—1979)	东京帝国大学	财政史	1918年回国后任北京大学、北京法政专门学校教授,后历任京师高等审判所民事推事、江苏司法所民事兼刑事科科长、国民政府司法部民事科科长,1928年任国民政府立法院第一届立法委员,兼任国立中央大学教员,1929年加入国民党,担任立法院立法委员、制宪国民大会代表,1947年后执教于安徽大学、湖南大学、武汉大学
20.	皮宗石 (1887—1967)	日本东京帝国大学,英国伦敦大学	财政学、现代政治	1920年回国后任北京大学教授,兼任图书馆副馆长,发起组织民权运动大同盟,1928年任司法部秘书长,1936年任湖南大学校长,1941年辞职
21.	陶孟和 (1887—1960)	日本东京高等师范学校,英国伦敦大学	现代政治、社会问题、社会学	1913年回国后任商务印书馆编辑,1914年开始任教于北京大学,后任政治学系主任、校评议会会员,1929年任北平社会调查所所长,创办《社会科学杂志》,1934年任中央研究院评议会评议员,抗日战争期间曾当选国民参政会参政员
22.	万兆芷 (万兆芝) (1890—?)	北京大学,美国霍普金斯大学,哈佛大学	政治学史、政治史	1919年回国后任北京大学、国立师范大学教授,1923年任北洋政府国务院秘书,后历任南京国民政府司法部秘书、法制局编译、外交部参事、交通部编审委员等职,1940年代理汪伪国民政府实业总署劳工局局长,后任汪伪实业总署合作局局长、汪伪特别法庭华北分庭庭长等
23.	王建祖 (1877—?)	香港皇仁学院,天津北洋大学,美国加利福尼亚大学	财政学	回国后先后任江苏财政监理官、北京大学法科学长、北京法政专门学校教授、燕京大学教授,1930年后任国民政府司法院秘书、最高法院推事、行政法院第二庭评事等职

(续表)

	姓名	教育背景	教授科目	职业及政治活动
24.	王景歧 （1882—1941）	巴黎政治大学，英国牛津大学	中国国际关系及各种条约、平时国际公法、中国通商史及通商条约	1912年回国，历任农林部编纂，外交部主事、参事等职，1916年起兼任北京大学法科讲师，1918年赴法国任出席巴黎和会中国代表团参事，1921年后历任驻比利时全权公使、驻法总支部部长，1928年任中国出席国联行政院代表，1929年任国立劳动大学校长，1936年后历任驻瑞典兼驻挪威、驻波兰全权公使
25.	王世杰 （1891—1981）	北洋大学，英国伦敦大学，于法国巴黎大学获博士学位	行政法总论	回国后任北京大学法科教授，与周鲠生等人创办《现代评论》，1927年后担任南京国民政府法制局局长、国民政府立法院首届立法委员，1929年任武汉大学校长，1933年任教育部部长，抗日战争爆发后，历任国民党军事委员会参事室主任、国民党中央宣传部部长、中央设计局秘书长，1945年兼任国民政府外交部长
26.	王徵 （1891—？）	美国哥伦比亚大学	移民政策	1919年至1923年任北京大学教授，后任交通银行经理、国民政府财政部钱币司司长兼中央银行行长、铁道部常任次长兼理财司司长、建设委员会委员、立法院立法委员、浙江省政府委员兼建设厅厅长，1947年后任中国长春铁路公司监事会副监事长、行政院政务委员
27.	伍朝枢 （1887—1934）	英国伦敦大学	宪法、罗马法	1912年后任湖北都督府外交司长、众议院议员，1914年前后兼任北京大学法科教授，1917年任护法军政府外交部次长，1923年后历任广州大元帅府外交部长、国民党中央党部商民部长、广州国民政府委员、军事委员会委员、中央执行委员，1927年后任南京国民政府外交部长、驻美全权代表，1931年任反蒋派的广州国民政府委员、最高法院院长等

(续表)

	姓名	教育背景	教授科目	职业及政治活动
28.	夏勤 （1892—1950）	北京国立京师法律学堂，日本中央大学，东京帝国大学	刑事政策	1917年回国后任大理院推事，兼任北京大学、朝阳大学教授，1924年后历任北洋政府总检察厅首席检察官等职，南京国民政府最高法院刑庭庭长、法官惩戒委员会委员，兼任北京朝阳大学副校长，北京大学、北京法政大学等校教授，1938年任司法行政部常务次长，1945年后任最高法院院长兼刑庭庭长、司法院大法官
29.	路熊社	暂不详	工业政策及社会政策	1925—1926年在北京大学法科任教
30.	燕树棠 （1891—1984）	北洋大学，美国哥伦比亚大学，于耶鲁大学获博士学位	现代政治	1921年回国后任北京大学法科教授兼法律系主任，兼任教清华大学，后任武汉大学法学院教授，兼法律系主任，抗日战争期间，任西南联合大学法律系教授、系主任，兼任国民参政员、监察委员等职，1945年后，任教北京大学、武汉大学，1948年任国民政府司法院大法官。新中国成立后，任武汉大学法律系教授
31.	杨栋林	北京大学，日本大学	欧洲社会变迁史、中国近世史、现代政治	在日本留学期间曾参与发起组织"丙辰学社"并任副理事。回国后任北京大学历史系教授，1924年从北大辞职
32.	姚憾 （1875—1924）	日本早稻田大学	外交史	1912年加入国民共进会，任北京国民大学专门部主任，1914年任上海吴淞中国公学校长，后兼任北京大学教授，1920年参与发起成立北京大学教职员会，担任总务会议总主席，后任中国大学校长

(续表)

	姓名	教育背景	教授科目	职业及政治活动
33.	余棨昌 （1882—1949）	京师大学堂，日本东京帝国大学	民法	历任法制局参事兼文官甄别委员会、文官惩戒委员会委员，大理院推事兼厅长，司法讲习所所长，大理院院长兼司法惩戒委员会委员长等职，曾获一等嘉禾章多枚。兼任北京大学、朝阳大学、法政大学法律系教授，七七事变后，拒任伪职，担任律师
34.	张祖训 （张慰慈） （1890—1976）	复旦公学，于美国爱荷华大学获博士学位	政治学、国家学、政治学原理	1917年回国后任北京大学政治学系教授，后历任北京法政大学、上海东吴大学教授，安徽大学图书馆馆长等职。1931年后历任国民政府财政部秘书，沪宁、沪杭甬铁路管理局运输科副科长，北宁铁路管理局总务处长，1938年后任职于重庆国民政府资源委员会
35.	张孝栘	日本早稻田大学	刑法	1906年任京师法律学堂教员，1915年任北洋政府京师总检察厅首席检察官，后任北京大学、河北大学、河北省立法商学院法律系教授
36.	张耀曾 （1885—1938）	京师大学堂，入东京帝国大学	政治学	1914年回国到北京大学任教（法科政治门研究所教员）。参加过护国运动，多次出任北洋政府的司法总长，1927年不满军阀当政辞职，于上海执律师业，兼任上海法学院等校教授。"九一八"事变后被聘为国防参议会参议员、国民政府参政会参政员
37.	钟赓言	东京帝国大学	宪法、政党论	1919—1923年任教于北京大学法科，兼任朝阳大学、清华大学教员，曾任北洋政府国务院法制局参事等职

(续表)

	姓名	教育背景	教授科目	职业及政治活动
38.	周览（周鲠生）(1889—1971)	日本早稻田大学，英国爱丁堡大学，于法国巴黎大学法学获博士学位	政治及外交史、国际联盟、国际法	1922年任北京大学法科教授，1926年辞职任广州任中山大学筹备委员，1927年任东南大学政治学系主任，1928年参与筹建武汉大学，1929年后历任国民政府中央法政委员会委员，训政实施方案委员会委员，武汉大学教务长等职。1937年任国民参政会第一届参政员，1946年任国立武汉大学校长，1948年当选中央研究院第一届院士
39.	周龙光(1885—？)	日本东京帝国大学	商法	毕业回国后担任北京大学法科教授，1925年后任北京政府司法部参事、特别关税会议专门委员、国民政府外交部司长，兼任北京中国大学副校长，1931年任北平市政府参市，1931—1933年任天津市市长，抗日战争爆发后，任伪中日经济协议会秘书长，兼任汪伪政府"华北政委会"情报处处长
40.	邹宗孟	日本京都帝国大学	商业政策	1916年留日期间，参与发起成立"丙辰学社"，1920年后任教于北京大学历史学系与政治学系

说明：参见周川主编：《中国近现代高等教育人物辞典》，福州：福建教育出版社2012年版；刘国铭主编：《中国国民党百年人物全书》，北京：团结出版社2005年版；樊荫南编纂：《当代中国名人录》，上海：良友图书印刷公司1931年版；刘绍唐主编：《民国人物小传》，上海：上海三联书店2015年版；湖南省地方志编纂委员会编：《湖南省志·第三十卷·人物志》，长沙：湖南出版社1995年版。

对上述曾在政治学系任教的教师的基本情况可做如下总结分析：

第一，从年龄分布上看，40名教师中目前可以查询到33人的具体出生年份，经统计可以看出，1880年以前与1896年以后出生的教师所占比例相对较低，各有2人，其中最年长者姚憾于1875年出生，最年轻者陈翰笙是1897年出生。教员出生年份集中在1881—1895年的15年间,其中 1886—1890 年间人数最多,共计 12 人,占到总人数的 36.4%,这说明大部分政治学系教师在北大任教时的年龄集中在三四十岁左右,正是年富力强、思维活跃的年纪。

表 3-5　1912—1929 年北京大学专职与兼职教师的出生时间段统计

出生时间	1880 年以前	1881—1885	1886—1890	1891—1895	1896—1900	合计
人数(人)	2	9	12	8	2	33
所占比例	6.1%	27.3%	36.3%	24.2%	6.1%	100%

说明:数据依据上表统计所得。

从出生年代看,他们出生与成长的时代正值清晚期;在幼年或青年时代,或多或少都曾接受过传统教育,甚至一部分人还曾经参加过科举考试,拥有传统的科举功名,[1]其中大多数人青少年时期又有在新式学堂接受西学教育的经历。他们有的经历过戊戌变法,几乎都经历过辛亥革命。他们在旧的制度和形态中生活过,"传统"作为他们身份属性的媒介之一,为将来预设了某种意义,并在个体上展现出一定的情感依附。另一方面,新式教育的经历也让他们在新的时代浪潮中,有积极寻找一种新的活动场所和身份空间的可能。

第二,从教育背景来看,他们大多数都在海外知名大学获得学位。早期留学日本者较多,后期留学英美等国者居多。留学日本的以东京帝国大学的最多,共有 7 人。具有日本、美国留学背景的教员所占人数相对较多,而年轻教员中留学美国者较多。这些学者回国任教,作为学科和知识的载体,实现了日本、欧美等国家和地区的政治学理论与教学体系的导入。从当时北大的整体情况看,大学里其他人文科的教师也大多是留学日本与欧美的。由于其留学背景及思想观念的不同,在校园内也形成两大派系的局面,分别以胡适为首和以李石曾为代表。两派也有冲突和分歧,[2]甚至出现过连教授评议会都开不下去的情形。

第三,教员的"学政互动"特征比较明显。法科教员为主体的知识

---

[1] 比如高一涵 14 岁即考中秀才;黄右昌 12 岁中秀才,17 岁中举人;李大钊 16 岁中秀才;罗鼎 15 岁中秀才。
[2] 陈翰笙:《四个时代的我·陈翰笙回忆录》,北京:中国文史出版社 2011 年版,第 28 页。

分子精英不仅作为学术领域的开创者而负有盛名,而且参与实际政治甚至对民国政治的发展都有重要影响,表现出多向度的社会角色。其中曾在北洋政府时期担任政府职务者约占总人数的45%,曾在南京国民政府任职的约占53%,此外,还有4人曾于汪伪政权任职。①

第四,在身份分化中获得新的定位。作为知识精英,他们承继传统但指向现代。辛亥革命后曾出现了许多新的现代职业身份,比如律师、法官、出版商、西医医生等,虽然他们当中很多也是广义的"读书人"但是却与传统的士人阶层大相径庭。从狭义的角度看,真正承继"士大夫"文化含义的现代知识精英,主要还是大学教授、专家或者其他从事意识形态建构与传播之人。传统的士大夫大多是混合型精英,是尚未明确分化的社会角色。但是,随着中国现代化进程的展开,其混合性逐渐向单一性转变,解构为知识精英、政治精英、社会精英三个类型,于是就出现了职业专家学者、职业政治家以及社会名流,三者之间的交集在不断减少。狭义的知识精英,即学者或专家,虽然具有士大夫阶层的文化属性,甚至传承了其家国情怀,但是他们与传统士大夫阶层的差异也还是明显的。也就是说,他们身上体现出的更多的是"现代性"。其中最重要的一点就是,他们不再独立垄断社会知识与价值,他们不再必然地与政治权力勾连,不再以某种身份或出身作为安身立命的基础。这一狭义的知识精英阶层反倒是开放的阶层。

第五,新的观念体系和价值体系开始形成。与传统文人一样,他们也追求一种更为圆满的理想社会,但又不像传统士人那样,以儒家经验学说和"实用政治"为学习主体,而是以现代"政治知识"为诉求。虽然他们也探讨治国兴衰之道,但却不像士大夫那样只是满足坚守儒家价值,而是不断重新评价传统的政治价值,探索、寻求、建构新的价值系统。他们也不像传统进士、举人那样依靠科举出身就可以直接进入政治系统,而是要靠知识、技能、成就获得进入政治权力机构的资格。他

---

① 陶希圣1939年任汪伪政权中宣部部长。林彪1940年任汪伪行政法院院长。王荫泰1940年任伪华北政务委员会常务委员兼实业总署督办、中日实业公司总裁,后任汪伪华北政务委员会常务委员、农务总署督办、总务厅厅长,伪华北政务委员会委员长等职。万兆芝1940年8月代理汪伪国民政府实业总署劳工局局长,1943年3月任汪伪实业总署合作局局长,1944年4月任汪伪农务总署合作局局长,1945年任汪伪特别法庭华北分庭庭长。

们不必然地以从政为人生目标,但是相较于其他专业的学者,政治学学科的特殊性使得他们有更多的机会接触丰富的政治思想,获得更多参与政治的机会,也同时产生更多参与政治实践的期待。从现实情况看,这些以政治学为业的知识分子,在社会变迁、政治变革的过程中,传统和现代价值常出现融合、转换,也有对立、冲突。他们可能在政治的圈层中会趋向边缘化、去中心化,但在知识和文化的圈层中却日益权威化、中心化。

第六,治学方式开始转变。政治学者比较早地开始尝试采用现代方式进行政治知识的传播,发挥自己作为一种"观念人"的力量,探讨现代政治知识体系的构建,以对中国的现实关怀为核心,以西方政治学理论为解释框架,为国家建设出谋划策。很多政治学学者选择的方式是在教学之余或者辞去教职后创办刊物或者积极在各种刊物上发表时论文章。如陈启修曾任《国民新报·副刊》主编、《中央日报》总编辑和《广州国民日报》主笔等。陶希圣于1934年创办《食货》半月刊,并以此为基础形成中国社会经济史的研究阵地和"食货派"流派。何永佶等人在抗战期间创办了半月刊《战国策》,并因此形成了战国策学派,在国家主义的基调下尝试史学革命与文化重建。此外,高一涵、张慰慈、张佛泉等北大政治学系教员在20世纪初具有重大影响的刊物,如《每周评论》《新青年》《独立评论》上发表了大量的政治学专业视角的时论文章。

活跃于20世纪初的北大法科的知识精英大多也是当时学术舞台的主角,其中包括多位民国政治舞台上的知名思想家。从总体上看,他们的思想表现出兼有传统和现代、融合中学与西学、既有专业的学术取向也同时有现实政治关怀的性质。而他们身上的矛盾和面临的纠结,也正是国家现代转型中矛盾和曲折的反映。

3. 政治学知识精英的政治行为分析

从现代化发展的角度来看,总体上知识分子大多是倾向进步的(顽固守旧的当然也有,且这里的进步是现代性的视角而不是革命运动的视角),是推进现代化变革的精英阶层,在传统向现代转变过程中起着引导性和示范性的作用。其具体作用一方面表现为新理念的倡导者和新的知识体系的构建者;另一方面表现为变革或革命行动的引导者与实践者。政治学知识精英除了与一般专家、学者、知识人具有共同的角色外,还会有别的学科的专家学者更多的现实政治关怀,这很大程度上与他们的专业有关。政治学人的论政或从政,在很多情况下难以区分哪些是纯粹的专业追求使然,哪些是另有政治目的或者仅仅出于寻找一份职业。中国传统士大夫以政治为志业,依托于学术的经世致用也是一种生存哲学,张灏所研究的"儒家思想中那个不曾言明的假设,即认为关心他人的义务只能通过在政府机构的政治活动才能完成"①的特征在他们身上特别明显。北大政治学人中,秉持共产主义、自由主义或威权主义等不同信念和意识形态的知识分子同时存在,在多元化的价值观念指导下,这些知识精英也形成多元化的政治行动取向,分别通过参与现存政府的方式来强化固有统治秩序或者完善改进现实政治;抑或以反政府体制的姿态出现于政治舞台上,用革命的方式直接改变现实政治。在中国社会转型和革命的时代背景下,这些选择也变成了一种大是大非的选择,是一种政治站队,形成了不同政治信仰和学术流派之间的分野、撕裂,甚至决裂。在政治学学科领域,表现出了学术与政治之间最极端的关系。这或许也是对中国政治学早期的发展长期难以修史的一个原因。

北大政治学知识精英的政治行为大约有如下类型:

(1) 以专家治国或者幕僚心态积极参与体制。

根据现有材料,经常或偶尔为之、一度或最终以进入体制为政治参与方式的北大政治学教员大约占了教员总数的60%左右,主要集中在政府的外交和司法两个领域,担任幕僚也是方式之一(担任政府的幕僚虽然从民国初年就开始了,但由于北大政治学教师担任政府高级幕僚是在20世纪30年代达到高潮,所以对担任幕僚的更多的分析将另辟篇章)。他们的政治、法律专业知识和北大教师的经历,是他们从政和晋升的凭借和阶梯,这个资源使得他们比较容易地从知识精英转变为行政精英和政治精英,成为民国时期"专家治国"的典型代表,有的人还位居高位。比如曾任政治学系、法律系双科教授的王世杰,就曾多次进入政府担任要职。在本书所截止的1929年以后,尤其在抗日战争时期他更是身兼数职,作为南京国民政府政治和外交决策的主要参与者和

---

① 〔美〕张灏:《梁启超与中国思想的过渡(1890—1907)》,崔志海、葛夫平译,南京:江苏人民出版社1995年版,第7页。

第三章
从政治学门到政治学系：中国现代政治学学科与学系的建立

重要智囊积极地活跃于政治舞台，担任过军事委员会参事室主任、中国国民党中央宣传部长、国民政府外交部部长，1945年当选中国国民党中央监察委员，并出任外交部部长。

北京大学政治学系最早的教授之一张慰慈（1917年任教北大），大约从20世纪20年代末开始由学转政。历任财政部秘书、沪宁沪杭甬铁路管理局运输课副课长、北宁铁路管理局总务处长、铁道部参事、经济部资源委员会购置室主任等职，但并不是很成功。其实他本来可以成为更有学术成就的政治学者。他对政治学的"学科属性"与"政治属性"的双重体验，也许是他实现"专业治国"抱负的尝试。

唐悦良在担任政治学系讲师后不久，于1919年进北洋政府外交部供职，后奉派任西北督办公署外交署长，1928年4月，赴南京任国民政府外交部常任次长，还代理过外交部部长，参与处理"济南惨案"善后问题。

1918—1919年曾在北京大学法科任教的陈介，后担任南京国民政府外交部的常务次长，曾要求日方就卢沟桥事变向中国道歉，未获得蒋介石的同意，不久就被派驻德国任全权大使，其后又被派驻南美，一直到1954年病殁于布宜诺斯艾利斯。

陈长乐1918年从美国哥伦比亚大学留学归国后，同时在英文系和政治学系任教，开设政治史等课程；后来担任北京国民政府外交部第二局局长，从1930年开始一直在新加坡、印度、美国等国家的多个城市任领事。

法科政治门研究所教员张耀曾当选民国第一个立法机构南京临时参议院参议员兼法制委员会委员长，亲自参加起草了中华民国首个具有宪法性质的根本大法——《临时约法》，后任民国第一届国会众议院议员及全院委员长和黎元洪政府的司法总长。

涂允檀在美国伊利诺伊大学获政治学博士学位，曾在北京大学政治学系担任讲师，后离职任国民政府外交部秘书、外交部条约委员会专任委员、外交部条约司司长，曾任国民政府驻菲律宾马尼拉总领事，驻巴拿马公使，驻洪都拉斯、哥斯达黎加、萨尔瓦多公使，驻缅甸全权大使等。1949年12月，涂允檀宣布起义，成为新中国成立后第一个宣布起义的国民党驻外大使。

中国现代政治学的发端与拓展
北京大学政治学（1899—1929）

曾任政治学系主任的张忠绂于1928年由国民政府特聘为中国驻美国公使馆秘书。王景歧在北大担任讲师的前后任职几乎都与外交有关，1917年任驻意大利使馆二秘，1918年任巴黎和会中国团参事，参加巴黎和会，1921年出任驻比利时公使。

多名教师投身外交领域与当时的国内国际形势也有关。1926年7月，北伐战争开始，国民革命军以重新统一中国为目的挥师北上；12月中旬，国民党中央和国民政府北迁武汉，由曾做过孙中山秘书的陈友仁出任武汉国民政府外交部部长。这一阶段，共产党和国民党左派领导的群众运动以英租界为目标，在其周围开展示威活动，与保护租界的英国海军陆战队冲突频发，其后民众运动通过实力收回租界，国民政府将英租界置于中国方面的管理之下。① 由于担心英国会派遣军舰与中方展开战争，国民政府伺机开展"革命外交"，意图废除不平等条约。英国公使在事发之后派遣欧马利（Owen O'Malley）到汉口与国民政府交涉，要求维持租界的原有状态，并以从英国或者印度派遣军队相威胁。此时，国民政府急需既懂外语又能做外交工作的人才。于是，陈友仁给时任北大法科教授的王世杰、周鲠生和陈翰笙拍电报，聘请他们到武汉国民政府外交部当顾问，他们三人接到电报后，立即南下。到达武汉后随即上任，协同国民政府同英国政府办理交涉，三人在外交部发挥了积极作用，不仅不同意向英国妥协，而且力促武汉政府发表严正声明，使英国政府在外交上陷入困境。②

曾在北大政治学系开设《商法》等课的讲师周龙光，离开学校后任北京政府司法部参事、特别关税会议专门委员、国民政府外交部亚洲司司长和天津市长。

同时兼任政治学系和法律系教授燕树棠，也兼任民国政府监察院监察委员、第一届司法院大法官。

---

① 1927年1月3日，武汉人民举行庆祝北伐胜利大会，英帝国主义分子乘机挑衅，冲入华界，当场刺死海员1人，刺伤群众数十人，对此，国民政府派出外交部长陈友仁为代表与英国领事交涉，强硬地提出了包括赔偿及撤去军舰等内容的要求。4日午后，群众进入租界，英海军陆战队移至军舰，1月5日，武汉国民政府收回英租界。这样的情形也同样在九江的英租界上演。

② 陈翰笙：《四个时代的我·陈翰笙回忆录》，北京：中国文史出版社2011年版，第34—35页。

第三章
从政治学门到政治学系：中国现代政治学学科与学系的建立

以研究罗马法著称的法科教授黄右昌，曾担任南京政府立法院立法委员，后又担任司法院大法官。高一涵、何基鸿、梁宓、王建祖等人也都曾任职于司法检察机关。

以上在北洋政府或南京国民政府任职或者担任幕僚的北大法政知识精英中，既有自由主义者也有威权主义者，他们怀揣改造社会、革新政治以及实现个人抱负的心态积极入世、跻身官场，将政治、法律、外交等专业知识当作为自己实现理想、谋求职业的资源，当然也不排除是赢得政治利益的资本。其行动取向既有其理想性一面，也有功利性一面。如果是在一个和平稳定的现代民主国家，专家治国顺理成章，政治学人以自己的知识为国家治理出力也是责任和义务。但在历史的大变局中，并不是所有人都能清醒地洞察时代的复杂和多变，都能清楚国家的政治走向，一旦介入体制有时就会身不由己，失去控制，甚至走向自己初衷的反面。

（2）以知识精英的立场对体制保持距离或适度批评。

有一些教师在政治观念上表现出对体制的不满，同情或者支持社会主义和共产主义，他们或者以偶尔为之的方式发动或参与各种形式的社会运动。

法科教授康宝忠在日本留学时就加入了同盟会，并成为同盟会的决策人之一，辛亥革命后曾任总统府秘书、参议院议员，由于与孙中山意见相左而辞职，任职北大后积极参与社会活动，在五四运动中加入北京各公私立学校教职员联合会，并被公推为总干事、主席，在五四运动中担任领导工作，坚决反对帝国主义和北京卖国政府，后因过度操劳英年早逝。

作为第一位翻译《资本论》的学者，陈启修（又名陈豹隐）于日本求学期间就积极组织或加入各种革命性社会组织或者学术性团体，1916年与杜国庠等人组织"丙辰学社"①，并担任第一届执行部理事。1917

---

① 1916年12月3日，留日学生陈启修（陈豹隐）、王兆荣、吴永权、杨栋林、周昌寿等47人发起成立，因年属丙辰，乃定名为丙辰学社，社址设在东京小石川原町，以"研究真理、昌明学艺、交换知识、促进文化"为宗旨，1917年创办社刊《学艺》杂志，1922年社名改作"中华学艺社"。执行部是该社最重要的机构，第一任当选者为理事陈启修、副理事杨栋林。丙辰学社是民国时期与科学社齐名的学术团体，在普及科学、社会教育、学术出版、筹建研究机构、对外文化交流等诸多领域起到了"母体学会"的作用。

年执教北大政治门（系）后，成为马克思学说研究会等团体的活跃分子，1925—1926年在关税自主、首都革命、"三一八"反对段祺瑞政府等运动和集会中成为中坚。

（3）以组织化的政治行动反对体制。

通过组织或者参加政党将政治参与行为组织化，直接开展政治活动，对国家进行革命性重建也是政治学知识精英的一种政治选择。其行动方式主要表现在"宣传"和"组织"两个方面。

北京大学不仅是中国共产主义思想的发源地和传播阵地，同样也是中国共产党北方组织的发源地。1920年10月，在李大钊领导下，"中国共产党北京小组"在北京大学李大钊的办公室宣告成立，11月改名为"中国共产党北京支部"，这是北京和北方的第一个党支部。[①] 其成员大多都是北京大学的师生。

在北京大学政治学系任教的教师中间，最著名的反体制的革命行动者是中国共产党的创始人之一李大钊。关于李大钊与政治学系的关系需要做一说明。李大钊1917年11月入职北大是为接替章士钊任北京大学总务处图书馆主任[②]。1920年7月，根据北京大学校务委员会决议，"图书馆主任即为教授"，[③]李大钊因其史学造诣被聘为史学系本科教授[④]，同时由于其法政背景也被政治学系聘为兼任教授。同年10月，李大钊以史学系教授资格，被推为北大评议会评议员。但很多材料把李大钊介绍成经济学系教授[⑤]或政治学系教授[⑥]，可能有如下几个原

---

① 王效挺、黄文一主编：《战斗在北大的共产党人（1920.10-1949.2 北大地下党概况）》，北京：北京大学出版社1991年版，第1页。

② 王学珍、郭建荣主编：《北京大学史料》第2卷，北京：北京大学出版社2000年版，第374页，《国立北京大学职员录》（1922年编）。

③ 1920年7月8日北京大学评议会通过将图书馆主任改为教授的决议。7月23日北大图书馆主任受聘为北大史学系教授。参见王学珍等主编：《北京大学纪事（1898—1997）》，北京：北京大学出版社2008年版，第116页。

④ 在北京大学大学职员录上，李大钊为史学系教授。

⑤ 见北京大学经济学院对李大钊的介绍。

⑥ 萧超然等主编：《北京大学政治学与行政管理系系史（1898—1998）》（未正式出版），北京大学政治学与行政管理系，1998年，第11页，1903年仕学馆名录。

第三章
从政治学门到政治学系：中国现代政治学学科与学系的建立

因：第一，李大钊在日本留学时就读于早稻田大学大学部政治经济学科①，来北大后，为经济学系和政治学系开过《社会主义与社会运动》等课。第二，北京大学在1919年废科撤门改系的改革后，一度将史学系、政治学系、法律系、经济学系合为第五组。恢复法科后，法科也一度包括政治学系、法律系、经济学系三个系，所以容易搞混。第三，1920—1923年李大钊为史学系、经济学系、政治学系开设过"唯物史观"一课，1921年年底至1923年年初还与政治学系多名教授共同开设过"现代政治"专题讲座课，承担"工人的国际运动"专题部分②，1923年担任政治学系专题研究课"政治演习"的指导老师③。但实际上在北京大学职员名录上，李大钊一直是图书馆主任、史学系教授。④ 他在政治学系开设"唯物史观"一课时，《北京大学日刊》1920年10月5日的通告也明确介绍说"李守常先生以史学系教授在该系开始讲授唯物史观课"。1922年10月31日《北京大学日刊》刊登"唯物史观"课程通知时也提到该课是史学教授李大钊为政治学系和史学系所开。

1919—1920年间，李大钊在北大指导成立了中国第一个马克思学说研究会，传播共产主义思想，这为后来中国共产党建党作了理论和思想准备。其后，他在北京大学领导建立了中国共产党北京小组，并先后担任北京地委书记和北方区委书记，主要负责中国共产党北方的革命活动，积极发动民众，推动组织化的社会运动，是卓越的革命领袖。1927年，李大钊被军阀张作霖逮捕并处以绞刑。李大钊是典型的具有坚定革命理想的知识精英，他的革命活动有明确的信念支撑，同时又通过现代组织化的方式凝聚革命基础，反体制的革命特点极为突出。他的革命行动超越了学术与治术的范畴，他的共产主义宣传和革命建党

---

① 早稻田大学教务部学籍科"学籍簿"记载有"大正四年度大学部政治经济学科第一、二学年进级成绩表"，转引自〔日〕富田昇、韩一德、刘多田：《李大钊在日本留学时代的事迹和背景》，《齐鲁学刊》1985年2月。
② 《北京大学日刊》1921年12月21日、1922年2月8日、2月15日、2月22日、3月1日均有关于"现代政治"一课由李守常先生讲授"工人的国际运动"的《政治系教授会启事》。
③ 《政治学系教授会布告》关于"政治演习"的细则，参见王学珍、郭建荣主编：《北京大学史料》第2卷，北京：北京大学出版社2000年版，第1786页。
④ 王学珍、郭建荣主编：《北京大学史料》第2卷，北京：北京大学出版社2000年版，第374、385页，《国立北京大学职员录》(1922年)。

活动,并不简单是北京大学教授这个职业给他的责任,更是他作为一个共产主义者的使命和理想。北京大学对于教师的政治行为给予了比较宽容和自由的态度,只是有过一条"本校同人要做学校以外活动的,应该各以个人的名义出去活动,不要牵动学校"这样出于维持学校正常教学秩序考虑的规定。① 事实上,在李大钊被捕后,北京大学还是组织了要求释放李大钊的活动并积极努力营救。

除李大钊外,加入共产党的政治学系任课教师还有:

耿丹在赴英国留学前即开始秘密从事革命活动,1919 年英国留学归国后曾在北大短暂任教,讲授社会政策,经李国暄、宛希俨介绍,加入中国共产党,"四一二"事变后被国民党特务枪杀。

政治学系教员杜国庠于日本留学时接受了马克思主义,1916 年与陈启修一起在东京组织"丙辰学社",反对袁世凯复辟,回国后任教北京大学多年,1928 年秘密加入共产党,在课堂上讲授马克思主义相关理论。

陈翰笙在德国留学后任教于北大,在政治学系开设现代政治、英国政治史等课,通过李大钊的引介加入了第三国际,为《国际通讯》供稿,在第二次国内革命战争时期,多次秘密地为共产党和民主党派提供各种帮助,参与宋庆龄组织的"中国民权保障同盟"的重要活动②。陈瀚笙与中国三个主要政党发生过关系:国共合作时的中国国民党、中国共产党、中国民主同盟。

陈启修 1924 年在苏联加入中国共产党。高一涵在 1926 年加入过共产党。

对这个时期北大政治学知识精英的政治行为的总体分析可以看出,他们虽然在不同方向上参与和推进着不同内涵的"建设国家"的任务,但体现了较强的政治学专业特点。他们大多出生于中国最后一个封建王朝的晚期,"先天下之忧而忧"的儒家入世精神依然深刻地影响着他们,成年后求学于海外,又在所专长的现代政治观念或者革命理论

---

① 王学珍、郭建荣主编:《北京大学史料》第 2 卷,北京:北京大学出版社 2000 年版,第 9 页。

② 比如营救邓演达、解救牛兰夫妇等。

中找到了理想的共鸣,在国家危难之际激发起一种"以天下为己任"的救世精神。作为知识精英,他们既熟悉中国的精英文化,也熟悉西方的精英文化,兼具中国与海外双重的教育背景,是他们首先建立起中国与西方人文学科传统的共同纽带。传统儒学以及士人的传统造成了他们的社会责任心和使命感,他们不仅有对时代境遇的思考,也有在新制度中努力履行自己社会责任的动机。从个体的功名利禄、建功立业,从国家角度的社会担当、盛衰兴亡,无论哪个方向都使得政治学知识精英与政治现实难解难分。

(三)课程结构

学校教育的内容体现着知识体系与国家权力、文化形态与政治运作之间场域的互动。在传统中国,政治教化的目标与科举制所规定的学习内容,巧妙而有效地结合在一起,形成了"半部论语治天下"的无须专业分科的课程体系和教学体系。近代大学则以学科为基础进行分科教育,并在此基础上形成大学的学系,但这中间仍然体现着国家的意识和权力的因素。

以学系为单位的分科教育是通过一套课程体系来实现的。京师大学堂虽然是中国近代第一所国立综合性大学,但在初期并没有形成近代高等教育和现代学术意义上的分科教育,京师大学堂仕学馆与进士馆的相关课程设置是杂糅性和综合性的通识教育,其中有关政治学课程在整个课程设置中的地位,在第二章中已经进行了分析和描述。北京大学现代政治学的分科教育,从1909年分科大学政治学门开始实施,起始阶段是按照1904年京师大学堂的第三部章程对政治学门课程的设计进行的,仿照日本大学为主,吸收了一些欧美大学的元素,具备了专业分科的志向,由主课和副课组成课程体系。1912年复校后根据民国《大学令》重新修改课程体系,明显吸收了更多的欧美政治学的新课程。1917—1919年蔡元培校长主持北京大学教学改革以后,政治学系在教学体系上仿照美国实行选科制和学分制;在课程设置上更多借鉴了欧美大学政治学的体系特点。1923—1924年,北京大学政治学系课程体系基本成熟,形成了在选科制基础上的既注重基本理论和学科规范又独具特色的专业基础课、讲座课、讨论课的课程体系。

1. 从政治学门到政治学系课程的设置与演变

(1) 从法政科"政治学门科目"到民国元年的课程修订。

分科大学于 1909 年获得学部批准开办,但因等待德胜门外黄寺分科大学的校舍建设,开学典礼拖至 1910 年才举办。1904 年京师大学堂的第三部章程,已经对分科大学各个学门的课程做出了设计(具体内容见第二章),其中政治学门的课程共 19 门(15 门主科、4 门副科)。所以,分科大学开办后就顺理成章地执行了这个计划。① 开办一年后,辛亥革命发生,学校一度暂停招生。

1912 年 10 月 24 日中华民国教育部颁布了《大学令》,接着教育部又颁布了《大学规程》,对大学的学制和课程做出了明确的新规定,其中第二章第九条"大学法科政治学门之科目"为:"(1)宪法,(2)行政法,(3)国家学,(4)国法学,(5)政治学,(6)政治学史,(7)政治史,(8)政治地理,(9)国际公法,(10)外交史,(11)刑法总论,(12)民法,(13)商法,(14)经济学,(15)财政学,(16)统计学,(17)社会学,(18)法理学,(19)农业政策,(20)工业政策,(21)商业政策,(22)社会政策,(23)交通政策,(24)殖民政策,(25)国际公法(各论),(26)政党史,(27)国际私法。"其中 19—27 为选择科目。②

查北京大学"民国元年学科设置及课程安排"之法科科目的 27 门课程,与教育部《大学规程》的规定完全一致。③ 京师大学堂第三部章程所设计的"政治学门科目"停止执行。

民国元年课程体系与分科大学开办时期相比,体现了更具"传承和传播"意义的现代知识性质,进一步强化了现代政治学学科属性,政治学科的特色更加鲜明。新课程体系大量减少了财政学、教育学等与政

---

① 在北大档案中,"光绪二十九年到民国元年北大学科设置及课程安排"(编号 BD1912001,卷内材料顺序号 1)中"光绪二十九年学科设置及课程安排"和"民国元年北大学科设置及课程安排"中间再无另外的课程安排。

② 朱有瓛主编:《中国近代学制史料》第 3 辑下册,上海:华东师范大学出版社 1992 年版,第 7 页。

③ 北京大学档案,编号 BD1912001。

第三章
从政治学门到政治学系：中国现代政治学学科与学系的建立

治学相关程度不高的课程如"各国理财史""教育学"等都已不存在。在分科大学开办初期，"教育学"一度是必修课，因为有"大学堂学生，如不能应举为官者，考验后，仿泰西例奖给牌凭，任为教习"①的考虑。而在新课程体系中，政治学课程数量大大提升，专业化程度更高，课程提升为27门，增加了8门，其中政治学类课程几乎占到了半数。在"中学"与"西学"这一涉及知识价值权衡的问题上，政治学科已经跳出了"以中学包罗西学，不能以西学凌驾中学，此是立学宗旨"②的羁绊。

近代专业分科发展历史，往往是特定社会文化与经济制度背景下，知识体系相互竞争、自我"繁衍"、自我"分化"的过程，是工业化时代社会生产专门化、精细化的内在诉求。而对于中国这一个遽然卷入世界体系、被动接受改革的国家，学科的发展从一开始就与政治权力、国家行为、社会意义等重大的时代命题息息相关。人为的主观规划，有时甚至是通过强调或者加入一些科目与课程，减少或者降低另一些科目等方式，来体现权力与大学之间的控制与张力。现代专业化的学科体系建立，与中国一贯以培养"通儒"为己任的人文教育模式也迥然不同。中国的高等教育在向现代迈进已经很明显。

（2）实行选科制下的政治学系课程。

1912年（民国元年）的政治学课程设置方案应该至少执行了两年，因为没有发现1913年有新课表。1914—1915年的政治学课表有了一些微调，主要是在课时上的调整。1915年10月26日的《北京大学分科暨预科周年报告书》上可以查到1914年9月至1915年9月法科政治门一年级和二年级主课和外语课的课表。其他年级课表未查到。这个课表还显示出这个时期北京大学一度采用过每年分为三个学期的安排。

---

① "各省立学之始，可将大学堂学生作为师资之备"。参见北京大学校史研究室编：《北京大学史料》第1卷，北京：北京大学出版社1993年版，第25页，《孙家鼐议复开办京师大学堂折》。

② 北京大学校史研究室编：《北京大学史料》第1卷，北京：北京大学出版社1993年版，第24页。

表 3-6　1914—1915 年度政治学门一年级课程表

学科钟点	1915 年政治门一年级每周学科时间表自第一学期迄第三学期①									
	政治学	宪法	经济学	刑法	民法	国法学	社会学	法理学	法文	英文	日文
第一学期	四	二	四	三	三	三	三	三	三	三	三
第二学期	四	三	四	三	四	二	三	三	三	三	三
第三学期	四	三	四	三	四	二	三	三	三	三	三

说明：此门外国文字任其兼习与法律门同。民法自第二学期起加授一点。国法学自第二学期减授一点。余无增减。

表 3-7　1915 年政治门二年级课程表②

学科钟点	1915 年政治门第二年级每周学科时间表自第一学期迄第三学期									
	政治学	政治史	经济学	刑法	民法	国际公法	国家学	财政学	法文	英文	日文
第一学期	四	四	四	三	三	二	二	二	三	三	三
第二学期	四	四	四	三	四	二	二	二	三	三	三
第三学期	四	四	四	三	四	二	二	二	三	三	三

说明：此门外国文字任其兼习，及民法之增加钟点均与法律同。余无增减。

1916—1917 年的课程表基本未变，执行上年课表。下一年的课程安排是：

表 3-8　1917—1918 年度法科政治门课程表③

第一年：主课：28 钟点。政治学 4；宪法 3；政治史 3；东洋史 3；民法 3；刑法 4；经济学 4；第二外国语 3；随意（任选）科目：日文 3

---

① 1915 年 10 月 26 日北京大学公布了《北京大学分科暨预科周年概况报告书》，其中关于学业事项中，罗列了本校分科课程各科各门的课程列表。参见王学珍、郭建荣主编：《北京大学史料》第 2 卷，北京：北京大学出版社 2000 年版，第 1862 页。

② 王学珍、郭建荣主编：《北京大学史料》第 2 卷，北京：北京大学出版社 2000 年版，第 1862 页。

③ 《国立北京大学八年度至十四年度课程指导书》《国立北京大学八至九年度学科课程一览》，北京大学档案，编号 BD1919029，卷内号 2《国立北京大学八年度至十四年度课程指导书》。

第三章
从政治学门到政治学系:中国现代政治学学科与学系的建立

(续表)

第二年:政治学 4;政治史 4;政党论 3;财政学 3;民法 8;平时国际法 2;保险统计算学 3;第二外国语 3;随意科目:经济学 3;日文 3
第三年:政治学史 3;财政学 3;行政法 3;商法 4;战时国际公法 2;农业政策 2;工业政策 2;商业政策 2;统计学 3;外交史 2;社会学 3;随意科目:中国法制史 4;中国通商史 2;第二外国语 3
第四年(第一、第二学期):行政法 2;商法 2;社会政策 3;殖民政策 3;林业政策 3;特别研究全学年

1918—1919年度的课程除将第三年随意科目(任选课)中之中国法制史减掉及第四年之"特别研究"改为"译书译名"①外,没有其他改动。

1918年北京大学推行选科制,同年11月,法科也宣布正式全面实行选科制,所有各门课程均以单位(1学时/每周,修完全年为1单位)计算。② 按照北京大学的规定,完成本科学业需要选够80单位。1919年教学改革后,仍实行选科制,但需按新制和旧制分别执行。新制是指除大学一年级的课程是共同必修科(大学学生不可少之基本学科和一门外语)和选修科外,二、三、四年级之课程全为选科制,其中系内选修30—40单位、外系选修6单位以上,共完成80单位即可毕业。按旧制,政治学系学生需要在政治学系开出的大约105个单位的必修科和15个单位选修科共120单位的课程中完成80个单位。

这个课程安排如无特殊情况一般执行四年,中间可以随时微调。因此,从1919年到1923年课程体系相对稳定,变化不大,而且有详细的课程指导书,说明课程详细安排。

---

① 1918年法科教授马寅初提出,法科学生的毕业论文意义不大,当时社会上的译书少,错误多;新传入的大量学术概念没有得到正确翻译和解释,不如让四年级学生以译书和重新审定新名词新概念(教育部委托北京大学来做的"审定译名"任务)来代替论文。故以后各科有将译书和审定译名作为学生必须完成的教学环节,是为"译书译名"。

② 参见王学珍、郭建荣主编:《北京大学史料》第2卷,北京:北京大学出版社2000年版,第978页,《法科学长告白》,《北京大学日刊》第二四七号(1918年11月8日)。

表 3-9　国立北京大学政治学系 1919—1920 学年课程[①]

本科第一年	本科第二年
课程名称、授课教师、单位与授课学时	课程名称、授课教师、单位与授课学时
政治学,张祖训,4	政治史,万兆芷,4
宪法,陈启修,4	政党论,杜国庠,3
政治史,陈廷均,3	财政学,王建祖(梁基泰代),3
东洋史,邹宗孟,3	政治学,张祖训,4
民法,余棨昌,4	民法债权,陈介,4
刑法,张孝栘,4	民法物权,黄右昌,4
经济学,4	平时国际公法,王景歧(张福代),2
第二种外国语,3	经济学,陈启修,3
拉丁文,毕善功,2	第二种外国语,3
共计:31	共计:30
随意科目	随意科目
日文,3	日文,3
本科第三年	本科第四年
课程名称、授课教师、单位与授课学时	课程名称、授课教师、单位与授课学时
政治学史,万兆芷,3	行政法,钟赓言,2
财政学,陈兆焜,3	商法,周龙光,2
行政法,钟赓言,3	国际私法
商法,周龙光,4	社会政策,耿丹,3
战时国际公法,陈继善,2	移民政策,王徵,3
农业政策,李儁,2	林业政策,李儁,3
工业政策,2	外交史,姚憾,2
商业政策,钟赓言,2	
统计学,陈启修,3	
外交史,姚憾,2	
社会学,陶履恭,3(与法律三年级合上)	
共计:29	
随意科目(任选一种)	
本国法制史,康宝忠,4	
中国通商史及通商条约,王景歧,2	

---

① 《国立北京大学八年度至十四年度课程指导书》《国立北京大学八至九年度学科课程一览》,北京大学档案,编号 BD1919029,卷内号 2。

表 3-10　1920—1921 学年课程表①

本科第一年	本科第二年
课程名称、课程性质、单位(授课学时)	课程名称、课程性质、单位(授课学时)
政治学原理(国语) 必修 3	政治学或国家学(二) 必修 2
政治学或国家学(一)(外语) 必修 2	政治史 必修 3
民法总则 必修 4	民法债权 必修 3
刑法总论 必修 3	民法物权 必修 2
宪法 必修 4	行政法总论 必修 3
经济学原理 必修 4	财政学(一) 必修 3
第二外国语 必修 4	第二外国语 必修 4
人类学及人种学 选修 3	刑法各论 选修 3
日本近世史 选修 2	经济学理论 选修 3
日文 选修 3	货币论 选修 3
	日文 选修 3
	演习 选修 2
本科第三年	本科第四年
课程名称、课程性质、单位(授课学时)	课程名称、课程性质、单位(授课学时)
政治学史 必修 3	现代政治 必修 3
外交史 必修 3	工业政策及社会政策 必修 2
社会学 必修 2	市政论 必修 2
统计学 必修 2	本国法制史 选修 3
行政法各论 必修 2	法律哲学 选修 2
国际公法 必修 4	商法(二) 选修 4
商法(一) 必修 4	国际私法 选修 2
财政学(二) 必修 3	演习 选修 2
农业政策 选修 1	
商业政策 选修 2	
银行论 选修 3	
演习 选修 2	

　　对这个课程安排,系主任陈启修的解释是:这个课程计划较从前之课程,即 1919 年之前的课程,大有改革,其要点为:

---

① 《国立北京大学八年度至十四年度课程指导书》《国立北京大学八至九年度学科课程一览》,北京大学档案,编号 BD1919029,卷内号 2。

① 实行单位制，以在本科四年间至少能习八十单位者为卒业。

② 兼用年级制及选科制，即必修科必须按照年级学习，而选修科则可不拘。

③ 减去若干无谓的政策学，增加史学系科目之选修。

④ 政治学分为国语讲演及外国语译读二种。

⑤ 新设现代政治及演习。

（3）1921年后的调整。

1921—1922年度课程的变更之处是将上一年课程表中原有的必修科中不属于政治学本系的课程，如宪法、行政法、民刑商法及经济学原理、财政学等皆改为选修科。这次变动课程之原因，也是鉴于政治学系各年级学生对于课程之建议。其建议所持之理由有四：

（一）学校既认选科制为良好的制度，即应彻底办去，今照上年课程计，必修科单位共七十三，实占卒业单位八十之十分之九以上，殊不能发挥选科制之精神。

（二）入政治系者，其志多不在考试作官，故高等文官考试必要之科目，不可强令人人俱习。

（三）入政治系者，其志或在研究高深的政治学理，或在为社会服务，故不必强令其学习漠不相关之学科例如商法、民刑法及经济原理、财政学等，以耗费其可以不必耗费的宝贵光阴。

（四）虽将此等关于法律及经济之根本科学改为选修，亦并与学生之学业无害，因政治系选修科目之范围本有一定，且其中多数科目俱与此等基本科学有关，故学生欲求卒业，在势必不能不选修此等基本学科，故不妨将此等改为选修科。①

1922—1923年度的课程，除将政治史及外交史合而为一，将西文政治学单位增加外，无大变动。但陈启修有个说明，即虽然课程体系没改变，但实际上教授会会议曾讨论过一个政治学系课程改革方案，即1922—1923年课程的变更案，这个变更案是：

---

① 陈启修：《政治学系课程沿革说明书》，参见王学珍、郭建荣主编：《北京大学史料》第2卷，北京：北京大学出版社2000年版，第1784页。

甲必修科目共计：43

a. 理论的

政治学（一）国语讲演 3；政治学（二）西文（a）3；政治学（二）西文（b）3；社会学 4；经济学原理 4

b. 历史的

政治学史（分二年）4；政治及外交史（分二年）6

c. 关于现行组织的

宪法（比较的）4；国际公法 4；行政法 5；财政学总论 3；财政学各论 3

乙选修科目共计：40

统计学 2；社会立法（social legislation）2；市政论 2；民法总则 4；刑法总论 4；商业政策 2；农业政策 1；法律哲学 2；心理学 3；现代政治 2；第二外国语（一、二年）6；日本近世史 2；日文 6；演习 2

在以上四十单位的选修科中选修三分之二。①

陈启修也解释了为什么最终没有立刻实行这一改革方案，是因为"此案虽经教授会议决，然因（一）若每星期一时间之授课作为一单位，则此种课程将与本校本科八十单位之根本制度相背；（二）在大体上仍为恢复九年至十年（1920—1921年）之旧制；（三）假如授课时间减少而图书馆设备完全或各种学科讲授之内容，能较现今充实，则亦或不妨试行，然在现今的状况之下，此二层恐俱难办到，则假若实行此种议决，本系学生将较他系（至少较法律、经济二系）学生为闲散，未必能满其求知之欲。依此三种理由，故此案虽由启修提交胡教务长，然竟未经教务会议决，故于未实行也"②。

2. 政治学系课程体系的日臻成熟

到了1923年，北大已经摆脱了京师大学堂时期以"速成"与"预科"

---

① 王学珍、郭建荣主编：《北京大学史料》第 2 卷，北京：北京大学出版社 2000 年版，第 1785 页。

② 参见王学珍、郭建荣主编：《北京大学史料》第 2 卷，北京：北京大学出版社 2000 年版，《政治学系课程沿革说明书》，第 1786 页。

为基础的教育基调,形成了以自然科学、社会科学和语言文学为基本组成部分的现代大学,告别了传统教育形态。

(1) 关于课程设置的一次师生互动

1923年6月,政治学系大二学生周杰人不满意政治学系的课程设置,写了一份《修改政治系课程意见书》提交教授会商榷,还登在了《北京大学日刊》上。①

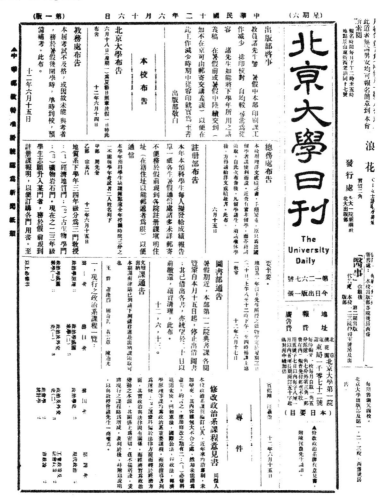

照片13 《北京大学日刊》刊登的周杰人的意见书

---

① 该意见书作者为政治学系学生周杰人,原载于《北京大学日刊》第一二六七号,1923年6月16日。

《修改政治系课程意见书》全文如下:

本系政治系课程编订已久,近年来均沿旧制,未加变更。其内容虽无大不合之处,然却未能谓为尽美。约言之,应加修改之点有二:(1)必修科范围太狭,例如宪法、国际公法、行政法、经济学原理等课均为政治系重要课程,而原指导书列为选修;(2)选修科偏于法律方面而轻于经济方面,其实政治与法律固有关系,而经济实为政治变动之本源,其关系尤为密切,兹不揣膚浅,爰将现行之课程略为增减,表列于后,并附以说明,以与教授会诸先生一商榷焉。

一、现行之政治系课程一览

必修科:

第一年:政治学原理3;政治学或国家学(一)3

第二年:政治学或国家学(二)3;政治及外交史(一)3

第三年:政治学史3;政治及外交史(二)3;社会学2;统计学2

第四年:现代政治2;工业政策及社会政策2;市政论2

选修科:

第一年:民法总则4;刑法总论3;宪法4;经济学原理4;人类学及人种学3;日本近世史2;欧洲社会变迁史2;日文3

第二年:民法债权3;民法物权2;行政法总论3;刑法各论3;财政学(一)3;经济学理论3;货币论3;唯物史观2;日文3

第三年:行政法各论2;国际公法4;商法(一)4;财政学(二)2;农业政策1;商业政策2;银行论3;社会心理学2

第四年:本国法制史3;法律哲学2;商法(二)4;国际私法2;演习2

二、草拟修改之政治系课程一览

必修科:

第一年:政治学原理3;政治学或国家学(一)3;宪法4;经济学原理4

第二年:政治学或国家学(二)3;政治及外交史(一)3;行政法总论3;财政学总论3;社会学3

第三年:政治学史 3;政治及外交史(二)3;统计学 3;国际公法 4;行政法各论 2

第四年:现代政治 2;工业政策及社会政策 2;市政论 2

选修科:

第一年:民法要论 4;刑法要论 3;欧洲社会变迁史 2;日本史 2

第二年:经济学理论 3;货币与银行 3;唯物史观 2;中国经济史 2;商法要论 4

第三年:财政学各论 2;社会心理学 2;财政史 2;农业政策 1;商业政策 2;外国经济史 2

第四年:国际私法 2;本国法制史 3;法律哲学 2;社会主义史 2;国际金融 2;演习 2

说明:

第一学年:

(1) 宪法为政治性质之法学,故改为必修。

(2) 经济学原理为各种政策之根本,故改为必修。

(3) 民法在政治系课程中虽不能无,然亦只应知其梗概,无须深究。故将民法总则一课改为民法要论,而将第二年之民法债权与民法物权两课删去。

(4) 刑法在政治系课程中尤为不切要,同据前条理由,将刑法总论改为刑法要论,而将第二年之刑法分则删去。

(5) 人类学及人种学为社会学系与史学系之课程,在政治系中实不重要,故删去。

(6) 日文可听人随意学习,不能列为政治系课程,故删去。

第二学年:

(7) 行政法为带有政治性质之法学,故将总各论均改为必修。

(8) 一国之强弱,往往繫于财政,故财政学总论为学政治者不可不学之课,是以改为必修。

(9) 因第三年功课较多,故将社会学改于第二年学习。

(10) 货币与银行虽为学政治者所应当学习,但其详则无须,故将第二年之货币与第三年之银行合为一课。而减少其单位(按此两课均系与经济系合班,而经济系于此两课均分两班,则不妨各去其一而为政治系特设一班,于学校经费方面与教员方面均无困难)。

(11) 经济史叙述经济之过程,与政治颇有关系,故于第二年选科中添中国经济史一课,于第三年选科中添外国经济史一课。

(12) 商法原分二年讲授,共为八单位,在政治系课程中,未免嫌过多,故改为商法要论,一年学完,而减少其单位。

第三学年:

(13) 国际公法关系于国家之地位,学政治者绝不能不习此课,故改为必修。

(14) 财政史叙述各国财政之过程,学政治者亦应研究,俾对于国家财政有所借镜,故于第三年选科中添设此课。

第四学年:

(15) 社会主义日渐膨胀,学政治者应研究其究竟,考察其得失,俾对于国家一切政策中参酌施行,故于第四年选科中添设此课。

(16) 国际金融于国家对内对外一切经济政策极有关系,故于第四年选科中添设此课。

时任政治学系主任的陈启修教授代表教授会回应了这位学生的意见,也刊登在同期《北京大学日刊》上:

> 政治系学生周君杰人草拟政治系课程修改意见书,欲登日刊,日刊编辑人来函以原书见寄并询问是否有登载之必要。启修接读周君意见书一遍,觉周君于本系课程及前途之热心,流溢行间,甚为佩服。惟周君对于政治学系课程之沿革似不了了,故误谓"政治学系课程编订已久,近年来俱沿旧制"且因此致其所拟修改者,在大体上,并非新革,实际复旧。然新者未必佳,旧者未必恶,周君所抱意见,自亦必有可供参考之处。

日内政治学系教授会方将订定十二年至十三年度课程,届时启修当以周君意见书,提供教授会为参考资料也。政治学系课程,自民国六年以来,数经改变,关于其间之沿革,知之者甚少,故兹根据历年课程表及我所知悉之事实,作一课程沿革说明书,录左,一以祛周君及抱持与周君相同之意见者之疑(指沿袭旧制,未加变更之疑),二以作本系课程之有统系的记录,三以作教授会修改来年度课程时之参考。[1]

这是一次非常有意思的互动。

首先,可以看出当时学生对于自己所要学习的专业与未来的前途非常关心,对于政治学学科知识体系的框架有自己的见地,对于财政学、经济学与政治学之间的关系尤为关注,这既有学科层面的考虑,也有对未来就业的考虑。特别是对于"社会主义日渐膨胀,学政治者应研究其究竟,考察其得失,俾对于国家一切政策中参酌施行,故于第四年选科中添设此课"的建议,很有政治敏感性,对于政治学课程体系提出的方案有建设性和合理性。遗憾和不足的是,该学生对于政治学系课程体系以往的演变不够了解,他批评的现行课程体系其实已经是根据过去学生曾经的要求,由教授会刚调整不久的。比如他认为应该是必修课的宪法、经济学原理、财政学等,正是1921年在学生的要求下才由必修课改为选修课的。

其次,陈启修系主任代表教授会的回应,既尊重学生意见,表示教授会对1923—1924年度课程的修改,会参考学生的意见,同时也指出了学生对课程沿革历史的不够了解,特别是"新者未必佳,旧者未必恶"的评价,体现了教授们对于课程体系和教学规律的基本态度。但这次互动,促使政治学系教授会对1918年以来的政治学系课程做了一次梳理和说明,以《政治学系课程沿革说明书》的形式刊布,这对于政治学系的课程建设是一件重要的事情。而且,在1924—1925年度的课程计划中明显接受了学生的一部分建议,比如增加经济学内容的比重、加入"社会主义史"课程等,既体现了民主的精神,也充分尊重了教育规律。此后,政治学系的课程趋于更加合理和稳定。

---

[1] 《北京大学日刊》第一二六七号,1923年6月16日。

第三章
从政治学门到政治学系:中国现代政治学学科与学系的建立

(2)课程指导书的制定

根据北京大学实行课程指导书的要求,政治学系教授会从1923年开始制定《国立北京大学政治学系课程指导书》,对于课程设置和学生选课做出说明和指导,使课程体系与教学更加透明化、制度化和规范化。

1923年的《政治学系课程指导书》①对课程分为新旧两个体系说明如下:

> 政治学系课程分新旧二种:
>
> I.旧课程
>
> 适用于二、三、四年各年级学生,其内容经十二年六月十六日本系教授会改正如下:
> 一、学科政治学系之学科合属于本系及属于他系者计之为下列之各学科
> 甲 必修学科
> 政治学原理国语讲演 ……………………………… 高一涵
> 政治学或国家学(一) ………… A.(英文班)张祖训
> 政治学或国家学(二) ………… A.(英文班)张祖训
> 政治学史 ……………………………………… 高一涵
> 政治及外交史(一) ………………………… 陈瑷
> 政治及外交史(二) ………………………… 周览
> 现代政治 ………… 周览、李大钊、皮宗石、王世杰、
>   燕树棠、杨栋林、高一涵、陶孟和
> 社会学 ……………………………………… 陶孟和
> 统计学 ……………………………………… (未定)
> 工业政策社会政策 ……………………… 杜国庠
> 市政论 ……………………………………… 杜国庠
> 乙 选修学科

---

① 1923年的《政治学系课程指导书》,原载于《北京大学日刊》第一二九四号,1923年9月19日。

民法总则	（法）
商法（一）	（法）
商法（二）	（法）
国际私法	（法）
刑法总论	（法）
刑法各论	（法）
宪法	（法）
行政法总论	（法）
行政法各论	（法）
国际公法	（法）
经济学原理（国语讲演）	（经）
经济学史	（经）
西洋经济史	（经）
财政学（一）总论	（经）
财政学（二）各论	（经）
货币论	（经）
银行论	（经）

农业政策 …………………………………… 李倘

商业政策 …………………………………… 邓宗孟

法律哲学	（法）
社会心理学	（哲）
社会主义史	（经）
欧洲社会变迁史	（史）
人类学及人种学	（史）
日本近世史	（史）
日文	

演习 ………………… 周览、皮宗石、陈瑗、王世杰、
　　　　　　　　　　　李大钊、陶孟和、燕树棠

（注）以上各学科下有担任人姓名者，为由本系教授会支配之学科。其他则属他系，例如有（法）字者属于法律系，有（史）字者属于史学系，余类推。

二、本年度二、三、四年级学科之配置及重点如下：

二年级

必修——政治学或国家学(二)3；政治及外交史(一)3

选修——社会主义史 2；西洋经济史 3；行政法总论 3；刑法各论 3；财政学(一)3；货币论 3；日文 3

三年级

必修——政治学史 3；政治及外交史(二)3；社会学 2；统计学 3

选修——行政法各论 3；国际公法 4；商法(一)4；财政学(二)2；农业政策 1；商业政策 2；银行论 3；社会心理学 2

四年级

必修——现代政治 2；工业政策及社会政策 2；市政论 2

选修——经济学史 3；法律哲学 2；商法(二)4；国际私法 2；演习 2

以上选修科依下条所述之方法选修之。

三、选修学科之选修方法

（1）本校多数学系已实行选科制，政治学系则因多数学科皆须循序渐进，不能躐等，故不得不用年级制与选科制之折衷办法，将必修科二十八单位及各选修科配置如上。（一年级课程见上学年指导书中）总计在四学年中，必须共习满八十单位，始得毕业。在本科四年而所习尚不满八十单位者，不得因已在校四年而请求毕业。选修学科须于每学年开始时至注册部就各本学年之选修科中选定之。

（2）选修各学年之学科务宜择其相关者选定之方有实用。例如选人类学及人种学则宜兼选日本近世史，选货币论者宜兼选银行论是也。又宪法、行政法及国际公法为带有政治的性质之法学，经济学原理为一切经济政策之根本，皆与政治学有不可离之关系，务宜选修之。

（3）选修日文者必须连选二年，且可用日文之单位代替第二外国语之八单位。惟因第二外国语为八单位，日文为六单位，故凡以日文代替第二外国语者，须加选其他学科二单位以补充之。

（4）演习（Seminar）为一种教员与学生之共同研究及讨论最为有益，故务以选之为宜。演习之种类，每年由教授会定之。本年于第四年级设国际政治演习，但临时得由教员变更之。

四、学科之及格与不及格

学科成绩之及格不及格，依本校考试章程定之。及格者作为有效之单位，其不及格者不能算作有效之单位；若系必修科，则必须补考或补习，若系选修科则或补习或另选其他之学科，听个人自便。

五、政治学系演习规则如下（九年①九月十七日政治学系教授会议决）

（1）演习分调查及译书二种，由选修演习科目之人自由认定一种或一种。

（2）调查之办法：由选修学生各人就理论历史及现在事实各方面，任意选择一题，与担任教员商定后，请教员指示参考材料及研究方法，自行调查研究之。于一定期间中，编为报告，轮流在规定之演习时间内，上堂解说。解说之后，由教员及其他学生自由质问，或批评之，并由教员评定分数。

（3）译书之办法：由学生一人或二人就属于演习科目之外国书中，选择一种，与教员商定后，请教员指示翻译方法及参考材料，自行翻译之。于每两个月后，轮次将所译得之成绩，缮成小册，上堂报告其内容之大略，批评其书之长短，并述翻译时之疑难。报告之后，由教员及其他学生自由质问或批评之，并由教员评定分数。

（4）选修演习科目之各学生在规定之演习时间中，无论自己轮班解说或报告与否，皆有出席之义务，与普通授课时间相同。

（5）关于调查，每人每学期至少报告一次，关于译书，每

---

① 即民国九年。

人至少每二月一次。

（6）教员或轮班之学生,于规定之演习时间中,若因故告假,其演习虽可暂时延期,仍须于相当时间中补行演习。

（7）调查或译书之成绩须交存本系教授会,补演习员及本校同人之参考。

六、政治学系教授会设助手一人

依本系主任教授之指挥专司现代政治之笔记各年级演习之纪事,演习材料之保管及演习室之布置等事。凡本系同学在上述之范围内可自由与之接洽。

Ⅱ.新课程

适用于本年度一年级学生,系本系教授会于十二年①六月十六日议决者,其内容如下：

一、新课程不适用单位制

二、政治学系新课程含有下列各学科:(数字为学时)

甲 必修科目

（1）政治学（国语讲演）	3（本）
（2）政治学（英文选读）（一）	3（本）
政治学（英文选读）（二）	3（本）
（3）社会学	3（本）
（4）经济学原理	4（经）
（5）政治学史	3（本）
（6）政治史及外交史（一）	3（本）
政治史及外交史（二）	3（本）
（7）宪法（比较的）	4（法）
（8）国际公法	4（法）
（9）行政法（一）	3（法）
行政法（二）	2（法）
（10）财政学总论	3（经）

---

① 即民国十二年,下同。

(11) 民法总则　　　　　　　　4(法)

(12) 演习　　　　　　　　　　2(本)

乙 选修科目

(13) 统计学　　　　　　　　　2(本)

(14) 社会立法　　　　　　　　3(本)

(15) 刑法总论　　　　　　　　3(法)

(16) a.西洋经济史　　　　　　3(经)

　　　b.商业及农业政策　　　3(本)

(17) 市政论　　　　　　　　　2(本)

(18) 第二外国语(一)　　　　　4(文)

　　　第二外国语(二)　　　　　4(文)

(19) 日文(一)　　　　　　　　3

　　　日文(二)　　　　　　　　3

(20) 现代政治　　　　　　　　2(本)

(21) 经济学史　　　　　　　　2(经)

(22) 社会主义史　　　　　　　2(经)

(注)有(本)字之学科,系属于本系者,其他属于他系。

三、本系新课程各学科之配置如下:

第一年(甲)必修科目

政治学(国语讲演)(合政法经史各系)　　3 高一涵

政治学(英文选读)(一)　　　　3 张祖训

宪法(与法律系合)　　　　　　　4

经济学原理(与经济系合)　　　　4

(乙)选修科目

第二外国语(一)　　　　　　　　4

日文(一)　　　　　　　　　　　3

西洋经济史(与经济系合)　　　　3

第二年(甲)必修科目

政治学(英文选读)(二)　　　　　3

政治学史　　　　　　　　　　　3

社会学　　　　　　　　　　　　3

| 民法总则(与法律系合) | 4 |

(乙)选修科目

第二外国语(二)	4
日文(二)	3
商业及农业政策	3
刑法总论(与法律系合)	3

第三年(甲)必修科目

国际公法(与法律系合)	4
行政法总论(与法律系合)	3
政治史及外交史(一)	3
财政学总论(与经济系合)	3

(乙)选修科目

统计学	2
社会立法	3
市政论	2

第四年(甲)必修科目

政治史及外交史(二)	3
行政法各论(与法律系合)	2
演习	2

(乙)选修科目

经济学史(与经济系合)	3
现代政治	2
社会主义史(与经济系合)	2

四、关于必修科目及选修科目之应当注意事项:

(1)必修科目为一切学生必须修习之科目。

(2)选修科目为各学生任意选习之科目,但各生于四学年全期间内共须选修六科目;每学年须按照课程至少选修一种,至多不得过两种。

(3)各生不得兼选第二外国语及日文两科。

(4)各生不得兼选西洋经济史,及商业及农业政策两科。

1924—1925年度《国立北京大学政治学系课程指导书(十三年至

十四年度）》①对政治学系课程继续分为新旧二种作了新的调整和说明：

Ⅰ. 旧课程

旧课程,适用于第四学年学生,其内容经(民国)十三年六月二十三日系教授会改正如下：

一、学科

政治学系之学科,合属于本系及属于他系者计之,为下列之各学科：

甲：必修学科：

政治学原理（国语讲演）……………………………高一涵

政治学或国家学（一）……………A.（英文班）张祖训

政治学或国家学（二）……………A.（英文班）张祖训

政治学史 …………………………………………高一涵

政治及外交史（一）……………………………………周览

政治及外交史（二）……………………………………周览

现代政治 ………………………周览、王世杰、燕树棠、
高一涵、陈启修、陈翰笙

社会学 ……………………………………………陶孟和

统计学 ……………………………………………陈启修

工业政策及社会政策 ………………………（无记录）

市政论 …………………………………………（无记录）

乙：选修学科

民法总则 …………………………………………（法）

商法（一）…………………………………………（法）

商法（二）…………………………………………（法）

国际私法 …………………………………………（法）

刑法总论 …………………………………………（法）

刑法各论 …………………………………………（法）

---

① 《国立北京大学政治学系课程指导书（十三年至十四年度）》,北京大学档案,编号B1D1919029。

外国法总论 …………………………………（法）

宪法 ………………………………………（法）

行政法总论 …………………………………（法）

行政法各论 …………………………………（法）

国际公法 ……………………………………（法）

经济学原理 …………………………………（经）

经济学史 ……………………………………（经）

西洋经济史 …………………………………（经）

财政学（一）总论 ……………………………（经）

财政学（二）总论 ……………………………（经）

货币论 ………………………………………（经）

银行论 ………………………………………（经）

农业政策 …………………………………（无记录）

商业政策 …………………………………（无记录）

国际联盟 ……………………………………（本）

法律哲学 ……………………………………（法）

社会立法论 …………………………………（经）

社会心理学 …………………………………（哲）

社会主义史 …………………………………（经）

欧洲社会变迁史 ……………………………（史）

人类学及人种学 ……………………………（史）

日本近世史 …………………………………（史）

日文 ………………………………………（无记录）

演习 …… 周览、王世杰、陶孟和、高一涵、燕树棠、陈启修

（注）以上各学科下有担任人姓名或（本）字者为由本系教授会支配之学科，其他其属于他系，例如有（法）字者属于法律学系，有（史）字者属于史学系，余类推。

二、本年度四年级学科之配置及钟点如下：

第四年

（甲）必修科目

现代政治……… 2 陈启修、陈翰笙、王世杰、燕树棠、周览

| 工业政策及社会政策 | 2 | 路熊社 |
| 市政论 | 2 | 张祖训 |

(乙)选修科目

经济学史	2	
法律哲学	2	
英国政治史	1	陈翰笙
新俄法制及政治	1	陈启修
新闻学	2	徐宝璜
商法(二)	3	
国际私法	2	
国际联盟	1	周览
演习	2	

以上所列之选修科依下条所定之方法选修之。

三、选修学科之选修方法

(1)本校多数学系已实行选科制,政治学系则因多数学科皆须循序渐进,不能躐等,不得不用年级制与选科制之折衷办法,将必修科及各选修科配置如上。(一二三年级课程见上学年指导书中)总计在四年中,必须共习满八十单位,始得毕业。在本科四年而所习尚不满八十单位者,不得因在校四年而请求毕业。选修学科须于每学年开始时,至注册部就上列各本学年之选修中选定之。

(2)选修各学年之学科务宜择其相关者选定之,方有实用。例如选货币论者宜兼选银行论是。又宪法行政法及国际公法为带有政治的性质之法学。经济学原理为一切经济政策之根本皆与政治学有不可离之关系,务宜选修之。

(3)选修日文者必须连选二年,且可用日文之单位代替第二外国语之八单位,惟因第二外国语为八单位,日文为六单位,故凡以日文代替第二外国语者须加选其他学科二单位以补充之。

(4)演习为教员与学生之一种共同研究及讨论,最为有益,故以选之为宜,演习依照本系所定之演习规则行之。

四、学科之及格与不及格

学科成绩之及格不及格依本校考试章程定之。及格者作为有效之单位；其不及格者不能算作有效之单位，若系必修科，则必须补考或补习，若系选修科，则或补习或另选其他之学科，听各人自便。

五、政治学系演习规则如下（九年九日、十七日政治学系教授会议决，十三年六月二十三日教授会修正）

（1）演习分研究及译书二种，演习之种类及科目由教授会选定之。

（2）研究之办法：由选修学生各人就理论历史及现在事实各方面选择一题，与担任教员商定后，请教员批示参考材料及研究方法，自行研究之。于一定期间中，编为报告，轮流在规定之演习时间内，上堂解说。解说之后，由教员及其他学生自由质问或批评之，并由教员评定分数。

（3）译书之办法：由学生就属于演习科目之外国书中选择一种，与教员商定后，请教员指示翻译方法及参考材料，自行翻译之。于一定期间中，轮次将所译得缮成小册，上堂报告其内容之大略，批评其书之长短，并述翻译时之疑难。报告之后，由教员及其他学生自由质问或批评之，并由教员评定分数。

（4）选修演习科目之各学生在规定之演习期间中，无论自己轮班解说或报告与否，皆有出席之义务，与普通授课时间同。

（5）教员或轮班之学生于规定之演习时间中，若因故告假，其演习可暂时延期，仍须于相当期间补习演习。

（6）研究成译书之成绩须交存本系教授会，备演习员及本校同人之参考。

Ⅱ. 新课程

适用于本年度一二三年级学生，系本系教授会于十二年六月十六日议决而于六月二十三日修正者其内容如下：

一、新课程不适用单位制

二、政治学系新课程含有下列各学科：

(甲)必修科目

(1) 政治学(国语讲演) ………………………… 3(本)

(2) 政治学(英文选读)(一) ………………… 3(本)

　　　　　　　　　(二) ………………… 3(本)

(3) 社会学 …………………………………… 2(本)

(4) 经济学原理 ……………………………… 2(本)

(5) 政治思想史(旧称政治学史) …………… 4(本)

(6) 政治及外交史(一) ……………………… 3(本)

　　　　　　　 (二) ……………………… 3(本)

(7) 宪法(比较的) …………………………… 4(法)

(8) 国际公法 ………………………………… 4(法)

(9) 行政法(一) ……………………………… 3(本)

　　　　　(二) ……………………………… 2(本)

(10) 财政学总论 …………………………… 3(经)

(11) 民法总则 ……………………………… 4(法)

(12) 演习 …………………………………… (无记录)

(乙)选修科目

(13) 统计学 ………………………………… 2(本)

(14) 社会立法论 …………………………… 2(法)

(15) 刑法总论 ……………………………… 3(法)

(16) 西洋经济史 …………………………… 3(经)

(17) 经济政策 ……………………………… 3(本)

(18) 市政论 ………………………………… 2(本)

(19) 第二外国语(一) ……………………… 4(本)

　　　　　　　(二) ……………………… 4(本)

(20) 日文(一) ……………………………… 3

　　　　　(二) ……………………………… 3

(21) 现代政治 ……………………………… 2(本)

(22) 经济学史 ……………………………… 2(经)

(23)社会主义史 …………………………… 2(经)
(24)国际联盟 ……………………………… 1(本)

注:有(本)字之学科,系属于本系者,其他属于他系。

三、本系新课程各学科之配置如下:

第一年

(甲)必修科目

政治学(国语讲演) ……………………… 3 高一涵
政治学(英文选读)(一) ………………… 3 张祖训
宪法(与法律系合)……………………………… 4
经济学原理(与经济系合)……………………… 4

(乙)选修科目

第二外国语(一)………………………………… 4
日文(一)………………………………………… 3
西洋经济史(与经济系合)……………………… 3

第二年

(甲)必修科目

政治学(英文选读)(二) ………………… 3 张祖训
政治思想史……………………………… 4 高一涵
社会学(与哲学系合)…………………………… 2
民法总则(与法律系合)………………………… 4

(乙)选修科目

第二外国语(二)………………………………… 4
日文(二)………………………………………… 3
经济政策………………………………… 3 陈启修
刑法总论(与法律系合)………………………… 3

第三年

(甲)必修科目

国际公法(与法律系合)………………………… 4
行政法总论(与法律系合)……………………… 3
政治及外交史(一) ……………………… 3 周览
财政学总论(与经济系合)……………………… 3

(乙)选修科目

统计学 ························· 2 陈启修

社会立法论(与法律系合) ············· 2

市政论 ························· 2 张祖训

第四年

(甲)必修科目

政治及外交史(二) ················· 3

行政法各论(与法律系合) ············· 2

演习 ·························· 2

(乙)选修科目

国际联盟 ······················· 1

经济学史(与经济系合) ··············· 3

现代政治 ······················· 2

社会主义史(与经济系合) ············· 2

四、关于必修科目及选修科目之应当注意事项:

(1)各项必修科目与选修科目均按照指导书规定之学年次序习得。

(2)必修科目为一切学生必须修习之科目。

(3)选修科目为各学生选习之科目,但各生于四学年全期间内共须选修六科目,每学年须按照课程至少选修一种,至多不得过两种。

(4)各生不得兼选第二外国语及日文两科。

(5)凡第一年选修第二外国语或日文者,第二年必须继续选修之。

《国立北京大学政治学系课程指导书(十四至十五年度)》中,对一些课程设置的理由和教学目的进一步做了详尽说明。比如,政治学系的新课程中为什么设立经济学课程?宪法行政法等课程为什么必须保留?指导书都从学科角度给出了明确的理由:"宪法、行政法及国际公法为带有政治的性质之法学,经济学原理为一切经济政策之根本,皆与政治有不可离之关系,务宜选修之。"①

3. 北京大学政治学系的教学特点

(1) 规范而有弹性的课程体系

到 20 世纪 20 年代中期,北京大学政治学系的教员队伍已经非常壮观,政治学专业的本科学生规模也保持在每年不低于 40 人,1925 年达到一个高峰:在读学生 97 名,加上旁听生共 110 名。当年有 68 人毕业。② 本科生的课程设置表现出注重政治学的基本理论教学以及丰富、宽口径的选课体系。1925 年是政治学系课程改革调整的最后一年,所制定的《国立北京大学政治学系课程指导书(十四至十五年度)》也是最后一版为四年级和新生分别制定的不同的新旧两种课程体系。在每次课程调整中,政治学系都会尽量采取"老人老办法,新人新办法"的原则,既讲规范又有弹性,把培养计划的变化对学生的影响降到最低。用新旧两套课程保证了学生的学习和培养计划不受教改的影响,减少了教改的阻力。

(2) 教学环节中对学术训练的重视

仔细分析 1920—1926 年各年的政治学系课程,除了参考欧美国家政治学系课程的基本设置,建立了以政治学基本原理、中外政治制度、外交学、行政学(包括市政学)、法的理论、政策学、经济学为主要内容的课程体系外,政治学系的培养计划和课程中的一个重要的特点是逐步减少课时,停止了修满"八十单位"的要求,增加培养和训练学生学术研究能力的环节。这在课程设置上的体现,一是专题课的设置,比如"现代政治"专题课;二是要求所有四年级学生参加法科研究所的研究工作,在老师的指导下完成 1—2 本外文书的翻译和对一定数量外来词和新的学术术语的审定,即所谓"译书译名"工作。

① 由多位教师共同开设"现代政治"专题讲座课,帮助学生了解现代政治进程,懂得当下的政治。对现实政治的问题进行深入研究是对

---

① 《国立北京大学政治学系课程指导书(十四至十五年度)》,参见王学珍、郭建荣主编:《北京大学史料》第 2 卷,北京:北京大学出版社 2000 年版,第 1145—1150 页。
② 萧超然等主编:《北京大学政治学与行政管理系系史(1898—1998)》,北京大学政治学与行政管理系,1998 年,第 21 页。

政治学专业学生的基本要求。现代政治专题课因为涉及不同的政治问题,一般由所涉领域或者专题领域最权威的专家合作承担,所以常常是数名教师共同承担。到今天,北京大学政治学系仍然保留着多人合上的"中国政治"专题课。1920年9月这个学期,北大政治学系首开"现代政治"专题讲座课,每周3个小时,由4名教授承担①。这个重大的课程设置改革是系主任陈启修先生在开学演讲中通告大家的,可见这件事在政治学系的分量。他对全系师生说:"从本学年起,添设了一个现代政治的讲座。因为现代的政治问题日趋复杂,如劳农政府、巴黎和会、国际联盟等等亟待研究的很多。加以现在的社会,无论如何总还脱离不开政治。所以实在不能不研究。这个讲座已定由陶孟和先生、李守常先生、张慰慈先生及兄弟(陈启修本人)四人担任,打算帮助大家一同研究。我国青年近来虽然对于政治上已有责任的觉悟,对于实际政治也总算多少发生一点影响,但是总说不到真正的解决,就因为没有学理的研究。要谋真正解决,非先共同研究不可。但是要全国学界共同研究,是做不到的,只好希望北大同学共同研究。别的学系的同学,很有些热心研究政治的,很希望加入我们的研究。"②

现代政治专题课开设的意义在于:首先,表明五四运动之后,北京大学政治学系对于时事政治、现实政治问题特别关注,认为这是政治学应该研究的问题。其次,专题讲座课的形式是充分集中各个领域优质研究资源、引导学生深入分析和探讨现实政治的教学形式,这种形式一直延续至今。最后,北大政治学系的教授敏感且明确地认识到政治学学科要走出象牙塔,它负有在学理上研究和回答现实政治问题的责任,由此政治学的研究议题也得到了拓宽。

在这个讲话中,陈启修提出北大师生要在理论联系实际解决中国问题上做表率,这也间接地反映了北大在学术界的地位和责任。

"现代政治"讲座的讲题根据形势和热点问题及时做出调整,由多人讲授。

---

① 最多时由7名老师共同承担。
② 王学珍、郭建荣主编:《北京大学史料》第2卷,北京:北京大学出版社2000年版,第1781页,《北京大学日刊》第六九五号(1920年9月17日)。

表 3-11　1923—1924 年度"现代政治"演讲教授和讲题①

题目	演讲教员	讲演时间
现代英国殖民地与其母国之关系	杨栋林	1923 年 12 月
现代之出版自由	王世杰	1923 年 12 月
苏维埃联合的根本组织法	高一涵	1924 年 1 月
中俄交涉问题	燕树棠	1924 年 3 月
民族主义与国际主义	周览	1924 年 3 月
人权问题	李大钊	1924 年 5 月
俄罗斯的政治	周览	1924 年 12 月

表 3-12　1925—1926 年度"现代政治"的演讲教授和讲题

题目	演讲教员	讲演时间
委员政府制	王世杰	1925 年 2 月 27 日
国际移民问题	王世杰	1926 年 1 月 8 日、14 日、20 日
法西斯政治	陈翰笙	1926 年 4 月 28 日
现代日本的政治	周览	1926 年 5 月 19 日、26 日

② 增加"译书译名"课程

增加"译书译名"课程首先与废止法科毕业生写毕业论文一事相关。

1912—1916 年的短短五年时间里,北大校长数次更替,分别经历了严复、章士钊、马相伯、何燏时与胡仁源等多任校长。其中章士钊、马相伯没有真正到任,另几任校长任期都只有数月,连续易帅,规制难定。1914 年 1 月,胡仁源被正式任命为北京大学校长,一直做到 1916 年年末,这是蔡元培任校长前比较稳定的一段时期。胡仁源上任之后,主持拟定了《北京大学计划书》,该计划书对学生的毕业方式进行了明确的规定:"各科毕业考试,均注重论文。文、理、法科论文须就所学科目中,选择问题为有系统之研究。工科论文须计划一铁道、桥梁、矿山、工厂等之设备、图画及说明书均完备者,方为合格。毕业论文,非经试验委

---

① 《政治学系教授会布告》,原载于《北京大学日刊》第一三五〇号,1923 年 11 月 27 日。

员会认为对于所学确有心得兼能发明引伸者不得毕业。"① 将毕业论文合格与否作为衡量毕业生是否能够毕业的重要标准,其中对于法科学生的论文选题,规定"法科第四年级学生,应各就性之所近,于主要科目中选择一种专门研究,每星期上堂四小时,专与担任教习互相讨论,毕业论文题目即就此中选择"②。强调毕业论文不仅应当与所学课程紧密相关,而且应当是在指导教师的指导下完成。按照此规定,1917年北大法科政治学门四年级毕业生自然应当提交毕业论文。③ 从论文的题目来看,这些毕业论文不仅与政治学门的课程直接相关,而且政治学学科的专业性体现也较为鲜明。虽然论题普遍较为宏观和抽象,也存在一定程度上的论题重复问题。

蔡元培接替胡仁源担任北京大学校长后,推进教授治校、废门改系等各项改革,学校体制开始渐向新的方向转变。1917年10月,蔡元培设立教授评议会,作为学校的最高权力机构,马寅初被选为评议委员。第二年,马寅初被推举为法科经济门研究所主任,兼经济商业门主任。他立志以创造性的方式更张校园的旧有官僚习气,设法夯实学生的知识与学识。他认为当时法科学生的论文存在着水平不高、抄袭敷衍、老师疏于指导的问题。正值此时,马寅初承接了教育部审定译名④的课题,他计划将法科的改革以此肇始。⑤ 于是,在1918年5月17日,他发表了《论法科应废止毕业论文》一文。在这篇论文中,马寅初认为:

> 窃维本校法科之所以有毕业论文者,原欲予将毕业学生以研究之机会与著书之经验也,于学生前途可谓筹之熟矣。第以历年毕业学生所作论文,佳者固多,而劣者亦不少,盖勤者志在深造,以增进其学识;而惰者则从事抄袭,以期敷于一时也。

---

① 1914年胡仁源《北京大学计划书》,参见王学珍、张万仓编:《北京高等教育文献资料选编1861—1948》,北京:首都师范大学出版社2004年版,第342页。试验即为考试之意。
② 王学珍、张万仓编:《北京高等教育文献资料选编1861—1948》,北京:首都师范大学出版社2004年版,第342页。
③ 1911年、1912年因辛亥革命停招学生,1913年招生改为四年制,所以1914年、1915年、1916年三年法科政治学门没有毕业生。
④ 审定译名,即对传入中国的科学名词、外来词汇进行统一标准译法和解释的工作。
⑤ 徐斌:《天地良知——马寅初传》,杭州:浙江人民出版社2008年版,第33页。

试观近年以来毕业论文,岂得谓皆有价值者!但未闻有一篇论文受教员之批驳而被拒绝不纳者,此即敷衍了事者亦可得教员之许可而毕业也。故所以勉励学生者,适足以害之也。又何经验之可云乎?至论文中之有价值者,则或因篇幅过长,印费甚巨;或恐学关专门,不易销售,皆置之高阁,未尝出版,除一二担任研究教授外,几无一人寓目者。则即为一时之杰作,于社会究有何补?故著者对此屡多向隅之叹。鄙人有鉴乎此,正苦无改良之法,适奉教育部以审定译名,责成本校研究所之令,遂以为改良之机会至矣。夫科学名词至为繁多,即就经济一门而论,已达数万,断非三五研究员所能胜任,实有非将论文废止,令第四年级学生一律入研究所帮同办理不可者。

盖今日之研究员多半为通信研究员,散在各省,不能共事,即其在北京一隅者,亦因有他项职务不能致全力于译事,加以研究所无学位以资鼓励,少名著以资参考,兴趣未由发生,思想因而滞涩,几何其能受研究所之拘束也。若以审定译名责成研究员,吾恐告成之日必在二十年之后也。顾译名之事,系全国教育会所呈请于教育部者,而教育部即以委托大学,盖大学已设有研究所也。在教育部必以为国家岁糜巨款,设此研究所,将来成绩必有可观,无须重设关系专任译名之事;在教育会则以为此事既有大学担任,不难克日告成。故人之所望于我者切,而我对于人应尽之义务亦重,若不早为之图,认真办理,则日月易驰,成效难收。试问将何以面对国家?所谓研究所者岂不等于虚设?而大学之名誉能不一落千丈乎?辗转筹思,只有一通融办法,拟仿文、理、工三科成例,将法科毕业论文一律废止,所有第四年级学生照原定研究所章程,准其入所研究,帮同研究员审定译名。各生所任译务,由担任教员酌量分配,以昭公允。每星期教员、学生集合一次,从长讨论,以收集思广益之效。所有译本,仿前清学部译名馆办法,概以研究所与译者之名义出版,以资鼓励而期风行。如是则学生中之勤者无向隅之叹,惰者无侥幸之心,大学有成效可收,社会有译本可考,诚一举而数善备也。

顾审定译名为一时之计,非久远之事也。异日译事告罄,将何以继之?是亦不可不研究者也。鄙人以为吾国坊间所售译本非失粗浅,即病支离,其足供中学以上之参考者,实寥如晨星。虽由教育尚未发达,社会中少购用高等参考书者所致,然未始非因译书少人也。异日本校译名之事已毕,苟以译书继之,则可少补目下之缺憾矣。本校每年毕业学生以文、法、理、工四科合计,当不下一百二十人左右,如每三个合译名著一部,每年便可出四十部之多。其有益于社会者,较诸现在之毕业论文,岂可同日而语哉。况本校编辑处业已成立,经费裕如,主持有人,所患译书少人耳。似可以将毕业学生当译书之任,然欲实行此策,非废止论文不为功。爰不握搞昧,本其平日之经验,而献其一得之愚,质诸明达君子以为然否?①

因政治、经济、法律三个专业同属法科,所以他所建议的法科废止毕业论文,当然也就包括了政治学系。这一主张获得了学校教授会、校长、法科研究所等全体负责人的赞同,教育部还拨款500元作为支持经费。这样,在1918—1919年的课程表调整中,第三学年随意科目②中的"中国法制史"以及第四学年的"特别研究"取消,改为"译书译名"。马寅初教授提出以完成译书译名的工作来代替流于形式的毕业论文,是从训练学生能力和完成全国教育会委托大学任务、裨益社会的双重角度来考虑的。

废除法科毕业论文的建议被通过已经是1918年5月底,所以,1918年毕业的学生依然是以毕业论文结业的。从1918年下半年开始,法科教师及学生就在不断的讨论与商议过程中,开始制定、实行新的毕业政策,并且在法科研究所正式开出"译书译名"相关课程的具体修习办法。1918年11月25日,政治门主任陶履恭和学生商酌译名事宜。③

---

① 马寅初:《论法科应废止毕业论文》,《北京大学日刊》1918年5月17日。
② 即任选科目。
③ 郭俊英主编:《北大红楼历史沿革考论》,北京:文物出版社2012年版,第101页。

法科研究所也开设了与译书译名相关的课程,并与学生商洽选定译书。①

表 3-13　1918 年 12 月法科研究所译书译名相关课程②

	日期	上课时间	科目
政治门	星期一(2日、9日、16日、23日、30日)	下午3时至4时	译书译名
经济门	星期一(2日、9日、16日、23日、30日)	上午8时至10时	译书译名
	星期六(7日、14日、21日、26日③)	上午8时至9时	译书译名
法律门	星期五(6日、13日、20日、27日)	上午8时至10时	译书译名

1918 年年底,法科停止了本科毕业论文的写作要求而将完成译书译名作为毕业需要的必要组成部分。后来随着演习课(Seminar)成为四年级的必修课,译书又合并到演习课中,原来演习课的"研究"和"调查"改为"研究"和"译书"两种,"演习之种类及科目每年由教授会下选定之"④。具体译书之办法为"由学生一人或二人就属于演习科目之外国书中,选择一种,与教员商定后,请教员指示翻译方法及参考材料,自行翻译之。于每两个月后,轮次将所译得之成绩,缮成小册,上堂报告其内容之大略,批评其书之长短,并述翻译时之疑难。报告之后,由教员及其他学生自由质问或批评之,并由教员评定分数"⑤。译名由研究所老师根据情况分配一定数量的词条给学生。法律系学生选择译名即审核法律和相关科学名词较多,而政治学系学生大多采取译书一途。

(3) 讨论式教学的引入

政治学系在 1920 年设置"政治演习"课程,即 seminar。这是吸收

---

① "法律门译书各生尚有未选定原本者,务希于每日午前亲赴法律馆王亮畴先生处当面接洽。"参见十二月三日《法科研究所布告》,《北京大学日刊》第二百六十四号,1918 年 12 月 5 日。

② 《法科研究所十二月份课程表》,《北京大学日刊》第二百六十四号(1918 年 12 月 5 日)、第二百六十七号(1918 年 12 月 9 日)。

③ 此处应为 28 日,星期六,《北京大学日刊》似记录有误。

④ 《国立北京大学政治学系课程指导书》民国十四至十五年度,参见王学珍、郭建荣主编:《北京大学史料》第 2 卷,北京:北京大学出版社 2000 年版,第 1147 页。

⑤ 王学珍、郭建荣主编:《北京大学史料》第 2 卷,北京:北京大学出版社 2000 年版,第 1147—1148 页。

国外本科和研究生教学的一种方式,这一设置也是陈启修系主任在1920年开学典礼上知会大家的:"从本学年起,添演习一门。关于政治学理,员和学生可以常常有共同研究的机会。"①政治演习课开始时是选修科,每周两个小时,到1926年规定为学系必修科。② 综合各次关于政治演习细则的规定可知,这门课以讨论为主要教学形式,学生在给出的研究选题中,选择研究方向,选择导师,确定题目并报教授会登记备案。学生在课堂上必须就自己的研究性报告或者调查报告进行"上堂解说",老师点评。

如1923年10月6日政治学系教授会公布演讲细则,规定演习分设四类研究方向,指导老师为③:

政治史及政治制度:陈源、王世杰

政治理论:高一涵

国际政治:周览、燕树棠

社会问题:李大钊、陶孟和

1924年10月17日公布的政治演习指导老师为④:

张祖训、高一涵、王世杰、燕树棠、陈源、刘光一、周览。

1926年政治演习的指导老师为⑤:

高一涵、燕树棠、陈源、刘光一、周览。

(4) 考察与社会实践成为重要的教学辅助手段

正式课程教学之外的辅助手段和活动,作为一种教育活动也会以微观的具体生动的活动形式参与教育体系的构建⑥。政治学是一个学理性很强的学科,也是实践性很强的学科。欧美国家在政治学学科发展中,也一向强调与现实的联系,在教学中,重视社会实践和田野调查,鼓励学生参与实践和社会活动。北京大学政治学系将社会实践作为教

---

① 王学珍、郭建荣主编:《北京大学史料》第2卷,北京:北京大学出版社2000年版,第1781页,《北京大学日刊》第六九五号(1920年9月17日)。

② 参见王学珍、郭建荣主编:《北京大学史料》第2卷,北京:北京大学出版社2000年版,第1788页,《北京大学日刊》第二〇〇〇号(1926年12月6日)。

③ 《北京大学日刊》第一三一〇号,1923年10月9日。

④ 《北京大学日刊》第二〇〇〇号,1926年12月6日。

⑤ 《北京大学日刊》第一五四七号,1924年10月20日。

⑥ 参见李浩泉:《躁动的青春——民国时期北京大学的社团活动(1912—1949)》,武汉:华中科技大学出版社2014年版。

学环节和手段,有许多创新。

① 设置调查类课程

北京大学政治学系从 1920 年开始在四年级学生中加设"政治演习"和"现代政治"讲座课,就是充分考虑到政治学与现实政治问题的关联。"政治演习"课程分为两类,即"研究"和"调查",选"调查"类的学生,要做出调查报告;后来改为译书,才停止了调查。

② 教学参观和社会实践

法科课程安排中有各种教学参观考察,比如集体参观监狱,参观公安局,参观市政,大多由教授或系主任带队。学生社团走上社会的活动,比如义演、义卖等,也会得到学校和学系的支持和鼓励。

③ 外出考察

北京大学政治学系的毕业旅行是毕业前最后一次田野调查和政治考察。最著名的一次是北京大学政治学系 1923 届的政治考察。1923 年 5 月,参加完 1923 年期末考试的 10 名应届毕业生王和畅、邹德高(邹明初)、陈顾远、董平舆、邓鸿业、苏锡龄、余文铣、要继志、吕永坤(吕佑乾)和杨健,组织了一个政治考察团,利用考试结束毕业典礼前的时间,对中国政治做实地政治考察。学校和学系都非常支持,还为这次出行组织过一次游艺大会筹措路费,"黎元洪特捐洋一百元,以资提倡"[①]。关于这次北京大学政治学系学生考察团的行程,《晨报》在 1923 年 6 月 3 报道,"该团之组织路线计划等,曾经该校教授之指导赞助,亦已决定。该团分为五股,掌理团务。路线则拟沿津浦车南下,所到重要市镇,皆停留考查,然后出香港,往菲律宾、新加坡等处,再折回日本,由朝鲜北入奉天,到旅顺、青岛等处,然后回京。该团此次出外考查,所应考查之事项,范围固甚广泛,但闻其特别注意者,则为各地之内务行政,司法行政,军务行政,地方自治,市政实业,交通,劳动状况种种云"。政治考察团是在五月底考试结束后出发的。考察团成员之一的邹明初回忆说:

> 考察团到广州后,住在广州高等师范即后来的中山大学。7 月 10 日上午我们首先到大元帅府(在珠江南岸土敏土厂)请求约期谒见孙中山先生。传达上去后回话说,立即接见。

[①] 《北大游艺会之筹备》,《晨报》1923 年 4 月 21 日。

我们被引进楼上会客室,坐在长条桌两旁等候。孙先生进来后,同我们一一握手,态度非常和蔼可亲。当时,大家推我为团长,我代表考察团说明到广州考察政治和谒见孙先生的本意:(一)我们是北京大学政治系的毕业生,对政治极感兴趣。中国的政治出路是什么,特来请教。(二)广州比其他各省区为好。孙先生是民国的创造者,对中国的前途如何估计,有何打算,请指示。(三)对苏联十月革命怎样看法,共产党与国民党的关系如何,中国革命应该怎么办?孙先生听完我说明后,首先对我们来粤考察政治表示欢迎,接着,对我们提出的问题,作了深刻而全面的指示。孙先生和我们畅谈三大政策、三民主义和五权宪法。这时,总参议胡汉民、秘书长杨沧白等都鹄候在会客室外。孙先生还要我们每个人各抒己见。中午,他要人把午饭端到会客室来,边吃边谈。我们看到他的午饭很简朴,都很受感动。这次接见,从上午9时到下午3时,大约六个小时左右。我们十个人回到住地,十分兴奋,彻夜未眠,深受鼓舞。以后,孙先生又两次约我们考察团去大本营谈话,指示我们从速返回北京,在华北各地宣传新三民主义和联俄、联共、扶助农工三大政策。最后一次接见时,孙先生说,他不久将北上入京。召开国民会议,废除一切不平等约,和平统一中国。希望我们共同努力,完成任务。并要我们有事随时函电告知。我们回到北京后,即按照孙先生的指示,进行革命工作。①

《晨报》、上海《民国日报》对这次考察都有跟踪报道②,特别是孙中山接见他们以后,许多媒体纷纷报道。1923年6月考察团到达上海时,团内10名学生还专门在上海丽华照相馆摄影留念,并在照片上盖上自刻的"北京大学政治考察团"的椭圆章,送给了校长蔡元培先生。

---

① 中共北京市党委党史研究室编:《北京革命史回忆录》第1辑,北京:北京出版社1991年版,第251页。
② 《北大学生政治考察团之意旨书》,《民国日报》1923年6月6日。《粤国民党招待北大学生》,《民国日报》7月7日。

第三章
从政治学门到政治学系：中国现代政治学学科与学系的建立

照片 14　民国十二年六月北大学生政治考察团（蔡磊砢提供）

（5）马克思主义学说成为公开、正式的课程

在 20 世纪 20 年代的社会条件下，马克思主义学说和社会主义学说进入大学，成为正式的课程设置是不同寻常、极具特色的。这个事情之所以能发生在北京大学，首先是因为蔡元培先生在北京大学提倡和实行"学术自由、兼容并包"的办学方针。因此，有关马克思主义和社会主义学说的课程，在北京大学可以作为一种学说、一种理论、一种方法在学术和教学层面进行，尽管这在事实上是宣传和传播了马克思主义。其次，由于政治学系的任课教师中，有李大钊、陈启修、高一涵这些在政治上和学术上都具有社会主义倾向的教授，因此，在社会政策、西方政治思想、国际运动的课程中，专门或者加大对社会主义的政策与实践、马克思主义学说以及苏维埃俄国革命的介绍也是顺理成章的。最后，北京大学的一些学生也有此要求。

在北京大学，把马克思主义的史学理论和方法列入正式课程公开讲授、学期考试成绩记入总学分的课程，首先是李大钊为史学系、经济学系、政治学系开设的"唯物史观"这门课。另外还有张慰慈、陈启修为经济学系、政治学系开设的 2 课时的选修课"社会主义史"。李大钊还在政治学系与数位教授共同开设的专题讲座课"现代政治"中,进行了"工人的国际运动与社会主义的将来""社会主义与社会运动"等专题讲授。

李大钊主讲的"唯物史观"课共开过三个学期,分别在1920年、1922年和1923年。① 每次上课都分发讲义。从所发讲义稿的存目看,共有七讲。其中的第1、3、5、6篇讲义都以同题论文在刊物上发表了,比如《由经济上解释中国近代思想变动的原因》《东西文明根本之异点》《马克思的中国民族革命观》等②。这是李大钊运用马克思主义理论解释历史现象,以唯物辩证法研究中国历史的尝试。作为热烈赞同马克思主义的北大史学系教授,李大钊开设"唯物史观"课程,一方面是出于对马克思主义推介和传播的责任和对于唯物史观的赞同;另一方面也应和了北大史学系正在进行的课程改革。据欧阳哲生的研究,从1920年夏天开始,史学系主任朱希祖对北京大学史学系的课程大加更改,本着研究历史应当以社会科学为基本科学的理念,在本科第一、二年级加强社会科学的学习,以为历史研究做一种基础——如政治学、经济学、法律学、社会学等——再辅之以生物学、人类学及人种学、古物学等。朱希祖与李大钊是好友,也是在日本早稻田大学留学的同学,因此请李大钊支持。李大钊为北大史学系学生开设马克思主义唯物史观的课程也是配合了北大史学系加重社会科学课程分量,实施历史学社会科学化进程的计划。③ 李大钊为政治学系开设的唯物史观课程,也与政治学系陈启修、高一涵(也都是留日学生)这些具有社会主义倾向的教授不谋而合,与政治学系学生提出增加介绍社会主义的要求一拍即合。

北京市档案馆收藏了一份贺廷珊的"唯物史观"考试的试卷,北京

---

① "唯物史观"一课1920年10月在北大首次开设,参见北京大学《注册部通告》,《北京大学日刊》第七百○七号(1920年10月1日):"李大钊先生担任史学系唯物史观研究,自来周始授课。此布。"1922年10月续开,参见《注册部布告》,《北京大学日刊》第一千○九十五号(1922年10月31日):"李大钊先生所授政、史学两系唯物史观课本日上课,其社会主义史、社会立法两课,均稍缓再行授课。"1923年上半年第三次开设,参见《注册部布告》,《北京大学日刊》第一二三五号(1923年5月10日):"李大钊先生已来校,所授唯物史观,本星期起照常授课。"

② 李大钊以上三篇论文分别发表在《新青年》第七卷第2号,1920年1月1日;《言治》季刊第三册,1918年7月1日;《政治生活》第76期,1926年5月。

③ 欧阳哲生:《李大钊史学理论著述管窥》,《史学理论研究》2010年第2期。

新文化运动纪念馆收藏了马昌民、罗敦伟的两份"唯物史观"考试的试卷,他们都是 1923 年时政治学系二年级学生(参见照片 15-1 至 15-6)。

照片 15-1　贺廷珊唯物史观试卷封面

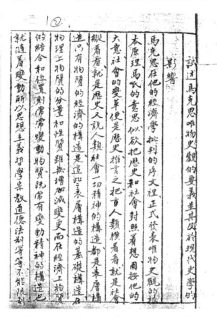

照片 15-2　贺廷珊唯物史观试卷首页

中国现代政治学的发端与拓展
北京大学政治学(1899—1929)

照片 15-3 马昌民唯物史观试卷封面

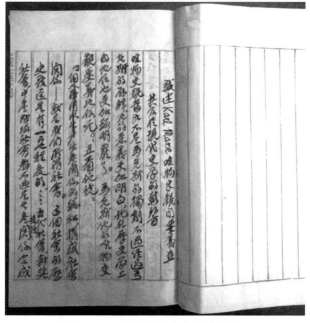

照片 15-4 马昌民唯物史观试卷首页

照片15-5 罗敦伟唯物史观试卷封面

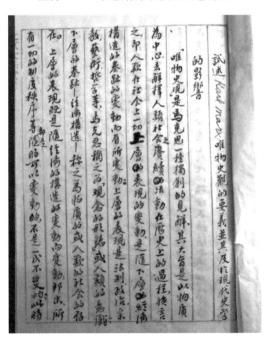

照片15-6 罗敦伟唯物史观试卷首页

中国现代政治学的发端与拓展
北京大学政治学(1899—1929)

试卷为北京大学统一印制。试卷用纸为竖红条十行纸,两面折合。在折合处也印有套红"北京大学试卷"六个字。红色大字"试卷"前有四个墨印字"唯物史观",这是课程名称。"试卷"二字后的括号里是学生名字。试卷上的阿拉伯数字,一为学生学号,一为试卷序号。在政治系二年级字样下,有民国十二年学科试验字样。"试验"在当时即是考试的意思。试题为一道论述题,题目为"试述马克思唯物史观的要义并其及于现代史学的影响",可以看出这更像是历史学专业的一道试题,主要是考查马克思主义的历史观和方法论。但马克思的历史唯物主义不是一般的历史观,还是马克思主义关于人类社会发展一般规律的科学,因此这道题实际上超出了一般历史学的意义,是对科学社会主义基本原理掌握程度的考察。政治学系的这三份试卷都是 95 分的高分。目前没有其他试卷做参照,所以不知道其他四十多份试卷的分数①。

通过分析这三份试卷答题内容可以看出,李大钊在课堂上以马克思的原著为依据,充分介绍了马克思"唯物史观"的基本内容和基本观点,从答题情况看,学生掌握得很好。

三个学生分别使用不同的表述方式,引用马克思的《政治经济学批判导言》②等著作,回答出了马克思唯物史观的要点,并认为这是对以往的唯心史观的颠覆性批判。

贺廷珊答道:"把人类横着看,就是社会,纵着看,就是历史。"他对马克思主义唯物史观的总结是:"人类社会一切精神的构造,都是表层结构,只有物质的经济的结构,是这些表层构造的基础构造。在物理上,物质的分量和性质,虽无增减变更,而在经济上物质的结合和位置则常常变动,物质既常有变动,精神的构造也就随之变动,所以思想、主义、哲学、宗教、道德、法制等等,不能限制经济变化和物质变化,而物质和经济可以决定思想、主义、哲学、宗教、道德、法制等等。"他批评了过去历史观的缺陷:"从来的历史家,欲单从上层说明社会的变革,上层的

---

① 有人回忆,1949 年、1952 年曾在红楼地下室档案室看见过这门课的四十多份试卷,但后来其他试卷不知去向。
② 在试卷中为《经济学批判序文》。

变革,全靠经济基础的变动,故历史非从经济关系上说明不可。"①

罗敦伟总结说:"唯物史观是马克思一种独创的见解,其大旨是以物质为中心去解释人类社会之赓续活动在历史上的过程。换言之,即人类在社会上一切上层表现的变动,是随下层经济构造的基趾的变动而有所变动。上层的表现是法制、政治、宗教、艺术、哲学等,马克思称之为观念的形态或人类的意识;下层的基趾——经济构造——称之为物质的或人类的、社会的存在。上层的表现既是随经济的构造的变动而变动,那末,所有一切的制度秩序等都是随时可以变动的,不是一成不变的。"他对过去历史观的批评是:"在唯物史观学说未发明以前,那班研究历史的学者,对于研究历史的原因的问题,大半略而不言,只记载某特殊阶级在某方面——政治上、外交上——种种活动史实的表面,其目的在供某特殊阶级活动之资鉴。"他认为,"有了这种学说出现,我们才一鼓作气地与特殊阶级奋斗,才知道我们境遇是基于时时能变动的、而且时时变动的原因,才看出变动都是新知识施于实用的结果,才知道进步的促力不是发于别人,是发于联合进步的人民,才愿意知道关于生活的事实,及生活事实的意义是什么,才知道过去的历史是靠我们本身具有的人力创造出来的,不是圣人伟人给我们造的"②。

马昌民对唯物史观的总结是:"社会上各种关系的改变,都是基于生产的复杂关系。换言之,所谓一切政治、法律、文艺、美术、宗教,主义乃至于道德习惯,这都是社会上的表层构造,此外的经济关系才是基本的构造。基本的经济构造如果有了改变,那些表层的构造都一律要改变,而且所改变的完全照着基本构造改变的方向而决定。"他总结了唯物史观的影响至少有五种,在课堂考试过程中能用如此清晰的思路和逻辑表达是很不容易的。他答道:

> 马氏此种大胆的唯物史观谓明以后,晚近历史至少生出下面五种影响:
> 一、打破神的历史观。此前一般解释历史上的事变无不

---

① 贺廷珊试卷答题内容见李燕博主编:《李大钊北京十年:教学篇》,北京:中央编译出版社 2016 年版,第 238—239 页。

② 罗敦伟试卷内容见北京新文化运动纪念馆保存的原件。

操"唯神史观"的眼光。对于各类事物的起源和进展,都以为其中有至高无上超人格的神权。国家是神意建设,个人是依着神的命令生存的。所有的诸侯、帝王,更不必说,当然是神所命的了。正和我国古代历史上的事变一样,帝王莫不有神迹,王命莫不变之于天。唯物史观的说法一来,把所有的一切制度都归到经济上面,自然无所谓"神言""天命"了。

二、打破伟人主义的历史观。以前一般历史家以为人间的历史即是"伟人的事略",差不多历史记载的唯一任务,即在替名人名将歌功颂德,对于普通社会情形,毫无关系。唯物史观说一来,才知道历史上的一切事物,无不有他当时的社会经济基础。决不是那个贤臣名将,或者古圣先王凭空造出来的太平。

三、改变人生观。以前唯神的历史学说为伟人主义的历史学说,对于个人非常轻视,差不多个人在社会是没有多大关系。有之不为多,无之不为少。天下大事,早已由天命定了,或者已由伟人指挥一切了,个人不能参加,即参加亦不过个中的附庸,无多少关系。自唯物史观一来,才知道各个人的努力与世界文化的进步均有一定关系,所以使人变为积极的人生观,使人向上、努力、奋斗、乐观,不"听天由命"与"顺帝之则"。

四、打破循环说。有许多历史学者以为历史是循环的,不是进化的。唯物史观说一出,才知道经济的势力是一天天向前进展的,进化的。

五、打破政治的历史观。有许多历史家以为"现在的政治即是未来的历史,过去的政治即是现在的历史",把政治的现象包括一切的社会现象,把历史的范围弄到异常狭窄。唯物史观说出,才知道政治不过是社会现象之一种,而且不过为表层构造之一,也是有他的基本构造的,历史的范围始终较前宽广。[①]

值得注意的是,三位同学都多次用了"新纪元"这一词语比喻唯物史观的出现给历史界带来的巨大影响,这应该是直接受到李大钊的影

---

① 马昌民试卷内容见北京新文化运动纪念馆保存的原件。

响。众所周知,李大钊在 1919 年 1 月 5 日《每周评论》第 3 号上曾以《新纪元》为题目发表了颂扬十月革命的文章。

北京大学是五四运动以后中国马克思主义传播的阵地之一,除了以《新青年》等一批刊物和一些研究社团等为传播阵地外,作为正式课程的"唯物史观"在多个系开设,直接受众也是不少的。① 政治思想对政治行动和选择产生重要影响的一个例证是,1921 年下半年,北京地区的早期共产党员有 20 名,其中就有 17 名是北京大学成员。②

(6) 聘请政治、法律界著名人士担任兼职教师和研究员

政治学系和法律学系的学生毕业后很多人会从事政治和法律方面的工作,因此政治界和法律界一些精英的实践经验对于政法科学生的学习和研究有着重要的意义,对于那些只在大学书斋中研究和教学的教师也是一种学术补充。因此,法科经常聘请一些有着政法理论和实践经验的人来给学生讲课。1914 年,北大法科请来了第一届国会众议院议员、宪法起草委员会委员兼外交部条约审查委员会委员的伍朝枢为法科政治学门和法律学门开设法律课程。1917 年,法科又请了民国时期的知名外交家,曾任南京临时政府外交总长、北洋政府司法总长和大理院院长的王宠惠兼任北大法科研究所的研究教员,每月至少一次面对面指导学生。1919 年的刑法和宪法课都是由现任大法官或检察官兼授。这种教学方式可以充分利用和挖掘教学资源,其传统一直保留至今。

四、民国初年政治学系学生的就业和职业生涯

政治学系学生的专业与他们后来职业生涯的关系,目前还缺少充分的数据支持,他们就读期间所受的政治学训练在多大程度上会导致他们比其他专业的学生有更强的政治偏好? 目前还没有采集到可以进行量化分析的数据。在校期间,政治学系学生没有表现出比文科、理科学生更明显、更激烈的政治参与热情。在北京积极参与五四运动的政

---

① 政治学系 1922 年共有在读学生 61 名,其中选修"唯物史观"课程的至少 37 人。
② 王学珍等主编:《北京大学纪事(1898—1997)》,北京:北京大学出版社 2008 年版,第 127 页。

治学系学生,有记载的是 14 名①,在"五四"当天被拘捕的学生 1 名②,在 6 月 3 日示威游行中被拘捕的学生 2 名③。这与整个五四运动期间参加运动的几百名北大学生和被捕的上千名各地来京学生相比,政治学系的学生并没有明显的数量优势。虽然没有详细的量化数据测量政治学专业对学生政治偏好的影响的大小,但仍然可以从他们后来职业生涯发展的一个个案例中进行分析和观察。

(一) 1913—1929 年政治学系毕业生规模

京师大学堂各分科大学陆陆续续从 1909 年开办,1910 年(宣统二年)举行了七科的统一开学典礼④,这是中国全日制本科大学生培养的重大事件。辛亥革命爆发后的 1911 年和 1912 年,一些专业曾暂停招生,除此时期外北京大学一直连续招生。1913 年分科大学举行了第一届本科大学生的毕业典礼。

早期政治学系(门)毕业生的基本情况是:第一,从生源看,大部分学生是京师大学堂预科毕业后升入本科,也有一部分是地方高等学堂毕业后推举并考试入学的。最初年龄参差不齐,毕业时最小者 21 岁,而最大者已经 48 岁,平均年龄是 29.8 岁。第二,从学生籍贯的分布区域看,生源遍及中国绝大多数地区。第三,从每年毕业生的人数分布看,每届毕业学生人数不稳定,比如,1918 年、1919 年分别仅有 6 名毕业生,而 1921 年有 20 名,1925 年则达 68 名之多。造成毕业人数差别如此之大的原因在于:第一,由于时局动荡,每年招生人数不稳定;第二,学生并不是完全按照四年学制毕业的。法科采取过预科三年本科四年、预科两年本科四年的不同学制。此外,1919 年的五四运动,不少学生因此受到影响,延长了学习年限,毕业时间后移。这都给今天的统计工作带来难度。第三,由于北大政治学系 1927—1929 年曾被拆解合并到北平大学,复校后有的学生没有在北大继续学习,因此,期间的毕

---

① 这 14 名学生为王宸章、方豪、娄学熙、翟俊千、黄时杰、吕永坤、邹德高、陈顾远、郭弼藩、梅祖芬、欧宗佑、何作霖、陈赞豪、周杰人。其中有 4 名学生是预科学生,后升入政治学系的。
② 被拘捕的一人为何作霖。
③ 方豪、吕永坤。
④ 实际上有的科 1909 年已经上课,但因等待分科大学校区的修建,开学典礼推迟到 1910 年举行。

业学生人数十分不稳定。北京大学政治学专业开始正式招收研究生是在1932年,故本书所涉及的时间段内没有毕业的研究生。

1913—1929年政治学系历年毕业生人数为①:

1913年:12人

1914年:0人(1911年因辛亥革命停招,1914年无毕业生)

1915年:0人(1912年继续停招,无毕业生)

1916年:0人(1913年招生改为四年制,所以1916年也无毕业生)

1917年:16人

1918年:6人

1919年:6人

1920年:9人

1921年:20人

1922年:18人

1923年:37人

1924年:32人

1925年:68人

1926年:24人

1927年:13人

1928年:11人

1929年:23人

共295人

在政治学专业本科招生仅仅十几年后,就能有近300名政治学专业本科学生毕业,已属难得。在当时还没有研究生的年代,这近300名本科学生基本可以被视为政治学学科的科班专业人士了。

(二) 毕业生职业生涯分析

基于中国现代转型背景的中国政治学,在为国家提供思想资源、制度资源和人才资源的"经世致用"中,经历了学科独立化、学术专门化的

---

① 北京大学政治学系毕业生的数据有几个信息来源:《北京大学日刊》、学部《教育公报》《北京大学同学录》《北京大学教育调查》等。数字有出入,主要是由于学生存在旁听、退学、转学、补考等复杂情况,几个信息源都有缺陷,此处为综合考证的数据。

过程，逐渐成为一门现代学科。而为这个现代学科和学术奠定基础的便是大学的专业和学系的形成以及一批学人的出现。当然，北大的政治学学系与学科的建立与发展不等同于中国现代政治学的建立与发展，因为只有在全国范围内政治学学科建制形成一定的规模，中国的现代政治学学科才有可能真正全面形成。直到20世纪30年代，全国有近30所大学设立了政治学系，现代政治学成为中国大学比较普遍设立的学系和学科，并与政治学研究的院、所或其他机构一起，完成了现代政治学学科在中国的完全构建。

在这一过程中，政治学专业培养和训练出来的学生，作为这一专业领域的特定产出或者"产品"，他们的职业和志业是这一学科的社会贡献、学科价值、教育效果的反映。职业和志业是研究现代化社会分工的一对相关范畴。职业意涵着在社会中以一定的方式进行物质与智力的配置安排，作为社会人的个体往往通过某一职业获得社会身份，通过从事某一职业，获得安身立命之地。与职业不同，志业则表现出了人们的理想和从事某一项事业的矢志不渝的精神，职业有可能是志业，而志业却不一定会成为职业。职业表现出的是人们的专业"能力"，而志业表现出的是人们的"理想"。

选择对民国初年北京大学政治学系毕业生的职业选择和职业生涯进行考察，分析北京大学政治学培养目标和国家政治发展对个体人生选择的影响，实际上是包含了职业和志业两个层面的。

1913年至1929年北大政治学系的毕业学生，其职业选择和志业取向大致可以分为三类：一是进入现存政治体制，以政治官员（僚）的身份支持或者改造完善现存政体；二是沉入社会基层从事教育启蒙或者其他职业，间接践行救国齐身的理想；三是以反体制的直接政治活动建造一个新国家作为自己的志业和职业。

1. 进入政治体制以实现职业志向

从民国时期毕业学生的就业去向来看，选择最多的是任职于各级政府机构，学有所用。这既是自京师大学堂到北京大学时期政治学系专业设置的价值取向，也是大多数学生的自我定位，与京师大学堂的一贯教育理念相符，也是按部就班的一条通路。

大多数毕业生进入各级政府机构（北京政府与南京国民政府两个

时期)的具体原因可从三方面分析。第一,在文盲比率比较高、只有很少数人能够受到正规教育的时代,大学毕业生,尤其是著名大学的毕业生,毫无疑问是属于知识精英阶层。他们具备的各种现代政治、法律、经济等专业知识使他们成为转型社会稀缺的人才。一般来说,政治体系都会通过政治录用的方式,挑选优秀的人员在政治结构中担任某种角色。北大政治学系毕业学生的身份就成为一个优势的资格凭借。第二,政治学系许多学生通过学校的专业学习和实践性学习,完成了政治社会化过程,已经具有了较为强烈的政治参与和实践意识,有通过权力改变政治现状的主观意愿,很多人希望通过职业政治家或者管理者这一身份来实现专业设定的目标和自己的抱负。一些在校园里就加入某个政治派系,甚至成为骨干分子的学生,也希望继续凭借自己的党派背景,实现自己的政治理想和利益①。第三,也有部分学生因袭着"学而优则仕"的传统价值观进入政治体制。无论如何,学科教育、专业训练及其由此催化出的政治社会化的成熟程度在不同青年学生身上呈现出不同的情形和结果。

将选择进入政治体制的毕业学生的情形进行归纳,可以发现,有相当多的学生毕业后就直接进入政府任职,另外还有少部分则先是在教育或新闻行业任职,而后转入政界。表3-14是部分任职于国民政府的1929年以前北京大学政治学系毕业学生的简要情况:

表 3-14 任职各级政府的部分北大政治学系毕业生概况

姓名	毕业年份	所属党派	从业和任职情况
谢宗陶	1913	暂不详	直系军阀统治时期的中央盐务署长,"讨逆军"总司令部财政组主任参议
张振海	1913	暂不详	1926年任天津县知事
陈恩普	1913	暂不详	1944—1945年任汪伪"国民政府"特别法庭庭长、司法行政部部长、政务参赞等职
彭望邺	1913	暂不详	1928年任江苏江宁地方法院院长
伦哲同	1913	暂不详	广东东莞县长

---

① 1922年,北京大学政治学系就有14个学生由邹鲁介绍参加了国民党。邹鲁:《邹鲁回忆录》,北京:东方出版社2010年版,第94页。

（续表）

姓名	毕业年份	所属党派	从业和任职情况
梁元芳	1917	暂不详	1925年任广州属巡回厅检察官,后任琼山法院院长
崔允恭	1917	暂不详	1925年任京师地方检察厅检察官,1935年任江苏无锡地方法院院长
吴景超	1917	暂不详	广东德庆地方法院院长,1937—1939年任广东新兴县知事、县长
吴景尧	1917	暂不详	广东高等法院曲江分院院长
萧秉良	1917	暂不详	广东番禺县知事、县长
胡富振	1917	暂不详	外交部主事,1939—1940年任山东费县知事、县长
张　涛	1919	暂不详	历任山东省教育厅科长、省动员委员会秘书长、省政府委员、司法厅长、省法院院长
陈达材	1919	国民党	1928年任黄埔军校政治部主任,1933年任广州市地方法院院长
韩晋寿	1920	暂不详	1928年任江苏东台县县长,1941年后任全国水利委员会(部)秘书处处长、参事
曲宗邦	1920	暂不详	国宪起草委员会委员,东北边防军秘书厅秘书
池泽汇	1921	暂不详	北京北洋政府司法部科员
季警洲	1921	国民党	任职于南京国民政府外交部
石维琼	1922	暂不详	广西北柳县长,陆川县长
辜孝宽	1922	暂不详	浙江民政厅,主管禁烟
王和畅	1923	国民党	1927年任国民党山西省党部秘书,兼国民党北方军事速成科教员
詹天觉	1923	暂不详	1940年任浙江淳安县长
贾桂林	1923	暂不详	广东财政部秘书,国民政府财政部卷烟局局长、镇江关监督、南京关监督
余文铣	1923	国民党	1927年任海南省琼山县长
樊希智	1924	暂不详	1929—1930年任甘肃西和县长
杨荫潭	1924	暂不详	1947年山西省临时参议会参议员
张拔超	1924	暂不详	1927—1928年任广东东莞县长

（续表）

姓名	毕业年份	所属党派	从业和任职情况
何作霖	1924	国民党（后被开除）	粤第五军司令部秘书长，南京国民政府秘书，后因参与反蒋活动被开除党籍
周义章	1924	暂不详	1937年任山东广饶县县长
潘桃	1924	暂不详	1937—1945年任广东高等法院第一分院检察处首席检察官
张志俊	1924	暂不详	1941—1943年任陕西省粮政局局长
傅馥桂	1924	暂不详	1945—1947年任辽北省政府委员兼任财政厅厅长
梁炳麟	1925	暂不详	1927年任河南洛宁县长，1929年任青海乐都县长，1932年任都兰县长，1933年后任陕西皋兰县长
周杰人	1925	国民党	1938年任江苏盐城县长兼三青团盐城筹委会主任，抗战胜利后任国民党江苏省党部委员、国民党立法委员会委员
陈勉云	1925	国民党	浙江省民政厅视察、广东省财政厅专员
延瑞琪（延国符）	1925	中华革命党、国民党	国民党第一次全国代表大会代表，1925年任国民会议执行委员，后任冯玉祥部国民军驻陕甘少将政治处长，1945年任国民党立法院副秘书长
侯慕彝	1925	暂不详	1936年任河南省民政厅第五科科长，1929年起任河南禹县县长
杨兆甲	1925	暂不详	1928年任江苏泰县县长，1937年任行政法院书记长官
杨展云	1925	国民党	1926年后历任甘肃岷县、狄道县、天水县县长，陕西教育厅主任秘书，国民党山东省党部书记长，山东省政府委员
韩树森	1925	暂不详	1933年后任青海互助县、乐都县县长等职
袁世斌	1925	国民党（西山会议派）	1926年任中国国民党西山会议派候补中央执行委员，后任军政部办公室主任、国民政府立法院立法委员，1943年后任甘肃省政府委员兼财政厅厅长，贵州省政府委员、民政厅长
廖廷锷	1925	暂不详	广东省龙川县、灵山县县长

（续表）

姓名	毕业年份	所属党派	从业和任职情况
李富善	1926	国民党	国民党中央政治委员会专门委员、外交部总务司长，1939年后任汪伪政府"司法行政部长""教育部长""外交部长"等
刘抡英	1926	暂不详	1943—1948年任宁夏省政府委员
殷钺	1926	暂不详	1928年任西康特区政务委员会秘书
龙文治	1926	国民党三青团	1939年任重庆市参议会秘书长，1942年当选为国民参政会第三届参政员，1946年任国民党重庆市党部主任委员
罗绍徽	1926	国民党	1932—1945年任国民党广西省党部执行委员，广西恭城、都安、永淳、苍梧等县县长，华中剿总政务委员会专门委员
陈兆彬	1926	民治主义同志会、国民党	广州国民政府交通部秘书，国民党中央党部秘书，南京国民政府铁道部秘书、财务司司长，1932年任广九铁路管理局局长，1933年任立法院第三届立法委员
刘正华	1927	国民党	国民党中央通讯社总干事兼编辑部主任，1940年任成都市市委秘书长，代理成都市市长
曾集熙	1927	国民党（胡汉民派）	1927年任武汉国民政府交通部秘书，后任司法院院部参事，1929年任汉口特别市政府秘书长，1947年任立法院立法委员
沈作乾	1928	暂不详	1930年后任驻美国公使馆、纽约总领事馆随习领事，1936年后任驻芝加哥总领事馆领事，驻菲律宾大使馆二等秘书等
罗诗珍	1929	暂不详	1941—1945年任四川青神县县长
巫启圣	1929	国民党AB团①	1929年后历任国民党中央宣传部秘书，江西党部第四届执行委员、常务委员，1940年任国民党中央军事委员会政治部设计委员、经济部专门委员

---

① AB团的名字来自英文"反布尔什维克"（Anti—Bolshevik）的缩写，全称为"AB反赤团"，是北伐战争时期在江西建立的国民党右派组织，成立于1927年1月，其目的是打击共产党和国民党左派，在成立后仅三个月，就被国民党左派和共产党发动的"四·二"大暴动所摧垮。主要成员有段锡朋（毕业于北大法科，AB团的创建人）、周利生、程天放、巫启圣等。

（续表）

姓名	毕业年份	所属党派	从业和任职情况
贺楚强	1929	国民党	1941年任第二届国民参政会参政员,1947年任国民政府参军处军务局副局长,1948年当选第一届"国民大会"代表,同年任总统府第三局副局长

说明:参见北京大学五十周年筹备委员会编:《国立北京大学历届同学录》,北京:国立北京大学出版部1948年版;徐友春主编:《民国人物大辞典》,石家庄:河北人民出版社1991年版;中国人民政治协商会议全国委员会文史和学习委员会编:《文史资料选辑》,北京:中国文史出版社2011年版;刘国铭主编:《中国国民党百年人物全书》,北京:团结出版社2005年版;张宪文等主编:《中华民国史大辞典》,南京:江苏古籍出版社2001年版;《江西省人物志》编纂委员会编:《江西省人物志》,北京:方志出版社2007年版。

表3-15 由其他行业转入政府任职的北大政治学系毕业生概况

姓名	毕业年份	其他行业任职情况	政府任职情况
梅祖芬（梅思平）	1923	国立中央大学、国立中央政治学院政治学教授	1933年后从政,作为国民党CC派骨干分子,任"江宁自治实验县"县长,后充任汪伪集团正式"谈判"代表,汪伪政府中央"组织部长""实业部长""内务部长"等
罗敦伟	1925	曾任北平大学、中国大学、朝阳大学等学校教授,《京报》副刊主编、《和平日报》社长、《益世报》与《时事新报》主编	后任国民政府实业部统计长、行政院秘书
朱偰	1929	1932年获柏林大学博士学位后回国任中央大学经济系教授、系主任	1938年后任国民政府财政部秘书、关务署署长等
傅启学	1929	美国留学回国后担任南京中山文化教育馆研究员,1940年任贵阳大夏大学政治学系教授兼训导长	1942年后担任国民党贵州省党部主任委员、昆明陆军总司令部中将秘书长、贵州省政府委员兼教育厅厅长等

说明:参见周川主编:《中国近现代高等教育人物辞典》,福州:福建教育出版社2012年版;《中国历代名人年谱总目》,台北:华世出版社1979年版。

从这些毕业学生的职业经历可以看出:第一,任职于地方政府的毕业生超过半数,其中有近 40% 的毕业生有在基层担任县长的经历。所谓"郡县治,天下治",县一级历来就是中国政权体系中的重要环节,是行政架构中的基本单元,是中央政策落实的关键核心。政治学系的毕业生能够直接或很快就任县长职位,从一个侧面也反映出政权或者社会对这些"政治学"专业学生"政治能力"的认可与知识身份的重视。第二,除了任职地方基层外,其他较多的毕业生多有任职于政法系统的经历,比如担任各级法院院长、检察官、立法院立法委员等。这样的职业选择体现的是在"法科—政治学系"的教育背景下,学科设置中法律与政治天然的不可分割的关系,以及政治学系大量法律相关课程所产生的现实性效用。第三,从有明确的党派归属的毕业生来看,他们虽然大多都是国民党党员,但是往往分属不同的派系,甚至是相互对立的派系。派系纷争是国民党组织的一个重要特征,当这些政治学专业的学生步入现实政治中,不可避免地卷入派系纷争和纠缠,师出同门,但常常思想两端,派别各异。① 第四,对于发生职业转换的学生而言,大多是从教育以及新闻行业转向进入政治体制内,且是具有了更高的学历或者较好的行业声誉后,直接进入政府部门充任相对高等级的职位。

虽然不同的人会有相同的职业选择,但是志业取向却往往不同。换言之,无条件支持还是改造完善体制,这些进入体制的学生也是各持不同的态度。有北大毕业生回忆过不同的政治选择和职业取向在学生时代已经初露端倪,"当年我们的政治常识,都是偷偷摸摸,由片纸只字禁书中得来,自然不甚充足。但是对于朝政得失,外交是非,和社会上一班风俗习惯的好坏,都喜欢研究讨论。有几位特别能演说的同学尤喜作讲演式的谈话。每天功课完毕,南北楼常开辩论会,热闹非常。高谈阔论,博引旁征,有时候甚至于争辩到面红耳赤,大有诸葛亮在隆中,抵掌谈天下事的风度。果然,'蛟龙终非池中物',后来所谓交通系、研

---

① 政党本身也可以被视为一个系统,当政党转变为粉碎型的政党,每一个政党内部的领导人周围都会由一个非常小的集团所围绕,形成特定的权力集团。基本上除了相同派系者以外,其他人之间几乎难以产生政治共识,所以不同人之间的政治倾向区别较大,各种派系因利益或政见、亲缘或地缘、职业相似与相近等形成党内的各个分割性的集团,构建了一个复杂的政治权力网络,这也是萨托利分析的粉碎型政党的一个特征。参见〔意〕G. 萨托利:《政党与政党体制》,王明进译,北京:商务印书馆 2006 年版,第 107—109 页。

第三章
从政治学门到政治学系:中国现代政治学学科与学系的建立

究系、安福系以及云南起义、广东护宪,都有我们同学参加,且都是重要角色。极右倾和极左倾人物,无所不有。至于在司法界、教育界、财政界以及某界某界有所建树者,亦有多人。这班人是非功罪,可以不谈,不过他们各有主义,各有政见,不是庸庸碌碌的一辈人,却也值得称道"①。这些学生时代受到的影响和形成的政治倾向可能持续影响了很多人的一生。从这些毕业学生的政治倾向、思想意识以及主观行动来看,置身国民党内部的知识精英虽然委身不同的部门派别,但是对国民党、对政治形势的判断却各有不同,政治理想和政治抱负彼此有别,职业大同小异者,甚至是同事同僚,但志向理想也存在很大的差异。一些人虽然成为北洋军阀或者国民政府的职业官员,但是他们大多内心并不愿意卷入利益纠葛与党派纷争,从政的目的是希望通过一种学科给予他们的"合理合法"的职业方式,渐进地改变中国的政治现实,推进现代化发展。知识精英的身份以及"以国家兴亡为己任"的志向,可能使他们"少官僚气,有平民作风",但是由于军阀混战,国家缺乏和平的发展环境,这样的建设地方的愿望和贡献常被泼冷水,甚至最终只能作为构想不了了之。

比如1925年政治学系毕业生梁炳麟,抱满腔热情赴内蒙古、青海等地区,对柴达木地区进行最早考察,曾任职于青海多个区县。他采用各种方式开展基础设施建设,兴修水利,发展农业,兴办教育,试图通过积极的农业、水利、教育建设推动地方经济发展,同时积极改善地方落后的政治社会习俗,希望通过实际行动来促进中国向现代生产生活方式转变。他曾写有《开发青海之计划大纲》《调查县治报告》等,首次系统介绍青海的情况,向主政官员呈上翔实的改革建议,但没有回音。在认识到开发边疆的抱负在当时无用武之地后,他辞去职务,黯然返回内地。

当以知识作为工具实现政治抱负的目的难以实现,有的毕业生就在纷繁复杂的民国政治斗争中,主动或被迫辗转于不同的政治势力之间,演变成带有投机性质的从政类型。1925年毕业的政治学系学生延瑞琪(国符),进入北大前在1915年就加入了中华革命党,后在山西太

---

① 《老北大》编辑组编:《老北大》,北京:中国文史出版社2016年版,第53页。

原入伍,后又从山西大学预科考入北京大学。在校期间他加入国民党并主持北京通讯和联络青年工作,也由于其曾经的军人身份,奉校长蔡元培之命,组织北大学生军,任学生军军长,并曾作为国民党第一次全国代表大会代表①受到孙中山召见。可以说延瑞琪在青年时代是有着革命志向和理想的,但是之后却在现实政治中不断转向。毕业伊始,延瑞琪担任河南省国民会议宣传委员、国民会议执行委员。几个月之后,他又跟随冯玉祥,被派任国民军驻甘少将政治处长、政治训练所长、甘肃外交委员等职,由于坚决执行国民党关于整理党务决议案问题,被其他人告密,遂被冯玉祥羁押 8 个月。出狱后,延瑞琪应唐生智邀任总参议,并参与指挥在豫西与冯玉祥作战。此后不久,唐生智联合阎锡山反对蒋介石,延瑞琪于是转投有旧交的山东省主席韩复榘,任省府参议;抗战爆发后,担任国民政府军法总监部少将督查官。

1925 年毕业的罗敦伟在考入北大政治学系前已经是湖南有名的新闻记者。在北大政治学系读书时,他曾选修过李大钊开设的"唯物史观"课,并取得 95 分的高分。但课程的高分并不能决定他以后是否坚决地信仰马克思主义。毕业后,他在经历了重操新闻旧业、大学任教后,还是一度选择了从政,做了国民政府实业部统计长,行政院秘书。

另一个从政的极端例子是 1916 年考入北大法预科英文班、1923 年毕业于政治学系本科的梅思平(祖芬)②。他曾是学习非常优秀的学生,读预科时就曾在 1918 年获得北京大学优等生称号和奖励③,1919 年以 87.7 分的毕业成绩升入政治学本科。梅思平参加了著名的五四爱国运动并随学生游行队伍一直到赵家楼曹汝霖宅邸。④ 学生时期的梅思平在学术上也异常活跃,参加了政治学系的政治研究会,并成为专刊

---

① 1923 年冬,北京国民党选举地区代表三人,参加 1924 年在广州召开的国民党第一次全国代表大会,当选者为谭克敏、许宝驹与张国焘,但因张国焘回保定筹备二七纪念活动,所以由延国符递补。参见延国符:《延国符回忆录》,萧继宗主编:《革命人物志》第 15 集,台北:中央文物供应社 1976 年版,第 76 页。

② 参见北京大学五十周年筹备委员会编:《国立北京大学历届同学录》,北京:国立北京大学出版部 1948 年版,第 282 页。

③ 《校长布告》,《北京大学日刊》第二五九号,1918 年 11 月 26 日。

④ 有材料说他是放火者之一。

《政治评论》的主要撰稿人,翻译数本国外政治学书籍。毕业后,他先任上海商务印书馆编辑,编辑出版大型现代丛书《万有文库》中的《中国革命史》一书,后任教中央大学、中央政治学校。1928年至1931年间,他还参加了著名的中国社会史论战,与比他高一级的北京大学法科毕业生陶希圣辩论。但他也属于不甘心学术要直接介入政治的人,而其政治行动选择却导致了他的覆灭。1938年他与高宗武潜入上海与日本代表商讨汪精卫投敌叛国的具体条件和办法。梅思平又随高宗武在上海"重光堂"与日方达成协议并签订了《日华协议记录》和《日华协议记录谅解事项》。尽管他对成立汪精卫伪政权也有矛盾和纠结,但他这一步的迈出,就注定成了汪伪政权的帮手,后来他历任汪伪国民党中央执行委员会执行委员、常委、组织部部长、汪伪政府工商部部长、实业部部长、粮食委员会委员长、内政部部长、浙江省省长等职。1945年抗战胜利后梅思平以汉奸罪被捕,1946年9月14日被枪决。

2. 治学从教下沉基层,间接实现理想

除了任职于政府机构以外,还有不少毕业学生表现出"文化救国"的政治取向,选择了在各地大学、中学或者小学堂任教治学。他们也并未因此放弃自身的政治理想,他们的政治活动,是阶段性参加或偶尔为之,在治学与治术之间转换轨道,总的来说是试图通过文化教育的方式达到救国兴邦的目的。

这部分学生中有不少人选择出国留学深造,进行学术与知识积累。其留学国家与院校的基本情况简列如表3-16。

表3-16 北大政治学系毕业生出国留学概况

姓名	毕业年份	留学国家、院校、专业
钱天任	1913	公派①留学英国爱丁堡大学
张辉曾	1913	1914年公派留学英国爱丁堡大学
裘毓麟	1913	美国加利福尼亚大学政治经济学专业

---

① 公派留学和官费留学是相对于"自费"留学的两种形式。20世纪20年代开始,许多省设立专项经费支持本省青年出国留学深造,吸引留学人才归国回省。之后,由中央政府机构出资派出或由国家专项基金支持的留学一般称为"公派";而由省或地方政府出资支持的留学一般称为"官费"留学。

（续表）

姓名	毕业年份	留学国家、院校、专业
黄秉礼	1921	曾留学日本、德国、法国
娄学熙	1921	官费留学欧洲，研究政治学，后赴美国，1923年获发哈佛大学政治学硕士学位，1927年获哥伦比亚大学政治学院宪法学系博士学位
翟俊千	1921	官费留学法国里昂大学，国际政治与经济专业，获博士学位
徐辅德	1922	法国巴黎大学法学博士学位
詹天觉	1923	美国哥伦比亚大学经济学硕士学位
邹德高	1923	英国伦敦大学经济学硕士学位
于庆均	1925	日本明治大学
张明时	1929	比利时法学博士学位
巫启圣	1929	德国柏林大学经济学博士学位
赵子懋	1929	留学美国学习政治学
傅启学	1929	美国加州大学研究院

说明：参见王伟：《中国近代留洋法学博士考（1905—1950）》，上海：上海人民出版社2011年版；房俐主编：《档案吉林·省档案馆卷》，长春：吉林出版集团有限责任公司2014年版；张玉春主编：《百年暨南人物志》，广州：暨南大学出版社2006年版。

部分从教或者治学的毕业生情况简列如表3-17。

表3-17　治学从教的北大政治学系部分毕业生概况

姓名	毕业年份	学校及职务	事迹或著述
范铠	1917	1919年任北京大学预科补习教员	作为胡仁源的亲信，参与谋划打击北大学生干事会等活动
廖书仓	1918	北京大学讲师，北京高等补习学校校长，中国大学、民国大学、平民大学、湖南省立二师教员	任教北大期间曾参与发起五四运动
徐文纬	1918	浙江一中教师	著有《孟子外书》
夏治范	1919	河南新乡静泉中学校长，新乡县立中学校长	新乡县国民党党部书记，中学校长

（续表）

姓　名	毕业年份	学校及职务	事迹或著述
张云鹤	1920	河北省立第二师范学校代理校长,天津工商学院校长,北京第三女子中学教员等	代理河北第二师范校长期间,维护学生革命活动,引发"护校拥张运动"
方　豪	1921	安徽省立第一中学、浙江省立第五中学、浙江省立第七中学、杭州高级中学校长	担任校长期间兼任国民党浙江省部监察委员、三青团浙江支部监察委员、浙江省参议会议员等
王宸章	1921	黑龙江省立女子师范学校、黑龙江省立第一中学教员,齐齐哈尔市两级中学校长,台湾省立台南第二高级中学校长	秘密进行抗日活动,因"反满抗日罪"被逮捕,非法判刑15年
娄学熙	1921	1937年后任燕京大学、北京大学、东北大学政治学系教授,1941年任东北大学法学院院长	与池泽汇、陈问咸合著《北平市工商业概论》
翟俊千	1921	历任暨南大学首任副校长兼政治经济学教授、中山大学教授、香港华夏学院副院长	著有《中国国际地位与不平等条约》
徐辅德	1922	北平大学、中法大学、北京法政大学、北京大学、中央大学等校教授	著有《国际联盟有关知识产权的活动》,在《中外评论》上发表《国际联盟果无负于我乎?》等文章
任锡祜	1922	河南郑州中学校长	与北大校友创立郑州中学,由于挪用公款等原因,学校不久宣告解散
劳士英	1922	广西省立宣传员养成所教师	曾发表题为《帝国主义的末日》演讲
申保三	1922	河南确山第一高中校长	不详
陈应宝	1922	广东政法学堂、广东大学法科教员	讲授政治财政、英文等课程
姚仰璜	1923	1923年任平远中学校长,1926年后任黄埔陆军军官学校教官	任平远中学校长期间,曾发生了"驱姚"罢课运动

（续表）

姓　名	毕业年份	学校及职务	事迹或著述
邹德高	1923	创办北京大中中学，历任四川政法学院、中山大学农学院教授，北京大学农学院院长、西南学院院长	参与组织中国科学工作者协会，参与筹组三民主义同志联合会、九三学社等。撰写有《康藏问题之历史观》等文
郭弼藩	1923	国立自治学院（后更名国立政治大学）总教务长	译著《世界复古》，文章《〈周易〉政窥》等
容天量	1924	广州私立知行初级中学校长	1925年于广州创办私立知行中学
林振声	1925	湖北宣鹤联中校长	不详
阎书坤	1925	山东巨野县初级中学校长	不详
萧桂森	1925	清华大学、北京大学、中央大学等校教授，台湾"中央研究院"近代史研究所研究员	主持"清史编纂委员会"，著有《清代通史》《中国通史大纲》《清史大纲》《太平天国丛书》等
杨道基	1925	广东梅县丙镇中学校长，松口中学教员	书法家，梅县广益中学教员、锦江桥名为其所书
戴郁	1925	中国大学、金陵大学教授	不详
樊弘	1925	中央研究院社会科学研究所助理研究员，天津河北省立法商学院教授，湖南大学、中央大学经济系教授，中央研究院社会科学研究所研究员，复旦大学经济系主任，北京大学经济系教授	论文《凯恩斯与马克思论资本积累、货币和利息》，著作有《社会调查方法》《工资理论之发展》《现代货币学》《当代资产阶级经济学说》《凯恩斯有效需求原则和就业倍数学说批判》等
吴江钟	1926	广东琼山中学校长	不详
薛保恒	1926	安徽敷文中学校长，安徽颖上县中、霍邱县中、省一临中、山东临时政治学院、安徽省立蚌埠中学等校教员	著名词学家，著有《中国词学史》《宋词通论》《两代词人传略》等
孟庆祚	1926	河南巩县县立中学教员	不详
康选宜	1927	暨南大学、上海法学院教授	曾任上海市各大学教职员联合会主要负责人

(续表)

姓　名	毕业年份	学校及职务	事迹或著述
王振武	1927	1929年后担任湖南船山、成章两校国文教师,后任祁阳县立乡师校长,私立槐庄小学校长	任祁阳县立乡师校长期间学校发展迅速,学生将近700人
张克昌	1927	山西民族革命大学教员,山西大学校务委员会主任兼历史系教授	主讲辩证法唯物论、中国通史。著有《中国通史》(初稿),《辩证唯物论》《中外地理大纲》《文学表解》等
张锡彤	1929	燕京大学、北京政法学院教授,中央民族学院世界史教研室主任	译有《蒙古入侵以前的突厥斯坦》《原始文化史纲》,参与编写《中国历史地图集释文汇编·东北卷》
李相显	1929	中国大学、兰州师范学院、兰州大学、山西大学教授	著有《先秦诸子哲学》
杨登纲	1929	湖北汉口市立中学校长	1931年创办汉口市立中学
徐公辅	1929	1949—1951年任广东蕉岭中学校长	不详

说明:参见北京大学五十周年筹备委员会主编:《国立北京大学历届同学录》,北京:国立北京大学出版部1948年版;《江津县志》编纂委员会编著:《江津县志(1986—1992)》,成都:四川科学技术出版社2015年版;武汉地方志编纂委员会主编:《武汉市志·教育志》,武汉:武汉大学出版社1991年版;河北省政协文史资料委员会编:《河北文史集粹·革命斗争卷》,石家庄:河北人民出版社1992年版。

除了毕业后一直都在教育行业担任教学、教务工作的以外,还有部分毕业生是由"从政"转向"治学"的,他们毕业后选择的是进入政府机构,但因种种原因而后弃政从教,以治学为业。

表3-18　由从政转向从教的北大政治学系部分毕业生概况

姓名	毕业年份	政府任职情况	学校任职情况及著作
黄秉礼	1921	1927年后历任四川璧山教育局局长、国民革命军顾问、《四川日报》社长,1933年任察哈尔民众抗日同盟军少将参谋	抗战胜利后回家乡办学,任璧山正义学校董事长、重庆重华学院教授兼训导长

(续表)

姓名	毕业年份	政府任职情况	学校任职情况及著作
何作霖	1924	北大毕业后任粤第五军司令部秘书长、南京国民政府秘书,后参与反蒋活动遭到通缉,赴日本早稻田大学,获博士学位	1937年从日本回国后任中山大学教授。译有《唯物辩证法》
陈顾远	1923	1922年加入国民党,历任国民政府审计院机要秘书,中央民运会特种委员,第四届立法院立法委员,"制宪国民大会"代表,1948年当选"行宪"第一届立法院立法委员	先后在复旦大学、东吴大学、中央大学、台湾大学等30余所学校任职。著有《中国法制史》《中国婚姻史》《中国国际法溯源》《五权宪法论》《政治学》《中国政治思想史绪论》《中国文化与中国法系》等

说明:参见唐荣智主编:《世界法学名人词典》,上海:立信会计出版社2002年版;中国人民政治协商会议四川省璧山县委员会文史资料委员会编:《璧山县文史资料选辑》,璧山县文史资料委员会,1994年。

从毕业生的职业选择上看,从事教育工作的毕业学生人数仅次于任职于政府机构者,综合分析可以看出:第一,其中约半数从事的是中学教育工作,担任教员或者校长。虽然其中有部分人将办教育作为自己谋利的手段,但是在"教育救国论"兴盛的20世纪20年代,大多数积极开展中小学教育的知识分子,秉持的是通过教育普及科学改造中国的目的。第二,毕业后进入大学从事教学研究工作的毕业生约有半数。从专业上看,从事政治学教学与科研的居多,此外还有经济、法律、历史等方向,大多数人都有较为丰富的学术成果,可以说,北京大学政治学的教育背景为毕业生治学生涯的发展起到了基础性的作用。第三,虽然治学从教但却时刻保持着对现实政治的关注。1920年的毕业生张云鹤在担任河北第二师范校长期间,不仅同情和维护学生的革命活动,也将一些共产党员教师聘入校内,在学生中广泛传播革命思想。[①]

这些毕业生虽然选择了教师这一职业,但是他们的志业却大多指向知识救国。很多人并非是单纯以治学、教书为业的"游方之外",而是以"启蒙"和"民众教育"为理想,致力于通过各种方式提高人们的知识

[①] 崔勇主编:《保定学院史话》,北京:社会科学文献出版社2014年版,第25页。

第三章
从政治学门到政治学系:中国现代政治学学科与学系的建立

水平,在发展地方教育的同时,积极通过文化宣传的方式进行舆论政治参与。

3. 以推翻旧体制,建立新国家为志业

近代以来,革命一直是推动中国政治发展的手段之一。在大变革的时代,成功的革命能够建立新的政治秩序,把迅速的政治动员与迅速的政治制度化结合起来。① 革命的一个重要条件就是需要将革命思想迅速传播,将动员起来的新的阶层纳入到革命集团中来。青年是革命最重要的新鲜血液,所以许多革命活动都通过发展青年学生来增强自身的力量,当这些学生走出校园之后,曾经的教育背景和知识积累与他们的革命信念结合在一起,成为他们作为职业革命者的一种优势条件。在国家与社会发生大的变动的十字路口,北京大学政治学系学生中的一些人积极参与了社会政治,践行他们学习到的自由民主平等革命的理念,出现了一批职业革命者。

1923年政治学系毕业的吕佑乾(1896—1928),原名吕永坤,五四运动中就曾参加反帝爱国斗争,在街头演讲时被捕,后经营救获释。1923年春,吕佑乾在北京大学加入中国共产党,同年6月参加北京大学10人政治考察团,翌年夏去陕西西安省立一中、西安师范和新民中学任教。其间,他同雷晋笙一起建立了西安市第二社会主义青年团支部,任支部书记,同时建立了团的外围组织西北青年社,主编《西北青年》刊物,推进新文化运动。1925年孙中山逝世后,吕佑乾担任陕西省孙中山先生追悼筹备会宣传股主任及大会书记,同年夏,出任杨虎城举办的三民军官学校政治教官,1926年年初中共西安地委成立任负责人之一。根据国共合作政策,吕佑乾加入了国民党,参与临时省党部和市党部的领导工作。同年3月,军阀刘振华准备进兵西安,他奉杨虎城之命,参加了由7人组成的西安人民解围委员会。1927年"四一二"政变后,他参与领导国民党西安市党部召开讨蒋大会,揭露蒋介石叛变革命的罪行,6月,奉中共陕西省委之命到蓝田和渭南任党的特支负责人,一度被捕,经营救出狱。中共"八七"会议后,吕佑乾作为陕西省委特派员前往

---

① 〔美〕塞缪尔·亨廷顿:《变化社会中的政治秩序》,王冠华等译,沈宗美校,上海:上海人民出版社2008年版,第221—222页。

旬邑县负责党的地下工作,着手组织发动农民暴动。1928年5月初,当农民起义占领县城后,他一面开仓济贫,一面着手筹备成立临时苏维埃工农政府及所属各委员会,建立县农民协会和各乡农会,并改编起义军队为"红军渭北支队",成立了旬邑县临时苏维埃政府。国民党当局对起义进行了镇压,吕佑乾被捕并被秘密杀害。①

1925年毕业的李世璋(1900—1983),在北京大学期间先后加入了中国社会主义青年团和中国共产党,当选为北大团支部书记。国共第一次合作之初,以个人身份加入国民党。1925年,他赴广州担任黄埔军校政治教官,翌年,担任国民革命军政治部代理主任兼第十八师党代表,参加北伐战争。1927年当帝国主义军舰对北伐军炮击时,他曾下令所部开炮还击,为此遭到通缉,"四一二"反革命政变后被迫流亡日本。1929年李世璋回国,参加了中国国民党临时行动委员会,任中央干部会干事,从事反蒋爱国活动。"九一八"事变后,他在上海、北京、天津等地参加抗日救亡运动,支援十九路军淞沪抗战。1933年,他参加了反蒋抗日的福建人民革命政府。抗战全面爆发后,他担任国民党第一战区司令部秘书长兼政训处处长等职,利用合法身份积极从事抗日救亡工作,安置和保护了一批共产党员。1943年,李世璋与谭平山、王昆仑等在重庆发起组织三民主义同志联合会(简称民联),与中共密切合作。解放战争时期,他积极从事反蒋爱国的民主活动,多次与程潜、杨杰、张轸接触,为程潜、张轸的起义做出了贡献。1949年9月,李世璋参加首届全国政治协商会议和随后的开国大典。中央人民政府任命李世璋为政务院监察委员会秘书长、监察部副部长。1959年,李世璋回南昌任江西省副省长、省政协副主席。李世璋是中国国民党革命委员会(简称"民革")的创始人之一,历任民革中央常委、副主席,民革江西省委会主委,为民革的建设做出了重要贡献。②

与李世璋同年毕业的同班同学戴朝震也曾在毕业后积极组建、参

---

① 河北省衡水市地方志编纂委员会编:《衡水市志》下卷,北京:方志出版社2002年版,第1327—1328页。
② 《江西省人物志》编纂委员会编:《江西省人物志》,北京:方志出版社2007年版,第461—462页。薛启亮主编,王中山、牛玉峰本卷主编:《中国民主党派史丛书:中国国民党革命委员会卷》,石家庄:河北人民出版社2001年版,第325—326页。

第三章
从政治学门到政治学系：中国现代政治学学科与学系的建立

与"民革"的革命活动。1947春在上海，他加入"三民主义同志联合会"（简称"民联"），1948年"民联"合并至"民革"，同年戴朝震受"民革"委派，回湖南担任地下特派员。他秘密联络省参议长唐伯球等民主人士，以省参议会的名义，发动"反三征"（征兵、征粮、征税）活动，并营救进步人士朱宜风等人出狱。1949年3月，他与许松圃等组建了民革长沙市工作委员会，在中共湖南地下组织的领导下，联络各界进步人士，为湖南和平起义出力。长沙和平解放后，戴朝震赴北京向"民革"中央汇报，列席"民革"第二届一次中央执行委员会，被选为"民革"中央团结委员、湖南副主委。回湘后任省人民政府参事。1954年后，他当选为长沙市人民代表，省、市政协常委，为联络海外亲友、促进祖国和平统一作了贡献。①

除了从政、治学和参与革命，一小部分毕业生是尝试从事多种职业，经历复杂，几经变化，这也反映了选择政治学专业的某种职业不确定性。

表3-19 从事其他职业的毕业生

姓名	毕业年份	职业	主要事迹
彭望邺	1913	律师、法官	在上海开设平章律师事务所，曾为国民政府检察院三名首席律师之一，后担任江宁地方法院院长，1933年任陈独秀"危害国民案"的辩护律师，著有《民法债券总论》
张庆开②	1920	从军医生	先在冯玉祥麾下当秘书，后自学中医，在天津组建中医诊所，挂牌行医，后成为天津中医学院教授，著有《医话》《本草注解》等
李裕基	1921	新闻工作	参与创办国闻通讯社，《大公报》副经理、经理、董监联合办事处总书记，上海新闻记者公会常务理事及上海报业同业公会理事长

---

① 长沙市地方志编纂委员会编：《长沙市志》第3卷，长沙：湖南人民出版社2003年版，第437页；长沙市地方志办公室编：《长沙市志》第16卷，长沙：湖南人民出版社2002年版，第330—331页。

② 张庆开，1913年考入北大预科，1916年升入北京大学政治学系。参见北京大学五十周年筹备委员会编：《国立北京大学历届同学录》，北京：国立北京大学出版部1948年版，第242页。

(续表)

姓名	毕业年份	职业	主要事迹
要继志	1923	在银行任职	担任山西省银行在成都设立的商业机构"华利号"经理,同时经营私人商号"天亨永"钱庄
孙九录	1923	记者、律师	参与创设世界通信社,成为新闻记者,后改行做律师,1942年任国民政府立法委员
朱启明	1929	新闻工作	历任北平《益世报》主笔、天津《大公报》及北平《晨报》驻京特派员、南京《朝报》总主笔,《中央日报》庐山版主编,《贵州日报》总主笔兼总编辑,上海《时事新报》重庆版总编辑,上海特别市政府新闻处处长,著有《中国报业史》《新闻采访学》《新闻法规与新闻道德》《三十年来的中国新闻事业》等

说明:资料来源为陈玉堂编著:《中国近现代人物名号大辞典(续编)》,杭州:浙江古籍出版社2001年版;中国人民政治协商会议江苏省无锡委员会文史资料委员会编:《无锡文史资料》,无锡市文史资料委员会,1993年。

有学者曾这样评价中国近代以来的知识分子:一方面,他们通过中心化的方式将社会重心从乡村转移到城市,知识精英大批居城,控制了教育和传媒这两个重要的知识和信息平台;另一方面,与之相反,知识分子则不断地将自我边缘化,失去了传统士大夫那种地方社会与国家政治的内在制度性联系。① 知识精英日益控制教育和文化阵地,可以说是现代生产分工和社会分化的结果,知识领域的中心化也伴随着政治领域的去中心化。但是,政治学知识精英的职业和行动取向却是具有特殊性的。对于他们,从选择了政治学这一专业开始,其实就标志了一种与政治体系的内在关联。学校的政治社会化过程使他们大多具有了一定的政治技能专业知识和政治判断,他们虽然也会执着于知识的传递,从事于教育启蒙和文化宣传,但是几乎却从未忘记自己的政治关怀,很多人甚至从知识精英转变为职业官员或者职业革命者。

---

① 许纪霖:《大时代中的知识人》(增订本),北京:中华书局2012年版,第74页。

第四章
政治学"知识资源"向"学术资源"的转变

传统的"学问"一词,与现代学术有着不同的意义。

汉代以后中国的传统学问建立在儒家经典及其解释的基础上,几乎所有的学问最后都可以归结为儒学一科。1840年鸦片战争以后,西方文化传入中国,最初是零碎的常识性的知识形态,后来才有了在科学分类或者分科基础上的现代学术的整体性、系统性的引进。

虽然现代政治学对于中国是舶来品,但作为政治统治和管理经验的为政之学在中国早已有之。现代政治学在中国成为一个新的学科,成为现代学术的一个门类,实现从中国固有的"知识资源"到现代"学术资源"的转化,一个主要原因就是现代大学的出现。我们今天所探讨的现代学术,不仅基于现代的知识分科,还基于大学这个学术共同体,即大学这个学术共同体的建立和大量学术产出的支撑。正是在政治学学系设置和政治学学科建立的基础上,北京大学形成了政治学的学术共同体,有了自己的学术产出,作为现代学术的政治学因而得以初步建立和发展。

19世纪末20世纪初,作为独立学科的现代政治学在美国诞生,有几个被称为标志性的事件:一是1880年10月美国成立了哥伦比亚大学政治研究院,二是1886年美国哥伦比亚大学的伯吉斯(John W. Burgess)教授创办《政治学季刊》,三是1903年美国政治学学会成立以及会刊《美国政治学评论》创刊。这几个标志性的事件所指都是围绕着大学的系统培养、专门的研究机构及刊物的出现所形成的一个新的学术共同体。

对中国近现代政治学学科形成的标志虽有各种看法,但"政治学(political science)作为一个独立的现代学科需要具备三个条件是理论

中国现代政治学的发端与拓展
北京大学政治学（1899—1929）

界比较一致的共识：一是学科的成熟，即有明确的研究对象，有系统而严整的概念体系，作为社会科学的一个门类须遵循社会科学的方法论准则并在学科的研究工作中得到行之有效的应用；二是通过大学教育中系科和专业的设置，形成以这个学科为中心的课程体系，能够培养特定职业的学生；三是建立专门的研究机构、专业学会和专业研究刊物"①。标志中国现代政治学形成过程的开启性事件为：第一，1909 年京师大学堂以政治学作为独立学科招收中国第一届政治学专业本科生以及 1913 年夏天中国第一届政治学本科生毕业，这是中国能独立培养政治学专业大学本科学生的标志。第二，1915 年全国性的学会——中华政治学会（英文名为 The Chinese Social and Political Science Association）的成立和 1916 年该学会英文版刊物《中国社会政治科学评论》(The Chinese Social and Political Science Review)的创办和中国版《政治学报年刊》的创办。第三，1920 年前后，以北京大学、清华大学为代表的现代大学出现了一批政治学的研究团体和刊物等。

一、中国政治学知识的早期积累

现代政治学在中国的建立和发展，经历了西方政治学在中国的早期传播、中国对西方政治学理论的接收、消化和本土化，以及中国政治学独立设立议题的过程。但在早期"主要是西方政治科学的理论和方法、学术和学科在中国的介绍、引进和本土化的过程"②。这个过程也是一个政治学知识向政治学学术转换的过程。早期政治学知识的积累和储备是这一转换以及现代政治学在中国建立的基础。

（一）晚清国外政治学著述在中国的译介

清朝末年，国外政治学有关书籍经传教士、留学生或其他渠道已经

---

① 宁骚：《政治学·政治哲学·政治科学——〈中国现代科学全书·政治学卷〉总序》，《江汉石油学院学报（社会科学版）》2002 年第 3 期。
② 刘杰：《中国近代政治学的形成研究》，北京：中国政法大学出版社 2016 年版，第 13 页。

第四章
政治学"知识资源"向"学术资源"的转变

开始传入中国并用中文出版①。比如,重要的有 1885 年(清光绪十一年)上海制造局出版傅兰雅(John Fryer)②翻译的英国书籍《Homely Word to Aid Governance》,当时译为《佐治刍言》,即"治国理政通俗读本",共一册三卷,介绍了欧洲各国的政治、外交、法律,欧洲各国实行的国体、政体,比如君主制、禅让制、民主制,还涉及了不同的国家职能。1899 年(光绪二十五年),由日本人翻译成中文的德国伯伦知理(Johann Caspar Bluntschli)③所著的《国家学(法)》两卷本出版。20 世纪初,因为中国已经初识政治学学科,所以出现了引进翻译国外政治学书籍的一个小高潮。据统计,1901 年到 1911 年,报刊和书社的名称直接包含"译"字的就有 23 家。④ 翻译出版的直接与政治学相关的书籍有美国威尔逊(Thomas Woodrow Wilson)所著的《政治泛论》,日本人永井惟直的《政治泛论》(概论),德国那特陉(Karl Rathgen)的《政治学》上编、中编、下编,美国伯盖司(John William Burgess,亦译作伯吉斯)的《新编政治学》三卷,法国卢梭(Jean-Jacques Rousseau)的《社会契约论》(民约通译)等,还有许多关于宪政、议会、政党、国家的著作。⑤ 有学者统计,1901—1904 年间中国翻译出版的西方政治学著作多达 66 种,⑥形成晚清国外政治学著述在中国译介的高峰,尤其是来自日本留学生方面的译书,"考其性质,皆藉译书别具用心,故所译以政治学为多"⑦,这显然与清末新政对西学、西政的需求有关。更多的政治学书籍翻译情况可以参考《中国近代出版史料初编》《中国近代出版史料二编》《近代汉译西学书目提要(明末至 1919)》。更集中的资料也可以从孙青的《晚清之"西政"东渐及本土回应》等书中获得。

---

① 那些只含有一般西方政治信息和政治知识的报纸及书籍暂不涉及。
② 傅兰雅,1868 年(同治七年)受雇任上海江南制造局翻译馆译员,长达 28 年。1876 年(清光绪二年)创办格致书院和《格致汇编》。
③ Johann Caspar Bluntschli,德国、瑞士双重国籍。
④ 宝成关:《西方文化与中国社会——西学东渐史论》,长春:吉林教育出版社 1994 年版,第 407 页。
⑤ 详见"1900 年 12 月到 1904 年翻译出版西方政治学说图书要目",宝成关:《西方文化与中国社会——西学东渐史论》,长春:吉林教育出版社 1994 年版,第 410—414 页。
⑥ 俞可平:《中国政治学百年回眸》,《人民日报》2000 年 12 月 28 日第 12 版。
⑦ 顾燮光:《译书经眼录》(1904 年),收入宋原放主编:《中国出版史料(近代)》,汪家熔缉注,武汉:湖北教育出版社 2011 年版。

205

（二）清末有关政治学的本土书籍的出现

除了清朝驻外使节或者游历西方的人士对西方国家政治的介绍性描述性的书籍①，清朝末年也出现了中国人自己编纂或写作的有关政治学书籍、教材和文章。这个时间要比一般人想象得早，也更值得关注。比如，1906年严复出版了《政治讲义》，②1910年梁启超出版了《宪政浅说》等，已有学者对这两部著作做了细致的分析③，因此本书另外选取了更早的，即1902年在中国本土出版的两本有关政治学的书作为分析样本。将这两本书作为观察清末中国对于现代政治学态度的一个角度，观察近代中国尤其是官方与民间对政治学的不同理解和回应，是十分耐人寻味的。

这两本书，一本是1902年由民间出版社"作新社"出版的杨廷栋编撰的《政治学教科书》；一本是1902年代表官方出版的《皇朝政治学问答》。这两本书以民间和官方、现代与传统、新派与老派完全不同的话语和态度回应着时代提出的对现代政治知识的渴求。

根据孙宏云教授的研究，杨廷栋曾经是留日学生，在编发《译书汇编》时就开始编译欧美法政名著。在1902年大量外国人的政治学译作在中国出版的时候，他编著了中国的《政治学教科书》。

该书虽然只有47页，但却涉及了"政治学及学派""国家""法律""权利自由""政体""国宪""主权""三权说""政党""自治制度"等政治学的基本概念、常识以及国别政治。从内容上来说，该书并没有超出当时已经翻译成中文的那些英美德日等国的书，因为现代政治学本就产生于西方，在当时能超越其内容也是不太可能的。但他表现出了对西方现代政治学的基本理论和方法的借鉴、吸收和取舍，其价值在于反映出了光绪年间中国年青学者对政治学基本概念和框架的理解，对政治学流派的分类，对国家、政体等概念的界定都已经是在现代政治学意

---

① 比如郭嵩焘的《伦敦与巴黎日记》、薛福成的《出使英法义比四国日记》等。
② 萧公权认为这是"中国人自著政治学概论之首先一部"，参见萧公权：《中国政治思想史》，沈阳：辽宁教育出版社1998年版，第754页。但严复在此著中始终用的是"政治之学"。
③ 刘杰认为这是一部出色的政治学概论，其中大部分内容即使在当代仍然可以作为比较好的政治学入门教材。参见刘杰：《中国近代政治学的形成研究》，北京：中国政法大学出版社2016年版，第71页。

第四章
政治学"知识资源"向"学术资源"的转变

照片 16 《政治学教科书》封面及目录

义上的。这是中国近代政治学处于引进阶段的正向的反映。

另一本书是《皇朝政治学问答》,体现了清末中国官方对于现代政治知识的一知半解,但面对国外政治学的流入、对西方提出的要求那种无可奈何和不得已的应对态度。

现在能找到的是北京大学和国家图书馆收藏的由清末北洋官报总局印行的《皇朝政治学问答》增校本,二册一函。在这本增校本的序中,编者说此书初版于"壬寅"年六月,即1902年(光绪二十八年)7月。这本书没有编著者的姓名,应该是官方或者半官方主持编写。中国近代第一个官办报社北洋官报总局是1902年12月成立的,所以可以判定增校本是在1902年12月后出版的,但是与初版相比,改动并不多,或者说没有什么实质性的内容增改。之所以能判定对初本改动不多,是因为增校本中凡是对初版改动的地方都做了标识,今天都可以看到。比如通政使司和詹事府这两个机构在清末新政中陆续裁撤,《皇朝政治学问答》原书中也涉及通政使司和詹事府这两个机构变迁的地方,增校本中介绍这两个衙门的地方有一行小注:"已经奉旨裁撤",并没有删掉原文。所以,通过注释和标识,我们能还原到1902年这本书出版时的全貌。

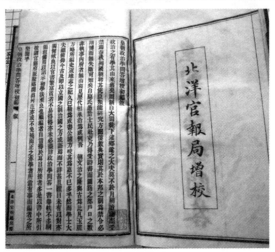

照片 17 《皇朝政治学问答》封面及序

从 1902 年出版的《皇朝政治学问答》中,我们可以看出当时官方对于政治学的态度和认识。

第一,书名中的"皇朝"和"政治学"的组合从逻辑上看是很奇特的拼接,近代政治学本是近代民族国家建立以后的产物,但这里却与传统的"皇朝"连在一起,明显是官方对现代知识的一知半解和"创造"。

在谈到为什么要编"皇朝政治学"时,原书编者在序中交代说:"泰东西士夫来吾国者,研究我朝事实綦详,凡咨询所得,辄录小册,置夹袋中。还以叩之吾国士夫,大都皆拑口拸舌而不能答也。编者憾之……

辑为此编,以便始学,不过九牛之一毛耳。呜呼:生大清国为大清民,并此九牛一毛者,不求知之,吾诚愧夫泰东西士夫之来吾国者。"①编者认为,因为日本和欧美学者来中国收集中国资料,把看到的、听到的都记在小本上,而当他们向中国人或者士大夫请教中国的情况时,中国人自己却说不出个所以然,既丢人又遗憾。所以要编这么一本关于大清国政治常识的书,让中国的士大夫好好学习。但为什么这本书用"政治学"这一概念呢?编者说,"政治之有学,其由来旧矣",从春秋就有了,无非是"一代典章制度",或者是"立国之制,治国之方"。但事实上,1902年时,西方关于国家、法律的书籍已经直接以政治学之名引进中国,所以这本书使用的政治学概念和现代政治学概念不是一回事,这其中不无讽刺的结果,编者似乎是不觉晓的。

第二,该书用了"政治学"这样一个当时开始流行的现代学科的概念,并且模仿政治学的叙事框架讲解清朝政治,但实际上表述的却是传统君主政治的一套运行模式。

在貌似现代政治学的叙事框架下,这本书"偷梁换柱"地以中国的君主制政治结构和行政运行代替现代国家的"政治结构"。这一方面确实也是当时中国政治的实际情况,另一方面也反映出官方的知识缺陷和态度。

这本书的"首卷"即导论,仿照政治学的框架首先讲述中国国家政权的来源和历史,但却用了"龙兴篇"这样一个具有极其明显的封建政治认知的题目。在导论的"龙兴篇"中,首先讲述的是满洲的起源以及清朝的开国史,追述大清国的江山是如何用枪杆子刀把子夺政权,打败了李自成才建立的。"龙兴篇"第一句没有使用传统政治文本中"我朝""大清""江山"等概念,而是表述为"我国家龙兴东土"。这一表述既用了君主政治的话语"龙兴",又用了"国家"这个现代概念。在行文书写上,"我"之后的"国家"还另起一行、高"我"一格,这是以往文书中遇到皇帝才会有的规格。所以"国家龙兴东土"这一表述,是传统天下和国家间矛盾纠结的典型反映。这个充满矛盾的表述,比单纯用传统话语或现代话语表述更令人玩味。

---

① 《皇朝政治学问答》序言部分,北洋官报局再版。北京大学图书馆藏。

接下来，该书按照当时西方政治学的惯例在国家起源和政权来源后介绍国家的政治职能，这时，出现了矛盾和混乱。在介绍中国的政治结构、中央政府机构的职能和运行时，呈现在这本书里的各章节是"何谓宗室？""何谓觉罗？""朝会行礼""祭祀行礼""宗室例禁""乘坐椅轿""赐谥""宗室觉罗犯罪"等，在关于政府的行政流程时介绍的是"朝班次序若何""何为乾清门外行礼"以及怎么上奏折、官员与太监的关系等。全书采用问答形式，其中关于宫廷和皇帝的"常识"占了全书一半。

第三，由于封建君主政治的回避原则，很多政治设置也无法进行客观全面的介绍。《皇朝政治学问答》虽然也照猫画虎地仿照一般政治学的书籍介绍历任统治者及其政策，但其呈现方式是逐一介绍清朝的历代皇帝，主要介绍的是历代皇帝的庙号、年号、在位年限、忌辰、陵墓、配偶子女数目及夭折情况，而不是统治的经验和治理措施。即便如此，也不是每个皇帝都介绍。由于光绪是当朝皇帝，出于名讳，在介绍完同治皇帝后，只写了一句"今上皇帝光绪万万年"，便不敢再有任何文字。

这本近乎笑话一般的《皇朝政治学问答》带着沉重的时代局限，实际上是在近代来临、社会转型期的中国最后的"君主政治知识手册"，虽然用了政治学这一现代学科名词，但它本身并不是探讨政治学的理论文本和知识文本。

在传统国家向现代国家转变前夕，中国需要现代政治知识和国家知识的积累和传播，就像资产阶级民主革命前需要有启蒙运动一样。这两本书，反映了当时中国对于新的近代政治知识理解和接受的不同态度。无论走得快一些还是慢一些的，无论是积极迎接还是被动接受，甚至应付抗拒的，实际上都受到了现代政治知识的不同影响。

二、北京大学政治学学术共同体的初步形成

"学术共同体"概念的前身是"科学共同体"。很多人都认为科学共同体这一概念最早是英国科学哲学家波拉尼（M. Polanyi）在《科学的自治》一文中提出的，即科学共同体是由科学观念相同的科学家所组成的集合体——科学活动的主体，是一个具有共同信念、共同价值、共同规范的社会群体，以区别于一般的社会群体与社会组织。美国社会学

第四章
政治学"知识资源"向"学术资源"的转变

家默顿(Robert King Merton)也十分强调科学共同体的作用,认为科学的目的是获取可靠的知识,科学共同体的任务则是建立和发展科学家之间那种为获得可靠知识而必需的最佳关系。美国的科学哲学家库恩(Thomas Samuel Kuhn)在1962年出版的《科学革命的结构》一书中强调,科学共同体就是产生科学知识的科学家集团。科学家集团由特定专业的从业者组成,他们因教育和科学训练的共同要素联系在一起,了解彼此的工作,有充分的专业方面的思想交流,在专业方面的判断比较一致。最核心的是,科学共同体的形成在于其成员接受共同的"范式"(paradigm)。此后,科学共同体引起社会科学界的广泛重视,现在的"学术共同体"已经包括自然科学和哲学社会科学。

类似学术共同体的"知识群落"现象在中国古代就已有之,一些有共同爱好、特长和理想的人聚集在一起从事文化创造或者致力于文化欣赏,如各种社团。中国过去传统的文人团体还常常以地域为基础形成知识群落。地域也常常和师承有关,在一个地域以及一个名师下聚集起来的学术圈子形成学术派系,比如浙江派、芜湖派等。

但现代学术共同体是建立在现代社会分工和学术分科基础上的一种现象,是指在知识分科的基础上形成的某个学科内部的具有相对一致的学术价值追求、理论基础和方法的学术群体。学术共同体的出现和形成,推动着学术议题提炼的规范化、学术研究的合作化和学术产出的规模化,因而可以加快学术的发展,这是现代学术发展的必要条件之一,也是现代学术发展的标准之一。

学术共同体的形成是一个动态的过程,与学科学术的发展同步进行,既是学科学术发展的一种过程,又是学科学术发展的一种结果。正因为如此,学术共同体的出现和形成过程,可以被用作考察一个现代学科形成的标准之一。

中国近代随着文化转型和西学东渐,其知识群落的形成除了省籍以外有了新的含义的"地域",即大学、出版社、学术刊物这样的现代"地域",出现了以研究机构、大学以及大学的学系、出版社、杂志编辑部等为聚集中心的近代学术共同体。这样的共同体不再主要以地缘或者师缘等传统联系作为凝聚的核心,而是一些具有相同文化背景、知识兴趣、研究专长等人组合、形成的一个具有观念、文化类似性的共同体。

学术共同体的出现,有助于形成对某一问题或者研究领域的专注性研究,形成理论范式、研究派别等。

所以,本书尝试将北京大学政治学学术共同体的建立以及北大政治学学术共同体与其他学术共同体的联系,作为考量北京大学政治学学术建立和发展的重要指标。

1915年年底成立于北京的中国社会政治学会(The Chinese Social and Political Science Association)是中国最早的全国性社会科学专业协会,起初是由美国驻中国公使芮恩施博士(Dr. Pauls Reinsch)提议仿效美国政治科学协会(American Political Science Association)而成立的。芮恩施在1914年任驻华公使之前的一个重要身份是美国威斯康星大学的政治学系主任,这可以部分地解释他为什么要以成立这样一个学会的形式来进行在华的研究和活动。根据学会《章程》,该学会的会员分为三类:高级会员(endowment member)、终身会员(life member)及普通会员(ordinary member)。其中大部分会员是普通会员。该学会的目的之一是"鼓励法学、政治、社会学、经济学以及行政管理方面的研究"①。北京大学的法科学长林行规、王建组以及政治学门教授陶履恭都是这个学会的首批会员,陶履恭还在其会刊上连续发表文章。这是北京大学政治学系与其他学术学团体发生的最早的联系。但这一学会因是美国人建议创办的,所以许多中国的研究者并不认为这是中国自己的政治学会,尽管其成员大多数都是中国学者。

(一) 以政治学系教授会为核心的专家学者团队

近代大学聚集学者学人,是最大的学术共同体。欧美语言中"大学"一词的共同拉丁文词源②就含有"协同体"的语源意义,隐含着从事学术人员形成的具有自律性团体的特征。校长或者负责人以其教育理念、办学思想、学术和人品的号召力,聚集起志同道合的人,形成以大学为基地的学术共同体。

北京大学也是这样的学术共同体。北大的评议会对学术和教学做

---

① "Editorial Notes", *The Chinese Social and Political Science Review*, Vol. 1, No. 1, 1916, pp. 3-4.

② 英语为 university,德语为 Universität,法语为 universitas。

出的评价成为这个学术共同体的最高评判,或者说,北大的学科和学术的建立都要得到这个学术共同体的认可。

但是北京大学毕竟有着多个不同的学科,虽然一些教师身兼多个系的课程,但学科的边界还是存在的。蔡元培执掌北京大学后重组了评议会,并从1918年开始依托各个学系组建各个学科的教授会。从此,各系教授会成为凝聚各学科同人的学术共同体。政治学系教授会成立于1919年,第一任政治学教授会主任(系主任)是陶履恭,按照北京大学的规定,所有教师都可以成为教授会成员。在政治学系教授会存在期间,以教授会为核心的政治学系教员群体,构成了北京大学政治学学术共同体的主体。

(二)以学术性研究社团为平台的研究力量

学术研究社团的建立与活动,不仅促进学术共同体的形成,也是学术共同体的活动和一种存在方式。这是围绕着特定的研究兴趣和研究议题形成的有活动的组织。通过特定研究志趣和所组织的活动,吸引并且能够相对固定地把具有共同学术爱好的人聚拢在一起,促进学科和学术的形成与发展。例如在清华大学政治学系成立之前,清华留美学生先于清华大学政治学系的建立而成立了政治学的研究团体,也为后来清华大学政治学系这一政治学学术共同体的形成和建立做了准备。

1. 带有研究性质的政治社团

在北京大学,有许多关心政治问题和与政治相关的研究社团,这大大拓展了北大政治学研究性社团的基础。"因为救国不只是学政治的人的责任,乃是人人的责任。"[①]比如1920年成立的北京大学马克思学说研究会和北京大学的社会主义研究会;1921年成立的太平洋问题研究会;1925年成立的北京大学学术研究会;1926年成立的国家主义研究会、国是研究会;等等。政治学系的教授和学生满怀热情地参加了这些社团并成为骨干力量,这些社团因政治学系教授和学生的加入而具有了理论研究的深度。马克思学说研究会是在李大钊的支持和指导下

---

① 《发起国是研究会启事》,《北京大学日刊》第一八六一号,1926年1月28日。

成立的。研究会按专题分为十个小组进行专题研究,"第一组唯物史观,第二组阶级斗争,第三组剩余价值,第四组无产阶级专政及马克思预定共产主义完成的时间,第五组社会主义史,第六组晚近各社会主义之比较及其批判,第七组经济史及经济学史,第八组俄国革命及其建设,第九组布尔什维克党与第三国际共产党之研究,第十组世界资本主义国家在世界各弱小民族掠夺之实况"①。后来又专设了资本论研究组,由政治学系教授陈启修为导师。② 北京大学学术研究会专设了国际政治研究组和国会制度研究组,政治学系教授陈启修、高一涵、周鲠、陈瀚笙等经常出席演讲。

照片 18　1920 年北京大学马克思学说研究会成员合影

2. 以政治为直接研究对象的学术性组织

(1) 北京大学政治研究会

北京大学政治研究会成立于 1921 年 2 月 3 日,③它与同时期成立的"社会主义研究会"等都开始使用"研究"一词作为组织的名称。这在一定程度上表明,五四运动以后,学生对敏感的政治现象与议题不仅

---

① 金梦:《北京大学马克思学说研究会研究述评》,《中共党史研究》2017 年第 12 期。
② 《马克斯学说研究会特别通告》,《北京大学日刊》第九八八号,1922 年 3 月 22 日。
③ 政治研究会启示:本会定于本月(1921 年 2 月 3 日)3 号在第二院校长室开成立大会,《北京大学日刊》第八百〇三号,1921 年 2 月 3 日。

仅满足于停留在直观的认知与评论上,而是开始向学理、学术的深度转变。正如《政治研究会简章》中表明的"以互助的精神研究政治,增进学术"为宗旨。在这一宗旨指导下,政治研究会对会员、导师、职员、会费等内容等进行了具体规定。

政治研究会简章①

（一）名称政治研究会。

（二）宗旨以"本互助的精神研究政治,增进学术"。

（三）会员凡本校同学赞成本会宗旨,经本会会员之介绍者,皆得为本会会员。

（四）导师,本会请导师数人。

（五）职员本会设干事一人,由会员投票选举,任期以一年为限。（正副总干事各一人,速记三人,文书二人,交际二人,杂务二人。）

（六）会费每人常年金一元,但如遇特别事发生时,得募集特别捐。

（七）会所。（未定）

（八）附则。

（1）研究方法另以细则规定之,该项细则由全体干事协同导师起草,再经大会实行。

（2）本章程如有未尽善处,由会员二人以上提议,经出席会员多数通过得修改之。

最后选举干事结果如左：

正总务干事曾青云（六票当选）

副总务干事吕永坤（四票抽签当选）吴载盛（四票抽签无效）

文书吴载盛（三票当选）樊希智（二票当选）

速记曾青云（五票与总务干事相冲无效）

赵冠青（三票当选）杨荫潭（二票当选）

陈声树（二票当选）

杂务杨安宅（三票当选）白濯汉（二票当选）

---

① 原文载《北京大学日刊》第八〇五号,1921年2月5日。

交际张法权(三票当选)张翼谋(二票当选)

政治研究会作为北京大学第一个以政治学研究为核心、以学生为主体的组织,为学生扩大政治学的求知领域、丰富学生的学习途径提供了一个良好的平台,其主要的运转和活动时间是从1921年到1924年。政治研究会的特点和内容如下。

第一,研究会的导师基本上都是政治学系的在职教师,主要有杜国庠、王世杰、高一涵、陈启修、陶履恭、张祖训等,这些导师在研究会的成立、发展过程中发挥着重要的指导作用。在成立大会上,导师杜国庠、王世杰致训词,并和学生一起讨论通过了研究会简章。在研究会成立后的不足一月内,举行过两次关于"研究方法"的讨论会。第一次请到的是导师高一涵,他向学生阐明了研究的基本路径和方略,"吾人未讨论研究方法之先,应约定一种相当之目标,目标定后,方能讨论研究方法"。第二次"研究方法"讨论会中,导师陈启修、陶孟和、张祖训、王世杰参加并为会员提供了简单而有效的政治研究入门的资料数据收集方法——"剪报法",理由是"调查现代政治颇觉烦难,须用剪报法,将中外报纸上政治材料分类剪集、以便讨论"。①

第二,政治研究会的研究方法与运行原则,主要采用的是"分组研究法"。根据政治学的基本议题,研究会设定了五个专题讨论组,由会员自由确定加入,不同研究组每周举行一次讨论会(参见表4-1)。这五组分别是"共产制度""代议制度与苏维埃制度""联邦制度""地方制度""财政制度"。可以看出,会员对政治的关注大多集中在制度问题上,主要是对世界上各种类型的政治体制进行研究。也就是说,研究会关注的并不是"应然"的政治理论,而是"实然"的政治现实,这也是在复杂而急迫的现代中国政治的情势下一种合理的选择。另外,也具体规定了"剪报报告"的"研究方法",由各组剪辑关于"外交、军事、政治、经济、财政"等内容,编册报告。

第三,研究会各专题组活动比较制度化,每周都有活动。

---

① 分别是1921年2月17日下午7时与21日下午7时,地点是第一院接待室,第一次到会15人,第二次到会25人。《北京大学日刊》第八百一十号(1921年2月19日)、第八百一十四号(2月23日)。

第四章 政治学"知识资源"向"学术资源"的转变

表 4-1 各专题组开会时间①

各组名称	各组开会日期
代议制度与苏维埃制度	星期一,晚 7 点钟
共产制度	星期二,晚 7 点钟
地方制度	星期四,晚 7 点钟
联邦制度	星期五,晚 7 点钟

从参与研究会的学生专业背景来看,在政治研究会第一批 19 个会员中,吴载盛、吕永坤、赵冠青、张法权、白濯汉均为政治学系的在读本科生。总干事曾青云虽不是政治学系的学生,但在数次学潮中是代表学生与政府谈判的学生领袖。② 从会员的论题分组选择上,可以看出,选择人数最多的是"代议制度与苏维埃制度"。这在一定程度上反映了政治学系的学生对五四运动后社会文化新思潮的捕捉,体现了北大政治学学者对这一新生制度类型的关注与研究。政治学系教授周鲠生就曾参与并详细探讨过苏维埃制度并指出,依据 1918 年宪法而定的俄国政府制度,是超出现存政制之外的一种新政制模型,它不属于英法式内阁制、美国式总统制、瑞士式委员会政府制这三种政制的任何一种。③

表 4-2 政治研究会会员分组研究目录④

讨论类(一)	代议制度与苏维埃制度(6 人)
	龙至仁、曾青云、张法权、郝立舆、杨健、吴载盛
讨论类(二)	共产制度(4 人)
	杨惠生、杨安宅、樊渊博、陈声树、
讨论类(三)	地方制度(5 人)
	史记言、杨式毅、吕永坤、白濯汉、张翼谟

---

① 时间安排表中,无财政制度小组,应该是因为会员自愿选择,并无选择这一类别者,所以没有安排讨论。《北京大学日刊》第八百二十四号,1921 年 3 月 7 日。
② 1923 年 11 月,北大政治研究会发出过一则征求会员的启示,但是新招收的会员情况不详。参见《北京大学日刊》第一三三三号,1923 年 11 月 6 日。
③ 周鲠生的观点见其后来发表的《俄罗斯的政治改造》,《东方杂志》第 22 卷第 5 号(1925 年 3 月 10 日发行),第 26 页。
④ 见《北京大学日刊》第八百二十一号,1921 年 3 月 3 日。

(续表)

讨论类（四）	联邦制度(3人)
	樊希智、刘广钧、徐冀煌
剪报类（一）	政治(6人)
	樊希智、杨式毅、杨安宅、吕永坤、赵冠青、吴载盛
剪报类（二）	外交(3人)
	曾青云、赵冠青、吴载盛
剪报类（三）	财政(3人)
	白濯汉、张法权、曾青云、
剪报类（四）	军事(1人)
	张翼谟

第四，研究会创办了自己的出版物《政治评论》。《政治评论》创刊于1923年，持续到1924年，政治研究会以每月两刊（每月6日、21日出版）的方式编辑发行，共出版了6期。该刊物在学校范围内广泛征稿，但是其主要的撰稿人基本上都是研究会的成员。该刊由上海民国日报馆总发行。①

第五，政治研究会多次在北京大学组织公开讲演。这些演讲中有许多次是关于共产主义、社会主义的主题。比如，《北京大学日刊》1921年11月1日登出政治研究会一则布告如下：

  讲题 共产主义历史的变迁
  讲者 高一涵先生
  地点 本校第二院大礼堂
  时间 星期三（11月2日）下午七时起②

（2）北京大学政治学会

1929年前，北京大学出现过两个性质类似的政治学会，但却分别具有不同的组织结构、任务设置以及研究方略。第一个政治学会成立于1923年，第二个政治学会则成立于复校运动时期的1929年。

---

① 上海图书馆编：《上海图书馆藏近现代中文期刊总目》，上海：上海科学技术文献出版社2014年版，第793页。
② 《北京大学日刊》第八八〇号，1921年11月1日。

第四章 政治学"知识资源"向"学术资源"的转变

1923年11月17日,北京大学政治学会成立,其时间晚于1921年2月3日成立的政治研究会,但是其宗旨是基本一致的,即"讨论政治问题,研究政治学理论"①。在成立大会上,学会首先请到法科王世杰、周鲠生、燕树棠三位教授对政治学的研究方法进行介绍和阐释。其后,政治学会公布了"会章"和"会务施行细则",对宗旨、会员、会务、会费、会期、出会等内容进行了详细的规定。相比1921年成立的政治学研究会,北大政治学会的组织结构严谨了许多。首先,对会员资格有一定筛选,既要具有政治学研究的兴趣,也要有研究能力;同时,还要经本会两名会员的介绍,经全体同意方可入会。这样的入会门槛相对来说是比较高的。其次,该会还规定了"出会"的条件,对于妨碍会务、未缴纳会费以及讨论会三次缺席者,都要开除出会。最后,政治学会的主要活动明确为四类:一是读书。根据本人所选定的研究科目,请导师指示应读书籍以及阅读方法。当读书时产生疑问,可以求得导师的讲解。

照片19 1923年北京大学政治学会集体合影

---

① 《北大政治学会会章》,《北京大学日刊》第一三四六号,1923年11月22日。

二是翻译。翻译的书籍由导师指定,如果是由会员自行提出的,也需要征求导师的同意。翻译的方式由个人或数人自由选定,但是都要以政治学会的名义进行。出版和售卖也都由政治学会决定。三是讨论问题。每次政治学会开会时,都会由导师制定若干问题,由会员自由选定、共同讨论,同时导师指示研究方法并担任评判员。每个会员每学期至少参与两个问题的讨论。四是请名人讲演。讲演分为两种情形,其一,"烦难问题发生时",可以请专家公开演讲①;其二,如果某政治学或者相关学科的专家来到学校,经多数会员决定,尽力请其讲演。比如1924年5月,李大钊就在政治学会作了"人种问题"的讲演;1926年1月举办了"国际主义与国家主义"的专题讲座。

第二个政治学会成立于1929年6月18日。从该会成立通告中可以看出,此学会不同于以前的政治研究会和政治学会,它采取了分股分工的管理模式,层级更加复杂,管理更加细化。学会下设各股,分别负责不同的具体事务,涵盖研究、事务甚至娱乐等层面。具体分为文书股、事务股、出版股、研究股、训练股、娱乐股六大类别。该政治学会的另一个特征就是大大拓宽了学会的活动范围,不仅限于学术研究,还包含了政治学系的教师、学生等诸多行政事务,并采取议案方式进行决议。成立大会上通过了这样的议案:

A. 欢迎高览、高一涵、张慰慈、王世杰、陈翰笙、陈启修、王建祖、顾孟馀、燕树棠诸教授速即回校;

B. 本系下期主任必须本系专门教授担任;

C. 联络各系公同电请陈院长辞去兼职速回校主持校务(交文书股办理);

D. 联络各系公同电促各旧教授回校(文书股办);

E. 用本会名义去函促所提各教授回校(交文书股办);

F. 请求学校当局增加本系图书。

附注:ABF三项由本会执行委员会向校当局严切交涉。②

从这些决议内容可以发现其职能已经不只是一个学生社团或学术

---

① 《北大政治学会会务施行细则》,《北京大学日刊》第一三四六号,1923年11月22日。
② 见《北京大学日刊》第二一九六号,1929年6月21日。

第四章
政治学"知识资源"向"学术资源"的转变

社团,还是一个组织政治学系学生进行活动的领导机构,这大概与当时的复校运动有关。在1928年复校运动爆发之时,北京大学的学生成立了"国立北京大学复校运动委员会",负责领导同学开展复校运动,选举了政治学系三年级学生赵子懋、二年级学生廖培基等十余人为筹备委员,赵子懋为主席。由于北京大学没有另外成立学生会,所以该委员会肩负了一般学生会的使命,下设交际、秘书、宣传、总务四组。该委员会组织学生游行、电函南京国民政府和发表声明与宣言等一系列活动,并召集学生参与在第三院进行的蒋介石发言的说明会,在学生中间有较大影响。① 在复校运动过程中成立的政治学会,肩负着一部分复校的任务,还有维持、组织学系、学生秩序的任务,在一定程度上发挥着系学生会的职能。

北大政治学会虽然职能有所扩大,但是进行政治学的学术研究还是重点和基本任务,并制定有具体的研究细则:

(一)本细则根据本会全体大会对于本股之决议案订定之。
(二)本股之工作分二种。
(A)会员间对于各种问题之研究。
(B)敦请名人演讲。

(A)对于各种问题之研究
(1)研究题目之搜集:
a. 请导师拟定,并请导师制定参考书。
b. 关于会员拟定交本股,并由本股请导师指定参考书。
(2)本股将所有研究之题目及参考书整理妥当后,即公布本校月刊上。
(3)研究问题拟妥后,限期请各会员择合于自己兴趣之题目报名研究之,但各会员得选择二个以上之题目。
(4)每一题目之报名人数过五人,并已逾预定之期间时,得成为一组并速召集预备会,筹备进行各组。

---

① 关于复校运动的具体内容,参见中国人民政治协商会议全国委员会文史资料委员会编:《文史资料存稿选编·教育》,北京:中国文史出版社2002年版,第48—57页。

(5) 预备会需选组长一人,负召集会议及其他事务之责。

(6) 各组组长应将各该组研究之开始日期及进行情形报告本股,以便本股决定该组报告之日期。

(7) 各组将研究结束,每有轮流向大会(全体会)报告一次。

(8) 每月向大会报告之组数,由本股斟酌各组人数而定。

(9) 各组报告时,各改组之研究员皆须报告。

(B) 敦请名人讲演

本股随时得以政治学会之名义敦请国内外之学者及名人讲演。

(三) 本细则由执行委员会通过之日起实行。①

政治学会的研究方式也不同于以往的社团,采取的是会员自组织团队的方式进行。选题来源有两个方面:其一是教授指定,其二是同学自由讨论,公开征集。② 将各种研究问题汇集整理成选题簿后,由会员在一周内自由签名选定,分组集体研究,且每人选题不能超过两个,也就是不能同时参加超过两个研究组。

目前可以查到的研究会的研究题目共 11 个,分别是:(1) 多元主权论;(2) 职业代表制;(3) 代议政治(成败问题及改革问题);(4) 研究政治学之方法;(5) 国家之存废问题;(6) 比例代表;(7) 国家职权之范围;(8) 双院制与单院制;(9) 国家权威之根据;(10) 政权分立论;(11) 历代政治制度之沿革与经济演进之关系。③ 从选题的内容和方向看,较曾经的"政治研究会"的范围宽泛了许多。虽然依然重视政治制度的探讨,但是同时增加了政治学研究方法、政治学基础理论等话题。这些问题基本上都是与西方民主政体相关的,但没有了关于"共产制度""苏维埃制度"等的内容。

关于"敦请名人演讲"的活动,从 1929 年北大政治学会成立到 1930 年不到半年的时间里,共举办了 5 次公开演讲。

---

① 《北京大学日刊》第二二六三号,1929 年 10 月 24 日。
② 政治学会曾发布公告,"同学如有认为可研究之政治范围内的问题……交西斋何凤书处……"《北京大学日刊》第二二七一号,1929 年 11 月 2 日。
③ 《北京大学日刊》第二二八三号,1929 年 11 月 18 日。

表4-3 1929年政治学会组织的公开演讲①

主讲人	单位	讲题	讲期	讲地	备注
陶孟和	北京大学	太平洋国交讨论会的经过	1929年11月19日	二院大礼堂	独办
鲍明钤	北京大学	太平洋国交讨论会中之中国外交问题	1929年11月28日	二院大礼堂	独办
徐淑希	燕京大学	太平洋国交讨论会中之满洲问题	1929年12月1日	二院大礼堂	与经济学会合办
王之相	北京大学	革命后的俄国	1929年12月15日	第二院讲堂	与教育学会联合举办
王之相	北京大学	革命后的俄国	1929年12月21日	第二院讲堂	与教育学会联合举办

分析这些演讲的安排和内容可以发现:首先,公开演讲的频率是比较高的,每月就有2—3次。其次,能够追踪热点问题设置主题,请不同专家从不同角度演讲。比如,"太平洋国际讨论会",或称"太平洋国际学会",这是第一次世界大战后亚洲太平洋地区存在时间较长、影响较大的国家间非政府组织之一,尤其是其关于亚洲问题的讨论,当时一直是学界关注的热点。针对这一讨论会中的中国问题展开系列讲座,有利于学生对此问题的深入理解。最后,教授不仅限于政治学系,也不仅局限于北京大学。陶履恭(孟和)、鲍明钤是北大政治学系的时任教员,而其他的演讲教授则来自于本校或他校的不同专业。

北大政治学会另一个创新性的举措是设立了"训练股",将学术研究的手段从研究、作文扩展到其他辩论演说等多个方面。北大政治学会训练股工作细则是:

(一)本细则根据本会简章及全体大会对于本股之议决案订定之。

(二)本股之工作如下:

(A)演说。

---

① 见《北京大学日刊》第二二八四号,1929年11月19日;第二二九〇号,1929年11月26日;第二二九二号,1929年11月28日;第二三〇三号,1929年12月11日;第二三〇七号,1929年12月16日。

（B）政治报告。

（C）辩论。

（A）（B）二项题目由会员自行拟定，但（C）项题目须由本会导师制定或会员搜集文本，会导师斟酌采用，公布于本校日刊。

以上（A）（B）（C）三项每月同时举行练习一次，但每人只得选习一项，至各项人数与时间之分配由本股职员编订公布于本校日刊。会员轮流练习之次序以报名之先后编订公布于本校日刊。

（三）请导师指导关于（A）（B）（C）三项之练习。

（四）本细则自公布之日起实行。①

总体而言，政治研究会和后来的两个政治学会，推动了学术研究团体的不断扩大和研究课题的日渐丰富。这几个研究会的周围日渐聚集起越来越多的有着共同研究兴趣的群体。

（三）以刊物聚集起的学术同人

刊物的编辑部和作者，以共同的学术爱好、学术议题和大致接近的学术水平为基础，也可以形成学术共同体。一个现代学科的建立和发展，有一些很重要的考量标志。在今天的教学环节中，学生的必读书目中仍然要包括专业学术期刊，即 journal（不是杂志 magazine），是有道理的。一个学科的创立和发展，专业期刊是一个重要标志。1886 年美国《政治学季刊》创刊；1903 年，美国政治学会成立并创刊《美国政治学评论》，都被认为是现代意义的美国政治学学科形成的标志之一。学科刊物创立的重要意义在于：首先，意味着这个学科的研究成果能以定期发表的方式持续地扩散影响，这是学科形成和成熟的标志。其次，期刊的出版周期比书短，出版快，影响广，涉及的研究者和作者多，这是学科拥有了一支研究队伍的标志。最后，学术期刊通过投稿、审稿，可以促成以编辑和作者为主的讨论学术问题的共同体和共同认可的学术规范的形成。很多高校在评定职称时对学术成果和研究水平的认定，十分看重期刊论文，就包括此中道理。

---

① 《北京大学日刊》第二二六六号，1929 年 10 月 28 日。

第四章
政治学"知识资源"向"学术资源"的转变

1. 中国早期政治学相关期刊举隅

到 20 世纪二三十年代,中国已经出现了一批与政治学相关的杂志和刊物,它们的背景各有不同,但其相同之处都是现代政治学进入中国的一种反映,都构成了本书要描述的北京大学政治学刊物出现的背景和环境。事实上,北京大学的政治学与它们都有或多或少的联系。这里列举的仅仅是与北京大学政治学关系密切的几个期刊。

(1)《中国社会及政治学报》

《中国社会及政治学报》(*The Chinese Social and Political Science Review*)是中国社会政治学会的会刊,创刊于 1916 年,终刊于 1941 年,大约每年 4 期,每年为 1 卷,共 24 卷。① 这是迄今为止发现的在中国最早发行的以政治学研究为主要内容的社会科学刊物。《中国社会及政

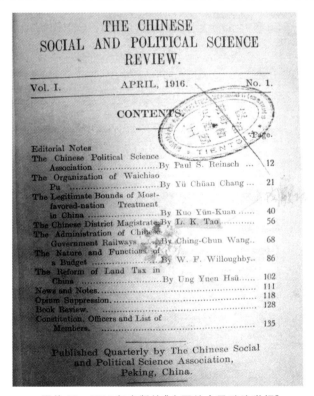

照片 20　1916 年出版的《中国社会及政治学报》

---

① 也偶有例外,比如 1920 年缺卷未出。

治学报》编辑委员会认为,国内已经有大量相关的中文刊物,却没有一种研究社会政治学的英文刊物,所以决定该刊物以英文出版,同时刊物的编辑也希望通过向国外学者约稿的方式来寻求国外合作,将该刊推向国外发行。

因原定主编顾维钧博士即将赴美担任中国驻美公使,所以该刊的主编改为严鹤龄。《学报》以刊登学会会员的文章为主,主要反映他们各自学术领域的研究成果。刊物没有十分明确的栏目划分,内容大多是文章,还有消息、动态与书评等。严复曾经用英文撰写《中国古代政治结社小史》(*A Historical Account of Ancient Political Societies in China*)一文,刊登在《学报》1916 年的第 1 卷第 4 期上。北大政治学教授陶履恭(陶孟和)写的《中国县宰沿革考》(*The Chinese District Magistrate*)分两次发表在第 1 卷第 1 期和第 2 期上。《中国社会及政治学报》是用英文出版的,但在出版一周年时,编辑部将 4 期的目录和其中由外国人撰写的文章翻译成中文,以《政治学报年刊》为名出了特刊。

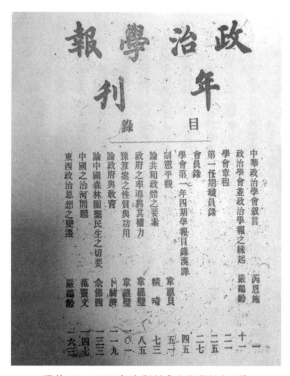

照片 21　1917 年出版的《政治学报年刊》

第四章
政治学"知识资源"向"学术资源"的转变

（2）《言治》——从"治国"到"政治评论季刊"

《言治》是天津北洋法政专门学堂的学术团体——北洋法政学会在1913年4月创办的一份月刊。

照片22 《言治》期刊

普遍开办法政专门学堂也是清末新政和教育改革的一项内容。在全国兴办法政学堂的过程中，京师大学堂进士馆也在1907年正式改为京师法政学堂并开始招生。北洋法政学堂是中国最早一批法政学堂之一，1906年12月30日启用学堂钤印，1907年8月正式招生，9月2日正式上课。学堂最初设专门科，仿效日本明治维新时期的法律学校规制，学制6年（预科3年，本科3年），本科分法律、政治两科，根据学部章程，以"教授高等法律、政治、理财等专门学术，以造就完全政法通材为主旨"。政治科自第二年起再分成政治与经济两专攻科，法律科至第三年分本国法和国际法两专攻科。李大钊1907年考入北洋政法学院，1913年在政治经济科毕业。《言治》于1913年4月1日创刊时，李大钊已是即将毕业的高年级学生，但由于他既有良好的国学功底和扎实的专业知识，又有政治热情，于是参加了编辑部的工作，并在他编辑出版的6期刊物中，发表了政论、杂感、诗歌等各种体裁的作品达30余篇。

227

在李大钊毕业东渡日本留学后,该刊物于1913年11月停刊。1916年李大钊回国,早已停刊的《言治》于1917年改为季刊复刊,仍作为天津北洋法政学会的出版物并移到北京出版,已经是北京大学图书馆主任的李大钊继续为编辑部成员之一。《言治》的中文刊名与英文刊名的变化值得注意。从中文刊名看,"言"即发表言论、议论,"治"为治理,这正是中国儒家传统"修身,齐家,治国,平天下"中的"治国"方式,言治的中文刊名表达的是知识分子用自己的言论或议论参与探讨国家治理的理念,所以它的英文刊名为"Statesmanship",即治国。1917年复刊后,中文刊名还叫《言治》,但英文名却从 Statesmanship 变成了 Political Review Quarterly,即《政治评论季刊》。虽然还不具备 Political Science Review 这样明显的政治学学科色彩,但已经意味着这份刊物向着更明确的政治主题、更学术的风格转变。正是在改版后的第3期上,李大钊发表了《法俄革命之比较观》。

(3) 清华大学的政治学刊物

20世纪二三十年代,清华大学的政治学系与北京大学政治学系"过从甚密",互相影响。清华大学的政治学系虽然成立较晚(1926年5月),但攻读政治学专业的一群清华留美学生①,先于政治学系的建立而创办了政治学的研究团体和刊物。1918年11月他们在哥伦比亚大学成立了政学社,1920年发行了《政学丛刊》,以讨论政治学、经济学、法学、社会学等学科原理为宗旨。在哥伦比亚大学政治学专业学习的张奚若、金岳霖和徐志摩等人以及部分回国的留学生在1919年12月创办了《政治学报》季刊(Political Science Quarterly)。值得注意的是,包括后来清华大学拟出版的《政治学月刊》(Political Science Monthly),都将 political science 作为一个学科名称的整体,凸显了政治学作为一个现代学科的规范性,与清末时"政治学"常被认为是"以政治为学"有很大区别。

清华大学与北京大学很相似的一幕是这两个学校各自都有"政治学研究会"和"政治学会"两个学术团体。1920年11月6日,清华学生组织成立了政治学研究会;1927年清华大学在建立了政治学系后组建

---

① 根据孙宏云的研究,前三批留美学生中以政治学为专业或为毕业论文方向的有19名。

第四章
政治学"知识资源"向"学术资源"的转变

了清华政治学学会。在这些团体中活跃的清华教授和学子后来有的成为北京大学政治学系的重要学术力量,比如张忠绂、钱端升、王铁崖、何基鸿等。还有一个巧合,即清华大学政治学会 1929 年计划出版的一个政治学刊物拖至 1931 年才出版,这和北京大学政治学会原计划 1929 年出版《政治学论丛》,但因资金原因拖至 1931 年才出版竟是一样的经历。

2. 北京大学的学术性和政治性刊物

1922 年 11 月,《国立北京大学社会科学季刊》出版,这是北京大学最著名的社会科学刊物,政治学系教授高一涵、燕树棠等积极参加编辑部工作,刊出了不少研究政治问题的论文。此外还有一些夹杂政治时评的综合性刊物,比如《国民》月刊、《少年中国》月刊、《新潮》杂志以及最著名的《新青年》杂志等。北京大学政治学系的教师和学生积极参与了这些刊物的编辑、撰稿等活动,他们在参加这些刊物的编辑活动中形成了独特的合作形式①,也为政治学系的办刊积累了经验并提供了学术氛围和条件。

3. 政治学系编辑出版的专门报刊

(1) 政治学研究会的《政治评论》特刊

前述北京大学的政治性刊物,还不能算是政治学系专办的学术杂志。根据《北京大学日刊》和相关档案记载,1921 年 2 月 3 日,北京大学政治学系学生聘请政治学系教授高一涵、陈启修、陶孟和、张祖训、王世杰等作为导师,成立了北京大学政治研究会。1923 年 1 月 26 日政治研究会发布刊行《政治评论》启事,称其宗旨为"批评政治现状,开发政治学理"。3 月 6 日,政治研究会创办的《政治评论》第一期出版。

严格说起来,《政治评论》是北京大学政治研究会编辑的特刊,并不是一份独立的刊物。因为北京大学政治研究会只是一个以政治学系学生为主的研究团体,独立承办一个刊物对于他们难度太大,但他们有自己的办法。上海《民国日报》是一个很会经营的报纸,它们有一个副刊叫《觉悟》,《觉悟》会不定期出版特刊,类似"合作版面"。1920 年复旦

---

① 北大政治学系有老师带领学生团队共同写作和翻译论文与著作的传统。

大学商学院利用这个副刊出版了几期特刊《平民周刊》。武昌师范大学历史社会学研究会也利用这个副刊出版过《社会科学特刊》。北京大学政治研究会联系到了《民国日报》副刊,在1923—1924年出了六期特刊《政治评论》。在《民国日报》副刊《政治评论》的刊头下,清晰地印着"北京大学政治研究会编辑,零售每号铜元三枚,北京方面请向大学赵冠青君接洽"。这个广告同时也登在了《北京大学日刊》上。

照片23　1923年出版的《政治评论》专刊

第四章 政治学"知识资源"向"学术资源"的转变

《政治评论》特刊的文章作者基本都是北京大学政治学系的学生。

表4-4 1923—1924年《政治评论》特刊的文章及作者①

年份	期数	姓名	题名	所在页
1923	第一期	郝立舆	国会延期问题	0—1
1923	第一期	赵冠青	众议院议长问题	1
1923	第一期	杨安宅	现在的国会还配代表人民吗？	2
1923	第一期	吕永坤	无意识约统一令	2—3
1923	第一期	顾远	时事杂感：（一）八校何必错到底！	3
1923	第一期	顾远	时事杂感：（二）国民做的什么事？	3
1923	第一期	顾远	时事杂感：（三）外人共管与私运军械	3
1923	第二期	赵冠青	国会问题	0
1923	第二期	张法权	金佛郎问题	0—1
1923	第二期	赵冠青	裁员与裁兵	1
1923	第二期	张法权	外交杂评：护路案	1
1923	第二期	陈顾远	时事杂感：（五）终身议员们的一场血战	1—2
1923	第二期	陈顾远	时事杂感：（六）洪水猛兽时的几个圣人	2
1923	第二期	陈顾远	时事杂感：（七）裁员不裁兵	2
1923	第二期	陈顾远	时事杂感：（八）布宪不守宪	2
1923	第二期	梅祖芬	主权之研究（未完）	3
1923	第二期	陈顾远	不成语	3
1923	第二期	剑萍	武治总统与教育	3
1923	第二期	杨安宅	新宪有没有批评的价值？	3
1923	第三期	赵冠青	武人省长与民治	0
1923	第三期	平子	废督与废省长	0—1
1923	第三期	赵冠青	呜呼中华民国宪法！	1
1923	第三期	陈顾远	徐佛苏妙想天开	1
1923	第三期	陈顾远	赵玉珂大煞风景	1—2
1923	第三期	赵冠青	时事短评：评宪政党	2

① 参考上海图书馆编：《上海图书馆馆藏近现代中文期刊总目》，上海：上海科学技术文献出版社2014年版，第793页。

（续表）

年份	期数	姓名	题名	所在页
1923	第三期	赵冠青	时事短评:召回众议员的提议	2
1923	第三期	张法权	时事短评:高朔何以脱逃	2
1923	第三期	张法权	时事短评:国会议员的良心语	2
1923	第三期	张法权	时事短评:金佛郎案和津保之争	2
1923	第三期	张法权	时事短评:公民票决之提议	2
1923	第三期	陈顾远	不成话	3
1923	第三期	梅祖芬	主权之研究(续):三、主权论的沿革	3
1924	第四期	次平	评威海卫草约	0
1924	第四期	赵冠青	内阁和国会	0—1
1924	第四期	/	时事杂感:(十一)青年学子的厄运	1
1924	第四期	/	时事杂感:(十二)烟土重兴的中国、(十三)院印不知何处去?	1—2
1924	第四期	/	时事杂感:(十四)赦令找出没趣来!	2
1924	第四期	赵冠青	近事短评:一、省长公署竟作私署	2
1924	第四期	赵冠青	近事短评:一、议场变做戏场	2
1924	第四期	赵冠青	近事短评:一、王克敏穿针引线	2
1924	第四期	赵冠青	近事短评:一、萧耀南自作调人	2
1924	第四期	剑平	大家起来监视金佛郎案!	2—3
1924	第四期	梅祖芬	主权之研究(续)	3
1924	第五期	陈顾远	时事杂感:(十五)帝国主义者作孽自毙	3
1924	第五期	Clark	北大教授 Clark 和孙中山先生非正式的谈话	0
1924	第五期	剑萍	王克敏与罗文干	3
1924	第五期	陈顾远	骇人听闻的北政府受贿案	0—1
1924	第五期	赵冠青	驳孙宝琦的三大政见	1
1924	第五期	赵冠青	内阁问题	1—2
1924	第五期	张法权	土耳其与中国	2
1924	第五期	张法权	外交杂评:日捕房绞死田仲香事件	2
1924	第五期	/	外交杂评:日人惨杀华侨案	2—3
1924	第五期	陈顾远	时事杂感:(十三)新出的怪名词:选余	3

（续表）

年份	期数	姓名	题名	所在页
1924	第五期	陈顾远	时事杂感：(十四)新起的祖师爷：张松	3
1924	第五期	/	时事杂感：(十六)舰队司令官通电自辱	3
1924	第六期	Clark	北大教授克拉克氏(Clark)和孙中山先生的谈话(续)	1—4
1924	第六期	陈顾远	日内阁与英内阁	4
1924	第六期	赵冠青	国会问题	4—5
1924	第六期	陈顾远	时事杂感：反直与反宪	5—6
1924	第六期	/	筹备三年的北京电车	6
1924	第六期	次平	邮政官	6

这60篇文章的作者，除了三个人的身份没有最后确定外，其他作者，如梅祖芬（梅思平，笔名次平）、赵冠青、陈顾远（笔名顾远）、张法权、吕永坤、杨安宅等，都是北大政治学系的本科学生。他们在当时非常活跃，在编辑和组织《政治评论》稿件过程中，实际上形成了以编辑部为核心的学生研究骨干力量，而且是以北京大学政治学研究会的团队为主体产生影响的。他们中的一些人后来终生从事研究和教学，比如赵冠青、陈顾远（笔名顾远）、张法权等。

这些文章虽然以议论时政为主，同时也会讨论议会、选举、主权等一般性政治学问题。从内容上看，是青年学生用所学的政治学知识观察和解释政治现象和政治问题；从形式上看，可以把其看作是北大政治学专业创办学术期刊的热身和前身。

（2）北京大学《政治学论丛》

1929年6月18日，北大政治学会计划开办《北大政治月刊》，在《北京大学日刊》上发布了征文启事，但因资金困难，直到1931年12月20日才以《政治学论丛》之名出版了创刊号。这是一个正式的学术性刊物，但因为1931年不在本书讨论的时间范围之内，暂不细论。

（四）以研究高深学问为目标的法科研究所

1917年1月，蔡元培正式就任北京大学校长，在就任之初发表演讲中指出，"大学者，研究高深学问者也"，既不能成为"资格养成所"，也不能成为贩卖知识和文凭的场所。蔡元培努力扭转北京大学的风气,吸收欧美的近代教育经验,革故鼎新,从根本上改变京师大学堂曾经的"官员培训"的性质。关于法科教育,他特别强调"入法科者,非为做官",也就是说,要贯彻新的教育方针,破除京师大学堂的旧有体制,对于法科这样与政治关系紧密的学科,首先应封闭"学员"与"官员"之间的通道,斩断"学问"与"政治"之间的连接枢纽,将权力场域的政治逻辑从知识领域清除,建立起专研学理的新的法科大学。除了改革科系、教学体制与管理体制外,蔡元培打造纯粹的学术研究机关的另一重要措施就是在大学内建立专门的研究所,继而形成预科、本科、研究所的三级学制。从后来发展看,研究所既是研究机构,也是为学生提供进一步深造的类似研究生院的设置。

在这样的背景和改革理念下,1917年北京大学评议会通过设立文、理、法三科研究所的决议,每科研究所下设独立的学门,各所主任由校长委派。至1918年1月,各科研究所均已成立。

1917—1921年是北京大学研究所发展的第一个时期。这一时期,从隶属关系上看,各研究所由各学系分设,管理权分别在文、理、法各科。1917年制定的《研究所通则》以及1918年制定的《研究所总章》都对这一原则进行了明确的规定:"各分科大学中之各门俱得设研究所"①,"法科各研究所(法律学、政治学、经济学)设于法科"②。也就是说,研究所附属于各科,据此法科则设置法科研究所,具体再划分为法律学门、政治学门、经济学门三个专业类别,每个专业各设主任一人。文、理、法各研究所之间也会有一定的联系,为求"书报交通"的便利,建立了"研究所联合会",各研究所主任互选一人为联合会会长,以会长所在之所为联合会事务所。但是这样的联合是松散的,并无直接管理权限,虽然各研究所联合会每学期开会一次,在紧要情形下还可以召开特别会议,但是其主要任务不过是讨论各研究所的修正改良问题,以及备录各研究所研究员的履历详册以及书报副录等。

法科研究所真正制定章程并有效运转的时间是从1918年到1920年上半年这不足3年时间里,虽然时间短暂但却颇有收效。具体来说,

---

① 《研究所总章》,《北京大学日刊》第一百八十二号,1918年7月16日。
② 《研究所通则》,《北京大学日刊》第一号,1917年11月16日。

第四章 政治学"知识资源"向"学术资源"的转变

法科研究所的基本图景可以从研究任务、人员构成、研究活动三个方面进行详细分析。

第一,从研究任务看,始终围绕学术研究展开,内容丰富。在北大《研究所通则》中,曾明确将各所的研究任务归为十类,分别是:"一、研究学术;二、研究教授法(本校及中小学校定教案,编教科书);三、特别问题研究;四、中国旧学钩沉;五、审定译名;六、译述名著;七、介绍新著;八、征集通讯研究员;九、发行杂志;十、悬赏征文。"[①]法科研究所在这一基本框架下,将这十类任务进一步缩小和细化,规定了"现拟办理之事项":

一、研究学术
甲、特别问题
乙、中国旧学钩沉
丙、其他
二、审定译名
三、译述名著
四、介绍新书
五、悬赏征文
以上各事不必同时全行举办。[②]

这五条拟办事项是法科研究所的基本要义和主要任务,基本上可以分为学术探讨和编著译著两个方面。这一现代学术研究机构的建立,使学术研究开始日趋体制化和建制化,推动研究机构朝着成为目标明确、与大学体制同等重要的现代学术中心的方向迈进了重要一步。

围绕这样的研究任务,法科研究所将学术研究根据研究科目、研究内容、研究方式的不同,做了进一步详细的规定:

① 区分具体的研究科。按照学校的要求,各个研究所应当根据各门的需要设立研究科,即在大的学科门类下,细分出不同的具体研究科目,由教员指导研究员搜集材料、轮次报告并展开研究。另外,研究科

[①] 《研究所通则》,《北京大学日刊》第一号,1917年11月16日。
[②] 《北京大学日刊》第三十号,1917年12月21日。

应当是指向性明确的,能够展开研究的具体而"狭窄"的专门学科,要满足"(甲)本科所无、(乙)本科所有而未能详尽"①两个条件。在这样的原则要求下,法科研究所经过讨论和研究,设定了六大科目,包括比较法律、刑法、国际法、银行货币、财政、经济学。②

②展开特别研究。具体是指研究员自主选择特别的研究论题,并请教员审定,或者由教员拟定进而由研究员选择。当研究员选定选题后,各研究员自行研究,同时与研究所教员沟通,教员通过推荐参考书以及商榷研究方法等方式进行指导。论文完成后,印出送交本门研究所各教员公共阅看,其收受与否由各教员开会确定。如果收受,则由研究所交付图书馆保存,或者采登月刊。未经通过者,则由各教员指出应修改之处,由著者自行修正。法科的研究科目还进一步区分了主科与副科。其中,凡研究员特别研究论题所在之科,为其主科。主科之外,还可以选择一到两个副科,既可以是同一门的其他科,也可以是与主科相关的非同门的其他科目。副科不必写作论文。③

③教员共同研究。本门教员提出特别问题,邀集同志教员共同研究。本校毕业生经主任许可,亦得加入共同研究,研究结果或由研究所主办月刊发表,或另付书印。另外,凡审定术语译名及编纂辞典或者高等参考书之类,也属此项。此外,还有一种辅助性研究方式,即"研讨"。研究所教员及研究员,每月开会若干次,由教员担任主席,一到两名研究员汇报其论文研究的材料或成果,报告完成后,由各教员及研究员讨论,并指定临时书记随时记录。

第二,从法科研究所的人员构成看,可以分为研究主任、普通教员以及研究人员等几大类别。在各研究所教员中,由校长推一人为研究所主任,研究所主任聘任教员和研究员进行研究工作,同时每研究所设事务员一人。历任法科研究所主任大多是本学科德高望重的学界名宿,比如经济门的马寅初教授,由于其学识、品德以及对公共事务的热心得到同仁的认可,1917年10月被选为评议委员,1918年又被推举为

---

① 《研究所主任会议纪事》,《北京大学日刊》第一百四十九号,1918年5月29日。
② 同上。
③ 《法科四年级及研究所之研究手续》,《北京大学日刊》第三十号,1917年12月21日。

法科经济门研究所主任。① 1918 年推选产生的法科各门研究所主任参见表 4-5。

表 4-5　1918 年法科研究所主任②

科别	门类别	主任姓名
法科研究所	法律门	黄右昌
	政治门	陈启修
	经济门	马寅初

根据研究所章程规定,研究所的教员有两种类型:一类是"各门各种"教员,一类是遇有特别需要加聘的专门学者。③ 各教员分别负责本门类的不同研究科目,指导研究人员开展该科目的研究。从 1918 年法科研究所的教员任职情况看,基本上都是法科各门的系内教授,没有加聘的专门学者,其中,政治学门的科目设置相对较少,主要是政治学基本理论和国际关系两个具体的研究方向。

表 4-6　1918 年法科研究所研究科目及教员一览表④

科别	门类	研究科目及担任教员			
		研究科目	担任教员	研究科目	担任教员
法科研究所	法律门	比较法律	王宠惠	刑法	罗文干
		国际法	张嘉森	行政法	周家彦
		中国法制史	康宝忠	保险法	左德敏
		美国宪法	陈长乐		
	政治门	政治学	张耀曾	中国国际关系及各种条约	王景岐
	经济门	银行货币学	马寅初	财政学	胡钧
		经济学	陈兆焜	最近发明之科学的商业及工厂管理法	徐崇钦
		农学政策	张武	欧战后世界经济之变迁	张武

---

① 徐斌:《天地良知——马寅初传》,杭州:浙江人民出版社 2008 年版,第 32 页。
② 《研究所主任一览表》,参见王学珍、郭建荣主编:《北京大学史料》第 2 卷,北京:北京大学出版社 2000 年版,第 357 页。
③ 王学珍、郭建荣主编:《北京大学史料》第 2 卷,北京:北京大学出版社 2000 年版,第 1333 页,《研究所总章》。
④ 《北京大学日刊》第九十五号,1918 年 3 月 19 日。

法科研究所的研究方略既定,师资配备也相对完整,那么研究人员如何选定?这一时期的研究所研究人员并不需要特殊的考选,主要来自三个渠道:第一类,本校毕业生可以自愿进入研究所;第二类,本校高年级学生在获得研究所主任认可之后,也可以进入研究所;第三类,本校毕业生以外,与本校毕业生有同等程度且志愿入所研究者,需要经过校长及本门研究所主任的认可,方才可以进入研究所。除此以外,另设有"研究所通信员"一职,招录本国或外国学者有志愿共同研究但是不能到所者。1918年进入法科研究所的研究人员如表4-7所示。

表4-7 法科研究所研究员一览表①

法律门	研究比较法律者三十五人:姜丽暄、宣杲、罗子兰、姜景煦、张幼良、萧毅、谭澄、周蔚绶、甘均道、马宗芳、江钟麟、梁焴、赵源逢、朱宝铭、冯翰澄、杨肇烦、龙汰棠、田泽澍、赵鸿夔、严彭龄、陈鹔程、朱卓、程荣祥、杜灵俊、曹鎏、刘士杰、许灼芳、陆俊、余锡恩、陈士熊、章瑷、杨奎明、陈佩璋、崔允恭、伍宗衍
	研究宪法者四人:陈鹔程、盛世煜、江钟麟、甘均道
	研究刑法者六人:余锡恩、陈士熊、章瑷、朱卓、崔允恭、伍宗衍
	研究商法者二人:桂健龛、陈佩璋
	研究国际法者六人:陆俊、罗怀、施肇夔、杨宗烂、李振寰、毛以享(旁听)
政治门	研究政治学者六人:谢宗陶、盛世煜、张锡和、刘文岛、范铠、朱锡诒
经济门	研究经济学者四人:王少右、谢宗陶、郁寰、刘光颐
	研究财政学者七人:陈其鹿、萧纯锦、谢宗陶、李芳、李振寰、蒋震龙、刘福珩
	研究银行货币学者九人:李芳、萧纯锦、杨叙然、王兢存、李宏增、马家骧、刘福珩、蒋震龙、李振寰
	研究社会政策者一人:刘光颐
通信研究员	吴大业、凌昌炎、季手文、黄瑞华、罗廷钦、周保大、赵协骞、周毓暄、徐汝梅、刘震、杨㰙、林维亚、杨群亚

从这些研究人员所属科目和研究方向看,他们并不专注于学科内部单一方向的研究,某一研究人员常常跨越一门中的多个研究方向,比

---

① 《北京大学日刊》第九十六号(1918年3月20日)、第九十七号(3月21日)。

第四章
政治学"知识资源"向"学术资源"的转变

如研究比较法律者与研究宪法、刑法者人员多有重合。这是符合特别研究中,凡研究员特别研究论题所在之科,为其主科,主科之外,还可以选择一两个副科的规章要求。而这样的副科,常常与主科分属不同专业,比如谢宗陶既是政治门的研究员,也是经济门的研究员;盛世煜则身兼法律门、政治门两个专业的研究员。另外,从政治门的学员来源来看,大部分都是北大政治门的毕业生,如谢宗陶于 1913 年毕业于政治学门,盛世煜、范铠、朱锡诒皆于 1917 年毕业于政治学门。

通信研究员是不必到所的研究员,他们一方面可以自行展开研究,将研究结果著为论文,也可以将欲研究之论题寄交本门主任职员,经审定认可后自行研究。论题择定后,通信研究员可随时与本门教员直接讨论。如 1918 年 12 月 24 日,法科研究所通讯研究员俞逢清拟问"格里森氏法则""货币之定义""法货及合法货币""货币之价格""经济""镑亏"等问题,马寅初则以主任教员身份著文解答。① 通信研究员所作论文如果收受,可交由图书馆或者登载月刊。

第三,研究所的研究成果与其他活动。其一,"月会"制度,《研究所总章》规定,各门研究所之教员及研究员,每月开全体集会一次,会时或由本门教员报告研究结果,或者延请所外学者进行特别演讲。虽然研究所的设置是仿效欧美学制的产物,但是这样的一月一会的制度却可以在中国传统的书院中找到源流,"会讲式的书院,起自明朝,如无锡东林书院,每月订有开会时间。开会之先,由书院散发请帖。开会时由山长主讲一段。讲毕,令学生自由讨论,各抒意见,互相切磋。终以茶点散会"②。研究所的另一主要任务就是组织开展各种演讲,从 1918 年 3 月到 6 月,在《北京大学日刊》的"集会一览表"中,可以看到法科等各个研究所教授所做的主题演讲,基本上都是与研究科目直接相关的,比如王宠惠讲比较法律,罗文干演讲刑法。但是政治门张耀曾与王景岐二位教授并未开讲。③

这一时期,北大各个研究所合出了《北京大学月刊》,目的是为发表

---

① 时国人称一元银币及角洋铜子等为"法货"。《北京大学日刊》第二七九号,1918 年 12 月 24 日。
② 胡适:《容忍与自由》,北京:作家出版社 2016 年版,第 225 页。
③ 《北京大学日刊》第九十五号,1918 年 3 月 19 日。

及讨论各科各门的研究结果。编辑为各门研究所互选一人,研究所教员及研究员都为月刊撰述员。月刊要求每门每月,以供给一万一千字左右为最少之限。每册的总编辑,则由各研究所主任依次伦任。其中,1919年5月总编辑为政治学研究所主任陈启修,收稿处所即为政治学研究所。①

从1917年到1920年,北大各科研究所虽然普遍设立且有所发展,但是也面临着一些严峻的问题,主要是研究所由各系分设,资源难以集中。蔡元培就指出过,"本校所办的研究所,本为已毕业与将毕业诸生专精研究起见;但各系分设,觉得散漫一点,所以有几希竟一点没有成绩"②。于是在1920年,蔡元培从欧洲考察回国后,决定重新组织研究机构。北大先后公布了《北京大学研究所简章》和《北京大学研究所组织大纲提案》,把原来各自为政的研究所改组为统一的北京大学研究所,蔡元培亲任所长。根据《研究所简章》的规定,"研究所仿德美两国之seminar办法,为专攻一种专门知识之所"③。"seminar"的教学形式在德国由来已久,作为一种研究班,它的目的不仅在于既有知识的传授,更重要的是引导学生进入科学研究工作,寻求知识产生和制造的法门。18世纪初的哈雷大学、哥廷根大学就已经出现这一制度,到柏林大学时,不仅将这一制度延续下来,而且发扬光大,成为"科学研究的养成所",演变成德意志大学的特色之一。④ 正是在这一制度的启发下,蔡元培整合各系研究所,形成了"国学研究所、外国文学研究所、社会科学研究所、自然科学研究所"四个学科门类的研究所。其中,社会科学研究所包含了法律、政治、经济、外国历史、哲学几大科目。

从组织和管理方式上看,改革后的研究所不另设主任,研究课程均列入各系门。各学系课程有专门研究之必要者,由教员指导学生进行,名曰"某课研究",三年级以上学生及毕业生,均要择习研究课。由于当时"整理国故"思潮的蔓延和发展,国学一门研究所建设得最快,1922

---

① 马宇红编著:《中国大学学报发展简史》,兰州:甘肃科学技术出版社2013年版,第68页。
② 蔡元培:《1920年开学式上的演说词》,《老北大》编辑组编:《老北大》,北京:中国文史出版社2016年版,第91页。
③ 《研究所简章》,《北京大学日刊》第六百七十三号,1920年7月30日。
④ 胡建华等:《大学制度改革论》,南京:南京师范大学出版社2006年版,第227页。

年1月就得以成立,这也是中国现代大学中最早以德美研究机构为范例成立的研究所,研究所的发展开始走上新的轨道。从1922年到1927年,国学门研究生的研究范围也包含了跨学科的法律与政治学的内容,比如张辅诠的"中国刑法之沿革"与黄绶的"两汉地方行政史"等。而其他各部,由于学校的经费和人力条件的限制,包括政治学在内的社会科学部的开办与招生,已经是1930年以后的事情了。

总之,北大法科研究所的设立,不仅为学生在学术上进一步深造创造了条件,也搭建了一种新的学术共同体的平台。正如蔡元培所说,"中国知识阶层,已觉悟单靠得学位,图饭碗,并不算是学者,渴望有一种研究的机构"[①]。

三、北京大学早期政治学学术的建立与发展

大学之所以能提供给学生专业的知识训练和学科素养,是建立在知识专业化、学科制度化的基础上的。具体是指:第一,在较大范围内,确立以作为研究者的教师与作为培养对象的学生为主体的教育培养制度;第二,形成比较完整的教材体系并以各种出版物为中介,建立起知识的传播渠道和制度;第三,作为社会科学的知识专门化还应当表现出研究论题的抽象化和类型化,以及一定的方法论和研究派别特征,简言之,是以学术发展为前提和基础的。下面的论述将通过分析相关学术出版物来考察北大政治学学术的建立和发展过程。

20世纪30年代以前,北大政治学系的学术产出,一是以讲义这种非正式出版物形式和教材的正式出版物形式,二是以译著和专著的形式,三是论文,包括教师的论文和学生的论文。

(一) 教师的学术成果

教学和科研是教师学术精进的两翼。在中国政治学发展的早期,既缺少教科书也缺少学术专著,所以北大政治学教员当时承担着教学、编写教材、译书和著述的职责。在一定意义上,教员编写教材和讲义也

---

① 蔡元培:《吾国文化运动之过去与将来》,高平叔编:《蔡元培全集》第6卷,北京:中华书局1984年版,第422页。

是一种学术活动,而且教材更容易得到广泛的传播;教员的学术研究著作也常常会拿到课堂上讲授和讨论,使教育和学术研究结合在一起。

1. 早期的教材翻译

京师大学堂仕学馆规定,所学各科,均用译出课本,由中文教习及日本教习讲授,唯外国文由各国教习讲授。① 如德国伯仑知理著的《国家学》;日本石原健三著、张少海译的《政治学》;1902年日本市岛谦吉著、麦曼荪译的《政治原论》;1902年德国那特硁著、冯自由译的《政治学》;1902年美国伯盖司著、杨廷栋译《政治学》;日本学者菊池学著、林棨译的《宪政论》;1901年高田早苗著、稽镜译的《国家学原理》等。1903年,京师大学堂编纂了《暂定各学堂应用书目》,在其登录的91册教科书中,日本的教科书占了三分之二的数量。② 随着国外留学归国的教员数量的增多,译自美国和欧洲的教科书才越来越多。

法科政的教员也参加了国外教科书的翻译,比如翻译《宪政论》的林棨,先是京师大学堂进士馆的教习,后担任京师大学堂法科教习和学长。

在中国近代教育现代化的改革初期,以日本为样板和参照系的特征是非常明显和突出的。1901年,张之洞与日本考察教育的罗振玉电报书信往来谈及:"连日与仲弢、念劬谈编教科书,此教育根基,关系极重,着手极难,非亲往日本以目击为考定不可,是非专恃来图书所能模仿,鄙人极注重于此,欲请诸阁下主持,率四五人如陈士可等,即日东渡,竭数月之力,见事实,问通人,创立稿本。"③从张之洞的措辞和意向中,可以看出清廷对于教科书编写的重视以及对于向日本学习的急迫心理,这为日后教材编写的范例打下了基础。为了取代西学总教习丁韪良,张百熙于1902年9月聘请在东京帝国大学文科大学任助理教授的服部宇之吉和京都帝国大学法科大学教授岩谷孙藏做教习,二人都

---

① 北京大学校史研究室编:《北京大学史料》第1卷,北京:北京大学出版社1993年版,第91页,《钦定京师大学堂章程》。

② 徐冰:《中国近代教科书中的日本和日本人形象——交流与冲突的轨迹》,北京:商务印书馆2014年版,第37页。

③ 张之洞:《致上海罗叔芸(振玉)》,《张文襄公全集》卷174,电牍53,引自璩鑫圭、唐良炎编:《中国近代教育史资料汇编·学制演变》,上海:上海教育出版社1991年版,第116—117页。

曾留学德国,受大陆法学影响甚深。① 此后,日本教员数量不断增加,这些来自日本的教师队伍,大多也是"大陆法系"法学的代表人物。他们的学术倾向也体现出大陆法学的特征,多以成文法典为主要研究对象,同时又吸收了日耳曼法学、教会法学等内容,虽然丰富庞杂,但是具有体现出欧陆各国以成文法为主要研究对象的特征。从当时仕学馆和进士馆的授课内容来看,出现了大量的法律课程和"日本明治变法史"等具有现实应用价值的课程。这种以文法编纂为中心、体现自上而下的立法理念也较易被清政府所接纳。中国长期以来的法典化传统,使京师大学堂政法科选择以大陆法系的立法模式为导向的"仿学西法",也有着深厚的主观选择的历史动因。

此外,这一时期的政治学教材带有浓厚的国家理论色彩。国家理论以国家观念为中心,注重主权观念,重视体现国家意志和最高权力的法。《国家论》的作者伯伦知理则是这一时期国家学的代表学者,其理论的影响几乎可以在大多数早期的政治学教材中显现出来。很多教材甚至是照搬了其国家论的体系。

当然,在翻译和编著政治学书籍时,也能看出译者根据对中国现实的价值和功用进行了剪裁取舍。

民国以后的北京大学,教材翻译资源的最大变化是由日本转向欧美国家。1922年10月17日,高一涵为《北京大学日刊》提供的"政治学初步参考书凡七本",都是美国政治学家(如 Garner、Willoughby、Burgess)的原版专著。除了有专门的编译机构统一翻译教科书外,一些老师还带领学生共同翻译了一批参考书。

2. 自编讲义

自编讲义是京师大学堂—北京大学教学的传统和特色。讲义是北京大学学生上课的重要材料,也是教师学术研究成果的一种呈现形式。2009年,时代文艺出版社曾出版了一套22册的老北大教授的学术专著,虽然这些著作并不全是"先讲义后著作"的形式,但采取了《老北大讲义》这样一种系列丛书的形式出版,实际上也是肯定了北京大学教员

---

① 《法国汉学》丛书编辑委员会编:《法国汉学》第8辑,教育史专号,北京:中华书局2003年版,第291页。

编写讲义这种学术呈现的特点的。

1904年颁布的"奏定学堂章程",确定了根据"宗旨纯正,说理明显"等有关教材的要求,分别由国家、地方、民间、个人等多渠道编辑教科书,再经由学务大臣统一审定后颁行的中国的教科书审定制度。但是清廷自此并未采取更为有效果的措施,碍于送审的压力,学校的教科书依然多听凭教员自行选定。

从某种意义上说,《京师大学堂章程》中规定的教科书更接近参考书而不是课本。在《京师大学堂译书局章程》与《京师大学堂编书处章程》中都提到,课本或者教科书属于中小学堂,大学堂本应是没有确定的课本,是要随老师讲授专门学问的。光绪二十八年,京师大学堂设立了三处书籍编译与审定的机构:编书处、译学馆、译书局。这时,京师大学堂还兼任着全国教育行政管理的职能,所以它的规定和职能并不是针对京师大学堂这一座学堂的。译书局规定,"教科书通分二等,一为小学,一为中学,其深远者,俟其二等成书后,再行从事……至精深宏博,西国各有专籍,大学各有专师,则所谓专门之学尔"①。《编书处章程》的要求是,课本分两门,小学与中学。至于大学,则"至精深博,则原则具存,以待专门学堂自行抉择",并特别注明"东西各国,自高等普通至专门,皆由教习口授,无课本"。②

从京师大学堂开始,北京大学教师自编讲义就成为一种惯例,除了规定的指导性的教科书外,很多老师自编讲义,上课前把本节课需要的几页讲义带到课堂分发给学生,下次上课再带来几页。这些讲义常常是老师的独门研究,这也形成了北京大学课程的独特魅力,同一个名称的课,不同的老师有不同的讲法。当一门课结束时,老师的讲义不仅是学生复习的依据,更是老师们出版著作的原稿。李大钊的《我的唯物史观》以及多篇论文都是在讲义的基础上修改发表的。1924年商务印书馆出版的《财政学总论》是陈启修教授在政治学系常年开课的讲义。③

---

① 北京大学校史研究室编:《北京大学史料》第1卷,北京:北京大学出版社1993年版,第196页,《京师大学堂译书局章程》。
② 同上书,第204页,《大学堂编书处章程》。
③ "此书本为我在北京大学所授之讲义录,故芜杂而欠精炼之弊,在所不免。"参见陈启修:《财政学总论》,北京:商务印书馆2015年版(重印本),自序部分。

第四章
政治学"知识资源"向"学术资源"的转变

　　当然,讲义制度也有利有弊。对于北京大学老师上课发讲义一事,蔡元培校长一开始是有不同想法的。1917年1月9日,蔡元培在《就任北京大学校长之演说》中专门谈到了讲义问题:"余到校视事仅数日,校事多未详悉,兹所计划者二事:一曰改良讲义。诸君既研究高深学问,自与中学、高等不同,不惟恃教员讲授,尤赖一己潜修。以后所印讲义,只列提纲,细微末节,以及精旨奥义,或讲师口授,或自行参考学有心得,能裨实用。二曰添购书籍。……"①蔡元培主要是针对两个问题,一是发给学生的讲义如果太过详细,学生会懒于思考,依赖讲义;二是免费发放讲义的费用影响学校购置书籍的经费。这也是任文科学长的陈独秀说的"讲义本不足以尽学理,而学者恃有讲义,或者惰于听讲"②的担忧。政治学系除了指定的教科书外,老师讲课一直采用讲义制。

　　在财政部对各公立高校欠费欠薪背景下,1922年10月12日,北京大学评议会通过一项向学生征收讲义费的决定,还引起了一场"北大讲义费"风波。③ 据《京报》报道,10月19日,北大"遂陷于停课状态之中。后经胡适、李大钊、陈启修等教授与学生沟通,讲义费缓收,风波平息"。

---

① 蔡元培:《蔡元培全集》第3卷,高平叔编,北京:中华书局1984年版,第7页。
② 陈独秀1918年在北京大学开学典礼上的演说词,原文见1918年9月21日的《北京大学日刊》。
③ 1922年10月18日的《北京大学日刊》刊登了朱希祖、王世杰、沈士远、丁西林、李书华、沈兼士、周鲠生等评议会成员联名写给蔡元培信,建议"本校讲义印刷费,岁达一万余元;然图书扩充费,为数极微。现在学校既决定收纳讲义费,我们为学校计,为学生计,谨向先生提议,将所收讲义费,尽数拨归图书支出,……将来学校图书充足,学生外国文程度增高,即可完全废除讲义"。蔡元培回复:"此次征收讲义费,一方面为学生恃有讲义,往往有听讲时全不注意,及平时竟不用功,但于考试时急读讲义等流弊,故特令费用由己出,以示限制。一方面则因购书无费,于讲义未废以前,即以所收讲义费为补助购书之款。至所印小券,不照他校之规定每学期讲义费若干者,取其有购否自由之方便。彼等若能笔记,尽可舍讲义而不购也。"学生闻讯,"数十人,群拥至校长室,要求立将讲义费废止,复经详为解释,而该生等始终不受理喻。复有教员生多人出而劝解,该生等威迫狂号,秩序荡然。此种越轨举动,出于全国最高学府学生,殊可惋惜。废置讲义费事小,而破坏学校纪律之事实大,涓涓之水,将成江河,风气所至,将使全国学校共受其祸。言念及此,实为痛心……"另据蒋梦麟事后回忆,蔡元培"在红楼门口挥拳作势,怒目大声说:'我给你们决斗!'包围先生的学生们纷纷后退"。最后蔡元培校长表示辞职,北大总务长蒋梦麟、庶务部主任沈士远、图书馆主任李大钊、出版部主任李辛白、数学系主任冯祖苟分别刊登启事,宣布随同蔡校长辞职,即日离校。北大全体职员发布《暂时停止职务宣言》,《北京大学日刊》也于当日宣告自明日起停止出版。

3. 著(译)作与教材

民国初年,政治学学者在翻译国外政治学教材的同时,也开始翻译学术经典著作,并尝试按照现代政治学学科结构和范式并结合中国政治实际,撰写政治学教材和书籍,尝试开创新的政治学学科和学术体系。

表 4-8 北大政治学系专职与兼职教师著(译)作

姓名	著(译)作	出版信息(再版年次)
鲍明钤	The Open Door Doctrine in Relation to China	(美国)Macmillan Company 1923
	Modern Democracy in China(中文名《中国民治主义》)	上海:商务印书馆 1924
	《中国民治论》①	上海:商务印书馆 1925/1927
	China and World Peace: Studies in Chinese International Relations(中文名《中国与世界和平:中国国际关系的研究》)	(美国)Fleming H. Revell Company 1928
	《中国现代政治》(演讲集)	北平:北平大学法学院出版部 1930
陈翰笙	《人类的历史》	北京:北新书局 1927
	《国际新局面》	北京:北新书局 1927
	《封建社会的农村生产关系》	上海:国立中央研究院 1930
	《难民的东北流亡》	上海:国立中央研究院 1930
	《现代中国的土地问题》	上海:国立中央研究院 1933
	《广东农村生产关系与生产力》	上海:中山文化教育馆 1934
	《中国的地主和农民》(英文版)	美国纽约 1936
陈启修	小林丑三郎《财政学提要》(译著)	上海科学会编译部 1914
	《财政学总论》	上海:商务印书馆 1925/1928
	《新政治学》	上海:乐群书店 1929
	《经济现象的体系》	上海:乐群书店 1929
	河上肇《经济学大纲》(译著)	上海:乐群书店 1929

---

① 该书根据 1923 年版 Modern Democracy in China 一书翻译而成。

（续表）

姓名	著(译)作	出版信息(再版年次)
陈启修	马克思《资本论》1卷1册(译著)	上海:昆仑书店1930
	《经济学原理十讲》(上册)	北平:好望书店1931
	《社会科学研究方法论》	北平:好望书店1932
	《经济学讲话》	北平:好望书店1933
	《现代国际政治讲话》	北平:好望书店1935
杜国庠	田子一民《英国劳动组合法》(译著)	北京:内务部编译处1920
	《市政论》	北京:内务部编译处1921
高一涵	小林丑三郎《经济思潮史》(译著)	北京:北京大学新知书社1921
	《欧洲政治思想小史》	上海:中华书局1922/1927/1932
	《欧洲政治思想史》	上海:商务印书馆1923—1925
	《中国内阁制度的沿革》	北京:国立北京大学出版部1926 上海:商务印书馆1930/1934
	《政治学纲要》	上海:神州国光社1930/1931/1941
	《中国御史制度的沿革》	上海:商务印书馆1926/1930/1933
顾孟馀	《中国农民及耕地问题》(合著)①	上海:复旦书店1929
黄右昌	《罗马法》	北京:北京琉璃厂宣元阁1918
	《法律的农民化》(讲演集)	北平:中华书局1928
	《罗马法与现代》	北平:京华印书局1930
	《法律的新分类》	北平:国立北京大学出版部1930
康宝忠	《中国法制史略》	北京:国立北京大学出版组1918
罗 鼎	《民法继承论》	上海:上海法学编译社1933
陶孟和	坎斯《欧洲和议后之经济》(译著)	上海:新青年社1920
	《社会与教育》	上海:商务印书馆1922/1923/1930/1934
	《现代心理学》	北京:国立北京大学出版部1922
	《社会进化史》(译著)	上海:商务印书馆1924/1925/1927/1928/1932

---

① 该书作者公孙愈之,即顾孟馀笔名。

（续表）

姓名	著（译）作	出版信息（再版年次）
陶孟和	《社会问题》	上海：商务印书馆 1924/1925/1930
	《北平生活费之分析》	上海社会调查所 1930
	《中国劳工生活程度》	中国太平洋国际学会 1932
万兆芝	《中华宪法平议》（译著）	上海：中华书局 1919
王世杰	《比较宪法》（独撰）	上海：商务印书馆 1927/1929/1935
	《比较宪法》（与钱端升合撰）	上海：商务印书馆 1936/1937/1946/1948
王建祖	《银行学原理》（与吴宗焘合译述）	上海：商务印书馆 1916/1922/1924
	基特、里斯脱《经济学史》（译著）	上海：商务印书馆 1923/1925/1928
夏勤	《法学通论》	北京：朝阳大学出版部 1919
	《刑事诉讼法要论》	北京：朝阳大学出版部 1921
	《法学纲要》（与郁嶷合编）	北京：朝阳大学出版部 1927
余棨昌	《司法法令辑要》	北京：司法公报发行所、公安书局 1919
张慰慈	《英国选举制度史》	上海：商务印书馆 1923/1931
	《市政制度》	上海：亚东图书馆 1925/1928
	《政治概要》	上海：商务印书馆 1926
	《现代民治政体》（译著）	上海：商务印书馆 1927/1931/1935
	《政治学大纲》	上海：商务印书馆 1928
	《改订政治学大纲》	上海：商务印书馆 1930
	《英国政府纲要》	上海：商务印书馆 1930
	《政治制度浅说》	上海：神州国光社 1930
	《妇女论》（译著）	上海：神州国光社 1930
	《政治学》	上海：商务印书馆 1930
	《宪法》	上海：商务印书馆 1930
周鲠生	《万国联盟》	上海：商务印书馆 1922
	《法律》	上海：商务印书馆 1923/1925/1928
	《领事裁判权》	上海：商务印书馆 1923/1925

（续表）

姓名	著(译)作	出版信息(再版年次)
周鲠生	《最近国际政治小史》	上海：商务印书馆 1923/1929
	《近代欧洲外交史》	上海：商务印书馆 1927/1928/1933
	《解放运动中之对外问题》	上海：太平洋书店 1927
	《不平等条约十讲》	上海：太平洋书店 1928
	《革命的外交》	上海：太平洋书店 1929
	《国际法大纲》	上海：商务印书馆 1929/1932/1934
	《国际政治概论》	上海：神州国光社 1930
	《现代国际法问题》	上海：商务印书馆 1931
	《最近国际政治小史》	上海：商务印书馆 1933
	《近代欧洲政治史》	上海：商务印书馆 1933
	《国际公法之新发展》	上海：商务印书馆 1934
	《近代各国外交政策》	南京：正中书局 1934/1936
	《非常时期之外交》	上海：中华书局 1937
	《战时外交问题》	重庆：青年书店 1938
周龙光	《英国之政党》	北京：内务部编译处 1918
	《美国之政党》(编译)	北京：内务部编译处 1919

说明：表格主要依据北京大学图书馆馆藏、国家图书馆馆藏检索系统整理。

分析这些著(译)作的具体内容，可以发现其思想观念与学术理念具有历时与共时性的分歧、冲突和张力，呈现出差异多态的知识图景，这也是对作为他者的西方文化进行选择性吸收和重构的表征。在20世纪20年代的北大，学者开始尝试对来自西方的各派理论进行本土化的改造和重建。但是由于对社会环境的反映意识不同、知识结构的类型不同、个体选择偏好不同，就出现了个体接受某一派思想而拒绝另一派思想的倾向。正是由此，形成了复杂多样的政治思想与观念谱系。这一时期的中国，国家局势的危急与政治生态的复杂，致使学者很难像同时期的其他西方国家学者一样，为学术而学术，从容思辨、精心建构一个个成熟而严密的理论体系。有的政治学者因始终把民国政府视为合法性政权，因而终其一生将国民政府的制度设计和治理体系作为研究对象和内容;有的学者,把"救亡""启蒙""革命"作为学术支持的理念,为其提供思想武器和理论启蒙。"学术"的政治学和"政治"的"政治学"交织在一起。

4. 报刊文章

比起著书立说,在报纸杂志上发表论文能更快捷地表达和传播政治观点和学术观点。在民国初年这样一个政治变动期和建设期,政治学系很多教员与其他领域的知识分子一样,通过自己办刊、在报纸杂志上发表时评文章或学术文章来抒发其政治观点和学术见解。陈启修在五四运动前后,发表了诸如《国家改制与世界改制》《庶民主义之研究》《文化运动底新生命》《国家之本质及其存在之理由》等大量文章,积极宣传马克思主义,推进国民革命的发展。高一涵在《甲寅》《民彝》《新青年》《每周评论》《努力周报》《现代评论》等报刊上发表了大量的时评文章,仅在《新青年》第一卷到第九卷就发表了26篇文章,陶履恭发表了20篇文章,李大钊发表了13篇文章[①]。而周览在《每周评论》等发表了上百篇文章。这些文章因运用了政治学的理论和方法,因而比一般的时评更具理论性和学术性。在那个时代,报刊文章也是学术呈现的一种重要形式。

(二) 学生的学术表现

1930年以前的政治学从业学者人数较少,攻读政治学专业的本科和研究生也是少数。因此,政治学专业的学生的论文、译著和论著,在当时也是政治学领域不可或缺的学术成果。

1. 毕业论文

北京大学早期的学生档案保管有纰漏,遗失很多,又因为自1918年下半年开始,北京大学法科学生一度不再要求写毕业论文,所以目前只找到1917年、1918年以及其他个别年份的数量并不完整的法科政治学系学生的毕业论文题目。

---

① 汪耀华:《〈新青年〉广告研究》,上海:上海书店出版社2016年版,第194页。

第四章 政治学"知识资源"向"学术资源"的转变

表4-9　1917年法科政治学门四年级学生毕业论文题目①

姓名	论文题目	指导老师
钱应玕	空中及海陆战争	张煜全
胡富振	论租借地	同上
盛世煜	国会论	钟庚言
范　铠	国会论	同上
梁元芳	国家之作用	同上
吴景超	国会组织论	同上
余国桢	行政首长论	同上
卢起炤	宪法论	同上
朱锡诒	政府组织论	同上
肖秉良	内阁论	同上
吴景尧	论古今国体之变迁	同上
尹克任	论莫伦宪法	同上
陶黉兆	国家概论	同上
崔允恭	国会权限论	同上
冯中玺	政党考(用英文写作)	严鹤龄
赵之秋	中国国会选举制度概论	同上

表4-10　1918年法科政治学门四年级部分学生毕业论文题目②

姓名	论文题目	指导教师
廖书仓	三权分立论	不详
徐文纬	宪法论	不详

在1917年与1918年毕业的22名学生当中,盛世煜、徐文纬、廖书仓三人的毕业论文皆以北京大学法科的名义,在其毕业当年出版。另外,有据可查的是1927年毕业生王振武的毕业论文《中国国民党的历史及其三大政策》也是当年得以出版。③

---

① 在1918年2月学校就将上一年毕业学生的论文题目刊出,作为学生参考之用。参见《北京大学日刊》第七十四号(1918年2月22日)、第七十五号(1918年2月23日)。
② 参见徐辰编:《宪制道路与中国命运:中国近代宪法文献选编(1840—1949)》下卷,北京:中央编译出版社2017年版,第482页。
③ 《王振武自传》,中国人民政治协商会议湖南祁阳县委员会文史资料研究委员会编:《祁阳文史资料》第6辑,1990年,第130—141页。

从这些毕业论文的题目来看,选题主要涵盖三个方向:第一,政治学基本理论问题研究。这类论题所占比重最大,比如《国家之作用》《政府组织论》《政党考》等,关注的焦点集中于国家与政府体制。第二,对中国政府与政治的探讨。比如《中国国会选举制度概论》《中国国民党的历史及其三大政策》,反映了政治学视角下对所处时代政治现象的观照与反思。第三,与法律相关的问题。比如《宪法论》《论莫伦宪法》,这也从一个侧面反映了早期政治学与法学之间的密切关系,政治学科的分化并不十分明显。

2. 译书

在经历过1918年"译书译名"的课程训练后,1919年2月学期伊始,法科四年级的学生就已经基本选定了译书的书目。所译图书有英文、法文、德文、日文四种,其中,选择法文和德文书进行翻译的学生分别有2人,选择日文书进行翻译的有15人,其余的学生都选择了英文书目,50多名毕业生中,多人合译的约有半数,合译人数从二人到六人不等。

表4-11 部分政治门学生译书课程完成情况[①]

学生姓名	毕业时间	译书名称	备注
张　涛	1919年	D. Burns, *The World of States*	三人合译
孙学鲁	1919年		
段大成	1919年		
夏治范	1919年	Creasy, *Rise and Progress of the English Constitution*	四人合译
顾开之[②]	肄业		
杨景汶	1919年		
张厚载[③]	肄业		
陈达材	1919年	D. Burns, *Political Idea*	独译

---

① 《法科四年级译书目录》,《北京大学日刊》第三百〇二号,1919年2月6日。

② 顾开之,江苏川沙人,1915年至1919年于北京大学政治学系就读。参见北京大学五十周年筹备委员会编:《国立北京大学历届同学录》,北京:国立北京大学出版部1948年版,第445页。

③ 张厚载由于在京沪各报传播关于陈独秀、钱玄同等的谣言,按照大学规程第六章第四十六条第一项,在1919年3月被学校责令退学。参见宋宝珍:《迈入现代的门槛——五四新剧》,北京:中国文联出版社2016年版,第35页;《本校布告》,《北京大学日刊》第三百四十六号,1919年3月31日。

第四章
政治学"知识资源"向"学术资源"的转变

从 1919 年到 1929 年的十年间,政治学系在校学生在教师的指导下继续翻译西方学者所著的政治学著作,欧宗祐和何作霖在《宪法学原理》的"译者之言"中,就曾对提供大量帮助的政治学系教授陶孟和、高一涵提出感谢。这些译著中也有部分得以公开出版,其中部分学生的书籍出版情况参见表 4-12。

表 4-12　1919—1929 年政治学系学生翻译书籍出版情况

学生姓名	毕业时间	译书名称	出版社	出版时间	备注
陈国榘	1922 年	〔美〕施罢戈(J. Spargo)著《布尔什维主义底心理》	商务印书馆	1921 年	独译
欧宗祐	1924 年	〔日〕美浓部达吉著《宪法学原理》	商务印书馆	1925 年	二人合译
何作霖	1924 年				
郭弼藩①	1923 年	柯尔(G. D. H. Cole)著《基尔特社会主义与劳动》	商务印书馆	1922 年	与郭刚中合译
梅祖芬	1923 年	〔英〕布赖斯(James Bryce)著《现代民治政体》	商务印书馆	1927 年	三人合译②
赵冠青	1924 年				
赵蕴琦	1924 年				
		〔美〕布鲁克(R. C. Brooks)著《瑞士的政府和政治》	商务印书馆	1924 年	独译

总体看来,这些译著所涉及的学科范围比较广泛,其中有政治哲学、民主理论,还有宪法学以及马克思主义、基尔特社会主义等,这从一个侧面也反映了当时北大政治学多元化的研究风格与广泛的关注领域。其中,陈国榘翻译的《布尔什维主义底心理》作为共学社"时代丛

---

① 郭弼藩译书所用名为郭梦良。
② 政治学系教授张慰慈指导北大政治学研究会会员梅祖芬、赵蕴琦、赵冠青等,于 1922 年春开始翻译《现代民治政体》,原拟由北大政治学研究会出版译作,后因无力印刷,转由商务印书馆世界丛书社印行,原著第一编由梅祖芬译成,于 1923 年 6 月先行付印;第二编上由赵冠青译,1927 年 7 月初版,第二编中由赵蕴琦译,1927 年 7 月初版;第二编下由张慰慈译,1931 年 7 月初版。参见孙宏云:《布赖斯政治学著作在近代中国之译介》,《政治思想史》2016 年第 3 期。

书"其一种,是较早的宣传马克思主义的著作,该书翻译自美国社会党领袖施罢戈。译者认为,"说明布尔什维主义发生底原因,是一种历史的同心理的观察,最易使人明白,更为我们现在底急需,所以特地把这书译出来"①。全书分十六章,论述了布尔什维主义的心理与流派,布尔什维主义与马克思主义、无产阶级、社会主义等的关系,以及美国布尔什维主义的发生与发展。该书翻译的时间正值新文化运动的高潮期,马克思主义虽然已经开始传播,但是相关译作却并不多。这本《布尔什维主义底心理》的翻译也算是时代所需了。

范用馀翻译了《公共意见与平民政治》,在序言中他写道:"自从'民权说'出世之后,一般人皆相信民权在平时是公共意见;在乱世就是'革命的势力'。这几百年间,经一次革命,民主政治有一次进步,因而公共意见更加发达,更觉得没有发表的机会,以促成第二次革命。在表面上看来,好像民主政治的进步就是革命的祸根,其实因为这些进步全是表层的变动,不曾履行民主政治的机能。民主政治的机能是实行人民的公共意见,他的价值在乎他供给表现民意的方法和尊重民意。"②

总之,北大政治学系学生的译书活动,不仅体现了一种学术与学科发展的诉求,也在一定程度上推动了社会政治思想的启蒙,促进了政治学的学术发展。

3. 著述与文章

北大政治学系的学生在读期间就有出版著作的。其中学术成果最为突出的是 1925 年毕业的学生萧一山。

萧一山(1902—1978),江苏铜山人,1921 年从山西大学预科毕业考入北京大学政治学系本科,③对清朝政治史极有兴趣,曾受到史学系朱希祖和孟森的指点。1923 年,萧一山读二年级时,独自出版了以清朝政治为核心的《清代通史》上卷两册,梁启超、李大钊、朱希祖等为之作序,此为国内第一部清代通史。1925 年从北大政治学系本科毕业后,萧

---

① 〔美〕施罢戈:《布尔什维主义底心理》,陈国榘译,上海:商务印书馆 1921 年版,第 1—2 页,译者弁言。
② 〔美〕罗伟尔:《公共意见与平民政治》,范用馀译,上海:商务印书馆 1924 年版,第 1 页,序言。
③ 1925 年毕业生名册上为"萧桂森",《北京大学日刊》第一七五一号,1925 年 9 月 3 日。

第四章 政治学"知识资源"向"学术资源"的转变

一山直接被聘为清华大学教授,主讲"政治史";1929年在北京创办"北平文史政治学院",任院长。后成为一代清史研究大师,被誉为"清史研究第一人"。①

赵蕴琦在北大政治学系读书期间不仅翻译了《瑞士的政府和政治》等著作,还编写了《美国政府大纲》《法国政府大纲》,由商务印书馆分别于1921年和1923年出版。这两本书是在政治学系教授张慰慈的指导下完成编写的,张慰慈还亲自为其修改、校对。关于《美国政府大纲》,赵蕴琦指出其编写目的在于:第一,"美国是联邦式的共和先进国";第二,"使我国一般的国民能知道美国政府组织的大概"②。该书根据《美国政府及政治》《合众国》政府两书,择其精要编写而成,对美国政治制度的起源,联邦政府的中央与地方结构、法律与经济状况,美国的政党等问题进行了简要而系统的阐述。

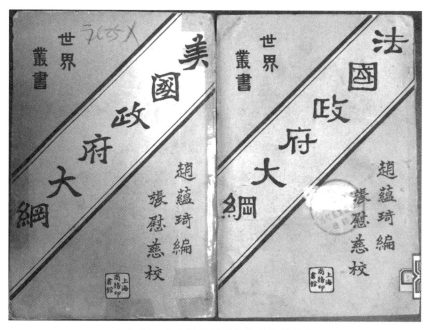

照片24　北大政治学系学生编写的著作

1922年,本科学生罗敦伟与易家钺合著了《中国家庭问题》,由上

---

① 万合利编:《百年学人》,郑州:河南大学出版社2012年版,第115页。
② 赵蕴琦编:《美国政府大纲》,张慰慈校,上海:商务印书馆1921年版,第1页,自序。

海泰东书局出版。

1923年毕业的陈顾远,在本科期间撰写了《孟子政治哲学》《墨子政治哲学》《地方自治通论》三本专著,1920—1923年先后由上海泰东书局出版。

除了著作以外,政治常识与理论的传播也需要借助大众媒体,报纸、杂志、书籍等在开启民智、动员民众、普及常识方面常常能起很大的作用。北大政治学系的学生在就读期间除了专修理论之"政治",也时刻关怀国家之"政治"并发表时政文章。

表4-13 1913—1929年政治学系学生发表文章的部分情况

姓名	毕业时间	译文、论文
费秉铎	1922年	1920年于《国民》杂志发表《马克思资本论自叙》;在《晨报》《改造》等报刊上发表《关于社会主义与资本主义争论的问题》《对于社会主义争论问题提出两大关键》《关于社会主义运动问题致蓝志先生书》
陈国榘	1922年	1920年于《国民》杂志发表《苏维埃俄国底经济组织》《苏维埃俄国的新农制度》等文章
郭弼藩	1923年	1919年于《法政学报》发表《〈周易〉政窥》《周秦诸子政治思想之研究》,其余文章散见于《京报·青年之友》《晨报副刊》《时事新报》之"社会主义研究"[①]
余 旭	1925年	1923年与邻水籍在京学生组织"古邻社",出版刊物《古邻新潮》,并于该刊物上发表文章

其中,1920年10月《国民》第2卷第3号刊载费秉铎[②]两千余字的译文《马克思资本论自叙》,原文即马克思《资本论》第1卷德文第1版序言,这是现今所知的关于《资本论》较早的部分中译文字。[③]

此外,段大成作为当时旅京陕西学生联合会会长,带领成员创办《秦钟》《共进》等刊物;何作霖在北大就读期间曾兼任《晨报》编辑;黄

[①] 庐隐:《庐隐自述》,文明国编,合肥:安徽文艺出版社2014年版,第147页。
[②] 费秉铎在刊发文章时用名费觉天。
[③] 韩金:《资本与文明——〈资本论〉在中国研究史》,南京:南京大学出版社2015年版,第21、65页。

时杰与陶肇武都曾是北京大学学生创办的宣传爱国反帝的刊物《国民》杂志的会员;苏荫棠与韩树森曾与在北京的甘肃籍学生共同创办《新陇》杂志,以求甘肃觉悟奋发,推动社会改良;①彭宗海曾与宜宾同乡联合主编《益群旬刊》;台湾籍学生林炳坤联合其他5名北大学生发起成立北京台湾青年会,曾发行《会报》和其他宣传文件,散发给台湾岛内和日本东京的台胞。② 北大政治学系的学生自己办的6期政治评论,几乎所有文章都是出自学生之手。学生的论文和著述是北大政治学学术成果的重要部分,学生的成果也是检验政治学系教学和学术训练效果的重要方面,体现着政治学系的一种学术传承。

四、北京大学政治学系代表性的学者及学术贡献

中国的政治实践为中国积累了丰富的政治经验,形成了独特的为政之道、政治之学。但这并不同于作为西方舶来品的现代学科意义上政治学。清末民初以来,现代政治学在中国的发展经历了"作为学科学术的西方政治学"的传入和落地以及"中国政治学本土初建"的过程。在这一过程中,形成了学科学术意义上的几代政治学人。有研究者认为,在1949年前中国形成了"三代半"的政治学人:第一代学术活动主要集中于民国初年到20世纪20年代,第二代主要活跃于20世纪30年代,第三代以20世纪40年代的西南联大学者为代表,另有"半代"指20世纪40年代在国内或欧美完成了本科及硕博学位,后服务于新中国政治学界者。③ 北京大学政治学人横跨几代,每代都有代表性人物。京师大学堂时期,法政不分,真正的独立政治学体系并没有建成。从民国建立到20年代末,才得以完成。

北京大学政治学者对中国政治学早期发展做出了重要的学术贡献。他们在北大政治学系开创的政治学基本理论、政治思想与政治制

---

① 康民、秦生:《西北高原起春雷——西北五四运动与大革命史》,北京:中共党史出版社2007年版,第66页。
② 何标:《番薯藤系两岸情》,北京:台海出版社2003年版,第373页。
③ 王向民:《高一涵:现代政治学的开拓者》,《中国社会科学报》2015年3月27日,第B01版。

度、行政学、国际政治、公关财政学、政治经济学等领域的研究,至今仍是北京大学政治学学科的重要专业方向和课程体系内容。

(一)张慰慈的国家学说与市政理论

张慰慈,字祖训,江苏吴江人,生于1893年1月22日,[①]是北京大学最早的政治学教授之一,也是早期中国现代政治学的开拓者与奠基者之一。他编写的《政治学大纲》不仅是北京大学政治学专业的经典教科书,还成为中国许多高校的教材,在中国政治学发展史上占有重要的地位。

根据目前已有资料的记载,1917年张慰慈与胡适同时回国,应邀进入北大任教。张慰慈在政治学门(1919年改为政治学系)任教至少到1925年(1925年前北京大学课表上一直有他开设课程的记载),后入北京法政大学任教。大约从20世纪20年代末开始,张慰慈由学转政,历任财政部秘书、沪宁沪杭甬铁路管理局运输课副课长、北宁铁路管理局总务处长、铁道部参事、经济部资源委员会购置室主任等职。1929年北京大学复校后重新聘他为政治学系教授,但他坚辞不受,1930年和1931年《北京大学日刊》上曾两次登出政治学系师生"敦促"张慰慈等教授速即回校[②]的通知。1932年,他参与创办了中国政治学会并担任干事,可见对政治学的关心依旧。他先后在上海东吴大学、中国公学、安徽大学教授政治学,并兼任安徽大学图书馆馆长等职。抗战胜利后,张慰慈应太平保险公司周作民之邀,赴美考察保险业二年。1949年,张慰慈进中国科学社明复图书馆工作,后于1955年经陈毅颁发聘书进入上海市文史研究馆。在文史馆工作期间,主要从事翻译工作,译有《英国政府》等。1976年,张慰慈病逝于上海。

[①] 张慰慈的生日有几种不同说法。胡适1924年1月27日当天的日记记载,"慰慈生于壬辰十二月五日(阳历1月21日或22日)",公历为1893年1月22日。根据胡、张二人的亲密关系,此记载应为确切。参见胡适:《胡适日记全编》第4卷,曹伯言整理,合肥:安徽教育出版社2001年版,第169页。袁同礼写的《中国留美同学博士论文目录》中,张慰慈的出生年份也是1893年,参见袁同礼编著:《袁同礼著书目汇编》第3册,北京:国家图书馆出版社2010年版,第246页。

[②] 参见《北京大学日刊》第二一九六号(1929年6月21日)、第二三七四号(1930年3月31日)。

第四章
政治学"知识资源"向"学术资源"的转变

在北大政治学发展刚刚步入正轨时,张慰慈的加入可谓正逢其时。当时的北大政治学的师资虽然主要由留学日本与欧美的"海归"构成,但教师的专业背景较为复杂,包括政治、法律、社会、经济、历史等多个学科,张慰慈是北大早期政治学系为数不多的政治学专业"科班出身"的专职教授。张慰慈进入北大政治学系后,开设并讲授了"政治学""国家学""市政论"等课程。他编著和翻译了很多政治学著作,奠定了他的现代中国政治学开拓者的地位,比如《英国选举制度史》(1923年初版,1934年再版)、《政治学大纲》(1923年作为北京大学丛书之一出版,至1930年至少印刷11次)、《政治概论》(1924年初版,1926年出至第四版)、《市政制度》(1925年初版,1928年再版)、《政治制度浅说》(1930年初版,1931年出至第三版)、《宪法》(1930)、《政治学》(1931);译有《妇女论》《现代民治政体》《英国政府纲要》等;校有《瑞士的政府和政治》《美国政府大纲》《法国政府大纲》等。其中,《政治学大纲》与《市政制度》是张慰慈的代表作。他还在《新青年》《每周评论》《努力周报》《东方杂志》《国立北京大学社会科学季刊》《晨报副刊》上发表了多篇政论文章或者翻译学术论文,①参与了胡适在北京组织的几乎所有重大学术活动。

作为中国现代政治学的开拓者和奠基者之一,张慰慈关于国家的理论成为他政治学思想的核心贡献,体现在他的代表作《政治学大纲》和其他著作中。他将政治学归纳为"科学的国家的智识,是一种公民的常识"②。他从公民推及国家,认为"政治学是研究国家如何发生,如何进化,找出因果变迁的公例(历史的政治学);并观察现在国家的性质及组织和所处的环境,所发生的变端(叙述的政治学);更从这种性质、组织、环境、变端之中,找出根本观念和具体的原理原则(纯理的政治学);拿来做怎样应付现在政治环境,解决现在政治问题,创造新政治局势的工具(实用的政治学);这就是政治学的涵义"③。

20世纪20年代,以胡适为代表的深受英美政治传统影响的自由主

---

① 比如,张慰慈翻译了刊于《美国政治学报》(American Political Science Review)第14卷二号的美国学者Ross和Perlmen的《俄罗斯研究》一文并发表在《新青年》八卷一号上。
② 张慰慈编:《政治学大纲》,上海:商务印书馆1930年版,第7页。
③ 同上书,第9页。

义的学术精英对中国影响很大。张慰慈是胡适"圈子"中的重要成员。作为北大政治学界的代表人物,张慰慈早期的政治学倾向也深受自由主义的影响,推崇权力分立制衡、契约主权与国家—社会分立等学说,但张慰慈强烈的介入政治的愿望,又使他并没有把自由主义坚持始终。这种复杂和纠结当然也反映在他的国家学说上。

当代政治学研究者认为,"对国家的研究,和对诸如权力与权威、民主与威权政体的研究等,都是政治学的核心研究话题。国家研究的理论发展一方面反映了政治学学科发展的状态,另一方面也推动着政治学及相关学科的发展。国家理论对于政治学理论而言具有根本性的意义。正如经济学需要预设一个市场——不管是何种属性的市场——的存在才能研究个体、厂商乃至政府的行为,政治学研究需要一个揭示了的(explicit)或者至少是隐含的(implicit)国家概念作为前提基础"①。国家学说也是第一代政治学人普遍关心的学术话题。在现代政治学发源地的美国,国家理论也是美国政治学的重要议题,与美国国家建设密切相关。无论西方还是中国,在国家转型期和新国家的构建期,都急需国家理论、国家学说参与和指导国家的建构。早期中国政治学具有强烈的"国家"底色,甚至当时的政治学有时就直接被称为"国家学"。与同时代的学者一样,张慰慈的政治学研究首先也更多的是关注国家理论。辛亥革命以后的中国国家建构问题,是20世纪20—40年代一直延续的重要议题。围绕中国国家建构的问题,形成了中国共产党的新民主主义国家理论、三民主义的国家学说以及法西斯主义的国家学说。除此之外,还有一些学院派学者,他们没能真正理解和接受中国共产党对于中国国家和中国革命的认识;对于国民党御用文人提出的国家主张也没有全盘接受。他们在吸收西方国家学说的同时,力图结合中国的历史和实际进行学院派式的理论阐释,表现为一种混合的国家学说。张慰慈的国家学说就是一种多维度混合的国家学说。

在张慰慈的《政治学大纲》中,绝大多数章节都是关于国家的:从基本的常识和理论角度解释国家以及对中国和主要西方国家的个案研究。张慰慈关于国家基本思想和观点体现在以下几个方面。

---

① 张长东:《比较政治学视角下的国家理论发展》,俞可平主编:《北大政治学评论》第3辑,北京:商务印书馆2018年版,第197—234页。

第四章
政治学"知识资源"向"学术资源"的转变

第一,在国家与社会的关系中,社会是理解国家的关键。张慰慈认为,要从社会视角来理解国家概念。在他看来,国家成为政治学研究对象是共识,但如何认识这个研究对象却存在诸多分歧,因而历史上存在着各种各样的国家学说。张慰慈坚持从社会的视角来理解国家的起源和性质。他的基本逻辑是,社会是人类出于一定需要而组织的团体的统称,因血统关系而成家族,因宗教关系而成教会,因生计关系而成城市,因政治关系而成国家,国家是社会的一种。这几种社会根据其力量的对比关系,相应产生了宗法国家、教会国家等形式。但这几种力量之间的竞争也会产生冲突,因此,国家起到了仲裁者的作用,同时,随着人口增加、智识的提升,人们的需求也不断扩大,仅仅依靠家族、教会等社会力量是不够的,经济的分配有时候不得平均,国家的权力因之扩大,所以国家产生于社会发展的需要,既非产生于压迫、契约,又非神造、法造。

第二,国家的起源不是单一的经济—阶级因素。张慰慈认为,以往的研究对国家的起源实际上是不重视的,或者说是没有意识的。当时的人们觉得国家是天生就有的,因而更多关注于政治权力的归属。而进入19世纪以来,学界才开始关注国家的起源。张慰慈对国家起源的研究体现出了明显的历史主义倾向,政治学与历史学的结合成为他一贯的学术风格。具体来说,他认为国家的起源受到血统、宗教、战争、经济等因素的巨大影响。血统是人类最初凝聚力的来源,以家族为起点,随着人口的增多,家族变为宗族,宗族繁盛而为部落,部落结合而成国家。例如,古时中国实质上就是一个"家国同构体"。宗教最初对于血统的凝聚作用是一种加持,而国家的扩展稀释了血统的影响力,科学的发达使得迷信没有了市场,实用道德的宗教"替补登场",可以"坚固人与人在社会上的团结力",[①]基督教便是影响国家起源的典型案例。经济的发展使人们产生分工、合作,需要有专门的组织来保障实现,因此,"家族——宗族——部落——国家"的变迁"也不过是因生产上的关系,不得不改组"。私有财产的出现,使得国家作为财产的保护者而成为必要,同时,私有财产占有的差异——贫富不均使得人们分化为统治阶级

---

① 张慰慈编:《政治学大纲》,上海:商务印书馆1930年版,第98页。

中国现代政治学的发端与拓展
北京大学政治学(1899—1929)

与被统治阶级,这里面体现出的权力与服从,成为"君主与贵族政制的基础"。① 经济需要催生战争需求,一方面要扩张,另一方面要自我防卫,因此人们易于以军事方法组织起来,这种整齐划一的组织便是国家的雏形,同时,强军事组织通过杀伐征讨,便有组织较大国家的潜质。张慰慈认为,国家起源是非常复杂的,各种因素可能会起到不同程度的作用,"在最初的时候,因为血统、宗教、生产、战争上的种种关系,人民自然而然的有一种组织。这种组织,就变成国家的基础"。当人们发现国家的时候,也便是政治观念凸显,政治组织加权,政权与他权分开,风俗变成法律,爱国统一精神产生的时候。② 但无论是对国家概念的理解,还是对国家起源的混合因素的分析,他还是具有比较浓厚的经济决定论倾向,这与马克思主义的辩证唯物主义和历史唯物主义还是接近的。首先,他认为经济的发展促使血统表现组织的变迁,随着国家规模的扩大,血统因素的影响也不断下降;除了宗教战争之外,人类历史上的战争也大都是因经济上的需要而发生;而经济对于宗教的发展影响也是十分巨大的,经济的发展带来科技的进步,因此人类宗教也便从崇拜自然发展到实用道德阶段。因而,似乎可以将张慰慈对国家起源的认识归根于经济因素,尽管他并没有明确表示。但差不多同时期的政治学者邓初民,则基本上认同了马克思主义的国家观,他认为原始社会中不存在国家,但随着种种共同事务的执行而产生分工,加之战争等因素,使得原始社会的平等受到打击,出现了"劳心"的"治人者",伴随奴隶制度的形成,属于统治者的阶级"为维持着优越并抑压其他的社会成员,便须创立一种表面上仿佛是第三者的权力机关,即常备军、警察,监狱及其他的物质上之强制等等",国家由此得以产生。③

第三,民族国家是现代国家的基本类型。政治学意义上一般将国家分为君主制国家、贵族制国家、民主制国家、共和制国家等类别,然而张慰慈以历史发展为脉络,按照人口和土地规模,将国家种类分为团体国家、民族国家与世界帝国、民族帝国。"团体国家"以"小国寡民"为特征,分为部落、乡村与城市三类。部落由于家族、宗教、地理等因素的

---

① 张慰慈编:《政治学大纲》,上海:商务印书馆1930年版,第101—102页。
② 同上书,第105页。
③ 邓初民:《新政治学大纲》,北京:商务印书馆2011年版,第96—97页。

第四章 政治学"知识资源"向"学术资源"的转变

限制,规模极小,而乡村要么通过联合扩展为国家,要么乡村扩展为城市,成为城市国家,例如古希腊的城市国家便是由村庄合并形成的。张慰慈认为,中世纪贵族的庄园是最典型的乡村团体国家,庄园主就是国家的皇帝。而城市类团体国家主要由商业的发展而来,这与第二类中的城市国家由乡村扩展而来有着本质的区别。商业的发展带来贫富不均,形成阶级分化,有钱有闲阶级成为统治阶级,领导城市居民一方面抵抗侵略,另一方面开疆拓土,因而城市的军事与政治组织非常发达。但由于其内部的阶级分化而产生阶级争斗以及伴随城市扩展、商业发展等原因,城市国家出现衰落,以致被民族国家所兼并。"世界帝国"是古代大帝国,均以武力征服形成。城市是财富、权力的集中点,因此古代大帝国以城市为起点,以战争为手段,通过不断的征服直至出现一个横跨数个大洲的大帝国,即世界帝国,古罗马帝国便是典型。"民族国家"是在经历了前两类国家的基础上发展起来的。中世纪末期,欧洲时局逐渐稳定,人们也得以安居,此时,"因民族、语言、宗教的种种关系,再加上天然的地理界限,所有封建时代余传下来的零星碎片就合并起来,组成永久的结合"。民族国家在此基础上形成,并着力于权力集中化与世俗化,一方面"削藩"强化君权,另一方面"夺权"促使政教分离。民族国家的发展由此进入君主时期,二百多年后才开始慢慢进入民主时期。"民族帝国"则是民族国家的扩展版,欧洲诸国在海外拥有广阔的殖民地,兼具民族国家与世界帝国的特性,例如英国被称作"日不落帝国",便是民族帝国的典型。这是张慰慈比较独特的国家分类法。

第四,城市是现代国家建构的起点,市政学也是一种国家学。

考察早期中国政治学的学科与学术发展,会发现无论是当时大学所开的课程还是学者的研究兴趣、介绍重点,都有"市政学"。

广义的市政学,与政治学、行政学、城市学、管理学等学科有着极为密切的联系,可以属于这些学科的任一分支。但市政学又是相对独立的学科,有其特定的研究对象、研究领域和研究任务,即主要研究政府对城市公共事业、公共事务的管理,包括城市规划的制定和实施、城市各项基础设施与城市公共生活服务设施的建设与管理、城市环境管理、城市治安和公共秩序管理、城市财政税收管理、城市公共事业的管理等。20世纪20年代至30年代,北京大学政治学的课程体系中一直包括张慰慈为本科生开设的必修课与选修课"市政论"、娄学熙开设的"市政原理"与"市行政"、陈受康开设的"市行政"以及李续刚开设的"北京市政研究"等。市政学在20世纪政治学科中比较受重视的主要原因包括:一是市政学被看作是行政管理学的重要内容。而行政管理与政治学合在一起作为广义政治学的学科,在今天的中国仍然比较流行。二是市政学重点研究的是城市,而现代化的重要成就之一就体现在现代城市的诞生、管理和运行上。留学归国的政治学人很多都偏爱市政学,实际上在清末新政时,中国就已经开始按照新的城市规律和格局对旧城进行改造和重塑了。三是市政学所涉及的城市的基层组织、城市选举、教育、福利,甚至城市与国家的关系等,都与政治学的平等民主国家等一般基础理论高度相关。"市政学是研究关于城市市政府及市行政之学术,政治学是研究国家政制与国家任务之科学,城市为一国最重要最小之区域,其政府为地方政府最重要之下级自治团体,市政学乃讨论城市与城市政府之科学,其范围与政治学相比较,为政治学一部分。"①所以,当时政治学系所开设的市政学是政治学视野下的市政学。当时北京大学政治学系的课程说明中这样介绍市政原理课程的教学内容和目的:"市政原理,对于下列各项问题作一说明:(1)城市之发达,(2)城市人口之特性,(3)城市与国家之关系,(4)选民、政党制度与公共管理,(5)城市组织之各种形式。"②张慰慈是中国市政学的开山之人,他的博士学位论文是关于美国的市政管理,他还发表了多篇市政管理的文章并出版了专著《市政制度》。在1925年以前,张慰慈常年在北大政治学系开设"市政论"的必修课和选修课。他的市政理论显然是与他的国家理论相联系,准确地说与他关于国家构建路径的思想相关,是国家建构视角下的市政学。他曾批评研究政治学的人将政治学的范围"限于中央政府的政治",对与他们切身相关的市政问题和地方政治"反而不十分注意"③。他认为城市政府是全国政府的基础,与市民的联系更为紧密,市民可能感受不到中央政府的存在,但却无时无刻不与所在

---

① 董修甲:《市政学纲要》,上海:商务印书馆1932年版,第7页。
② 萧超然等主编:《北京大学政治学与行政管理系系史(1898—1998)》,北京大学政治学与行政管理系,1998年,第29页。
③ 张慰慈:《市政问题(一)》,《努力周报》1922年第9期。

第四章 政治学"知识资源"向"学术资源"的转变

的城市发生关系。如果城市治理不好,将会影响整个国家的稳定。

对于城市的治理,张慰慈提出三大原则:职权必须集中,责任必须确定,民选官吏不可过多。① 人民选出数位议员组成市议会来把握城市的发展方向,市议会选择市长来负责具体行政事务。张慰慈一直坚持"专家治国"的观点,认为不应拘泥于民主观念,事事走民主的程序,而要将"民主选举"与"精英选拔"有效结合,既要体现出一定的民意,同时更加着眼于实务操作,市议会不能开成"辩论会",而是要着眼于为大众办事,这也符合孙中山关于政权与治权分离的观点。

从根本上说,张慰慈将城市作为现代国家建构的起点和支点,"利用城市政府的组织,想达到个人幸福和社会安宁的目的"②。他认为,相比农村而言,城市才是现代化的代言人,而且,"文化史上最重要的一步是从乡村的生活变化到城市的生活"③。因此,城市的发展与管理水平是衡量现代化的重要标准,现代化国家的建构也应从城市开始。

他所坚持的这种以城市治理为核心的国家建构路径,他所秉持的中国和平地从训政走向宪政,完成中国的城市化的改良主义设想,在当时显得理想化,其所需要的条件是当时中国的国家条件和政治制度不能提供的。当时解决中国问题的根本道路,只有通过新民主主义革命才能实现。

中国共产党以农村革命为起点夺取全国政权,而政权建设却是从城市开始的。"学会管理城市",是夺取全国政权后执政党的新任务。张慰慈作为一个学院派学者所提出的国家建构路径还是具有理论上和学术上的某种前瞻性的。④

总之,张慰慈的国家理论具有重要价值,代表了中国第一代政治学人对西方政治学,尤其是西方国家理论的一种本土化的解释与接受。他对西方现代国家理论的介绍和对中国国家建设问题的思考,以教材的形式得到普及与传播,起到了现代国家知识的启蒙作用。特别是他

---

① 张慰慈:《市政问题(二)》,《努力周报》1922 年第 12 期,1922 年 7 月 23 日。
② 张慰慈:《市民与市政》,《晨报七周年增刊》,1925 年 12 月 1 日。
③ 张慰慈编:《市政制度》,上海:亚东图书馆 1928 年版,第 8 页。
④ 张慰慈国家学说与市政理论分析的主要内容,可参看王怀乐、金安平:《张慰慈学术思想述评》,《北大政治学评论》2018 年第 5 辑。

身体力行,践行治国的理论,也表现出一个知识分子的社会责任,尽管其国家建构路径在当时也许"不合时宜",一些政治实践方向也未必正确,但这并不影响他对中国政治学研究的发展做出重要贡献。

(二)陈启修的新政治学与公共财政研究

陈启修,1886年出生于四川中江县,后更名为陈豹隐,字惺农,1905年东渡日本,1909年入东京第一高等学校,1913年入东京帝国大学法政科学习。陈启修在留学日本期间,在李大钊的影响下阅读马克思主义的书籍,参加了李大钊发起筹建的丙辰学社,并成为首届执行部理事。1917年,陈启修从日本东京大学毕业,回国后任教于北大法科,从事经济学和政治学的研究,先后任法科研究所政治门主任,1920—1922年和1930—1931年两次任北京大学政治学系主任,讲授过现代政治、经济学、财政学、统计学、宪法、新俄法制及政治、马克思学说研究等多门课程,研究领域横跨政治学与经济学两个学科。1919年,陈启修还担任了北大马克思学说研究会《资本论》研究组导师。他以深厚的中文功底,熟练掌握多种语言的优势,根据德文版原著,并参照日本学者河上肇的日文译本翻译了《资本论》。这是中国最早的汉译《资本论》全本,1930年由上海昆仑书店出版。由于原著中有些章节难懂难译,陈启修另辟蹊径,以注释的方式加上了自己的见解,对推进马克思主义在中国传播做出了重要贡献。可以说,这是陈启修"新政治学"得以形成的理论基础。

1. 尝试马克思主义分析方法的"新政治学"

"新政治学"既是陈启修代表作的书名,也是他作为中国政治学人对中国政治学的新概括和新分析。

随着对西方政治学的研究和理解的逐步深入,中国政治学人开始尝试借用西方政治学的概念、理论和方法,结合学科自身的特点和规律,建构中国现代政治学学科体系。应该承认,中国现代政治学的议题设置与研究方法是在西方思潮的影响下出现的,与西方同类学术思想有着源流关系。但是现代政治学要在中国落地和生长,就必须面对本土化的改造和融合过程。从中国社会的现实状况看,五四以后,各种政治派别短兵相接,不同思想流派彼此激烈争斗,马克思主义的分析方法

第四章
政治学"知识资源"向"学术资源"的转变

也逐渐在历史洪流中有了阵地,显现出它的力量。一些进步知识分子,开始用其基本观点解释和构建区别于西方政治学体系的"新政治学",陈启修就是其中之一。

陈启修在流亡日本期间以著作的形式对自己的新政治学理念进行了系统而详尽的阐述,这就是《新政治学》。《新政治学》于 1929 年 8 月由上海乐群书店出版,1930 年 2 月再版,全书分为上篇"政治现象的体系"和下篇"政治现象的解剖"两大部分。① 关于新政治学的议题和内涵,陈启修曾这样解释:"关于政治学的书籍,未免太寂寞了:纵然有几本篇幅并不很小的书,只可惜不是太过于陈腐,就是竞尚新奇的断片思想而顾不到全体的系统,都难供北伐成功以后的中国青年们的求学的实用! 读书界对于一本'有系统的,能够和现今面目一新的中国的局面适合的,可以网络新旧一切主要理论的'新政治学的要求,已经提出很久了。我自信我这本书可满足这个要求。"② 可见,在陈启修的语意中,新政治学之"新",在于满足了三个方面的要求:第一,本土化的、满足中国现实政治社会需要的、具有时代特征的系统理论;第二,对旧有的,也就是曾经在中国影响广泛的西方国家主义、民治政治等相关理论进行批判;第三,将马克思主义的新观念、新思想融入其中,产生新的政治学体系。另外,陈启修也强调,除了新旧包容、合宜时代以外,在解剖政治现象的因果关系上,将政治学从原来静态的学问变为动态的学问也是重要的创新之处。在西方政治学传入中国二十几年后,陈启修就敢于

---

① 1924 年陈启修在苏联加入中国共产党,回国后积极投身到国民革命中,成为北京国民关税运动的中坚人物,也因此成为"四一二"反革命政变后南京国民政府的通缉目标,被迫流亡日本。其间,他翻译了大量的社会科学著作,如河上肇的《经济学大纲》、马克思的《资本论》第 1 卷第 1 册等,出版了与《新政治学》合称为"姊妹篇"的《经济现象的本质》等著作。他曾说,"这本书(《新政治学》)的组织,程度,体裁,等等方面,在大体上,都和那本书(《经济现象的本质》)相似。"《经济现象的体系》于 1929 年由上海乐群书店出版,全书共分为 9 章,在讲述经济学方面的基本概念后,以马克思政治经济学的观点分析了资本主义经济的起源、基础、组织、经营、企业,以及市场和生产消费之间的关系,并结合实际对帝国主义的产生和发展进行了剖析。《经济现象的体系》成书时间早于《新政治学》,作者在经济研究之后进而转向政治,是因为"现在的经济现象,都是在国家的制度下存在的。所以如果要想彻底理解经济现象,就得同时研究政治学"。参见陈豹隐编:《经济现象的体系》,上海:乐群书店 1929 年版,第 1—4 页,序。

② 陈豹隐编:《新政治学》,上海:乐群书店 1929 年版,第 1—2 页,序。1930 年版本的《新政治学》,内容与 1929 年版本无异。

尝试开创一种与之不同的新政治学,是极其难得的挑战和创新。

陈启修的新政治学的主要观点包括以下三个方面。

第一,在唯物论和阶级斗争视角下重新解释政治学基本概念,指出政治的核心概念是"权力",并将政治学区分为资本主义和社会主义两派。

陈启修从"什么是政治"和"什么是政治学"这一对基本概念切入,提出政治生活作为人类生活之一,实际上是人类关于强制权力的生活,政治也就是人类关于政治权力的活动进程,政治的核心概念就是"权力"。"权力里面虽然包含着武力,但是,除了武力的成分外,还包含一种社会的承认,换句话说,就是还包含一种社会上的通用效力。"①权力的基本要素包含两个维度:第一是积极的要素,即可以强制别人的武力;第二是消极要素,即被社会承认的可以当作权力通用的效力。强制权力又可以叫作政治权力,也就是政权。权力所指的目的就在于经济利益的"有秩序的取得",从这一角度,政治生活就是人类关于那些"为经济利益有秩序的取得而存在的强制权力的生活"②。而人们的政治生活,就是统一的强制团体(比如国家)所进行的立法、行政、司法等行为,或者从斗争的阶级角度的命令行为、强制命令行为、反抗行为等。政治,也就是政治生活或者政治生活现象的缩短语。

政治学就是研究人类在政治生活上的相互关系的学问,按照其研究观点的差异,可以分为"帝王学""革命学""国家政治学""国际政治学"四种,其中只有"国家政治学"比较发达,它包含政治学原理、政治史、政治理想学说史、政治理想学说、政策学(政治价值学)、政治经营秩序学(法律学)、政治经营组织学(行政学)等内容。因为政治学的研究往往带有"替实际斗争上的某一阶级做宣传的性质",也就是阶级属性,因此从这一角度对政治学进行划分,可以分为"资本主义政治学"与"社会主义政治学"两派。从现实角度看,"资本主义的势力还占着多数国家的统治权力,社会主义的势力还处于被压迫被强制的地位"。所以,两者的不同之处在于:首先,资本主义政治学只能解释外部统一的强制

---

① 陈豹隐编:《新政治学》,上海:乐群书店1929年版,第5页。
② 同上书,第11页。

第四章
政治学"知识资源"向"学术资源"的转变

团体,比如统一的国家或者地方公共团体,但社会主义的政治学却也能同时解释强制团体的内部矛盾,也就是统治阶级和被统治阶级的斗争。其次,资本主义政治学是只宣传政治理想的学说,不肯说明一切理想学说的来历,即学说的社会背景,而社会主义政治学却兼用唯物的历史观点,去解剖政治学说和社会事实之间的关系,换句话说,就是兼有政治现象的剖析。再次,资本主义政治学因为要维持资本主义势力所把持着的政权,不肯研究革命的真理,而社会主义的政治学却恰恰相反,用全力鼓吹革命。最后,资本主义的政治学多带神秘的政治哲学的性质,常常站在唯心论的观点上,社会主义政治学却多带政治科学的性质,常常站在唯物论的观点上。

第二,对现有的国家与民主理论进行批判与改造,主张从阶级分化的维度对民治政治进行阐释。

陈启修否定传统国家学意义上的把领土、臣民、权力作为国家的三要素,认为应当将土地和人口视为政治现象的基础,或者说政治现象所依存发生变化的条件,而非"必要的成分",如果从国家要素的角度看,只有"权力"才符合条件。因此,政治现象的基础,而非要素,应当包含三种:土地、人民、财富。其中,土地包含"土地和政治""天然富源和政治""领土政策"等内容;人民涉及"人民的多寡疏密和政治""人民当中民族的单纯和复杂""人民政策"等问题;财富涵盖"财富的多寡与政治""财富的分布状况和政治""财富政策"等不同方面。

关于"民治政治来历和意义",陈启修主要论述了民治以前的政治形式以及民治政治出现后的人类政治形态。他分别评价了"契约说""族父权"或"族长权说""财产说""公职分化说""武力征服说"后,认为"从目前的社会科学的研究材料,公平的判断起来,只有阶级分化说,可以比较满足的说明政治现象的发生进程"。[①] 关于政治形态的区分,应当以经济形态为标准,大体分为奴隶政治、封建政治、资本政治或者民治政治三种。其中,资本政治是以资本经济为背景,资产阶级掌握着政治的统治权,是以"自由""平等""统一平和"三者为目

---

① 陈豹隐编:《新政治学》,上海:乐群书店1929年版,第51页。

标的新政治形态,也叫"民权政治""立宪政治",或者最常用的"民治政治"(democracy)。[①]"民治政治的实质,在被统治阶级能够间接的用选举代议员的方法,直接用公民直接投票的方法,参与政治。民治政治的目的,在保障被统治阶级的自由权及生活权。民治政治的方法,在实行统一的,平等的,依据宪法的政治。"而这样的民治政治的理想与现实的民治政治的现实,却是不相符合的。现实的民治政治可以分为资产阶级的民治政治和无产阶级的民治政治两类。其中,资产阶级的包含产业资本阶级的、金融资本阶级的民治政治;无产阶级的包含渐进的、急进的民治政治两类。[②]

关于民治政治的具体组成及内在特征,他认为包括三部分内容:"民治政治下的统治主体,统治样式并统治机关""民治政治下的政治团体和国内政治斗争"以及"民治政治时代的国际政治组织和国际政治斗争"。这三部分内容实际上就是民治政治下的统治主体及各类政治团体是怎样进行政治斗争的。民治政治下的统治主体实际上就是主权者,而所谓主权是政治权力观念上的应然,包含强制团体内部的统一性和对外的自主性。统治主体有理想上与实际上的区别,由于统治阶级与被统治阶级之间的矛盾,二者常常并不一致。政治团体大体可以分为政党与非政党的政治团体两类,由于民治政治是在相当程度内被统治阶级依据宪法,实行形式上参政的政治,所以政党的存在就是一种必然。现实中,民治政治事实上的统治主体只是一些代表着资产阶级的政党,国内的政治斗争事实上也就变成了这些政党之间或者政治团体之间的斗争。这样的斗争之所以必然持续,是因为如果没有政党去统一统治阶级与被统治阶级间的斗争,谋求各阶级间的形式上的调解,民治政治就无法存在。总体上,政治斗争共分为四类:阶级内的政治斗争,阶级

---

① 关于民主政治和民治政治的区别,陈启修指出,如果以政治上的统治形式为标准进行划分,政治形态可以划分为专制政治和民主政治,这里的民主政治是指统治阶级承认按照宪法的规定,去实行统治的政治,这一概念和民治政治,虽然二者原语都是 democracy,但是意义大不相同。democracy 一词的使用,在指政治现象时,表示为人民而行的,由人民自己统治的,为人民自己所有的政治,但是这一说法忽略了阶级的矛盾,将统治者阶级在实际上完全等同于被统治阶级,这样"就已经没有政治而只有理想社会了"。参见陈豹隐编:《新政治学》,上海:乐群书店 1929 年版,第 59 页。

② 陈豹隐编:《新政治学》,上海:乐群书店 1929 年版,第 59 页。

间的政治斗争,民族间的政治斗争,国家间的政治斗争。在当时能对民主政治做这样的剖析,显然是受了马克思主义阶级分析方法的影响。

第三,运用唯物辩证法基本原理解释政治现象和政治权力。陈启修从因果关系解释和分析了政治现象,并进行了归纳,认为"真正的政治学原理,除了叙述政治现象的体系之外,还得说到政治现象的解剖,换句话说,还得用一贯的明澈的理论,去说明(一)各种政治现象的来历,(二)各种政治现象的内部关联,(三)各种政治现象的将来的推定,等等东西"①。政治现象解剖所遵循的基本原则是:(一)所有社会现象都不是一成不变的;(二)社会现象的变动,都是有特定原因的,不存在"事出偶然"和"事出例外";(三)社会现象的变动原因,都被包含在现象本身之中;(四)社会现象的变动原因就是现象当中所包含的矛盾;(五)社会现象的矛盾变化发展形成了社会现象的新陈代谢。② 这样的研究原则和方法,也明显使用了马克思认识论中的辩证运动观念,体现了对立统一的内在逻辑。

也正是在这样的方法论指导下,陈启修认为以权力关系为核心的政治现象中,"政治权力的形成""政治权力的分配和均衡""政治权力的将来"是环环相扣、彼此承接的关系。具体说来,政治权力的形成包含四个层面的内容,即权力的发生、权力的固定化、权力的神圣化和权力的人格化。权力发生的基本前提在于人们的生活,而人类区别于动物生活的基本原因,客观方面在于人的肉体构造,主观原因在于动物共有的自我保存的本能以及人类特有的目的意识。正是这三种原因,产生了人与人之间的斗争与互助,产生了经济上的私有与掠夺,形成了固定的剥削与被剥削的阶级,再进一步,"原来的经济剥削的实力关系,就变为权力关系,原来的被剥削阶级就变为被统治阶级,原来的剥削阶级就变为统治阶级了"③。统治阶级为了其既得权力,就不得不利用其强大实力,把权力关系形成法律,化为制度,国家和政治现象也因之而出现了,种种关于权力关系的生活,就是政治。政治现象的基础是经济关系,由于经济关系随着生产力的增进而变化,所以权力也是会变动的,

---

① 陈豹隐编:《新政治学》,上海:乐群书店1929年版,第136页。
② 同上书,第137页。
③ 同上书,第151页。

会趋向于统治与被统治阶级的均衡状态。由于经济关系的变动,当统治阶级与被统治阶级实力相差不大的时候,就难以维持旧有的权力关系,这就需要不单依靠实力,而且同时需要依靠信仰力去维持政权。于是统治阶级利用被统治阶级对于天然的恐怖心理和迷信心理,将权力神圣化,也就是祭政合一化。① 随着权力关系的发展,权力开始由"神化的怪物"转变成为"代表全国国民的统一的人格者"。虽然在事实上还是一个阶级握有权力,但是在外观上,已经变成由多数阶级的人民行使权力,这就是权力的人格化。实际的民治政治只是权力人格化的具体体现。

总之,陈启修的政治学框架之"新",主要是由于有了新的理论和新的分析方法,即马克思主义的唯物史观以及辩证法。这使他能够在国家、权力、民主这些政治学的传统议题中形成新的观点和新的结论,透过繁杂的政治现象,抓住权力政治的本质。陈启修长期担任政治学系的主任和教授,他的这种研究流派和学术倾向也只有在兼容并包的北大可以长期存在,并影响着一批学生。

2. 政治学关怀下的公共财政

对公共财政的研究是陈启修对政治学学术研究的贡献之一。陈启修是北京大学法科政治学系的教授,但他常常被认为是北京大学经济学系的教授,其原因可能是:其一,北大经济学系与政治学系曾同属北京大学法科;其二,他翻译过《资本论》,开过经济学和财政学的课。但查《北京大学教职员名录》,陈启修一直是北京大学政治学系的专任教授,而在经济学系只是兼任教授。

陈启修为政治学系开设了很多经济学的课程。为什么政治学系的课程中要安排很多经济学的课程?如前所述,1923年政治学系学生周杰人在《北京大学日刊》上公开向政治学系教授会提出政治学课程意见书时,曾提出过这方面的建议,时任政治学系主任的陈启修出面回答了这个问题。学生认为,当时政治学系的"选修科偏于法律方面而轻于经济方面,其实政治与法律固有关系,而经济实为政治变动之本源,其关系尤为密切",建议"经济学原理为各种政策之根本,故改为必修"。②

---

① 政教合一化或者祭政合一化,政治上的首长就是宗教上的首领,就是所谓的神道设教,把自己的政权解释成为神授予的权力,把帝王解释成神的代表者。
② 《北京大学日刊》第一二六七号,1923年6月16日。

第四章 政治学"知识资源"向"学术资源"的转变

政治学系教授会采纳了这个建议,在后来的课程中,经济学、财政学的课程得到了增加,不仅由陈启修以及经济学系主任秦瓒[①]等几位教授为政治学系开设的经济学原理、财政学总论等课程一直作为"学年课"保留,还增加了银行论、货币论等选修科。陈启修的"财政学总论"也成为政治学系的骨干课程和他后来重要的研究课题。其原因不仅仅是由于学生提了意见,实际上也反映了包括陈启修在内的政治学系教授对于政治学学科的认识:公共财政因其"公共"、财政因其关涉国家统治,因而是政治学研究的课题[②],所以公共财政学的课程才被作为政治学系的重要基础课。

陈启修在政治学系常年开设的"财政学总论"课程讲义,于1924年由商务印书馆以《财政学总论》(*Public Finance*)为名出版发行并多次再版,成为陈启修除《新政治学》以外的另一本代表作。

照片25　陈启修著《财政学总论》

---

① 秦瓒(1898—1988),经济学家,曾任北京大学经济学系主任、教授。
② 陈启修:《财政学总论》,北京:商务印书馆2015年版,第31页。

《财政学总论》除绪论外,共分五篇;另有三个附录、十个附表。绪论分三章,分别是财政、财政学、财政思想发达史略。全书的五篇分别是财务行政秩序论、公共经费论、公共收入论、收支适合论(公债论)和地方财政论。三个附录分别是会计法、审计法、审计法施行规则。该书的十个附表内容包括:各国国防费统计、重要各国历年公债统计、重要各国历年岁出统计、重要各国历年纯岁出中各费比例表、重要各国历年财政趋势统计、各国最近财政统计、各国收入历年统计、最近各国租税收入表、各国民租税负担统计和中国财政统计。

杨志勇在《为什么要阅读这部近百年前撰写的财政学教材?——陈启修〈财政学总论〉:介绍与评价》一文中充分肯定了这本书作为中国人撰写的第一本财政学教科书的意义以及社会主义思潮对其的影响[①]。

作为日本东京帝国大学法政科毕业的学者,陈启修具有很高的经济学造诣,但他应该不会脱离政治学的专业背景而在政治学系开设纯粹经济学意义上的财政学。他非常看重财政学之公共财政的属性,认为这关涉的是现代国家对社会的正义要求,因此属于政治学。"财政为公共团体之行为,故由形式上言之,应作为国法学或行政法学之一部而研究之。盖财政之实行,不能不依据各种财务法规,而此种法规之研究,应属于宪法行政法之中也。然由实质上言之,则财政一方面可作为政治学或行政学之部,一方面又可作为经济学之一部而研究之。财政为公共团体之经济经理,当然为一种政务,其运用完全与其他政务如内务、外务等相同,为政治学上之重要问题,故财政应属于政治学。……认财政学为国法学或政治学一部者,现今学者之中殆已绝迹,而认财政学为经济学之一部者,则自 Adam Smith 以后,以迄于今,殊不乏人。""欲明中央财政与地方财政之关系,则不能不明宪法及行政法之原理,欲达财政运用之目的,则不得不通会计法,欲明租税公平之原则及公共经费之当否,则不得不引用政治学及国家学。"[②]

---

① 参见陈启修:《财政学总论》,北京:商务印书馆 2015 年版,附录。
② 陈启修:《财政学总论》,北京:商务印书馆 2015 年版,第 31—32 页。

可以看出陈启修的"公共财政"研究,充满着政治学的关怀和视野。① 在今天北京大学政府管理学院政治学专业的课程结构中,仍然保持着公共财政学的课程设置。

(三) 高一涵的政治思想史研究

关于政治思想或者政治思想史的研究是否应该算作政治学学科的范畴,在过去和现在都有过讨论,但比较集中的共识是它与历史学专业和哲学专业的一般思想史、观念史研究不同,应该属于政治学研究的范围。

高一涵是中国第一代现代政治学者的代表。学术界大多都认为高一涵的学术黄金期集中于 1920 年代。② 在 20 世纪 20 年代,除了他在《甲寅》《民彝》《新青年》《每周评论》《努力周报》《现代评论》等杂志发表的大量的思想译介、时政评论产生影响外,更让他成为国内政治学界风云人物的是他入职北京大学。被作为现代学科的政治学学术共同体认可,大学教授的职业身份和从业行为很重要。高一涵 1916 年从日本明治大学政治经济科毕业回国后,先是在李大钊等人的引介下参与北京言论界的工作,1918 年进入北京大学,在北京大学编译委员会工作,并在法科兼课;1923 年被正式聘为北京大学政治学系教授,在政治学系开设"政治学史""政治思想史""现代政治"等课程。高一涵突出的学术贡献是他对政治思想史的研究,尤其是对欧洲政治思想史的研究。他的欧洲政治思想史的研究的特色是对社会主义思想的学术性研究。与李大钊不同,高一涵在理论和学术上对社会主义与共产主义研究有道、介绍有加,但却没有在行动上成为彻底的社会主义和共产主义者,把学术和政治做了剥离。1924 年他加入国民党。大部分史料说,1927 年 1 月他在去武汉途中路过上海时申请加入中国共产党。但是,是仅

---

① 这个时期留学国外选择财政学作为研究对象的一些博士学位论文,也表现出对公共财政与政治学关系的热情,比如寿景伟 1926 年在哥伦比亚大学的博士学位论文即为《中国的民主政治与财政》。
② 暨爱民:《在学术与政治之间——高一涵"社会主义"的概念表述》,《党史研究与教学》2013 年第 5 期。

申请加入还是的确加入了共产党,现在看到的史料不一①,但即便是加入了,也很快就脱党了。无论是为了安全自保还是出于别的什么原因,他在《我的共产党嫌疑的证据:致现代评论记者》②一文中公开否认了共产党员的身份。此后,高一涵一直主要在国民政府中任职,其间参与了1931年南京的"中国政治学会"的发起工作和1932年中国政治学会的成立大会;1949年加入民盟,未见有恢复中共党员的记载。他一生中与中国的三个政党都有密切关系,可见不是一个脱离政治的人,是有政治学者的现实关怀的。

在入职北京大学不久的1920年10月,他完成并在上海中华书局出版了《欧洲政治思想小史》③,这本书到1929年共发行了11版。全书共9章,分别介绍了古希腊政治思想、契约论派、历史派、乐利(功利)主义派、进化论派、社会主义派、无政府主义派等,其中对社会主义流派的政治思想的介绍用了11个小节,远超对其他流派的平均3个小节的篇幅。他不仅介绍了从欧文、圣西门的空想社会主义到马克思主义的社会主义发展,还对俄国的布尔什维克主义做了介绍。1922他完成了《欧洲政治思想史》上卷,经胡适仔细校订后1923年由商务印书馆出版;1924年写作完成了《欧洲政治思想史》中卷,仍由商务印书馆在1925年出版。这部著作奠定了他在中国政治学,特别是欧洲政治思想史研究领域的地位。

首先,高一涵在欧洲政治思想史研究方面的贡献,并不仅仅在于对欧洲思想流派一一介绍得如何详尽,而是他在对政治思想史的研究中,自觉地引入了政治学的研究方法。1919年12月15日《新中国》杂志上,高一涵曾发表《研究政治学的方法》,专文探讨政治学的方法问题。在《欧洲政治思想小史》的第一章"绪论"中,高一涵又以较为详尽的篇

---

① 大多数材料直接写他在去武汉途中由高语罕介绍加入了共产党,但郭双林、高波编写的《高一涵年谱简编》的表述为"申请加入共产党"。参见高一涵:《中国近代思想家文库·高一涵卷》,郭双林、高波编,北京:中国人民大学出版社2015年版,第617页。

② 高一涵:《我的共产嫌疑的证据:致现代评论记者》,《现代评论》第6卷第146期,1927年9月24日。

③ 郭道平认为高一涵的《欧洲政治思想小史》为其在政治学系任教奠定了基础,参见郭道平:《1921年前后的中国政治学科建设——以高一涵译〈十九世纪政治思想史〉为线索》,《华南师范大学学报(社会科学版)》2018年第5期。

幅,讲述政治学研究的方法,提出政治思想家解决政治问题的四步方法,概括而言,即"观察——假设——推断——实验",这是与政治家解决政治问题完全不同的学术路径。

其次,高一涵对欧洲政治思想史研究的贡献在于他在欧洲政治思想的学术框架下对社会主义思想流派的介绍和研究。不仅在这几部书中作了介绍和研究,他还在北大的课堂上和学术演讲中,反复以共产主义思想的历史和源流为题。他在报刊上发表《俄国新宪法的根本原理》,介绍革命后俄国的政治组织和《共产党宣言》的主要精神[1];在《新青年》上发表《日本近代劳动组织及运动》[2]《共产主义历史上的变迁》[3],在《国立北京大学社会科学季刊》上发表《福滨社会主义派的方法和理论》《唯物史观的解释》[4]、在《京报副刊》上发表《马克斯的唯物史观》[5],等等,还专门写作过一本小册子《论共产党》,介绍了包括工人阶级、共产党、党是科学共产主义理论与工人运动的结合、党的组织结构的基本原则、支部、党员、干部、铁的纪律、组织的领导、党的宣传鼓动工作、党内两条战线的斗争、党与群众的关系等有关共产党的常识。[6]

但是作为一个宣传、介绍、研究社会主义、共产主义的政治学学者,他没有把其当作信仰和追求,而是以一个自由主义、民主主义学者的立场和一个政治思想研究者的角色进行研究,对社会主义作为改造国家与社会的一种办法、一条道路,给予了充分的肯定。在他热情地肯定和宣传社会主义时,又谨慎地保持着仅仅从政治学的学术层面来讨论社会主义的界限。他对社会主义的理解和认知,不是从其与资本主义相对立的角度,而是认为社会主义是"和个人主义正相反对"。这和马克思主义的科学社会主义还是有所区别,他的社会主义观仅仅成了他总结归纳的复杂的社会主义派别,如"或主张民族的,或主张国际的;或主张国家社会主义,或主张城市社会主义","或全废私有财产制度把财产

---

[1] 《太平洋》第 2 卷第 1 号,1919 年 11 月 5 日。
[2] 《新青年》第 7 卷第 6 号,1920 年 5 月。
[3] 《新青年》第 9 卷第 2 号,1921 年 6 月。
[4] 《国立北京大学社会科学季刊》第 2 卷第 2 号、第 4 号,1924 年。
[5] 《京报副刊》第 130 期,1925 年。
[6] 暨爱民:《在学术与政治之间——高一涵"社会主义"的概念表述》,《党史研究与教学》2013 年第 5 期。

让归社会公有;或把生产的工本让给社会共有"等其中的一种,而没有像他的同事和朋友李大钊一样坚定地走上马克思主义的道路。

最后,高一涵在政治思想史研究领域的贡献,在于对政治学中"政治思想史学科的开辟"。高一涵一开始就比较有意识地将政治思想作为政治学史而不是思想史来研究。1920年5月,高一涵在致胡适信中,谈到自己正在编写之书(《欧洲政治思想小史》)时说"勉强编成一点政治学史"。据郭道平考证,"政治思想史"概念在书名中的出现,也以高一涵的《欧洲政治思想小史》为最先,高一涵先后编著《欧洲政治思想小史》与《欧洲政治思想史》,无意中为其时的中国政治学开拓了新的趋向。① 以前北京大学政治学系的课程科目和专业中,一直没有"政治思想史"之名目。高一涵出版了《欧洲政治思想史》一书后的1925年,政治学系课程中"政治学史"一门,为"政治思想史"所取代,由高一涵讲授。以后,"中国政治思想史""西洋政治思想史"成为北京大学政治学专业的基础课程。20世纪30年代,政治思想与政治制度专业成为政治学最早成熟的"二级"学科之一。

(四) 周鲠生的外交理论与国际法研究

周鲠生原名周览,在北京大学职员名录上,两个名字都出现过。1906年,17岁的周鲠生东渡日本,在早稻田大学攻读政治、法律、经济等学科;1913年赴英国爱丁堡大学学习,获政治学硕士学位;后又去法国深造,获法国巴黎大学国际法博士学位。

1921年,周鲠生从欧洲回国,先在上海商务印书馆任编辑,1922年应蔡元培的邀请,到北京大学政治学系任教授;1923年9月21日,接任陈启修担任政治学系主任。

因早期受日本大学体制影响,北京大学一直是法政—政法不分家,政治学系和法律系一直同属法科,后来是同属法学院。在政治学系的课程体系中,有三分之一的课程是与法律相关甚至是完全重合的。政治学系的法学课程中,国际法最受重视,国际法相关课程不仅细分为国际公法和国际私法,国际公法还分为平时国际公法和战时国际公法,以

---

① 郭道平:《1921年前后的中国政治学科建设——以高一涵译〈十九世纪政治思想史〉为线索》,《华南师范大学学报(社会科学版)》2018年第5期。

后又增加了外交研究。曾经在巴黎参加过旅法华工和留学生阻止出席巴黎和会的中国代表团在和约上签字活动的周鲠生,亲身体验过国家外交后面的实力角斗和国际法的重要性。他在政治学系连续数年开设"政治及外交史""国际法""现代政治"等课程,还以他的《万国联盟》①一书为教材开设了"国际联盟"一课。

他在北大任教期间提出要学习俄国十月革命,在外交上进行革命性创举,打破羁绊中国的"不平等条约体系之网"。1923年他完成《领事裁判权问题》的写作,次年完成《不平等条约十讲》,从国际法角度认证侵害国家主权的领事裁判权"断乎不能任其存在",对北京政府推行"修约"运动起了积极的作用,同时也奠定了他的国际法课程在北大的地位。1926年北伐开始后,他放弃北大教职,南下赶赴广州参加革命,以后再没有回北大。但他在北京大学所开设的课程和所做的研究,开拓了北大政治学的研究领域,奠定了他成为中国外交和国际法大家的基础。他在外交理论上的创新建树,一是提出"革命的外交",二是提出"国民外交理论"。1929年他的《国际法大纲》一书,成为国际法的经典教材,多次修订再版,影响至今。国际关系专业也成为北大政治学最早成熟的"二级"学科之一,在政治学科建设日益规范化并走向成熟建制的过程中,周鲠生开创的国际关系和外交研究功不可没。

民国初年到20世纪40年代,国际法与外交学一直是政治学学科的重要研究领域,在老一辈政治学学者中,研究外交的不在少数,尤其是赴海外留学的政治学学者,相当多的学位论文都选取了外交与国际关系做研究主题。他们急切地研究西方国家在国家建构和发展中如何处理和利用国际关系这一课题,与中国在几十年中经历了几次政府新建,国家建构和建设任务一直是首要任务有相当大的关系。当一个新的现代民族国家建立后,国家与世界别国的关系会折射出属于这个新的国家建构的"内部问题"。换句话说,在帝国主义时代,中国面临的国际环境,逼迫着中国必须学会处理外交关系和国际关系。在这样一个时期,一个国家的生存和发展的内部问题会以"外部形式"呈现的特征十分明显,因而成为政治学研究和关注的重要课题。

---

① 周鲠生:《万国联盟》,上海:商务印书馆1922年版。

第五章
北京大学与政治学在全国的扩展

　　北京大学政治学在中国政治学发展的最初和早期阶段"独领风骚"的局面并没有持续太长的时间。产生于美国和欧洲的现代政治学,传入中国的渠道主要包括外国学者来华交流任教、留学生归国任教、对国外政治学书籍的翻译介绍、新政支持者的主动探寻,以及一些国内外学术团体或者机构的活动。由于京师大学堂的特殊地位且成立时间较早,这些渠道的早期传播作用和效果集中发生在京师大学堂—北京大学时期。但这些传播渠道不是封闭的,而是公开和持续的。只要有了沟渠河道的地方,水就自然就会流过去。20世纪20年代后期,随着中国多所大学的建立,留学生可选择的大学和工作的城市日益增多,教师选择任教的地方也越来越多,尤其是燕京大学政治学系(1923)和清华大学政治学系(1926)成立后,北京大学政治学系对于政治学人来说不再是唯一的或首选的大学。1926年"三一八"惨案后北方局势日趋紧张。1927年奉系军阀占领北京,成立安国军政府,逼迫北京的9所公立大学合并为京师大学校,强令北京大学改名,成为迫使北京大学教员南下的一个重要的政治转折。从20世纪20年代末期开始,中国早期政治学研究中心开始出现转移,其研究阵地也开始向全国扩散。中国现代政治学的建立与发展,虽然起步于北京大学,但只有在全国范围内,政治学学科建制形成一定的规模,中国的现代政治学才有可能真正全面形成。到20世纪30年代,全国有20多所大学设立了政治学系,现代政治学学系和学科成为中国大学比较普遍的学系和学科,与政治学研究院所和机构一起,完成了现代政治学科在中国的构建。但北京大学政治学学科的影响在这个过程中仍然以各种方式发生着作用。北京大学为现代政治学科在中国的广泛设立和发展发挥了强劲的助力。

一、清华大学与北京大学政治学的交相辉映：中国现代政治学的展开[①]

基于中国现代转型背景的中国政治学，在为国家提供思想资源、制度资源和人才资源的"经世致用"中，经历了学科独立化、学术专门化，逐渐成为一门现代学科。而为这个现代学科和学术奠定基础和平台支撑的便是大学的专业和学系的形成。所以，与政治学专业的学系在中国大学的普遍设立，也是这个学科在中国全面建立的标志。

1926年清华大学政治学系的成立是现代中国政治学发展中的一个重要事件。它的师资队伍与北京大学不同，几乎都有留美的背景。这就形成了清华大学迥然不同于北京大学的风格，集中显示了"美国政治学对现代中国学院政治学的影响"。[②]

清华大学的前身清华学堂始建于1911年，是利用"庚子赔款"的美国退款建立起来的留美预备学校，再向前追溯则是1909年7月清政府外务部、学部会同设立的专办处理派遣学生赴美留学事宜的机构——游美学务处附设的游美肄业馆。1911年4月9日，清政府批准将游美肄业馆改名为清华学堂。

与北京大学有关政治学课程的出现早于政治学系的建立一样，清华大学有关政治学的课程也是在清华大学政治学系建立前的清华学堂时期就有了。处于留美预备学堂时期的清华学堂的学科制度是分设"高等科"与"中等科"，分别为四年学制，共八年。其中高等科的课程设置是以美国大学及专门学堂为标准，学习程度相当于美国大学低年级课程，这样设置主要是便利学生毕业后能够直接插入美国大学的二、

[①] 此处特意借用了孙宏云所著《中国现代政治学的展开：清华政治学系的早期发展（一九二六至一九三七）》一书的题目，以表示对孙教授这项研究的致敬。2005年第一次读孙教授的这本著作时，除了对其扎实的研究感到震撼外，也强烈地刺激作者关注并研究北京大学政治学学系、学科、学术史。

[②] 孙宏云：《中国现代政治学的展开：清华政治学系的早期发展（一九二六至一九三七）》，北京：生活·读书·新知三联书店2005年版，第6页。

三年级并能适应美国大学的学习生活。根据1911年《清华学堂章程》开列的学科科目,在十类学科中,史学政治类课程是贯穿中等科与高等科八年教育始终的①。民国以后,清华学堂1912年10月更名为清华学校,高等科又细分为文科和实科两科。其中政治类课只设于高等科的四年级。在1916年高等科的课程表中,可以看到政治学不再作为必修课,与新增设的公民学、国际法等学科都是只供三、四年级的选修课。②这与清华学校作为留美预备学校注重语言训练,包括政治学在内的社会科学并不是其重点有关。王化成③回忆说,民国十四年以前,"清华为留美预备部时代,当时学校亦设有两三门关于政治学之课程,惟以办学目的,在求深造于国外,故课程性质,尽属基本浅易学科"。④

清华大学政治学系的成立是在1925年清华学校改制设立大学部之后的事情。在这之前,1916年清华学校校长周诒春最早正式提出改办完全大学⑤;计划设立政治学系则在1921年就有过考虑。这一年,清华学校有个规划即"大致分文实两科。文科有政治学科、社会学科、经济学科、银行学科等;实科有医学预备科、农林及工程科。"⑥之后,虽然没有能够实行这个规划,但是说明在未来大学改制中,政治学系是被考虑在其中的。

1922年"壬戌学制"的推行促进了中国大学的发展,专门学校改办大学(专科升本科)成一时之风气。1923年起清华学堂停办中等科,1924年起停招高等科,并正式开始筹备大学部和研究院。大学部普通科于1925年秋季开始招收一年级新生。这时还没有正式建立学系。

---

① 清华大学校史研究室编:《清华大学史料选编》第1卷,北京:清华大学出版社1991年版,第146页,《清华学堂章程》(1911年2月)。
② 苏云峰:《从清华学堂到清华大学 1911—1929:近代中国高等教育研究》,北京:生活·读书·新知三联书店2001年版,第165页。
③ 王化成(1903—1965),江苏镇江丹徒人。1923年清华学校毕业后,赴美学习,先后获明尼苏达大学政治学学士学位,芝加哥大学政治学博士学位。1928年9月归国,入清华大学政治学系任教授,后历任系副主任、代理主任、国立西南联合大学政治学系教授。
④ 王化成:《政治学系概况》,《清华周刊》向导专号,1935年6月14号。
⑤ 校长周诒春于1916年曾呈教育部"扩充学额,预备设立大学"。
⑥ 清华大学校史研究室编:《清华大学史料选编》第1卷,北京:清华大学出版社1991年版,第25页。

第五章 北京大学与政治学在全国的扩展

这年的大学一年级学生课程分"共同科目"和"选修科目"两大类。选修科目包括国文选修科目、英文选修科目、数学选修科目、自然科学选修科目、社会科学选修科目、哲学选修科目、语言学选修科目。其中社会科学选修科目中,政治类课程有"政治学及远东政治"一门。"本学程(即本课程)前项为政治学初步,令学生习知政治学之性质范围及方法,国家成立之要素及其机能与范围,公民权与国籍,宪法之性质、来源及种类,政权之分配,选民等问题。后项将中国、日本现今政治上之组织及实际运用,作比较的研究,以讲演及读书方法为之。"①在1925年12月3日教职员会议通过课程委员会议定的《民国十五年至十六年学程细目》中,政治学课程在"政治学及远东政治"之外,又增加了"比较政治(中央及地方)"一门。②

1925年正式设立大学部与研究院后,清华校内就同时存在旧制留美预备部、大学部、研究院三个相对独立的教学单位。1926年4月15日,教职员大会通过《清华学校组织大纲》,其中正式规定:"本校学程以学系为单位。"4月26日,第一次评议会议决设立17个学系,政治学系名列其中。4月29日,教授会选举产生各系主任,政治学系主任为余日宣。至此,清华学校政治学系正式成立。③

(一) 两校课程设置的异同

20世纪20年代的北京大学与清华大学还不是今天这样的"隔壁",当时一个在北京城内的马神庙、沙滩和北河沿,一个在北京城外的清华园。但是,两校的政治学却关系密切交流频繁资源共享,体现在课程与及教员方面,有时竟难分彼此,在北大、清华两校的教职员名单中,"双料教员"比比皆是。当时教师的人事编制没有严格规定,跨校授课非常普遍,手续也十分简单,一个教师在三、四所大学同时任教都不稀

---

① 清华大学校史研究室编:《清华大学史料选编》第1卷,北京:清华大学出版社1991年版,第322页,《清华一览》1925—1926年。
② 同上书,第337页,《民国十五年至十六年学程细目》,《清华周刊》第363期,1925年12月11日。
③ 转引自孙宏云:《中国现代政治学的展开:清华政治学系的早期发展(一九二六至一九三七)》,北京:生活·读书·新知三联书店2005年版,第86—87页。

奇。出现在北京大学教职员名单上的教员，由于未注明是兼职还是全职，有时要根据职称和待遇的差别来辨认。在20世纪二三十年代的北大政治学系和清华政治学系，教员是同乡同学同门的不少，很多课程设置是相同或者类似的，因此，两校互相兼课的情况很常见，这样，通过同样的课程和同样的教师，两校的政治学科在很多专业的内容和水平上"不分彼此，难分伯仲"。

1. 北京大学政治学系的课程演变特点

由于北大政治学系一度曾是国内唯一一个政治学系，因此其课程设置没有更多来自国内大学的参考，当时北京大学政治学系各位教授和教师根据留学所在国的课程设置经验和当时的教员现状设计、讨论、不断调整而逐渐形成了一个比较完备的课程体系。

从课程沿革可以看到，1927年以前北大政治学系课程设置的变动主要有以下几个方面：

第一，在1920年以前的课程设置中，必修课中有大量法律、经济课程，甚至包括了保险统计、算学，真正由政治学系的专职老师开出的与政治学直接相关的理论性课程数量有限，这反映了初创时期任课教师少、能开出的课程少、学系发展不成熟的特点。直到1921—1922年度北大选科制原则落实后，才将"上年原有必修科目中之一切不属于本系者，即宪法、行政法、民刑商法及经济学原理、财政学等皆改为选修科。"

第二，在1917—1918年度课程设置中，政策类课程较多，包括农业政策、工业政策、商业政策、社会政策、殖民政策、林业政策等六种。1920—1921年度决定"减去若干无谓的政策学，增加史学系科目之选修。"调整以后，保留下来的政策学课程有：农业政策、商业政策、工业政策及社会政策四种。新增史学系的选修课有：欧洲社会变迁史、人类学及人种学、日本近世史三种。

第三，在早期课程设置中，有关国别政治及外交方面的课程不多，主要是平时国际法、战时国际公法、外交史等三种。但1922年随着专攻国际法及外交史的周鲠生等受聘加盟，这方面课程调整为国际公法、国际私法、国际联盟、政治及外交史四种,1924 年陈翰笙回国受聘北大后加开英国政治史,1926 年陈翰笙加开美国政治史,1924 年陈启修加开新俄法制及政治。国际关系和外交也日渐成为政治学系的重要课程。①

最重要的一项课程改革发生在陈启修主持系务时期。从 1920 年秋季学期开始,政治学系添设了两种很有特色的课程:"政治演习"和"现代政治讲座"。关于"政治演习",陈启修认为,"演习为教员与学生之一种共同研究及讨论,最为有益,故务以选之为宜"。"现代政治讲座"这门课,顾名思义是以讲座为授课形式。为此陈启修的解释是:"现代的政治问题日趋复杂,如劳农政府、巴黎和会、国际联盟等等亟待研究的很多。加以现在的社会,无论如何总还脱离不开政治。所以实在不能不研究"②。

政治演习课在 1923 年后逐步充实,10 月《政治学系教授会布告》公布的政治演习分为四种:政治史及政治制度、政治理论、国际政治、社会问题,相应的导师也按照这个分类分组。这种分类已经非常接近后来北大从 1934 年开始在政治学系下分专业组的做法,分别对应政治制度组、政治思想组、国际关系组。这表明经过几年的发展调整,北大政治学系的课程设置渐趋丰富、成熟。

就在清华大学成立政治学系的 1926 年,北大政治学系在适当修订 1925 年审定的课程指导书的基础上,对课程做出了重新修订③:

---

① 对于课程中的必修课改为选修课,《说明书》给出的理由是"(1)学校既认选科制为良好的制度,则应彻底办去。(2)入政治系者,其志多不在考试作官,故高等文官考试必要之科目,不可强令人人俱习。(3)入政治系者,其志或在研究高深的政治学理;或在为社会服务,故不必强令其学习漠不相关之学科,例如商法、民刑法及经济原理、财政学等,以耗费其可以不必耗费的宝贵光阴。(4)虽将此等关于法律及经济之根本科学改为选修,亦并与学生之学业无害,因政治系修科目之范围本有一定,且其中多数科目俱与此等基本科学有关。故学生欲求卒业,在势必不能不选修此等基本学科,故不妨将此等改为选修科"。王学珍、郭建荣主编:《北京大学史料》第 2 卷中册,北京:北京大学出版社 2000 年版,第 1784 页。
② 《陈启修先生在开学典礼上的演说词》,参见王学珍、郭建荣主编:《北京大学史料》第 2 卷,北京:北京大学出版社 2000 年版,第 1781 页。
③ 《国立北京大学政治学系课程指导书》,参见王学珍、郭建荣主编:《北京大学史料》第 2 卷,北京:北京大学出版社 2000 年版,第 1145—1150 页。

表 5-1　1926 年国立北京大学政治学系课程设置情况

必修	政治学(国语演讲),政治学(英文选读),宪法,经济学原理 政治思想史,社会学,民法总则 国际公法,行政法总论,政治及外交史,财政学总论 行政法各论,**政治演习,现代政治讲座**
选修	第二外国语,日文,外国经济史,经济政策,刑法总论,统计学,社会立法论,市政论,国际联盟,经济学史,美国政治史,中国法制史,国际私法

2. 清华大学政治学系课程

1927 年 4 月 29 日出版的《清华周刊》对清华政治学系的专修课程做了如下介绍①：

表 5-2　1927 年 4 月清华政治学系专修课程

入门	政府,民本政治原理
政治思想	西洋政治思想史,中国政治思想史,现代政治思想,国家学
政府	中国政府,日本政府,俄国政府,英国政府,美国政府,中国地方政府,英美地方自治,西洋地方政府,西洋市政管理,国家的联合,政党
法律	法律概论,宪法,民法,刑法,商法,行政法
国际	国际公法,国际关系,中国外交史,中俄日外交史,中英外交史

清华大学政治学系与北京大学政治学系的课程,相比之下各有千秋。清华大学政治学系在初创时受到北大影响似乎并不多。将清华这份课程设置方案与前述北大 1926 年课程设置方案对比来看,两者的差别是比较明显的。清华方面的政治学课程设置所涉及的专业性课程比北大集中,不像北大设置了比较多的经济财政统计方面的课程,其优势在政治思想史,包括中国政治思想和西方政治思想史方面；北京大学的政治学原理、政治制度史则是强项,政治学原理课的分量比清华重,但总体偏重政治现实和实践。正因为这些区别,北大和清华的资源共享才显得必要和珍贵。

---

① 孙宏云：《中国现代政治学的展开：清华政治学系的早期发展(一九二六至一九三七)》,北京：生活·读书·新知三联书店 2005 年版,第 99—100 页。

第五章
北京大学与政治学在全国的扩展

清华大学政治学系第一任系主任余日宣,1912—1913 年间就读清华,1913 年秋留学美国,先入威斯康星大学,后转入普林斯顿大学政治学系,1917 年获政治学硕士学位,1918 年秋回国。归国后,余日宣先任武昌文华大学教授,不久转任天津南开中学,教英文及西洋史,后来兼任教务长。1920 年 6 月从南开来到清华,担任政治学教员,与美国明尼苏达大学助理教授魁格雷(H. S. Quigley)博士一起成为早期清华大学社会科学部的教员。余日宣讲授公民学、比较法制,魁格雷讲授政治学、东亚邦交史、泰西文化三门课程。① 1925 年清华大学部成立之时,社会科学选修科目中政治学类的课程只有"政治学及远东政治"一门,1925 年 12 月又增加了"比较政治(中央及地方)"一门。②

1926 年,清华大学政治学系建系初期用英文撰写拟定的课程表公布之后,也引发了学生的关心,尤其是清华留美同学的关注。留美同学会会长徐宗涑请在美留学的吴景超、王化成、雷海宗、何运暄、胡毅等五人组成清华文科课程委员会讨论会,参考美国大学的课程和培养计划,研究清华文科各个学科课程,计划在 1927 年 5 月 1 日前提出建议报告。吴景超等人在后来形成的报告中,对清华的政治、经济、历史、教育心理四个系的课程设置提出了批评与改进建议。主张"清华大学的文科,其职务不只在灌输学生以欧美的智识。大学文科的教员,应与学生一同研究中国的问题,使中国的社会科学,将来有独立的希望"(北大政治学系师生共同研讨中国问题的"演习"课已经在 1920 年开设),并提出了一份详细的课程改革建议方案。在此之前的 1924 年,时在美国明尼苏达大学读政治学的王化成也曾致函《清华周刊》,建议清华改设大学和增设中国社会科学。③ 由留美学生提出加强中国政治问题的研究,也是耐人寻味的。

尽管如此,在清华政治学系建立的最初阶段,特别是余日宣担任系主任的 1926—1928 这三年期间,清华政治学系的课程设置主要是以美国大学为蓝本,当然也适当吸纳了尚在美国留学的清华同学的意见和

---

① 孙宏云:《中国现代政治学的展开:清华政治学系的早期发展(一九二六至一九三七)》,北京:生活·读书·新知三联书店 2005 年版,第 83 页。
② 同上书,第 85 页。
③ 同上书,第 94—97 页。

建议,不能说完全没有关照研究中国问题的意识。

1928年,余日宣被清华学生驱逐,南下上海沪江大学。接替余日宣担任系主任的是没有清华大学背景的吴之椿。吴之椿毕业于武昌文华书院,1917年官费赴美国入伊利诺伊大学,1920年获学士学位;又入哈佛大学,次年获硕士学位;嗣后在伦敦政治研究院和法国巴黎大学继续深造。1928年夏受清华大学校长罗家伦之聘,任政治学系主任兼教务长。

吴之椿到任后,对政治学系课程做了较大调整,并打破了政治学系教员由留美归国学生一统的局面,在课程方面也开始与北大政治学系多有商讨及教员兼职。

1928年下学期所制定的清华大学课程大纲中关于政治学系的科目如下①:

表5-3　1928年国立清华大学政治学系课程设置

基本科目	政治论,近代政治制度,市政论,地方自治制度,政党论
国际	国际公法,国家联盟,国际组织,国际关系,世界政治大势
外交	外交学,中国外交史,远东外交史,欧洲外交史,中国修改条约问题
政治思想	中国政治思想史,西洋政治思想史,近代政治思潮,政治思想专题研究,政治思想名著选读
政法	宪法,行政法,行政管理,法学通论,民法,商法,国际私法,刑法,法制史

1929年9月15日,吴之椿在接受《校刊》一记者访问时表示,"1929年政治系之课程决定开班者有下列各科"②:

表5-4　1929年国立清华大学政治学系课程设置

普通课程	政治概论,近代政治制度,市政学
国际法	国际公法,国家联盟,国际组织,世界政治大势,国际公法案件研究,条约研究,中国外交史
政治思想	近代政治思潮,政治思想名著研究,政治思想史
法律	法学通论,民法,法制史,商法

---

① 孙宏云:《中国现代政治学的展开:清华政治学系的早期发展(一九二六至一九三七)》,北京:生活·读书·新知三联书店2005年版,第104—105页。

② 同上书,105—106页。

第五章
北京大学与政治学在全国的扩展

这个调整的方向总起来说是加强了政治学基础理论,精简了法律中的具体部门法,加强了国际法的课程。据记载,清华大学政治学系主任吴之椿与两位北大政治学教授王世杰(前北大法律系主任兼政治学系教授,法学家)、周鲠生(前北大政治学系主任,国际法和外交专家)曾几度斟酌商讨清华政治学系的课程制定①,课程教员薄弱的地方由两校教员的交流授课弥补,是为一段佳话。

(二) 两校的交流和资源共享

1. 以讲座为形式的交流

1920年11月6日,清华高等科同学十人组织成立了清华学校政治学研究会,其宗旨是"纠合同志,公共讨论及研究有关政治问题及学理,一为扩充公民智识,提倡公民责任,一为将来肄业专科预备起见"。② 日常活动主要是名人演讲会与会员研讨会。该会曾经致函北大的胡适、王世杰、李大钊等来校演讲中国政治问题。1921年5月14日,高一涵应清华大学政治研究会之邀在清华大学演讲《共产主义之历史》。③ 1926年3月12日,是孙中山先生逝世周年纪念日,3月13日下午,清华学生举行纪念活动,邀请李大钊来校演讲《孙中山先生在中国民族革命历史上之位置》。④ 这是目前所见两校早期的交流记录。

2. 两校教员交换授课形式的交流

北大清华两校政治学系的教员一直是资源共享互通有无。尤其是在1926年春夏之交奉系军阀入关和中原军阀大战时,时局和校政都处于动荡、人心惶惶的政治背景下,教师队伍出现了不稳定,所以兼课常常是救场如救火。

---

① 孙宏云:《中国现代政治学的展开:清华政治学系的早期发展(一九二六至一九三七)》,北京:生活·读书·新知三联书店2005年版,第111页。
② 同上书,第248页。
③ 高一涵:《中国近代思想家文库·高一涵卷》,郭双林、高波编,北京:中国人民大学出版社2015年版,第615页。
④ 河北省政协文史委员会编:《河北文史资料选辑第三辑·李大钊年谱专辑》,石家庄:河北人民出版社1981年版,第22页;《清华周刊》第三十五卷第四号,1926年3月19日出版。

1924年6月4日北京大学第十次评议会,专门对交换教授做出过规定:

交换教授暂行规章。

第一条　本校得与国内公立大学协定,按照下列之规章,交换教授。

第二条　本校派出之交换教授,每系同时不得过一人;同一教授在五年中,至多只可派出一年。

凡由其他大学派来本校之交换教授,每系同时不得过一人;同一教授,每次在本校服务,至多不得过一年。

第三条　由本校派出之交换教授,或由其他大学指名,或由本校关系学系教授会推荐而得该大学之同意,每次经本校教务会议决定之。

凡由其他大学派来本校之交换教授,由该大学或本校关系学系提出,每次经本校教务会议议定之。

第四条　交换教授之期限,得依学课之性质及双方大学关系学系之需要情形酌定为半年或一年;交换教授应于每学期之始开始服务。

凡由本校派出之交换教授,在外一年或半年,应算入在校服务期内。

第五条　凡本校派出之交换教授,其原在本校担任之学课,或暂由他教员代授,或暂停一年待至次年回校再授。派出半年之教授,其在本校担任之学课,务尽其余半年内酌量授完。

第六条　凡交换教授,其在他方大学服务中,由他方大学支给全薪(其数额不得少于该教授在原校所支之薪额);此外并当由他方大学补给以住房租金及其他由迁地而生之特别用费。

第七条　凡交换教授,应由他方大学致送来往川资。①

---

① 《第十次评议会》(1924年6月4日),北京大学档案·全宗号(七)·目录号1·案卷号143。

北大政治学系的教员阵容在 1920—1926 年间比较稳定,1926 年北伐战争开始后,陆续收回外国租界,急需外语和外交人才。国民政府外交部长陈友仁聘请王世杰、周鲠生、陈翰笙到外交部当顾问。接到电报后,三人遂南下。① 1927 年南京国民政府成立后,又有一批教员南下。

北大清华教师南下,造成两校师资紧张,有的课甚至难以为继。所以,两校老师互相兼课代课的现象比较多,比如,清华教师在北大兼课的有胡道维(商法)、钱端升(市政学、宪法)、张奚若(宪法)、何基鸿(西洋政治思想史);北大教师先后在清华兼课的有张忠绂(欧洲外交史、行政管理)、邱昌渭(议会制度)、张慰慈(市政理论)等。

1928 年,前北大教授王世杰(时任中央法制局局长)向清华大学介绍了胡元义为政治学系教授,讲授民法、行政法、商法和国际私法。② 吴之椿还曾两度南下邀请前北大政治学系主任周鲠生到清华任教,只是周鲠生当时要协助王世杰办理武汉大学,未能应允。③

在北京奉系军阀占领期间的九校合并,虽然逼走了一些教员,但是毕竟有"合校"这个形式,所以,交叉上课就更为普遍。

表 5-5　北京大学、清华大学两校政治学系教员交流情况

时间	姓名	聘任学校	交流学校	交流形式	讲授课程
1927 年春夏	钱端升	清华	北大	兼课	宪法
1929 年 9 月—1930 年 6 月	胡道维	北大	清华	两校合聘	市政学、宪法
1929 年 9 月—1931 年	何基鸿	北大	清华	兼课	商法
1930 年	张忠绂	北大	清华	兼课	欧洲外交史、行政管理
	邱昌渭	北大	清华	兼课	议会制度
	嵇文甫	北大	清华	兼课	中国政治思想史

---

① 孙宏云:《中国现代政治学的展开:清华政治学系的早期发展(一九二六至一九三七)》,北京:生活·读书·新知三联书店 2005 年版,第 117 页。
② 同上书,第 113 页。
③ 同上书,第 117 页。

(续表)

时间	姓名	聘任学校	交流学校	交流形式	讲授课程
1930 年	张慰慈	北大	清华	兼课	市政学
	锺赓言 黄觉非	北大	清华	兼课	行政法
	林 彬	北大	清华	兼课	民法

说明：根据北京大学、清华大学两校教职员名录制表。

两校教师交流的方式主要有：第一种，两校合聘教师，如胡道维先是北大政治学系聘任，①然后在其并未被北大解聘的情况下受聘于清华，讲授市政学和宪法二班课程。在清华大学聘任教授名单上，胡道维名字后面注有"与北大合聘"的字样。② 两校合聘的好处是，两边都算聘任，职称待遇保持不变。第二种，在一个学校受聘成为在编教员，但在他校兼课。但通常在兼课的学校职称待遇要降低。1922 年北京大学评议会第五次会议就曾专门讨论过"兼职教授改讲师案"。根据这一规定，清华大学的教授在北大兼课，一般不能按教授对待（后来北大又规定，在外兼课的北大老师也不能给北大的教授职称，只能是讲师）。比如，1930 年浦薛凤在北京大学政治学系兼课，在北京大学职员录上显示他只是政治学系讲师。张奚若在 1929 年已经是清华大学法学院政治学系教授，但在北京大学政治学系兼课时，北京大学职员录上他也被登记为政治学讲师。③ 北京大学教授何鸿基在清华大学政治学系教师名单上边注为"讲师"。④ 第三种交流方式就是正式调动。比如钱端升在 1924 年归国后即任教清华，1927 年春季开始在北大兼课，讲授政治和

---

① 《国立北京大学职员录》（1930 年编制），参见王学珍、郭建荣主编：《北京大学史料》第 2 卷上册，北京：北京大学出版社 2000 年版，第 366 页。

② 《国立清华大学校刊》第 84 期，1929 年 8 月 14 日。孙宏云：《中国现代政治学的展开：清华政治学系的早期发展（一九二六至一九三七）》，北京：生活·读书·新知三联书店 2005 年版，第 118 页。

③ 王学珍、郭建荣主编：《北京大学史料》第 2 卷，北京：北京大学出版社 2000 年版，第 367、368 页。

④ 《国立清华大学一览》，民国十九年，"教职员名录"。孙宏云：《中国现代政治学的展开：清华政治学系的早期发展（一九二六至一九三七）》，北京：生活·读书·新知三联书店 2005 年版，第 118 页。

法律两系的宪法课程。后来1937年钱端升就直接受聘北京大学教授,并相继出任北大政治学系主任、法学院院长。

二、燕京大学政治学系的建立发展

燕京大学建于1919年,是近代中国最著名的教会大学之一,它由华北地区的几所教会大学合并而成的,包括北京汇文大学、通州华北协和大学、北京华北女子协和大学等。燕京大学初期名为Peking University,因与国立北京大学(National Peking University)同名,后改为Yenching University。开始只设文理科没有分系。从1929年起,学院设置齐全,其法学院下设法律学系、政治学系、经济学系。

(一)燕京大学历任政治学系主任

系主任在现代大学分科体制下具有重要的地位,其学术方向也有一定的引导性。前四任系主任对边疆政治和外交史的偏重,一度形成了燕京大学政治学的学术特点。

燕京大学政治学系第一任系主任为徐淑希(1892—1982)。徐淑希原籍广东饶平,出生于汕头。1910年毕业于汕头英华学校,然后到香港大学读书,毕业后,赴美留学,1925年获哥伦比亚大学博士学位,博士论文《中国和她的政体》获得高度好评。

1923年,徐淑希受聘到燕京大学政治学系任教。除了讲授课程,徐淑希用心设计课程与师资配备,使政治学系的教师阵容初见规模:吕复讲授宪法,萧公权讲授中国及西方政治思想史,李祖荫讲授行政法,郭云观讲授法学通论及民法,潘昌煦讲授刑法原理,梁仲华讲授地方政府。他还积极开展与美国普林斯顿大学的合作,邀请多位著名学者来燕大担任客座教授,比如来自普林斯顿大学的访问教授爱德华·塞缪尔·柯温(Edward Samuel Corwin,美国政治学会主席,1930—1931年任燕京大学访问教授)[①]。1925年,他正式获哥伦比亚大学博士学位后,任燕京大学政治学系主任。1925年燕大组建研究生院,徐淑希担任研

[①] 参见张玮瑛、王百强等主编,燕京大学校友校史编写委员会编:《燕京大学史稿1919—1952》,北京:人民中国出版社1999年版,第1042—1043页。

究生院院长兼任政治学系主任至1937年(中间有两次外出由他人代理系主任)①。徐淑希是中国国际法研究的先驱之一,尤其擅长远东和满蒙问题研究,也是学者从政的代表。

第二任系主任为吴其玉(1904—1995)。吴其玉出生福建闽清,研究特长为国际法与国际政治,1937—1945年任燕京大学政治学系主任,在此之前曾短暂代理过系主任。1927年吴其玉毕业于燕大政治学系,1929年毕业于该系研究生部,获文学硕士学位。在校学习期间受导师徐淑希影响颇深,其研究生毕业论文《新疆归化史》显示出他对西北边疆与周边国家的历史、政治、外交关系的分析研究能力。毕业后吴其玉以优异成绩获美国普林斯顿大学奖学金赴美国深造,1933年获博士学位,同年秋回国,先后任燕大政治学系讲师、副教授、教授,主编《外交月报》及《燕京社会科学学报》。在政治学系主任徐淑希教授1935年出席日内瓦国际联盟会议期间,吴其玉曾代理系主任。吴其玉主讲国际公法与中国外交史、国际关系等课程。②。燕大沦于日军之后,1942年他携眷辗转到成都参加复课工作,任法学院院长,兼政治学系主任;抗战结束后转任南京政府外交部参事,遂受聘于中央大学和金陵大学执教。后转到杭州之江大学任政治学系主任、教务长兼校政委员。新中国成立后,于1952年入华东革命大学学习,转任四川大学政治学系教授。1952年院系调整时,吴其玉调至西南政法学院任教授。1962年至1970年在福建第二师范学院英语系任教。拨乱反正后,吴其玉返京任中国社会科学院民族研究所研究员,并任北京大学法律系兼职教授,1984年退休。

第三任系主任为谭春霖(生卒年不详)。谭春霖于1935年研究生毕业于燕大政治学系研究生部,论文题目为《英国对华政策》。1945年夏,吴其玉离校,系主任由谭春霖在1948—1946年暂时代理,1946年,谭春霖赴美深造。著有《欧人东渐前明代海外关系》(1936)、《广州公

---

① 徐淑希在国外休假时,燕京政治学系代理主任一度由清华政治学系访问教授、普林斯顿大学教授爱德华·塞缪尔·柯温短暂担任,参见《萧蘧和萧公权兄弟:清华合璧,异国飘零》一文,http://www.sohu.com/a/121925685_534365,2019年1月2日登陆。1935年徐淑希教授出席日内瓦国际联盟会议期间,系主任由吴其玉代理。

② 参见张玮瑛、王百强等主编,燕京大学校友史编写委员会编:《燕京大学史稿1919—1952》,北京:人民中国出版社1999年版,第1044—1045页。

行时代对外人之裁判权》(1936)、《各国行政研究概况》(1939)等。①

第四任系主任为陈芳芝(1914—1995),任职时间为1946—1951年。陈芳芝祖籍广东汕头,曾在香港女子拔萃英文书院读书,1931年秋入燕京大学政治学系学习。受当时燕大政治学系主任徐淑希教授影响,陈芳芝开始注意中国边疆外交,1935年毕业后入燕大研究院,1936年获美国布林莫尔学院(Bryn Mawr College)奖学金出国留学,师从当代国际法大师芬维克(C. G. Fenwick),1939年冬获博士学位,毕业论文题为《有关中国之若干国际法问题》。1940年年初,陈芳芝返回燕大政治学系任教,主讲政治学概论与比较政府两门课程。1941年日寇关闭燕大后,辗转入蜀,积极参加燕大成都复课,担任女生部主任,继续在政治学系执教;1946年成都燕大迁返北平,出任政治学系主任及研究院导师,主讲国际法、中国外交史、西洋政治思想史等课程,同时兼任燕大行政委员会委员,并一度任秘书。1949年北平解放,她继续主持政治学系,1951年带队参加土改工作团一年。1952年院系调整后,陈芳芝入北京政法学院任教授,后又调入北京大学历史系任教。陈芳芝的代表作为《东北史探讨》,该书追述秦汉以前东北广大领土即已属我国所有,又以国际法法理为据,论证帝国主义一直觊觎中国东北的野心,该书于1995年在中国社会科学出版社出版。

第五任系主任为严景耀(1905—1976),任职时间为1951—1952年。严景耀祖籍浙江余姚,1905年出生,1924年考入北平燕京大学社会学系,主修犯罪学,学生时代就写下了《北京犯罪之社会分析》《中国监狱问题》等多篇极有价值的论文。1928年大学毕业后,他留在燕京大学当研究生兼任助教,继续研究犯罪学,1931年入美国芝加哥大学,1934年获博士学位,其博士学位论文为《中国犯罪问题与社会变迁的关系》;后赴伦敦经济社会科学院学习半年,之后应聘任莫斯科外国语学校英语教师。1935年1月,严景耀在莫斯科中国问题研究所从事研究工作,同年秋回国,重返燕京大学社会学系任教,讲授"犯罪学""社会学概论""社会变迁"等课程。中华人民共和国建立后,严景耀成为燕京

---

① 张玮瑛、王百强等主编,燕京大学校友校史编写委员会编:《燕京大学史稿 1919—1952》,北京:人民中国出版社1999年版,第308—314页。

中国现代政治学的发端与拓展
北京大学政治学（1899—1929）

大学政治课委员会委员，在全校开讲马克思主义政治课①。1951年燕京大学社会学系撤销，不久后他出任政治学系主任。1952年，严景耀参与筹办北京政法学院，任该院国家法教研室主任，兼任校务委员会委员，讲授"苏联国家法""资产阶级国家法""中华人民共和国宪法"和"世界概论"等课程，1973年调任北京大学国际政治学系教授，研究国际问题。

（二）北京大学政治学系与燕大政治学系的交流

资料显示，北京大学政治学系与燕京大学政治学系的官方交流不多，主要是学生和老师的往来和交流。

学生的交流主要是通过政治活动和学术活动。在中国共产党成立两年之后的1923年，燕京大学就开始出现了共产党员。最初是燕京大学的一些进步学生经常到北京大学参加活动，与北大的共产党员和共青团员有了接触。1923年，北大学生党员刘仁静介绍燕大文科的戎之桐参加了中国共产党，这是燕大的第一个共产党员。1924年，刘仁静与戎之桐又发展了燕大学生章克入团，同年6月，北大党员范鸿劼与北京艺专毕业的党员还发展了燕大文科学生刘德元入团。1925年，刘仁静与戎之桐发展章克入党。在此期间，燕大中文系学生郭灿然也被介绍入党，这样，1925年在燕大成立了第一个党支部，戎之桐为支部书记。②

北京大学政治学会与北京大学经济学会于1929年12月1日曾经联合邀请燕京大学政治学系主任徐淑希教授来校演讲"太平洋国交讨论会中之满洲问题"。③

北京大学、清华大学与燕京大学的政治学教师也互相代课或兼课。比如任北京大学政治学系教授、系主任、教务长等职的陶孟和在1924年兼任燕京大学教授。萧公权是北京大学、清华大学、燕京大学三校授课的教师。但总的来说，燕京大学政治学系偏重于边疆史、地区史和外交史的研究，与北京大学政治学系的学术研究重点不同。

---

① 陈远：《燕京大学1919—1952》，杭州：浙江人民出版社2013年版，第210页。
② 同上书，第183页。
③ 《北大政治学会会务纪要》，参见王学珍、郭建荣主编：《北京大学史料》第2卷，北京：北京大学出版社2000年版，第1796页。

三、全国范围政治学专业和学系的建立与北京大学的影响

(一) 北京大学政治学系教师的南下和流动

20 世纪 20 年代末,由于政治局势变动造成北方学术环境的恶化,北京大学出现了大批教员南下的现象,这对北京大学的教学和学术发展是一个重创,这种局面到 1930 年才恢复。但教师在全国范围的流动,也形成了高等教育的普及和学术的交流。

北京大学教员南下的主要有如下几条。

1. "三一八"惨案后北方局势日趋紧张,学术空间压缩

1926 年 3 月 12 日,冯玉祥的国民军与奉系军阀作战期间,日本军舰掩护奉军军舰驶进天津大沽口,炮击国民军,守军死伤十余名。国民军还击,将日舰驱逐出大沽口。日本竟联合英美等八国于 16 日向段祺瑞政府发出最后通牒,提出撤除大沽口中国国防设施的无理要求。3 月 18 日,北京群众五千余人在天安门集会抗议,集会由李大钊主持,要求拒绝八国通牒。大会结束后,游行队伍由李大钊率领,按预定路线,从天安门出发,经东长安街、东单牌楼、米市大街、东四牌楼,最后进入铁狮子胡同(今张自忠路)东口,在段祺瑞执政府(今中国人民大学清史研究所)门前的广场请愿。当时的执政府(段祺瑞不在执政府内)内竟有人下令开枪,当场打死四十七人,包括李大钊在内的人员伤百余人,史称"三一八"惨案,鲁迅称这一天为"民国以来最黑暗的一天"。3 月 19 日,执政府颁布《临时执政令》,以"假借共产学说,啸聚群众,屡肇事端"为由,通缉徐谦、李大钊、李煜瀛、易培基、顾兆熊等大学校长、教授 5 人。军警还搜查北大、北师大、女师大、中国大学等校,声称捉拿赤化分子。① 4 月 16 日,奉军查封了《京报》报馆,逮捕了总编辑、同时也是北京大学新闻学研究会的发起人之一、著名报人邵飘萍,并在 4 月 26 日将其枪决。就在邵飘萍殉难的当晚,北京国民政府前总理孙宝琦告知北大代理校长蒋梦麟,蒋的名字已经上了黑名单,蒋梦麟立即搭乘王

---

① 王建伟:《逃离北京:1926 年前后知识群体的南下潮流》,《广东社会科学》2013 年第 3 期。

宠惠的汽车到东交民巷使馆界的六国饭店避居。① 北大政治学系教授张慰慈致函胡适说:"现在北京一般人的口都已封闭了,什么话都不能说。……同时一切书信与电报都受严格的检查,听说被截留的甚多。并且无故被捕的人也不少。"他认为"近来北京的局面差不多是到了法国革命时代的 Reignofterror[恐怖统治]了"。② 北大法科教授王世杰直言要将段祺瑞以律治罪,在北京大学政治学系任教的高一涵、陶孟和、顾孟余等教授也积极发声,谴责政府开枪。在北京各界为"三一八"惨案亡灵举行的万人公祭大会上,高一涵作挽联:"说什么法律,说什么共和,只看他卖国则生,爱国则死;谁配称民军,谁配称领袖,尽都是有害争后,有利争先。"③ "三一八"惨案后,虽然段祺瑞被迫通电下野,但不久后取而代之的是奉系军阀占领北京,北方局势更加恶化,"正如五四是代表了知识阶级对于北京政府进攻的成功,三一八乃是代表北京政府对于知识阶级以及人民反攻的开始,而这反攻却比当初进攻更为猛烈","在三一八那年之前,学生和教授在社会上似乎保有一种权威和地位,虽然政府讨厌他们,但不敢轻易动手",但那之后"对知识阶级的恐怖时代可以说就此开始了"。④

北京大学的教师开始以厌课的方式表示抵触和不满。1926年10月3日的《申报》以"北大教职员不愿开课者多"为题刊登了一篇报道:

> 北京大学前因经费无着,对于开学问题不能决定,特请各教员举行总投票,以定开学与否之准。九月三十日上午十一时,在二院宴会厅开票,计临时教员到场者有余文灿、朱希祖、徐炳昶等八十余人。职员周同煌、周禹川等三十余人,当推余文灿等为开票监察员,周同煌为记录员,朱希祖、徐炳昶为唱票员。其结果有效表决票一五一,愿上课者四七,不愿上课者

---

① 蒋梦麟:《西潮·新潮》,长沙:岳麓书社2000年版,第148—149页。
② 中国社会科学院近代史研究所中华民国史研究室编:《胡适来往书信选》上册,北京:中华书局1979年版,第421页。
③ 高一涵:《中国近代思想家文库·高一涵卷》,郭双林、高波编,北京:中国人民大学出版社2015年版,第617页,《高一涵年谱简编》。
④ 周作人:《五四与三一八》。参见周作人:《红楼内外》,周作人:《知堂乙酉文编》,止庵校订,北京:北京十月文艺出版社2013年版。

八四,附条件的愿上课者二〇,所谓条件愿者,系请先将经费筹妥,抑恶有相当准备,保管开课而不中辍也。综上观察,不愿上课者为大多数,且该校目前决无开学之可能。昨午该校并发布通告一件,照录如下:北京大学通告,本校因经费无着,举行教员总投票,以决定上课与否,兹开票结果如下:有效表决数一五一,愿上课者四七,不愿上课者八四,附条件的愿上课者二〇。①

北京大学经费短缺无着也不是第一次了,显然大多数教师表示不愿上课不单纯是经费问题。1927年4月奉系军阀判处北京大学教授李大钊死刑并施以绞刑后,教授们除了对当局非常失望,也充满自危之感,有人认为北京已非久留之地。白色恐怖笼罩北方。不能要求所有的知识分子都像战士一样直接冲杀在反对专制统治的第一线,知识分子的知识传播和知识创造的使命本来是需要安静的书桌的。"三一八"惨案后的局势特别是奉系军阀占领北京后的局势,在北京城造成群体性的恐慌,被军阀列入黑名单的北大代理校长蒋梦麟和地质学系教授朱家骅等在六国饭店躲避长达三个月之后悄然离京南下。政治学系的王世杰等也南下不回,以至北京大学复校后的1929—1930年,《北京大学日刊》上常出现请北京大学教授回校任教的呼唤。

2. 奉系安国军政府强制九校合并对北大办学的伤害

第二次直奉战争以后,直系主力全军覆没退出北京,段祺瑞政府下台,奉系张作霖1926年12月1日在天津通电就任安国军总司令职务。1927年6月18日,张作霖在中南海怀仁堂被各路军阀推奉为中华民国陆海军大元帅,行使大总统职权,组织军政府,时称"安国军政府",实行军政合一的独裁制度。1927年7月20日,张作霖以安国军军政府大元帅的名义正式发布整理学校令,令北京8所国立大学和1所专科学校(北京大学、法政大学、工业大学、农业大学、医科大学、师范大学、女子

---

① 王学珍、郭建荣主编:《北京大学史料》第2卷,北京:北京大学出版社2000年版,第520页。

师范大学、女子大学、艺术专门学校)等国立九校①合并组建国立京师大学校,上述各校改组为新校各科,校长由刘哲兼任。② 8月31日,军政府公布《国立京师大学校组织总纲》,共17条,规定京师大学校分设文科、理科、医科、法科、工科、师范部、女子第一部、女子第二部、商业专门部、美术专门部,共五科五部,每个科部都要求设立预科,除商业专门部和美术专门部修业年限三年,预科一年外,其余科部都是修业年限四年,预科二年。京师大学校设校长一人总辖校务,由教育总长聘任,每个科部都设立学长。总纲第九条规定"国立京师大学校各科部各置教授若干人分任教课,由本科部学长商陈校长聘任之,并呈报教育部备案。各科部遇必要时,得商陈校长延请讲师及助教。"这样,校长就把聘请教授、讲师、助教的权力牢牢把握。校长刘哲是安国军政府的教育总长,他宣布办学宗旨为"保存旧道德,取法新文明",③并提出"开历史倒车"的规定,强迫读经、禁用白话文;男女生教室座次实行划分;禁止集会请愿,各校中原来的社团组织都被解散,学生反抗即遭开除等。教育当局还禁止所有学校的体育比赛,称比赛易使青年性情浮动,荒废正课。④ 1928年3月30日,"国立北京大学"校匾被"国立京师大学校"匾额取代。⑤ 上述种种,对于北京大学来说,不啻于是摧毁从五四新文化运动以来形成的新思想的大本营。北大陷入亡校危机,"一时间很多人离开,留下来的也大多销声匿迹,深自韬晦;走不开的许多教授,也大多考虑如何应变,另谋出路;或者转到清华大学、燕京大学去。北大从第一院到第三院,呈现一片零落景象。"⑥当一位美国外交官问及蒋梦麟北

---

① 当时北京地区共有国立大学10所,国立专门学校5所,合并的这9所学校,前8所都属于国立大学,后1所属于专门学校。没有将当时10所国立大学全部合并的原因是因为北京交通大学属于铁道部管理,清华学校属于外交部管理,都不归教育部管理,教育部自然无权将它们合并,而且当时不同的部之间派系林立,很难统而归一。
② 王学珍、郭建荣主编:《北京大学史料》第2卷,北京:北京大学出版社2000年版,第520页。
③ 王学珍等主编:《北京大学纪事(1898—1997)》,北京:北京大学出版社2008年版,第195页。
④ 同上书,第198页。
⑤ 同上书,第197页。
⑥ 陈平原、夏晓虹编:《北大旧事》,北京:生活·读书·新知三联书店1998年版,第135页。

京政府的前途时,蒋梦麟把它比喻为河滩失水的蚌,日趋干涸,最后只剩下一个蚌壳。"情势一年不如一年,终至老百姓对政府的最后一点敬意也消失了。学生帮同老百姓破坏了它的威信,军阀们则把它整个的埋葬在北京的尘土里。"①

面对高压和专制统治,不同的教授选择不同的方式予以抗争。时在京师大学校就读的朱希祖的女儿朱偰回忆:北大旧教授纷纷离去,许多课程开不出来。先父朱希祖不愿留在改组后的"京师大学校",改就清华大学教授。同时沈兼士到了辅仁大学,钱玄同到了师范大学,沈士远到了燕京大学。三沈二马之中,只剩下一个马裕藻还留在原校不动。北大法学院教授,走了个精光。②

陈独秀、徐谦、顾孟余、高一涵等也纷纷南下,参加革命或者寻找别的机会。

1928年北伐胜利,奉军全线崩溃,6月2日张作霖退回关外,两天后被日本关东军谋害于皇姑屯。6月6日,北伐军进入北京,刘哲等随即逃散,合并不到一年的京师大学校解体,各校纷起要求复校③。此后,北大还遇到李石曾主导的"大学区制改革"被并入北平大学的"危险",因北大学生反对,一度被迫停课达九个月。北大经历了历史上的低谷时期。1929年8月6日,南京国民政府才正式决定恢复国立北京大学。④ 北大政治学系在这期间也发生了重大变动。为反对九校合并,北京大学曾停课达数月之久,教授大批离校或南下,政治学系开课一度受到影响。

迫于时局的迁徙和离开是不得已而为之,但另一方面高校的迁徙和知识分子的大规模流动,又使得教育与学术得到了扩散的机会。

---

① 蒋梦麟:《西潮・新潮》,长沙:岳麓书社2000年版,第148页。
② 转引自赵国伟:《民国教育史上最早的高校合并研究——京师大学校改革》,《中国高等教育》2017年第Z1期。
③ 1927年北京大学等9所国立大学被"安国军政府"强行合并为国立京师大学校后,1928年改为中华大学,后又改为国立北平大学。1929年1月北京大学被允许称为"北平大学北大学院"。1929年8月6日北大学院彻底改回国立北京大学。
④ 王学珍等主编:《北京大学纪事(1898—1997)》,北京:北京大学出版社2008年版,第210页。

3. 新成立的南京国民政府招揽人才

与北方风雨如晦的恐怖气氛形成鲜明对照的是,发自广州的国民革命运动正以一日千里之势迅猛发展。自1926年7月开始,国民革命军长驱北伐,当年10月10日即克复武昌,时称"第二次辛亥革命"。蒋梦麟说:"国民党的革命运动一直享有大众的支持,尤其是知识分子和学生,甚至连北洋军阀中的一些开明分子也同情国民党。"①当国民革命军攻克杭州时,"杭州人热烈地欢迎国民革命军。这些现代装备的军队胜利进军杭州时,成千成万的市民满面笑容地列队欢迎。我站在人丛中观望,一颗心高兴得怦怦乱跳。"②

1927年4月18日,南京国民政府成立,蔡元培在南京国民政府任大学院院长、司法部长和监察院长等职。他积极恢复和推动中国的教育与学术发展,特别是1928年建立中央研究院,蔡元培做专任院长,其学术与人格魅力吸引了不少专家和学者。蒋梦麟和朱家骅从北京南下后分别去了杭州和广州,蒋梦麟相继担任浙江省省府委员、教育厅长,后又担任国立浙江大学首任校长、国民政府第一任教育部长。朱家骅则成为广州中山大学校长。北大政治学系主任周鲠生自1926年北伐后即放弃北大教职,南下广州参加革命,后再随北伐军辗转至武汉、南京。在武汉期间,应外交部长陈友仁之邀担任外交部顾问,协助国民政府以外交手段废除不平等条约,收回汉口、九江的英租界。1927年1月,高一涵南下任南昌中山大学政治学系主任、教授,1928年在上海法政学院、上海公学任教。③ 1927年夏,北大法科教授王世杰南下就任中央法制局局长,1928年再奉命筹建国立武汉大学并任首任校长。1927年政治学系教授张慰慈也离开北京大学南下,他选择直接加入国民政府的工作,历任财政部秘书、沪宁沪杭甬铁路管理局运输课副课长、北宁铁路管理局总务处长、铁道部参事,后又回归大学,先后在上海东吴大学法学院、上海中国公学、安徽大学教授政治学。

总之,在北方尤其是北京的政治环境对于知识群体的人身安全和

---

① 蒋梦麟:《西潮·新潮》,长沙:岳麓书社2000年版,第148页。
② 同上书,第150页。
③ 高一涵:《中国近代思想家文库·高一涵卷》,郭双林、高波编,北京:中国人民大学出版社2015年版,第617—618页,《高一涵年谱简编》。

学术发展越来越不利的情形下,恰在此时,继承孙中山遗志、以"打倒列强除军阀"为职志的国民革命以排山倒海之势由南到北蓬勃进行,新成立的国民政府和新的政治中心让一些人看到了新的机会与可能。正是在这样的背景下,北京大学大批教员纷纷告别古都南下,这也是知识分子的职业具有的灵活性和多样性的一种选择。

北大教员的大规模南下加入到各地大学政治学系的创建和发展中。

(二)原北京大学政治学系教师直接任教各地大学

北京大学政治学系教授南下任教的大学主要有上海中国公学(大学部)、南京的东南大学、湖北的武昌中山大学(后来的武汉大学)、安徽大学等。这些学校的政治学系当时至少都有1—2名来自北大政治学系的教员。

1926年,湖北的国立武昌大学、国立商科大学、省立医科大学、省立法科大学、省立文科大学以及私立文华大学等合并,成立国立武昌中山大学,设有大学部和文、理、法、经、医、预6科,17个系2个部。前北大政治学教授高一涵在此期间担任武昌中山大学教授、政治学系主任、法科委员会主任。1928年7月,南京国民政府大学院院长蔡元培下令改组国立武昌中山大学组建国立武汉大学,下设文、理、工、法四个学院。

北大政治学系主任周鲠生(周览)于1926年北伐开始后即离开北大,南下赶赴广州参加革命,后参与改组广东大学为中山大学的筹备工作。后随北伐军来到武汉,旋又转至南京。南京国民政府成立时,任东南大学教授兼政治学系主任。1929年3月5日,前北大法科政治学系教授王世杰被任命为武汉大学首任校长,他便聘请周鲠生出任国立武汉大学教授兼政治系和法律系主任、法科所所长。前北大法律系主任、政治学系教授燕树棠,1928年9月也受聘任国立武汉大学法学院教授兼法律系主任。

1928年3月,胡适受母校上海中国公学之聘担任校长,4月30日正式就职并自兼文理学院院长。[①] 接下来他便邀请他的安徽老乡、前北

---

① 胡适:《胡适全集》第43卷,季维龙编,合肥:安徽教育出版社2003年版,第9—11页,《胡适生平年表》。

大政治学系教授高一涵、张慰慈到中国公学任教,高一涵还担任了该校社会科学学院院长。

张慰慈除了在中国公学教书还兼任上海法政大学、上海东吴大学法律学院的政治学教授。1930年,北大校友杨亮功就任安徽大学校长,又聘请张慰慈担任法学院院长、图书馆馆长、政治学教授,聘请北大政治学系的陈顾远任法律系主任。

表5-6　19世纪20年代北大政治学系教授兼任、历任其他学术、行政机构情况

教授	兼任、历任其他学术机构情况
陶孟和	北京高等师范学校,燕京大学,北平社会调查所,中央研究院社会研究所
陈启修	北京中俄大学,北京女子师范大学,中山大学,北平大学,西南学院,川北大学,重庆大学,西南财经学院
周鲠生	中山大学,武汉大学,东南大学
王世杰	武汉大学,教育部部长,外交部部长
高一涵	武昌中山大学,上海法政大学,上海中国公学,南京大学
张慰慈	上海法政大学,上海东吴大学,上海中国公学,安徽大学
燕树棠	清华大学,武汉大学,西南联合大学
陈翰笙	北京师范大学,北京女子师范大学,燕京大学,中央研究院社会科学研究所华盛顿州立大学,约翰·霍普金斯大学,宾夕法尼亚大学,纽约亚洲研究所

20世纪20年代,中国各地大学陆续建立,很多大学都创办了政法学院或政治学系。政治、法律和外交人才在这个时候被认为是国家现代化所最需。

表5-7　国内主要大学政治学系设立时间

国立大学		省立大学		私立大学(包括教会大学)	
学校	建系年份	学校	建系年份	学校	建系年份
北京大学(京师大学堂)	1909—1910	东陆大学(云南大学)	1924	南开大学	1923

(续表)

国立大学		省立大学		私立大学(包括教会大学)	
学校	建系年份	学校	建系年份	学校	建系年份
中央大学（南京大学）	1921	东北大学	1925	复旦大学	1923
广东大学（中山大学）	1924	河南大学	1927	燕京大学	1923
北京法政大学（北平大学）	1925	湖南大学	1928	金陵大学	1924
武昌中山大学（武汉大学）	1926	安徽大学	1928（政治经济系）	大夏大学	1924
清华大学	1926	山西大学	1931	光华大学	1925（政治社会系①）
浙江大学	1928（史学与政治系）			中国公学	1925
				厦门大学	1926
				东吴大学	1927
				沪江大学	1929（政治及历史学系）

说明：表格主要依据各大学官方网站记载整理而成。

上述中国早期大学政治学系的教授来源各有不同。北京大学政治学系是国内第一个国立综合大学政治学系，其早期教员主要来源为外籍教师（早期以日本为主）、京师大学堂毕业生、留学日本和欧美的归国学人。清华大学政治学系的教师主体是清华庚款留美学生。燕京大学政治学系由外籍教师和留美背景的学人为主。留学归国学人成为教师队伍的主体这一现象反映了现代政治学是舶来品的特征。留学资助来源和留学目的国也使不同学校教师形成不同群体。京师大学堂曾享受过清朝学部公费资助全体进士馆法政学堂的学生去日本留学，清华大

---

① 光华大学1925年初建时称政法系，旋改为政治社会系。

学主要是美国庚子赔款退回款项的资助项目,此外民国中央政府和地方政府、教会以及社会贤达也都资助学子出国留学。留学目的国包括日本、美国和欧洲主要国家。比如王世杰和张奚若,1913年同时受临时稽勋局公派出洋留学,1920年王世杰获法国巴黎大学博士,归国后受聘北大。张奚若1919年获哥伦比亚大学政治学硕士归国,后来历任中央大学、清华大学政治学教授。1912年,徐淑希在教会的帮助下前往香港大学读书毕业后前往美国留学,先后在耶鲁大学和哥伦比亚大学取得硕士学位(1919年)和博士学位(1925年)。1923年回国任燕京大学首位专职副教授,并创办政治学系。1925年,获哥伦比亚大学博士学位后,正式担任燕京大学政治学系主任。① 徐谟,1917年毕业于天津北洋大学法律学系,1922年获美国华盛顿大学法学硕士学位,回国后受聘南开大学。1923年南开大学政治学系正式设立,徐谟担任第一任系主任,1925—1926年间担任南开大学文科主任(文学院院长)。② 上海的教会大学沪江大学政治及历史学系虽然1929年才正式成立,但在此前就已经有美国人韩森(Victor Hanson)、詹姆士·奎勒·格雷(James Quayle Dealey)以及华人李锦纶(Frank. W. Lee)相继开设政治学课程,到1928年该校政治学课程已经增至9种,分别是"政治学初步""市政学""比较政治学""国际公法""美国政府及政策""近代政治思想""中国宪法之发展""欧战前之外交形势""孙文学说"。但在各校政治学系初创时期,北京大学教员的加入无疑会产生一些影响,这些影响或是教学风格,或是学术倾向。

沪江大学社会科学科的负责人在1926年称:"沪大政治学居国立北京大学之次。"③这句话非常有意思,实际上间接承认了北大政治学系当时独步全国的地位。因此,北京大学政治学教员的加盟,受到了其他学校的欢迎,也一定会在教学和学术上产生影响。

---

① 《徐淑希,潮籍外交第一人》,人民网广东频道,网址:http://gd.people.com.cn/n/2014/0518/c123932-21230849.html,2014年5月18日访问。
② 参见程同顺:《南开政治学九十年》,南开大学新闻中心编:《永续的学脉——南开大学学科发展历程》,天津:南开大学出版社2009年版。
③ 韩戍:《教会大学的学科设置与分合——以沪江大学政治学科及历史学科为中心》,《民国档案》2018年第1期。

(三)通过学术著作和教材呈现的北大影响

虽然迫于时局,背井离乡、迁居异地的知识分子是不得已而为之,更多的是辛酸,但是对于整个国家和民族而言,却有意外结果。每一次高校的迁徙和知识分子的大规模流动,都使得知识和学术的种子在更多的区域得以播撒,一些出于无奈的、个人生存和发展需要的迁徙和有意的文化传播一起加速了学科和学术的扩散。

北京大学政治学对全国政治学的影响,除了教员和管理者的加盟外,北京大学教师的学术著作(包括译著)和北京大学教师编写教材的广泛使用也是产生影响的另一个重要渠道。

如前所述,北京大学早期的政治学著作和译作,有开山之功,其中很多著作经历多次再版重印,被称为中国现代政治学的经典。北京大学政治学教员的详细著述情况可见本书第四章列表。

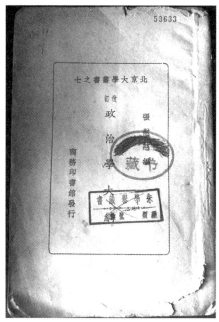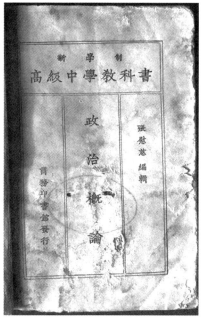

照片 26 张慰慈编《政治学大纲》以及《政治概论》

北京大学教授编著的一些经典政治学教材,被作为其他大学政治学系的教材使用的突出例子就是陈启修的《新政治学》、张慰慈的《政治学大纲》等。特别是张慰慈的《政治学大纲》作为政治学的基础教材,前后印刷11版。除北京大学政治学系自己使用外,大约有10所大学使用过这个教材。张慰慈还为中学编写了政治学教材。教材是学科建设的基础,尤其是"大纲""纲要""概论"这一类的基础性教材,在学科建设中起着支柱的作用。编著者对学科的理解和认识会通过基本概念、基本理论、基本体系体现出来,因此它在某种程度上决定着一个大学某学科的基本流派和方向。

尾 声

一个学科产生的过程是知识演化的过程,也是社会政治体制演化的过程。政治学科在中国的产生以及产生后的命运也证明了"学科一经产生,它的身份就发生了变化,它已经不单纯是知识的科目、学术的门类,而是变成一种社会存在,称为'社会建制'的一部分。它既是无形的,又是有形的;既是知识的,又是组织的;既是学术的,甚至还是行政的"[①]。

20世纪20年代,中国政治学在全国已经有了一定的学术和教学的积累,新的国民政府建立后对政治法律人才出现新的需求,全国各地大学开始相继创办政治学系。以北大教员南下开始的全国范围内政治学教员的流动,也有助于满足这一需要。由此,中国近现代政治学告别了最初北京大学一家独步全国、一枝独秀的初创时代,迎来了百家争鸣、满天星斗的局面,中国现代政治学研究机构也从北方扩散到大江南北,形成了中国现代政治学的新版图。在这个过程中,北京大学不仅是中国现代政治学的诞生之地,完成了早期政治学学科领域的开辟,也助推和促进了现代政治学在全国的扩散和发展。

---

① 万力维:《控制与分等:大学学科制度的权力逻辑》,南京:南京师范大学出版社2005年版,第1页。

附　录

附录1　京师大学堂仕学馆、进士馆与分科大学教习简介(1898—1911)①

（按任教时间先后排序）

1. **岩谷孙藏**（1867—1918）　日本人。出生于日本佐贺县。早年就读于东京外国语学校，学习德语。1885年留学德国，攻读法律专业。毕业回日本后，任教于明治法律学校、东京专门学校等。后获法学博士学位并升任东京帝国大学法科教授。1902年来华，1902年至1906年（光绪二十八年至光绪三十二年）任京师大学堂速成科正教习。1907年任京师法政学堂总教习。1912年任朝阳大学教授，讲授商法等课程。兼任民国总统府法律顾问、民国政府法典编纂会调查委员，参与起草《刑法草案》等。著有《日本刑法》《公司法草案》（合）等。②

2. **服部宇之吉**（1867—1939）　日本人。1890年于东京大学哲学科毕业后进入文部省为官，第二年转任教职，先后于京都、东京两地高中执教数年。1897年再度从政，历任两届文部大臣秘书官。1898年任

---

① 京师大学堂教员姓名及任教时间参见北京大学校史研究室编：《北京大学史料》第1卷，北京：北京大学出版社1993年版，第332—343页；《教习进士馆法政毕业文凭》，肖芃主编：《苏州市珍贵档案文献名录》，苏州：古吴轩出版社2008年版，第44页。另外，京师大学堂师范馆教习王舟瑶、杨道霖在仕学馆兼讲经义和掌故，此处不列。

② 参见周川主编：《中国近现代高等教育人物辞典》，福州：福建教育出版社2012年版，第697页；[美]任达：《新政革命与日本：中国，1898—1912》，李仲贤译，南京：江苏人民出版社2006年版，第81页。

东京高等师范学校教授,同时兼任东京帝国大学文科大学副教授。1900年作为日本文部省留学生,被派往中国留学,适逢义和团起义,短暂滞留后归国。同年12月转赴德国柏林大学留学,其间又接到前往京师大学堂任教职的命令。1902年8月,回到日本被授予东京帝国大学文科大学教授、文学博士后,于9月派驻北京。1902年至1906年(光绪二十八年至光绪三十二年)任京师大学堂速成科正教习。1909年10月,获清政府授予文科进士学位后回到日本,任东京帝国大学文科大学教授,1927年退休,获东京帝国大学名誉教授称号。其间曾兼任文学部长(1924—1926)、朝鲜京城帝国大学校长(1926)。①

3. **杉荣三郎**　日本人。东京帝国大学法科大学毕业,随后任职于日本大藏省。1902年至1904年(光绪二十八年至光绪三十年三月)任京师大学堂速成科副教习,仕学馆、进士馆教习。1907年任京师法政学堂法律及经济学教习,在华工作11年。1912年后返回日本,后曾担任宫内省官员及顾问、帝室博物馆馆长。②

4. **太田达人**　日本人。1902年至1906年(光绪二十八年至光绪三十二年)任京师大学堂速成科副教习。

5. **矢野仁一**(1872—1970)　日本人。1872年出生于日本山形县。1896年考入东京帝国大学西洋史科,毕业论文题目为《清朝和俄国的关系》,毕业后留校担任该校副教授。后应清政府聘任来华,在京师大学堂进士馆担任教习,讲授史学、地理等课程。辛亥革命后回到日本,1912年升任日本京都帝国大学教授。1918年前往美国留学两年。1923年至1924年曾赴中国南方考察。1933年退休,任日本京都帝国大学名誉教授。曾担任日本关东军临时顾问,参加各种有关"建设大东亚共荣圈"的活动。著有《日清之役后的支那外交》《东洋史大纲》《亚罗战争和圆明园——支那外交史和英国》《大东亚史的构想》《满洲

---

① 参见刘萍:《论语与近代日本》,北京:中国青年出版社2015年版,第40—41页。
② 〔美〕任达:《新政革命与日本:中国,1898—1912》,李仲贤译,南京:江苏人民出版社2006年版,第90页。

国历史》《中国人民革命史论》等。①

6. 陆宗舆（1876—1941） 字润生，浙江省海宁县人。1898年自费留学日本，入早稻田大学政经科学习。1902年回国后担任京师大学堂进士馆教习，讲授理财通论等课程。1905年担任巡警部主事。后参加出洋考试，获举人头衔，充任二等参赞，随五大臣出洋考察。1907年任奉天洋务局总办兼管东三省盐务，授候补四品京堂。1910年被选为资政院议员。1912年被任命为袁世凯大总统财政顾问，当选参议院议员及宪法起草委员。1914年奉派为驻日全权公使，期间搜集日方情报，为袁世凯称帝出谋划策。1916年后离职回国，担任交通银行股东会长。1917年奉段祺瑞之命以交通银行名义赴日本借款，签订《合办中华汇业银行约规》。1919年受徐世昌委派充任龙烟铁矿公司督办。五四运动后被免职，长期躲避于天津日租界。1925年段祺瑞执政后复出。1940年担任汪精卫伪政府行政院顾问一职。著有《五十自述记》一书。②

7. 章宗祥（1879—1962） 字仲和，浙江吴兴人。1899年留学日本东京帝国大学法科，1903年毕业回国后在京师大学堂进士馆担任教习，讲授刑法总论、刑法各论等课程。后被肃亲王"专折特保，得赐进士"，担任法律馆纂修官，农工商部候补主事，宪政编查馆编制局副局长等职。1909年调任北京内城巡警厅丞。辛亥革命后受袁世凯派遣参加南北议和谈判，其后担任总统府秘书，法制局局长，大理院院长等职。1914年任北洋政府司法总长。1916年担任驻日特命全权公使，受段祺瑞指使向日本签押"山东二路""满蒙四路"等借款，巴黎和会期间日本以此为借口坚持夺走德国在山东权益。1919年五四运动后被免职。1920年后曾担任中日合办中华汇业银行总经理，北京通商银行总经理。1942年后担任伪华北政务委员会"咨询委员"等职。③

---

① 参见李庆：《日本汉学史·变迁和展望(1919—1945)》第2部，上海：上海人民出版社2016年版，第329页；李盛平：《中国近现代人名大辞典》，北京：中国国际广播出版社1989年版，第767页。

② 参见朱汉国、杨群主编，杨群本册主编：《中华民国史》第六册，传一，成都：四川人民出版社2006年版，第205—206页。

③ 同上书，第319—322页。

8. 陆世芬(1874—?)　字仲芳。浙江仁和县人。早年曾就读于浙江求是书院,1898年(光绪二十四年四月)作为官费生赴日留学,于日华学堂完成预备科学习后,就读于东京高等商业学校,在日期间参加"译书汇编社"和"教科书编辑社",参与创办《译书汇编》杂志,介绍国外社会科学著作。1903年至1906年(光绪二十九年至光绪三十二年)任京师大学堂政法教习,期间曾于1905年(光绪三十一年)参加学务处在保和殿举行的回国留学生考试,被授予举人出身,以知县分省补用。①

9. 张亨嘉(1847—1911)　字燮钧、铁君,谥"文厚"。福建侯官人。1883年考中进士,后选为翰林院庶吉士,散馆授编修一职,典试(掌管科举考试)广西。1888年任湖南视学。1897年后入值南书房。1899年任国子监司业,后一年转迁五次,直至太常寺少卿。1902年任浙江学政,曾购买图书7万卷,并允许士民借阅。1904年至1906年(光绪三十年至光绪三十二年)任京师大学堂总监,兼任京师大学堂进士馆监督。任期内严明规制,礼聘学者。后补授光禄寺卿,历任都察院左副都御史、兵部右侍郎、礼部左侍郎等职。②

10. 林棨(1884—?)　字少旭。福建闽侯人。举人出身,毕业于早稻田大学政治经济科。回国后任京师大学堂仕学馆、进士馆教习。1906年起任学部参事,兼任京师法政专门学校教务长、京师大学堂法科监督,讲授国际公法等课程。1909年至1912年(宣统元年至民国元年)任京师大学堂法政科监督。1912年5月,任教育部专门教育司司长。历任大理院推事,京师、江苏、湖北等地高等审判厅厅长。曾担任

---

①　参见吕顺长:《清末中日教育交流之研究——以教育考察记等相关史料为中心》,浙江大学博士学位论文,2007年;汪林茂主编:《浙江辛亥革命史料集》第1卷,杭州:浙江古籍出版社2014年版,第379页;张陈:《我国当代学位制度的传统与变革》,重庆:重庆大学出版社2014年版,第57页;安树芬、彭诗琅主编:《中华教育通史》第6卷,北京:京华出版社2010年版,第1291页。

②　参见福州市地方志编纂委员会编:《福州人名志》,福州:海潮摄影艺术出版社2007年版,第160页;周川主编:《中国近现代高等教育人物辞典》,福州:福建教育出版社2012年版,第323页。

溥仪与文绣离婚案中溥仪的辩护律师,在溥仪推荐下,1932年至1934年任伪满洲国最高法院院长。①

11. 汪凤池(1849—1909) 字思赞,号药阶。1975年光绪乙亥恩科举人。历任内阁中书,起居注主事,山东司主事,会典馆纂修,内阁中书协办侍读,国史馆校对等职,后转任刑部主事,掌管刑狱。1901年授山东道监察御史,后任京畿道监察御史。1904年调任京师大学堂进士馆监督。1908年外放任湖南衡州知府,后迁长沙知府。1909年病殁于任上。②

12. 洪镕(1877—1968) 字铸生、竹荪,安徽芜湖人。1898年以廪贡生选送日本帝国高等工业学校,1904年学成归国,考取工科进士,授翰林院编修、国史馆协修。后任京师高等实业学堂教习,京师大学堂进士馆格致课教习。辛亥革命后,任国立北京高等工业专门学校首位校长。1918年曾与蔡元培联合举办"学术讲演会",积极营救五四运动中被捕的爱国学生,两次辞职以抗议北洋政府的暴行。1922年因不满军阀政府腐败,辞职返乡,筹办私立芜湖工业专门学校,1925年更名为私立芜湖中江中学。1937年芜湖陷落后寓居北平。新中国成立后,被聘为中央文史研究馆馆员。1961年将个人收藏的珍贵古籍图书1358种和部分字画无偿捐献给芜湖市图书馆。③

13. 钱承志 字念慈,浙江仁和人。1898年赴日本东京帝国大学法科学习,1904年毕业回国后担任京师大学堂进士馆教习,讲授国际公法

---

① 参见张宪文等主编:《中华民国史大辞典》,南京:江苏古籍出版社2001年版,第1150页;福州市地方志编纂委员会编:《福州人名志》,福州:海潮摄影艺术出版社2007年版,第252页;高丕基主编:《伪满人物·长春市志资料选编第三辑》,长春:《长春史志》编辑部编辑出版1988年版,第84页。

② 参见陈加林:《百年徽商与社会变迁:以苏州汪氏家族为例》,上海:上海人民出版社2014年版,第170—171页。

③ 参见中央文史研究馆编:《中央文史研究馆馆员传略》,北京:中华书局2001年版,第65—66页;安徽省地方志编纂委员会编:《安徽省志》(66)人物志,北京:方志出版社1999年版,第871页。

等课程。后担任大理院推事。①

14. 曹汝霖（1877—1966） 字润田，上海人。1900年赴日本留学，先后就读于早稻田专门学校、东京政法大学。1905年回国在商务部任商务司行走，兼商律馆编纂，后兼进士馆助教，讲授刑法总论、刑事诉讼法等课程。1911年先后担任清廷外务部左侍郎，袁世凯责任内阁外务部副大臣。1912年担任北洋政府外交部次长。1915年奉袁世凯之命与外交总长陆征祥同日本谈判，接受丧权辱国的"二十一条"。1916年后任北洋政府交通总长，兼署外交总长。1917年出任段祺瑞政府交通总长、财政总长，成为"新交通系"的首领。任职期间向日本银行大举借款，构成"西原借款"的主要部分。1919年五四运动后被免职。1920年后曾出任中法实业银行总裁，财政讨论会会长，北洋政府关税自主委员会委员等职。抗日战争时期，任伪华北临时政府"最高顾问"。1949年去台湾，1950年到日本，1957年迁居美国，后病死于底特律。著有《一生之回忆》。②

15. 祝惺元（1883—?） 字砚溪，河北大兴（今属北京）人。早年赴日本留学，回国后担任进士馆教习，讲授民事诉讼法等课程。后历任驻美使馆一等秘书，外交部秘书，交通部秘书，外交部特派直隶交涉员，外交部政务司科长等职。1931年担任南京国民政府外交部参事。全面抗战爆发后，曾任日伪中华民国临时政府天津市社会局局长。1942年任日伪华北政务委员会委员。③

16. 孙培 曾担任京师大学堂进士馆教员，讲授国际私法等课程。④

---

① 参见汪林茂主编：《浙江辛亥革命史料集》第1卷，杭州：浙江古籍出版社2014年版，第379页；陈固亭：《明治时代中日文化的连系》，台北：台湾书局1971年版，第179页；吕顺长：《清末中日教育文化交流之研究》，北京：商务印书馆2012年版，第189页。

② 参见大辞海编辑委员会编纂：《大辞海·中国近现代史卷》，上海：上海辞书出版社2013年版，第266页；朱汉国、杨群主编，杨群本册主编：《中华民国史》第六册，传一，成都：四川人民出版社2006年版，第312—314页。

③ 参见刘国铭主编：《中国国民党百年人物全书》下册，北京：团结出版社2005年版，第1661页。

④ 参见《教习进士馆法政毕业文凭》，肖芃主编：《苏州市珍贵档案文献名录》，苏州：古吴轩出版社2008年版，第44页。

17. **张奎** 江苏上海县人。日本东京帝国大学应用化学专业毕业，回国后曾担任进士馆教员，讲授格致等课程。①

18. **夏循瑆** 曾担任京师大学堂进士馆教员，讲授商法等课程。②

19. **王家驹**(1878—1939) 字维白。江苏丹徒人。清末附生。日本法政大学法科毕业，后授法政科举人。1910年至1913年（宣统二年正月至民国二年六月）任京师大学堂法政科教员（民国二年二月法政科改称法科）。1913年任北洋政府教育部佥事。1919年兼任国立北京法专校长。1921年12月代理教育部专门教育司司长。1925年7月任安徽省教育厅长。1927年7月任教育部专门以上学校视察委员会常任委员。后任北平大学、清华大学、朝阳法商学院、天津法商学院讲师、教授等职。著有《破产法》一书。③

20. **程树德**(1876—1944) 字郁庭。福建闽侯人。1903年光绪癸卯科举人。1904年官费留学日本法政大学，法政科毕业。1980年回国后通过留学生授职考试，赐予法政科进士出身，任国史馆协修、法典编纂会纂修。1910年至1912年（宣统二年正月至民国元年四月）任京师大学堂法政科教员。后任北洋政府参政院参政、国务院法制局参事和帮办。北洋政府下台后，转而执教，先后担任北京大学、北平大学法学院、清华大学政治系讲师、教授。日伪统治时期不事教学，潜心于学术研究。主要著作有《国际私法》《九朝律考》《中国法制史》等。④

21. **芬来森**(H. C. P. Finlayson) 苏格兰人。阿伯丁大学文学硕士，伦敦大学经济科优待生。曾在柏林大学、巴黎大学研究经济学，担

---

① 参见吴汝纶著，李长林校点：《东游丛录》，长沙：岳麓书社，2016年版，第57页。
② 参见《教习进士馆法政毕业文凭》，肖芃主编：《苏州市珍贵档案文献名录》，苏州：古吴轩出版社2008年版，第44页。
③ 参见张宪文等主编：《中华民国史大辞典》，南京：江苏古籍出版社2001年版，第176页；政协丹徒县文史资料研究委员会编：《丹徒文史资料》第7辑，1992年，第62页。
④ 参见程树德：《宪法历史及比较研究》，北京：商务印书馆2012年版，第265—266页；周会蕾：《中国近代法制史学史研究》，上海：上海人民出版社2013年版，第121—122页；福州市地方志编纂委员会编：《福州人名志》，福州：海潮摄影艺术出版社2007年版，第455页；卢美松编：《福建北大人》，北京：方志出版社2002年版，第31页。

任伦敦大学助教。1910年至1917年(宣统二年正月至民国六年九月)任京师大学堂法政科教员(民国二年二月法政科改称法科)讲授政治史、经济学等课程。①

22. **李方**(1876—?) 广东长乐人。早年留学英国,剑桥大学法律科毕业,1906年(清光绪三十二年)获游学毕业法政科进士。后任法律馆纂修官、大理院候补五品推事。1910年至1915年(宣统二年正月至民国四年六月)任京师大学堂法政科教员(民国二年二月法政科改称法科。宣统三年七月辞职,民国三年九月复来校。)②

23. **王基磐** 字鸿甫。湖北黄冈人。1886年光绪丙戌科进士。1910年至1912年(宣统二年二月至民国元年四月)任京师大学堂法政科教员。后历任京师地方审判厅推事、司法部监狱司主事。③

24. **陈箓**(1877—1939) 字任先,号止室。福建闽县人。1901年毕业于武昌自强学堂,后留校任法文班教习。1903年官费留学法国,于巴黎大学获法学学士学位。1907年毕业回国,次年授法政科进士,历任翰林院编修,外务部考工司主事、外事局长。1910年至1911年(宣统二年二月至宣统三年四月)任京师大学堂法政科教员。民国后,1912年出任北洋政府外交部政务司司长。1914年任中俄恰克图会议中国首席代表,签订《恰克图条约》。1918年5月任外交部次长,同年11月代理外交总长,兼任督办边防事务处处长。1921年至1927年任北洋政府驻法国全权公使,曾两次出任国际联盟中国代表。1928年7月返回上海任职业律师。1934年任南京国民政府外交部顾问。全面抗战爆发后,出任日伪南京"维新政府"外交部长。1939年被国民党军统局特工人

---

① 北京大学:《北京大学民国三年同学录》,北京大学1914年版,第7页。
② 参见梅州市政协文化和文史资料委员会编:《梅州进士录》,2012年,第206页;金绍城:《十八国游历日记·十五国审判监狱调查记·藕庐诗草》,谭苦盦整理,北京:社会科学文献出版社2015年版,第283页。
③ 参见湖北省人民政府文史研究馆、湖北省博物馆整理:《湖北文徵·全本》第十二卷,武汉:湖北人民出版社2014年版,第109页;敷文社编:《最近官绅履历汇编》,台北:文海出版社1970年版,第17页。

员刺杀于上海寓所。著有《恰克图议约日记》《止室笔记》《奉使库伦日记》等。译有《蒙古逸史》《英法尺牍译要》等。①

25. 沈觐宸（1882—?） 字簠基。福建闽侯人。沈葆桢之曾孙。毕业于比利时布鲁塞尔大学。历任考察各国宪政大臣随员、驻比利时公使馆翻译官、海军部科员，1910 年（宣统二年二月至宣统二年九月）任京师大学堂法政科教员。民国成立后历任北京政府外交部佥事、驻英国公使馆书记官、外交部代理秘书、驻法国公使馆一等秘书。1928 年至 1930 年，任意大利公使馆一等秘书代办驻意使馆馆务，后任福建学院教授。1935 年 8 月，代理驻西贡领事，次年任驻西贡领事。1937 年 7 月去职。全面抗战爆发后，任汪伪政府外交部公使在部办事。1945 年 1 月，任汪伪政府外交部次长、撤废各国在华治外法权委员会委员。②

26. 冈田朝太郎（1868—1936） 日本人。出生于日本大垣。1891 年从东京帝国大学法科毕业后，进入研究生院专修刑法。1893 年任东京帝国大学刑法专业设立后的首任讲师，后升任副教授。1897 年后于德国、法国留学研修，1900 年回到日本，出任东京帝国大学法学部教授。1901 年获东京帝国大学法学博士学位。1910 年来中国，1910 年至 1915 年（宣统二年三月至民国四年七月）任京师大学堂法政科教员（民国二年二月法政科改称法科）。宣统二年十二月辞职，民国二年九月复来校）。1915 年返回日本，辞去东京帝国大学的教授职务，担任早稻田大学、明治大学等私立大学兼职教授。著有《日本刑法论总则之部》《日本刑法论各论之部》《刑法讲义》《法学通论》，译有《日文智利刑法法典》《秘鲁刑法》《哥斯达黎加刑法法典》等。③

---

① 参见福州市地方志编纂委员会编：《福州人名志》，福州：海潮摄影艺术出版社 2007 年版，第 177—178 页；刘国铭主编：《中国国民党百年人物全书》下册，北京：团结出版社 2005 年版，第 1311 页。
② 徐友春主编：《民国人物大辞典》，石家庄：河北人民出版社 1991 年版，第 437 页。
③ 参见周少元：《中国近代刑法的肇端——〈钦定大清刑律〉》，北京：商务印书馆 2012 年版，第 100—103 页；李海东主编：《日本刑事法学者》上册，中国法律出版社、日本国成文堂联合出版 1995 年版，第 17 页。

27. 白业棣 1910年至1912年(宣统二年三月至民国元年四月)任京师大学堂法政科教员。

28. 博德斯(M. Baudez) 法国人。毕业于法国法政大学。1910年至1913年(宣统二年四月至民国二年六月)任京师大学堂法政科教员(民国二年二月法政科改称法科)。1930年至1933年任法国驻汉口领事、总领事。①

29. 震銎 1910年(宣统二年七月至十一月)任京师大学堂法政科教员。

30. 科拔 1910年至1912年(宣统二年十月至民国元年十二月)任京师大学堂法政科教员。

31. 王宝田(1857—1923) 字仪山。山东峄县人。光绪六年(1880)庚辰科进士,授翰林院庶吉士、内阁中书、钦差大臣卿衔,赏四品卿衔。先后任辽宁监察御史、云南监察御史、山东宣慰使等职。曾于1906年(光绪三十二年八月二十八日)以内阁中书的身份条陈立宪更改官制之弊。1910年至1911年(宣统二年至宣统三年)任京师大学堂法政科教员。后因病告归故里,开设钱庄、煤井、酒店等,为山东枣庄峄城巨富。②

32. 徐思允(1876—1950) 字裕斋,又作豫斋、愈斋,号莒雪、裕家。1906年入张之洞幕府,任两湖师范学堂文学教员。1907年年初于清政府学部编译图书局供职,担任编译人员。1911年至1912年(宣统三年至民国元年)任京师大学堂法政科教员,主讲《大清会典》。民国后,曾

---

① 《汉口租界志》编辑委员会编:《汉口租界志》,武汉:武汉出版社2003年版,第233页;《北京大学校分科同学录》,1912年。
② 孙向群:《近代旅京山东人研究》,济南:齐鲁书社2013年版,第30页;故宫博物院明清档案部汇编:《清末筹备立宪档案史料》上册,北京:中华书局1979年版,第151—161页;高瑛:《峄县王恒兴》,政协枣庄市峄城区文史资料委员会编:《峄城文史资料》第1辑,1989年,第135—140页。

任北洋政府勋章科科长、安徽省宿迁县县长等职。1925年成为溥仪侍医,1931年溥仪出逃东北后,追随其赴新京(今长春),充任伪满宫廷"御医",并教授皇族子弟国文。1945年被苏军俘虏,1949年获释,1950年病逝。①

33. **嵇镜**(1877—？) 字涤生。江苏无锡人。1897年考入南洋公学学习英文及普通科学。1901年自费赴日留学,考入早稻田大学高等预科,次年毕业,升入大学部政治经济科。1905年获得学士学位,并领得优等毕业文凭。同年9月,经袁世凯电调回国,委派筹办北洋法政学堂事宜,兼充直隶督署文案。1910年至1912年(宣统二年四月至民国元年四月)任京师大学堂法政科教员。1913年4月任驻日本新义州领事,次年任驻神户兼大阪领事。1919年任驻黑河总领事。1920年任外交部政务司帮办,翌年6月离职。1926年任外交部政务司司长。1928年任国民政府外交部第一司司长,次年改任外交部国际司司长,1931年12月21日免职。后任外交部条约委员会委员。全面抗战爆发后,任汪伪政府外交部次长、伪立法院立法委员。②

34. **巴和**(Julien Barraud) 法国人。1908年获巴黎大学法学博士。1911年至1917年(宣统三年四月至民国六年六月)任北京大学法政科教员(民国二年二月法政科改称法科)。

---

① 参见王振良:《徐春羽家世生平初探》,《苏州教育学院学报》2015年第4期;王昌善:《晚清政府学部编译图书局教科书编译述评》,转引自石欧主编:《教科书评论(2013)》,北京:首都师范大学出版社2014年版,第182—183页。

② 参见刘国铭主编:《中国国民党百年人物全书》下册,北京:团结出版社2005年版,第2281页;马平安:《袁世凯的正面与侧面》,北京:民主与建设出版社2015年版,第112页;《爱辉县志》编委会办公室编:《爱辉县志·外事》,1983年版,第2页。

附录2 京师大学堂仕学馆、进士馆学生简介

一、仕学馆毕业学生①

(一) 最优等 1 名

1. **朱麟藻** 字石斋。浙江绍兴府上虞县人。仕学馆毕业后,任兵部主事员外郎,兵学馆教员、教务长。民国后,历任军法司司法官、蒙藏事务处副科长、大理院书记官、司法部佥事等职。②

(二) 优等 29 名

2. **吉祥** 字嘉甫。满洲正蓝旗人。入馆时为候补笔帖式,毕业时保荐奖励建议为"请以主事分部,尽先前补用"。仕学馆毕业后,赴日本入法政大学法政速成科第五班就读。③

3. **徐承锦** 字尚之。贵州铜仁府人。入馆时为户部候补主事,毕业时保荐奖励建议为"请以员外郎留部,尽先前补用"。后担任户部主事。民国后,任国会参议院议员、司法部秘书、肃政厅肃政史、平政院评事等职。④

4. **翁廉** 字铜士。湖南长沙府湘潭县人。入馆时为指分安徽补用布经历,毕业时保荐奖励建议为"请以知州仍留原省,尽先前补用"。后为幕客,晚年居于上海,以卖字为生。⑤

---

① 毕业学员字号、籍贯等内容参见"同学姓名报告",《北京大学堂同学录》,北京:锦合印字馆1903年版,第1—23页;《光绪三十二年八月十五日(1906.10.2)仕学馆毕业学员照章分别给奖析》,朱有瓛主编:《中国近代学制史料》,第二辑上册,上海:华东师范大学出版社1987年版,第841—843页。
② 敷文社编:《最近官绅履历汇编》,台北:文海出版社1970年版,第28页。
③ 林子勋:《中国留学教育史(1847—1975年)》,台北:华冈印刷厂1976年版,第141页。
④ 参见敷文社编:《最近官绅履历汇编》,台北:文海出版社1970年版,第100页;黄源盛:《民初平政院裁决书整编与初探》,黄源盛:《民初法律变迁与裁判》,台湾政治大学法学图书编辑委员会,2000年,第151—153页。
⑤ 李国钧主编:《中华书法篆刻大辞典》,长沙:湖南教育出版社1990年版,第425页。

5. **史锡永** 字子年。四川夔州府万县人。入馆时为拣选知县,毕业时保荐奖励建议为"请以直隶州知州分省,尽先前补用"。曾任直隶州知州、黑龙江巡抚、学部主事,1910年担任黑龙江法政学堂校长。民国后,曾修撰《黑龙江志》《地理沿革志》《川江险滩志》,编写《京师图书馆善本书目》,编辑《续蜀鉴长编》二十卷。①

6. **文琦** 字佩卿,号虚舟,后冠姓潘。直隶新城县人,驻防满洲正蓝旗人。入馆时为候选堂主事礼部笔帖式,毕业时保荐奖励建议为"请以员外郎分部,尽先前补用"。后担任农工商部候补员外郎。民国后任北洋政府农商部佥事,曾在矿政司第二科任职。②

7. **蒋棻** 字梅生。浙江杭州府钱塘县人。入馆时为户部候补主事,毕业时保荐奖励建议为"请以员外郎留部,尽先前补用"。仕学馆毕业后,入日本法政大学法政速成科第五班就读。③

8. **唐宗愈**(1878—1929) 字慕潮。江苏常州府无锡县人。附贡生。入馆时为户部候补主事,毕业时保荐奖励建议为"请以员外郎留部,尽先前补用"。后赴日本法政大学法政速成科第五班就读。归国后调任东三省补用道,后任奉天法政学堂总教习,奉天大清银行、长春大清银行、江宁大清银行总办。1912年任奉天都督府参事。1914年任中国义赈会会长。1915年任黑龙江财政厅厅长。1921年后历任全国防灾委员会主任,江苏防灾会副会长。1928年任中国农业银行(一说中国农工银行)常务监察人。④

---

① 参见程地宇主编:《夔州诗全集》民国卷上,重庆:重庆出版社2009年版,第220页;果承刚主编:《齐齐哈尔教育志(1743—1985)》,1993年,第533页
② 敷文社编:《最近官绅履历汇编》,台北:文海出版社1970年版,第4页。
③ 林子勋:《中国留学教育史(1847—1975年)》,台北:华冈印刷厂1976年版,第141页。
④ 参见南京师范大学古文献整理研究所编著:《江苏艺文志·无锡卷》上册,南京:江苏人民出版社1995年版,第920页。林子勋:《中国留学教育史(1847—1975年)》,台北:华冈印刷厂1976年版,第141页。《中华唐氏通谱》编纂委员会编,唐为人、唐经棣、唐树科主撰:《中华唐氏通谱·总卷》中,北京:中国文史出版社2013年版,第864页。

9. 雷凤鼎（1866—1922） 字仪臣，别号菊农。江西抚州府临川县人。入馆时为兵部候补主事，毕业时保荐奖励建议为"请以员外郎留部，尽先前补用"。毕业后升任陆军兵部员外郎，因精于地理，被聘为兵学馆教员，并奉旨编制长江水师。辛亥革命后，辞官回乡，以遗老自居，在江西第七中学任地理教员，郁郁而终。著有《军事地理学》二卷、《灵谷山房集》四卷、《临川艺文志》七卷、《拜鹃楼诗稿》二卷等。①

10. 徐象先（1877—1950） 字慕初。浙江温州府永嘉县人。山东、陕西、湖北、河南道监察御史徐定超第三子，数学家徐贤仪之父。入馆时为候选州同，毕业时保荐奖励建议为"请以知州分省，尽先前补用"。历任北京高等巡警学堂教员、顺天学堂教务长、邮传部主事等职。辛亥革命时曾任温州军政分府秘书长。民国成立后，三次连任国会众议院议员。1928年返乡，以律师为业。参与编写《六法全书》。②

11. 胡嵘 字雪生。四川成都府华阳县人。入馆时为候选太常寺典簿，毕业时保荐奖励建议为"请以主事分部，尽先前补用"。后历任民政部警政司主事、成都电报局委员，1911年离职。③

12. 梁载熊 字炎生。湖南长沙人。优廪生。入馆时为候选县丞，毕业时保荐奖励建议为"请以知县分省，尽先前补用"。后赴日本入法政大学速成科第五班、日本东京帝国大学法科留学。毕业回国历任奉天省抚属秘书、法政学堂教务长、清理财政局科长、财政总核处编辑、度支司科长、省议会行政员等职。民国后，任奉天省国税厅筹备处坐办、财政司科长、预算处坐办行政会议会员。后历任中央财政会议特派委员、财政部佥事、奉天高等检察厅检察长等职。④

---

① 《江西省人物志》编纂委员会编：《江西省人物志》，北京：方志出版社2007年版，第312页。

② 参见张棡撰：《张棡日记》，俞雄选编，上海：上海社会科学院出版社2003年版，第252页；胡毓达主编：《数学家之乡》，上海：上海科学技术出版社2011年版，第166页；吴明哲编著：《温州历代碑刻二集》上册，上海：上海社会科学院出版社2006年版，第246页。

③ 巴蜀书社编辑：《巴蜀丛书》第1辑，成都：巴蜀书社1988年版，第530页。

④ 林子勋：《中国留学教育史(1847—1975年)》，台北：华冈印刷厂1976年版，第141页。

13. **周忠纬** 字佩三。浙江杭州府钱塘县人。入馆时为分省适用县丞,毕业时保荐奖励建议为"请以知县分省,尽先前补用"。民国后曾任畿辅大学办事员。①

14. **张玉麟**（1875—1929） 又名张泰镛,字钟伯,号幼书。贵州炉山县人。入馆时为拣选知县,毕业时保荐奖励建议为"请以直隶州知州分省,尽先前补用"。后历任巡警部主事、民政部营缮司员外郎、军机处章京。民国后,任北洋政府内务部民治司佥事。1914年改任山东省夏津县知事兼蒙古实业商团总经理。1917年辞职归乡,担任贵州都匀、独山等十县合立中学校长。后辞去公职,组织诗社,自办成人青年私塾,称"止园学校"。著有《郎潜刍议》《止园诗文集》等,留有《民法》《刑法》《国际公法》等手稿。②

15. **邵万稣** 字子香。浙江金华府东阳县人。入馆时为拣选知县,毕业时保荐奖励建议为"请以直隶州知州分省,尽先前补用"。录用情况不详。

16. **欧阳颖** 字毅之。江西九江府彭泽县人。入馆时为刑部候补主事,毕业时保荐奖励建议为"请以员外郎留部,尽先前补用"。后担任京师高等审判厅刑科第三庭推事。③

17. **周玉柄** 字斗卿。四川成都府成都县人。1920年光绪庚子辛丑并科举人。由京师译学馆拨入仕学馆。入馆时为候选同知,毕业时保荐奖励建议为"请以知府分省,尽先前补用"。后任黑龙江抚署秘书兼咨议局筹备处顾问。黑龙江筹备宪政处考核员、嫩江府知府、海伦府知

---

① 庚款筑路期成会编译股编:《铁路协会会报特刊:英庚款筑路问题》,1926年,第244页。
② 参见政协黔东南苗族侗族自治州委员会文史资料委员会编:《黔东南文史资料》第7辑,1989年,第24—27页;《政府公报》1914年10月18日第281号。
③ 沈云龙主编,内阁印铸局编:《近代中国史料丛刊第二十九辑·宣统三年冬季职官录》第1册,台北:文海出版社1968年版,第414页。

府、龙江府知府。1912年任黑龙江高等审判厅厅长。①

18. **李文权** 字道衡,别名涛痕。直隶顺天府大兴县人。入馆时为候选县丞,毕业时保荐奖励建议为"请以知县分省,尽先前补用"。后赴日本,任东京高等商业学校中文教师。1910年于日本创办《南洋群岛商业研究会杂志》,后改名为《中国实业杂志》。历任中华民国进步党评议员、民生实进会驻日会员、日华国民会常务理事、日华贸易会干事、横滨华侨工会特别会委员、南洋群岛商业研究会长等职。②

19. **徐焕** 字章夫。浙江杭县人。入馆时为候选同知,毕业时保荐奖励建议为"请以知府分省,尽先前补用"。后历任四川法政学堂教员,学部司员,广东、广西、福建视学官,中央教育会会员,京师地方审判厅推事。民国后,任北洋政府总检察厅检察官、大理院推事等职。③

20. **傅琛** 字宝臣。直隶顺天府顺义县人。入馆时为候选教谕,毕业时保荐奖励建议为"请以知县分省,尽先前补用"。录用情况不详。

21. **杜翰煜** 字樵蒸。四川夔州府万县人。由译学馆拨入仕学馆。入馆时为候选县丞,毕业时保荐奖励建议为"请以知县分省,尽先前补用"。录用情况不详。

22. **严启丰** 字迪庄,号梦庐。浙江吴兴县人。其父严以盛曾任遵化知州。1903年报捐主事,签分户部,同年考入京师译学馆,后拨入京师大学堂进士馆。毕业时褒奖建议为"请以员外郎留部,尽先前补用",给予副贡出身。后被巡警部奏调留部补用。1907年任民政部民治司员外郎。1908年丁忧开缺。1910年后历任民政部营缮司员外郎、礼俗司第二科科长、民治司第五科科长等职。1914年积劳病故。曾根据杉荣

---

① 敷文社编:《最近官绅履历汇编》,台北:文海出版社1970年版,第77页。
② 同上书,第42页。
③ 参见敷文社编:《最近官绅履历汇编》,台北:文海出版社1970年版,第99页;吴斌:《法苑撷英——近代浙籍法律人述评》,武汉:华中师范大学出版社2012年版,第74页。

三郎授课内容编著《纸币论》。①

23. 连捷 字雨亭。满洲镶白旗人。由译学馆拨入仕学馆。入馆时为候选主事,毕业时保荐奖励建议为"请以员外郎分部,尽先前补用"。录用情况不详。

24. 郑思曾 入馆时为候选知县,毕业时保荐奖励建议为"请以直隶州知州分省,尽先前补用"。仕学馆毕业后,入日本法政大学法政速成科第五班就读。②

25. 郭进修 字啸芩。直隶天津府天津县人。入馆时为山西试用县丞,毕业时保荐奖励建议为"请以知县仍留原省,尽先前补用"。后曾在奉天法政学堂任教员。1909年担任奉天镇安县(民国后更名为黑山县)知县。1911年任奉天海城县知县。1917年至1919年任抚顺县知事。③

26. 雷祖根 字荫孙。广东广州府新宁县人。由京师译学馆拨入仕学馆。入馆时为刑部学习主事,毕业时保荐奖励建议为"请以员外郎留部,尽先前补用"。录用情况不详。

27. 王秉权 入馆时为内阁中书,毕业时保荐奖励建议为"请以内阁侍读,尽先前补用"。1906年担任奉天法政学堂教务长。④

---

① 参见《政府公报》,第1312号,1914年3月24日,第159页;苏晓君:《苏斋选目》,北京:中国经济出版社2013年版,第386页。
② 林子勋:《中国留学教育史(1847—1975年)》,台北:华冈印刷厂1976年版,第141页。
③ 参见《东北人物大辞典》编委会编:《东北人物大辞典》,沈阳:辽宁人民出版社、辽宁教育出版社1992年版,第1202、1159页;抚顺市社会科学院、抚顺市人民政府地方志办公室编:《抚顺市志·市情要览卷》,沈阳:辽宁民族出版社2005年版,第814页;辽宁省档案局(馆)编:《辽宁风物》第1册,沈阳:辽宁人民出版社2012年版,第66页。
④ 尚小明:《留日学生与清末新政》,南昌:江西教育出版社2003年版,第193页。

28. **李毓棻** 字寿萱。湖北襄阳府宜城县人。由京师译学馆拨入仕学馆。入馆时为广东委用知县,毕业时保荐奖励建议为"请以直隶州知州仍留原省,尽先前补用"。录用情况不详。

29. **倪大来** 字仲平。安徽庐州府庐江县人。由京师译学馆拨入仕学馆。入馆时为分省委用知县,毕业时保荐奖励建议为"请以直隶州知州分省,尽先前补用"。录用情况不详。

30. **冯寿祺** 湖北黄陂县人。举人。入馆时为刑部候补主事,毕业时保荐奖励建议为"请以员外郎留部,尽先前补用"。后任京师高等审判厅刑科第三庭推事。①

(三) 中等 4 名

31. **沈家彝**(1881—1955) 字季让,一字悔庵。江苏江宁府江宁县人。其父沈味兰为张之洞幕僚。1902年光绪壬寅科举人。由京师译学馆拨入仕学馆,入馆时为工部候补郎中,毕业时保荐奖励建议为"请仍以郎中留部,尽先补用"。仕学馆毕业后赴日本法政大学法政速成科第五班、日本东京帝国大学法科学习。1911年毕业回国担任大理院候补推事。民国后历任京师地方审判厅厅长、奉天高等审判厅厅长、奉天省公署高等顾问、大理院推事、民庭庭长等职。1922年调任京师高等审判厅厅长,1927年因释放鲍罗廷夫人案被免职。1929年后任南京国民政府司法行政部参事、上海第二特区高等分院院长、河北高等法院院长。后辞职担任北平私立中国大学秘书长、教务长、政经系主任、法学院院长等职。1952年受聘为中央文史研究馆馆员。②

32. **杨肇培** 字景乔。直隶遵化州人。光绪二十年(1894)甲午科

---

① 沈云龙主编,内阁印铸局编:《近代中国史料丛刊第二十九辑·宣统三年冬季职官录》第4册,台北:文海出版社1968年版,第414页。

② 参见中央文史研究馆编:《中央文史研究馆馆员传略(增订版)》,北京:中华书局2001年版,第114—115页;林子勋:《中国留学教育史(1847—1975年)》,台北:华冈印刷厂1976年版,第141页。

举人,光绪二十九年(1903)癸卯科进士。入馆时为工部候补主事,毕业时保荐奖励建议为"请仍以主事留部,尽先前补用"。后因担任礼部主事期间办学管理有方,加四品衔分省补用。①

33. **袁励贤**　字寿君。直隶顺天府宛平县人,祖籍江苏武进县。入馆时为候选同知,毕业时保荐奖励为"请仍以同知,尽先选用"。仕学馆毕业后,历任山东法政学堂教员、山东知州,署理日照、泰安等县知县。民国后曾担任大理院书记官。②

34. **安凤森**　字锐亭。直隶遵化州丰润县人。由京师译学馆拨入仕学馆。入馆时为拣选知县,毕业时保荐奖励建议为"请仍以知县,尽先选用"。录用情况不详。

二、癸卯科进士馆毕业学生③

(一)内班学员最优等 38 名

1. **郭则沄**　九十四分五厘二毫④

字养云,号啸麓。福建福州府侯官县人。礼部右侍郎郭曾炘长子。1903 年光绪癸卯科进士二甲 31 名。改翰林院庶吉士。进士馆毕业授职编修并记名遇缺题奏。1907 年赴日本早稻田大学留学。回国后历任东三省总督徐世昌二等秘书官、浙江金华知府提学使、温处道道台。历

---

① 政协遵化市委员会编:《遵化人》,2008 年,第 564 页;
② 敷文社编:《最近官绅履历汇编》,台北:文海出版社 1970 年版,第 100 页。
③ 清政府规定,当年新进士,且授职翰林部属中书者需入进士馆肄业学习,三年毕业。1904 年 4 月第一批内外两班学员入馆听讲,其中内班为翰林中书,住馆肄业,外班为部曹,到馆听讲。由于科举废除,后续无人,于是 1906 年 8 月将原有学堂改为法政学堂,将进士馆学员资送日本留学。此时,内班级学员有癸卯进士约 80 名应本年毕业,甲辰进士约 30 名应于 1907 年毕业。于是甲辰进士直接被送至东京法政大学新设补修科学习,而癸卯进士则基本上毕业后外派出国。光绪三十三年(1907)二月十一日,《学部官报》第 15 期刊出光绪三十二年内外班学员共 106 人姓名及平均分数。进士馆毕业学员授职情况参见《为进士馆毕业学员授职谕》,北京大学校史研究室编:《北京大学史料》第 1 卷,北京:北京大学出版社 1993 年版,第 406—407 页。
④ 即毕业总平均分数 94.52。下同。

任北洋政府国务院秘书厅秘书、政事堂参议、铨叙局局长兼代国务院秘书长、经济调查局副总裁、侨务局总裁。1922年第一次直奉战争后离职。在京、津隐居,讲学著述。1937年在北京北海团城创办国学院,任副院长兼任研究班导师,拒任伪政府职务。著有《瀛海采风录》《十朝诗乘》等。①

2. 胡大勋 九十三分七厘七毫

字莲洲。湖北武昌府江夏县人。1903年光绪癸卯科进士二甲26名。改翰林院庶吉士。进士馆毕业授职编修并记名遇缺题奏。②

3. 朱寿朋 九十一分七毫

字锡伯,号曼盦。江苏松江府上海县人。1903年光绪癸卯科进士二甲110名。改翰林院庶吉士。进士馆毕业授职编修并记名遇缺题奏。曾编纂《光绪朝东华录》。民国后,任江苏南菁公立学校校长。后担国务院秘书、驻巴西公使馆三等秘书、中华民国外交部政务司佥事等职。1922年代理外交部条约司司长。③

4. 陆鸿仪(1880—1952) 九十分三厘二毫

字棣威。江苏苏州府元和县人。1903年光绪癸卯科进士二甲29名。改翰林院庶吉士。进士馆毕业授职编修并记名遇缺题奏。1907年入日本中央大学攻读法律,1911年夏学成回国。辛亥革命后,先后任北京政府司法部佥事,大理院推事、庭长,修订法律馆总纂、副总裁。1923年因曹锟贿选愤然辞职归乡,在苏州设立律师事务所为民申冤。1936年"七君子"案中,担任章乃器的辩护律师。全面抗战爆发前,自费印发《田中奏折》揭露日本侵华阴谋。1945年任文心图书馆(中共苏州地下组织交通站)董事长。1947年多次参与营救共产党人与进步人士。

---

① 参见张天禄主编,福州市地方志编纂委员会编:《福州姓氏志》,福州:海潮摄影艺术出版社2005年版,第485页;(清)朱汝珍辑:《清代翰林名录》,刘建业点校,北京:北京燕山出版社2000年版,第479页。

② 参见《宪政编查馆奏调员分任馆务折并单》,《政治官报》,光绪三十三年十一月初三日,第四十三号;(清)朱汝珍辑:《清代翰林名录》,刘建业点校,北京:北京燕山出版社2000年版,第479页。

③ 参见李志英:《〈光绪朝东华录〉研究》,《近代史研究》1986年第5期。

1952 年病逝于北京。①

5. 水祖培　九十分一厘七毫

字善端，号渠翘。湖北武昌府武昌县人。1903 年光绪癸卯科进士三甲 62 名。改翰林院庶吉士。散馆授翰林院检讨并记名遇缺题奏。②

6. 陈云诰　九十分一厘五毫

号紫纶，又名蛰庐。直隶易州直隶州人。1903 年光绪癸卯科进士二甲 83 名。改翰林院庶吉士。进士馆毕业授职编修并记名遇缺题奏。1911 年任奕劻内阁弼德院参议。辛亥革命后不仕，靠卖字鬻文为生，书法造诣深厚。抗战期间曾树"甲申纪念碑"，宣传抗日思想。1951 年 7 月，成为中华人民共和国中央文史研究馆馆员。曾任北京市政协委员、中国书法研究社社长。1965 年 1 月 5 日病逝。③

7. 陈善同　八十九分六毫

字景虞，号与人。河南汝宁府信阳人。祖父陈梦兰曾任荆州知府。1903 年光绪癸卯科进士二甲 60 名。改翰林院庶吉士。进士馆毕业授职编修并记名遇缺题奏。1909 年任辽沈道监察御史，1910 年改新疆道监察御史。1918 年后任河南省实业厅厅长、财政厅厅长、河务总局局长、通志局局长。1926 年任河南省省长。1931 年返回信阳定居，拒任日伪职务，参与地方公益事业。1933 至 1936 年任《重修信阳县志》主纂。著有《豫河续志》《樗园奏稿》。④

---

① 沈惠瑛：《君自故乡来——苏州文人文事记》，上海：上海文艺出版社 2011 年版，第 218—221 页。
② 参见（清）朱汝珍辑：《清代翰林名录》，刘建业点校，北京：北京燕山出版社 2000 年版，第 483 页。
③ 中央文史研究馆编：《中央文史研究馆馆员传略（增订版）》，北京：中华书局 2001 年版，第 27 页。
④ 参见黄河水利委员会黄河志总编辑室编：《黄河志·卷十一·黄河人文志》，郑州：河南人民出版社 1994 年版，第 156 页；田青刚：《陈善同与〈重修信阳县志〉》，《兰台世界》2011 年第 16 期；（清）朱汝珍辑：《清代翰林名录》，刘建业点校，北京：北京燕山出版社 2000 年版，第 480 页。

8. 夏寿康　八十八分二厘六毫

字受之,号仲膺。湖北黄冈仓埠人,其父夏葆彝为进士,曾任浙江钱塘知县。1898年光绪戊戌科进士二甲127名。改翰林院庶吉士。进士馆毕业授职编修并记名遇缺题奏。1907年,奉派赴日本考察政治。1909年任湖北咨议局副议长。中华民国军政府鄂军都督府成立后,担任政事部副部长,后调任中华民国军政府鄂军都督府顾问。1912年任湖北民政司长,10月改任民政长,后改巡按使。1913年任国务院铨叙局局长。1914年任政治会议委员、肃政厅肃政史。1915年12月,袁世凯称帝时,授少卿,1916年1月进叙一等。1917年,担任北洋政府平政院院长,后来转任黎元洪总统府秘书长,曾协调"府院之争"。1917年8月,任司法部惩戒委员会委员长。1920年,担任湖北省长,在任仅150天便被湖北督军王占元排挤而辞职。北洋政府为表示安抚,调充河工督办,未接受。1923年在北京病逝。①

9. 顾准曾　八十七分九厘六毫

河南开封府祥符县人。其父顾璜为1876年光绪丙子科进士。1903年光绪癸卯科进士二甲23名。改主事。进士馆毕业后,准其留部以原官遇缺即补。②

10. 吕慰曾　八十七分一厘八毫

字渭生。河南漳德府林县人。1898年光绪戊戌科进士三甲第5名。民国后,曾任司法部主事、佥事。③

---

① 参见(清)朱汝珍辑:《清代翰林名录》,刘建业点校,北京:北京燕山出版社2000年版,第481页,记录"补殿试";冯天瑜等编:《武汉市志》,武汉:武汉大学出版社1999年版,第7页;湖北省地方志编纂委员会编:《湖北省志人物志稿》第1卷,北京:光明日报出版社1989年版,第33页。

② 《为进士馆毕业学员授职谕》做"顾准曾",《进士馆毕业学员考试成绩单》做"顾淮会",《清朝进士题名录》做"顾淮曾"。此处以授职谕和题名录为准。刘顺安主编:《开封研究》,郑州:中州古籍出版社2001年版,第140页。

③ 敷文社编:《最近官绅履历汇编》,台北:文海出版社1970年版,第63页;《准司法总长梁启超呈请裁撤参事等员呈袁世凯文》,《政府公报》1914年2月15日。

11. 顾承曾　八十六分三厘九毫

字伯寅。河南开封府祥符县人,顾准曾之兄,其父顾瑸为1876年光绪丙子科进士。1903年光绪癸卯科进士二甲78名。改翰林院庶吉士。进士馆毕业授职编修并记名遇缺题奏。①

12. 朱国桢（1878—1927）　八十六分六毫

字星胎。湖北武昌府大冶县人。1903年光绪癸卯科进士二甲第3名。改翰林院庶吉士。进士馆毕业授职编修并记名遇缺题奏。预备立宪时,被清廷派赴日本留学,在早稻田大学学习法律。归国后,历任政要处纂修、国史馆总纂、实录馆纂修、中丞参政等职务。民国后,曾任武汉副总统黎元洪处法律顾问、湖北法律专科学校校长。后转任湖北省政府秘书长、自治筹备处处长、代理湖北省教育厅长、湖北省选举总事务所所长。1914年前后,任全国禁烟局总督办、浙江教育厅厅长、湖北全省自治筹备处参议等职。1921年,辞去全省自治筹备处参议一职,寓居武昌。1927年病逝。②

13. 史宝安　八十五分七厘六毫

字吉甫,号熙彪。河南陕州卢氏县人。1903年光绪癸卯科进士二甲47名。改翰林院庶吉士。进士馆毕业授职编修并记名遇缺题奏。宣统初,曾预修《德宗实录》。民国后,历任北洋政府参议院议员,河南教育司司长等职。精通目录版本之学。其岳父徐坊为清末藏书名家,卒后大部分藏书精品为其所得,建藏书楼"枣花阁书库"。③

14. 潘鸿鼎（1863—1915）　八十五分五厘四毫

字舜来,号铸禹。江苏太仓州宝山县人。著名学者潘光旦之父。1898年光绪戊戌科进士二甲13名。改翰林院庶吉士,散馆授修撰。进

---

① 刘顺安主编:《开封研究》,郑州:中州古籍出版社2001年版,第140页。
② 参见陈琳等编:《大冶县劳动人事志》,北京:中国人事出版社1992年版,第242—243页。
③ 参见李玉安、黄正雨编著:《中国藏书家通典》,香港:中国国际文化出版社2005年版,第876页。

士馆毕业着记名遇缺题奏。曾奉派赴日本考察宪政。1907年任宝山绘丈学堂堂长。1908年建立宝山县清丈局,任局长,制定清丈章程百余条。1909年任江苏省咨议局议员、资政院议员。辛亥革命后经陆征祥举荐,赴北京任金事,1915年病故。曾参与编著《续东华录》。①

15. 潘昌煦(1873—1958)　八十五分四厘八毫

字春晖,号由笙。江苏苏州人。1898年光绪戊戌进士二甲106名。授翰林院编修。后任国史馆协修、编查处协修、英武殿协修。进士馆毕业记名遇缺题奏,后赴日本留学,日本中央大学法律科毕业。1913年毕业回国,任北京政府大理院刑庭庭长。后辞职任燕京大学法学教授、清华大学政治系讲师等。1933年因年老体衰返乡,以鬻文卖字为生。全面抗战爆发后,与张一麐组织难民救济会。拒任日伪职务。1958年逝世。著有《芯庐遗集》。②

16. 杨渭　八十五分三厘八毫

字竹川,号慕睿。山东莱州府潍县人。1903年光绪癸卯科进士二甲17名。改翰林院庶吉士。进士馆毕业授职编修并记名遇缺题奏,赏加四品衔,以提学使记名。后受学部推荐,被派为八旗第六高等学堂堂长,不久转任军机处章京。辛亥革命后,辞归故里。五十岁病逝。③

17. 汪升远　八十五分二厘二毫

字荷生,号鹄远。江苏江宁府六合县人。1903年光绪癸卯科进士

---

① 参见《上海测绘志》编纂委员会编:《上海测绘志》,上海:上海社会科学院出版社1999年版,第338页;吴成平主编:《上海名人词典》,上海:上海辞书出版社2001年版,第554页。

② 参见徐友春主编:《民国人物大辞典(增订版)》下册,石家庄:河北人民出版社2007年版,第2548页;敷文社:《最近官绅履历汇编》,台北:文海出版社1970年版,第229页;陆承曜:《忆潘昌煦先生》,中国人民政治协商会议江苏省苏州市委员会文史资料研究委员会编:《文史资料选辑》第14辑,1985年,171—179页。

③ 参见(清)朱汝珍辑:《清代翰林名录》,刘建业点校,北京:北京燕山出版社2000年版,第479页;刘廷銮编著:《兰堂藏:清代百名进士墨迹》,济南:泰山出版社2011年版,第321页;刘廷銮、孙家兰编:《山东明清进士通览·清代卷》,济南:山东文艺出版社2014年版,第477页。

二甲 66 名。改翰林院庶吉士。进士馆毕业授职编修并记名遇缺题奏。民国后,任安徽省立第五师范学校国文科教员。①

18. 吕兴周　八十四分八厘八毫

直隶永平府乐亭县人。1903 年光绪癸卯科进士二甲 55 名。以主事分部学习。进士馆毕业留部以原官遇缺即补。后授任法部实缺主事。民国后曾任吉林高等检察厅检察长。②

19. 秦曾潞(1870—1935)　八十四分五厘八毫

字彦俦,号杏衢。江苏太仓州嘉定县人。兵部左侍郎秦绶章之侄。1898 年戊戌科进士二甲第 8 名。曾参加"公车上书"。改翰林院庶吉士。进士馆毕业授编修。后任国史馆协修、法律馆译书处校理官等。③

20. 张祖荫　八十四分二厘八毫

字槐卿,顺天宝坻县人。1903 年光绪癸卯科二甲 133 名。改翰林院庶吉士。进士馆毕业授职编修并记名遇缺题奏。④

21. 张濂　八十四分三毫

字仪周,号仲清。直隶河间府献县人。著名哲学家张岱年之父。1903 年光绪癸卯科进士二甲 12 名。改翰林院庶吉士。进士馆毕业授

---

① 参见(清)朱汝珍辑:《清代翰林名录》,刘建业点校,北京:北京燕山出版社 2000 年版,第 481 页;中国人民政治协商会议凤阳县文史资料研究委员会编:《凤阳文史资料》第 2 辑,1987 年,第 147 页。

② 参见阚方正、何宗禹:《乐亭县历代进士名录及整理说明》,徐兴信主编:《读乐亭》第 10 辑,2006 年,第 49 页;呼景山:《耕野笔录》,北京:中国物资出版社 2007 年版,第 8—9 页。

③ 参见(清)朱汝珍辑:《清代翰林名录》,刘建业点校,北京:北京燕山出版社 2000 年版,第 472 页;秦国经主编:《中国第一历史档案馆藏·清代官员履历档案全编》第 7 册,上海:华东师范大学出版社 1997 年版,第 268 页;上海市嘉定区政协文史工作委员会编:《嘉定文史资料》第 33 辑,2015 年,第 193 页。

④ 参见(清)朱汝珍辑:《词林辑略》卷九,周骏富辑:《清代传记丛刊·学林类》第 18 册,台北:明文书局 1985 年版,第 44 页。

职编修并记名遇缺题奏。1911 年担任"安福国会"众议会议员,结束议员职务后,不再从政,改研究医学。①

22. 朱燮元　八十四分

山东省青州府诸城县人。1903 年光绪癸卯科进士二甲第 94 名。以主事留部。进士馆毕业准其留部以原官遇缺即补。②

23. 范之杰(1872—1957)　八十三分九厘二毫

字显庭,号俊臣。山东济南府历城县人。范仲淹三十世孙。1903 年光绪癸卯科进士二甲 11 名。改翰林院庶吉士。进士馆毕业授职编修并记名遇缺题奏。1911 年任山东高等学堂校长。民国后,历任山东提法使、都督府秘书,江西高等检察厅厅长,湖北高等审判厅厅长、烟酒税务局长,山东民政厅视察员以及黄河水利委员会专门委员兼总务处长等职。新中国成立后,1956 年被聘为上海文史研究馆馆员,次年病逝。著有《苏东坡生平》《易经注解》《范氏书法》《诗集》等。③

24. 王寿彭(1875—1929)　八十三分九厘

字眉轩,号次籛。山东莱州府潍县人。1903 年光绪癸卯科状元。授翰林院修撰。进士馆毕业着记名遇缺题奏。1905 年奉派赴日本考察政治,后任湖北提学使,创两级师范学堂,首创预算制度,1912 年任山东都督府秘书。1916 年任黎元洪总统府秘书。1925 年任山东省教育厅厅长,提倡经学。1926 年主持合并山东省六所专门学校为省立山东大学,兼任校长,决定授毕业生以学士学位。因扶持旧文化,遭到师生反对。1927 年 6 月离职。后寄居天津。1930 年病故。著有《考察录》《靖

---

① 大河鉴宝委员会:《大河鉴宝精品鉴定录》,北京:中国书店 2016 年版,第 127 页。
② 刘廷銮、孙家兰编著:《山东明清进士通览·清代卷》,济南:山东文艺出版社 2014 年版,第 477 页。
③ 参见(清)朱汝珍辑:《清代翰林名录》,刘建业点校,北京:北京燕山出版社 2000 年版,第 479 页;乔晓军编著:《中国美术家人名辞典(补遗一编)》,西安:三秦出版社 2007 年版,第 343 页;政协济南市历城区委员会文史资料研究委员会:《历城文史资料·第 10 辑·历城名人》第 2 册,1998 年,第 2—3 页。

庵诗文稿》等。①

25. 王大钧　八十三分七厘四毫

字莼庵,号伯荃。浙江嘉兴府秀水县人。1903 年光绪癸卯科进士二甲 10 名。改翰林院庶吉士。进士馆毕业授职编修并记名遇缺题奏。②

26. 张家骏(1871—1933)　**八十三分六厘四毫**

字骙超,号毓皖,又号玉畹。河南漳德府林县人。曾祖张丞实曾为道台。1903 年光绪癸卯科进士二甲 20 名。改翰林院庶吉士。进士馆毕业授职编修并记名遇缺题奏。后任法部参事。民国后,曾担任司法部佥事,其行法在京津一带颇有影响。病逝于北平。③

27. 林步随　八十三分六厘一毫

季武,号寄坞。福建福州府侯官县人。曾祖父林则徐。1903 年光绪癸卯科进士三甲 96 名。改翰林院庶吉士。进士馆毕业授职检讨并记名遇缺题奏。不久,奉派赴美国任"留学生监督",后就读于美国西北大学,与顾维钧、王宠惠等相熟,于美国居住八九年。归国后,曾任北京市立高等商业职业学校校长、北洋政府国务院法制局参事、约法会议秘书。1922 年后任颜惠庆内阁国务院秘书长、币制局副总裁。1926 年至 1928 年,任国务院铨叙局局长。南京国民政府成立后,他弃官从商,先后开办过山西汽车运输公司、通州电力公司,担任过天津聚兴诚银行经理。后企业失败,家道中落。20 世纪 30 年代在北平任一家职业学校的

---

① 《山东大学百年史》编委会编:《山东大学百年史(1901—2001)》,济南:山东大学出版社 2001 年版,第 46—47 页;周川主编:《中国近现代高等教育人物辞典》,福州:福建教育出版社 2012 年版,第 40 页。

② 参见(清)朱汝珍辑:《清代翰林名录》,刘建业点校,北京:北京燕山出版社 2000 年版,第 487 页。

③ 参见(清)朱汝珍辑:《清代翰林名录》,刘建业点校,北京:北京燕山出版社 2000 年版,第 479 页;李万全主编:《红旗渠畔古今名人录》,北京:大众文艺出版社 2009 年版,第 15 页。

校长。译有古德诺所作《共和与君主论》。①

28. 龚元凯　八十三分一厘三毫

字福屏,号君黼。安徽庐州府合肥县人。1903 年光绪癸卯科进士二甲 86 名。改翰林院庶吉士。进士馆毕业授职编修并记名遇缺题奏。②

29. 徐谦(1871—1940)　八十三分一毫

字士光,号季龙。安徽徽州府歙县人,出生于江西南昌。1903 年光绪癸卯科进士二甲 8 名。改翰林院庶吉士。进士馆毕业授职编修并记名遇缺题奏,后转任法部参事。1908 年后任京师地方审判厅厅长、高等检察厅检察长。1912 年任唐绍仪司法部次长,后发觉袁世凯野心辞职。1917 年南下参加孙中山护法运动,此后成为革命骨干,促成冯玉祥"北京政变"。1921 年任广州国民政府最高法院院长。1925 年当选广州国民政府中央委员,与李大钊合作领导"反对八国最后通牒国民大会",是"三·一八"示威游行的发起人之一,惨案之后遭北洋政府通缉,前往苏联。1926 年返回广州,任司法部长,后担任武汉国民党中央执行委员、国民政府委员、临时联席会议主席。1927 年当选国民党中央执行委员会常务委员、中央政治委员会委员等职,成为武汉国民政府时期国民党中央和国民政府的主要领导人之一。国民革命失败后,退出政治活动,移居香港。"七七事变"后,从事抗日救国活动。1940 年在香港病逝。③

30. 孔昭晋(1865—1936)　八十二分六厘

字康侯。江苏省苏州府吴县人,1903 年光绪癸卯科进士二甲 122

---

① 参见(清)朱汝珍辑:《清代翰林名录》,刘建业点校,北京:北京燕山出版社 2000 年版,第 483 页;刘寿林等编:《民国职官年表》,北京:中华书局 1995 年版,第 1311 页;徐友春主编:《民国人物大辞典(增订版)》上册,石家庄:河北人民出版社 2007 年版,第 813 页。

② 参见(清)朱汝珍辑:《清代翰林名录》,刘建业点校,北京:北京燕山出版社 2000 年版,第 481 页。

③ 参见南昌市地方志编纂委员会编:《南昌简志》,北京:方志出版社 2004 年版,第 657 页;叶青:《徐谦传略》,《民国档案》1987 年第 2 期;周叶中、江国华主编:《中国近代人物宪制思想评论(Ⅱ)·求变》,北京:中国政法大学出版社 2015 年版,第 261—264 页。

名。以主事分部学习。进士馆毕业后,准其留部以原官遇缺即补。后任礼部主事,奉部派往日本考察教育。归国后任长洲县官立高等小学堂堂长。曾与章钰、张一唐等在苏州发起成立"苏学会"讲习西学。1910年任江苏长元吴(长洲、元和、吴县)三县城董事会董事及江苏学务公所议长。又曾任横泾镇烧酒公所董事。1912年当选苏州教育会会长及吴县议事会议长。1914年为吴县教育款产经理处总董。1918年至1921年当选江苏省议会第二届议员,苏州工巡捐局董事、城市市民公社正社长。1922年成为吴县律师公会会员。以总纂身份参编《吴县志》。①

31. 吴增甲　八十二分一厘五毫

字达臣,号亦愚,又号亦渔。江苏常州府江阴县人。1903年光绪癸卯科进士二甲95名。改翰林院庶吉士。进士馆毕业授职编修并记名遇缺题奏。曾奉派赴日本考察。民国后,隐居不仕,以卖文鬻书自给,曾经组织"陶社",被推为社长。参与纂修《江阴县续志》《后底泾吴氏宗谱》。著有《亦愚诗文钞》。②

32. 马振宪(1876—1926)　八十二分一厘四毫

马君实,又名马君寔,后改名马振宪,字冀平,号寄翁,又号无寄。安徽安庆府桐城县人。其父马复恒曾为北洋海军候选道。1903年光绪癸卯科进士三甲73名。改翰林院庶吉士。进士馆毕业授职检讨并记名遇缺题奏,后任国史馆协修官、编书处协修官、法律馆纂修官。曾选派至日本考察政治,回国后撰《考察纪实》。1911年任授弼德院一等秘书官。1913荐任京师地方审判厅推事,后任安徽高等审判厅厅长。1917年受聘为京津铁路段段长。1922年任安徽财政厅厅长,期间淮河水患曾拍卖房产捐助灾民。1923年调任安徽特派交涉员,兼芜湖关监督。1925年,任北洋政府国务院参议兼中国佛教协会会长。

---

① 参见张耘田、陈巍主编,苏州图书馆编:《苏州民国艺文志》上册,扬州:广陵书社2005年版,第91页;朱继伟主编:《横泾风情》,苏州:古吴轩出版社2013年版,第80页。

② 参见(清)朱汝珍辑:《清代翰林名录》,刘建业点校,北京:北京燕山出版社2000年版,第481页;乔晓军编著:《中国美术家人名辞典·补遗一编》,三秦出版社2007年版,第182页。

1926年在北京病逝。①

33. 赵曾櫺　八十一分七厘三毫

直隶易州涞水县人。1903年光绪癸卯科进士三甲20名。授以主事分部学习。进士馆毕业准其留部以原官遇缺即补。1907年任吏部主事。擅书法。②

34. 王震昌　八十一分七厘三毫

字孝起。安徽颍州府阜阳县人。1903年光绪癸卯科进士二甲73名。改翰林院庶吉士。进士馆毕业授职编修并记名遇缺题奏。后任国史馆纂修。③

35. 左霈（1875—1936）　八十一分二毫

字雨荃。正黄旗汉军广州驻防。1894年广东乡试中举人，1903年光绪癸卯科进士，第一甲第2名，即榜眼。授翰林院编修。进士馆毕业记名遇缺题奏，后晋升撰文。1909年补授云南楚雄府知府，后任云南丽江府知府。1912年由蒙藏局派往筹办《蒙藏报》，任总编纂。1913年蒙藏学校成立，任学监兼教务主任。1918年起，先后任清华学堂历史、国文教师直至1928年，次年赴香港，任圣士提反书院教师。1936年病逝。④

36. 商衍瀛（1869—1960）　八十分九厘七毫

字云亭，号蕴汀，曾用名悟庵、丹石、明德。祖籍辽宁，广东番禺出

---

① 参见（清）朱汝珍辑：《清代翰林名录》，刘建业点校，北京：北京燕山出版社2000年版，第483页；《古籍研究》编辑委员会编：《古籍研究》总第59卷，合肥：安徽大学出版社2013年版，第80页；马华正：《先公马冀平传略》，桐城市政协文史委编：《文史汇编（《桐城文史》1—12辑）》，2002年，第98—100页。

② 赵禄祥主编：《中国美术家大辞典》下卷，北京：北京出版社2007年版，第1366页。

③ 参见（清）朱汝珍辑：《清代翰林名录》，刘建业点校，北京：北京燕山出版社2000年版，第481页。

④ 参见（清）朱汝珍辑：《清代翰林名录》，刘建业点校，北京：北京燕山出版社2000年版，第478页；王存诚编：《韵藻清华：清华百年诗词辑录》上册，北京：清华大学出版社2011年版，第18页。

生,汉军正白旗。其弟商衍鎏为末科探花。1903年光绪癸卯科进士,二甲18名。改翰林院庶吉士,进士馆毕业授职编修并记名遇缺题奏,奉派赴日本考察政治。后任京师大学堂斋务提调、教务长、预科监督,兼任北京资政院钦选议员。1915年客居张勋幕下。1918年任奉天清室办事处会办。1929年任天津红十字会名誉会长,多次赈灾。1932年任伪满洲国执政府秘书、审查局局长等职。1937年辞职。新中国成立后,1956年被聘为中央文史馆馆员。①

37. 徐彭龄(1872—1929)　八十分六厘一毫

字企商。江苏省松江府青浦县人。1903年光绪癸卯科进士二甲36名。授以主事分部学习。进士馆毕业准其留部以原官遇缺即补。随即与潘昌煦等人赴日本中央大学学习法律,回国后任刑部主事。1911年辛亥革命后被推举为上海青浦县民政署民政长。1912年因农民抗租事件处置不当,引咎辞职,赴北京任大理院第三庭推事兼庭长。在审判袁世凯孙子犯罪一案中,力主依法定罪未果,愤然辞职。后患肺病于苏州休养,后居苏州为执业律师。1929年,赴上海调查案件,积劳成疾,肺病复发逝世。著有《南菁文钞三集》。②

38. 张恕琳(1875—1919)　八十分三厘

字心如,号云门。山东莱州府掖县人。1903年光绪癸卯科进士二甲第9名。改翰林院庶吉士。进士馆毕业授职编修并记名遇缺题奏。1908年丁忧返乡,起复后,入京师督学局任齐鲁学堂及京师第一女校监督,加侍读衔,为官清廉。清帝逊位后,感叹"世局奇创",离京返乡。此后谢绝邀请,远离政坛,并作《遯石诗》以明志。1919年去世。工书画,擅作诗。著有《遯石吟草》。③

---

① 参见(清)朱汝珍辑:《清代翰林名录》,刘建业点校,北京:北京燕山出版社2000年版,第479页;中央文史研究馆编:《中央文史研究馆馆员传略(增订版)》,北京:中华书局2001年版,第153页。
② 《进士馆毕业学员考试成绩单》作徐彭令,《为进士馆毕业学员授职谕》作徐彭龄,《清朝进士题名录》作徐彭龄。此处以"授职谕"为准。参见上海市青浦县县志编纂委员会编:《青浦县志》,上海:上海人民出版社1990年版,第784页。
③ 孙家洲、杜金鹏主编:《莱州文史要览》,济南:齐鲁书社2013年版,第315页。

(二)内班学员优等 21 名

39. 汪应焜　七十九分九厘三毫

安徽省六安直隶州人。1903 年光绪癸卯科进士二甲 115 名。以主事分部学习。进士馆毕业准其留部以原官尽先补用。后任户部主事。①

40. 赵东阶(1853—1931)　七十九分五厘一毫

字跻堂。河南开封府汜水县人。1898 年光绪戊戌科进士二甲 41 名,改庶吉士。1903 年授翰林院编修,后任国史馆协修、纂修。进士馆毕业赏加侍讲衔。1907 年奉派赴日本考察宪政,同年返京供职。清帝退位后返回原籍。曾应邀讲学,后归隐。1928 年汜水县重修县志,被推举为总编。擅长书法,有碑刻存留。②

41. 张之照　七十八分九厘五毫

字远村。直隶省遵化直隶州人,1903 年光绪癸卯科进士二甲 58 名。改翰林院庶吉士。进士馆毕业授职编修并赏加侍讲衔。民国后修撰《遵化县志》。③

42. 饶叔光　七十八分八厘三毫

湖北武昌府武昌县人。1898 年光绪戊戌科进士二甲 117 名。授主事。进士馆毕业准其留部以原官尽先补用。后官至礼部员外郎。著有《春秋左氏传述义》《读通鉴杂记》等。④

---

① 中国第一历史档案馆、福建师范大学历史系编:《清末教案》第 3 册,北京:中华书局 1998 年版,第 886 页。

② 郑州市上街区地方史志办公室承编:《郑州市上街年鉴 2010》,郑州:中州古籍出版社 2010 年版,第 231 页;朱昌伟主编:《山丘璞玉:方顶》,郑州:中州古籍出版社 2013 年版,第 23—25 页。

③ 河北省地方志编纂委员会编:《河北省志·第 83 卷·出版志》,石家庄:河北人民出版社 1996 年版,第 174 页。

④ 参见(清)朱汝珍辑:《清代翰林名录》,刘建业点校,北京:北京燕山出版社 2000 年版,第 476 页;湖北省人民政府文史研究馆、湖北省博物馆整理:《湖北文徵·全本》第 12 卷,武汉:湖北人民出版社 2014 年版,第 461 页。

43. 史国琛　七十八分八毫

字献甫，号怡秋。江苏省常州府荆溪县人。1903年光绪癸卯科进士二甲61名。以主事分部学习。进士馆毕业准其留部以原官尽先补用。①

44. 张新曾（？—1947）　七十七分四厘八毫

字焕宸，又作焕臣，号梦松。山东青州府博山县人。1903年光绪癸卯科进士二甲85名。授主事。进士馆毕业留部以原官尽先补用。历任直隶广平府肥乡县知县、河北昌黎县知事，工部主事。民国后担任山东博山商会会长。擅书法。②

45. 龚庆云　七十七分二厘

安徽庐州府合肥县人。1903年光绪癸卯科进士二甲127名。授主事。进士馆毕业准其留部以原官尽先补用。后曾任山西和顺县知事、安徽歙县知事。③

46. 杨延伦　七十七分九毫

字芸朗。福建福州府侯官县人。1903年光绪癸卯科进士二甲114名。改翰林院庶吉士。进士馆毕业授职编修并赏加侍讲衔。④

47. 余炳文　七十六分五厘三毫

字浩吾。河南光州商城县人。1895年光绪乙未科进士三甲第2名。改翰林院庶吉士。1898年散馆，授翰林院检讨。进士馆毕业赏加侍讲衔。官至浙江严州府知府。⑤

---

① 江庆柏编著：《清朝进士题名录》，北京：中华书局2007年版，第1314页。
② 参见秦国经主编：《中国第一历史档案馆藏·清代官员履历档案全编》第28册，上海：华东师范大学出版社1997年版，第645页；博山区档案馆编：《博山历代诗选》，马传政选注，2002年，第62页。
③ 敷文社编：《最近官绅履历汇编》，台北：文海出版社1970年版，第257页。
④ 参见（清）朱汝珍辑：《清代翰林名录》，刘建业点校，北京：北京燕山出版社2000年版，第482页。
⑤ 同上书，第470页。

48. 胡藻　七十六分九毫

字梦艿。江西南昌府新建县人。1903年光绪癸卯科进士二甲43名。改翰林院庶吉士。进士馆毕业授职编修并赏加侍讲衔。①

49. 刘敬（1865—1940）　七十五分七厘二毫

字龙生，号农生。福建福州府闽县人。1894年中举人，1903年光绪癸卯进士二甲96名。授刑部主事。进士馆毕业准其留部以原官尽先补用。历任四川长寿、绵阳县知县。民国后不久辞官返乡，与福州另两名举人何振岱等组成"三生会"，谈诗论文。著有《惜园诗稿》。②

50. 于君彦　七十五分四厘五毫

字伯敬，号幼艿。福建福州府闽县人。癸卯科进士二甲119名。改翰林院庶吉士。进士馆毕业授职编修并赏加侍讲衔。曾任福建商业学堂监督。③

51. 丁毓骥（1867—?）　七十五分四厘

山东登州府黄县人。1903年光绪癸卯科进士三甲27名。授主事。进士馆毕业准其留部以原官尽先补用。后任法部主事，江苏司行走，加四级。④ 1918年考取法官资格，1919年6月署任湖南高等检察厅检察官。

52. 李玉振　七十五分一厘

字佩珂。云南省大理府太和县人。1903年光绪癸卯科进士二甲109名。授主事。3进士馆毕业准其留部以原官尽先补用。著有《滇事述闻二卷》。⑤

---

① 郑翔主编：《江西历代进士全传》第一册，上海：上海古籍出版社2016年版，第191页。
② 连天雄：《记刘龙生及闽中诗坛"三生会"》，《福州晚报》2004年4月6日。
③ 参见（清）朱汝珍辑：《清代翰林名录》，刘建业点校，北京：北京燕山出版社2000年版，第482页；黄荣春主编：《福州十邑摩崖石刻》，福州：福建美术出版社2008年版，第51页。
④ 王功仁主编：《山东省科考名录汇编·清代》下册，北京：华文出版社2005年版，第563页。
⑤ 云南省志编纂委员会办公室编：《续云南通志长编》下册，1986年，第643页。

53. 尚秉和（1870—1950） 七十四分七厘九毫

字节之，晚号滋溪老人。直隶正定府行唐县人。桐城派吴挚甫弟子。1903年光绪癸卯科进士。二甲59名。任工部主事。1904年入进士馆。1905年巡警部尚书徐世昌闻其名调入该部，1906年补主事，翌年升员外郎。考取军机章京，以一等记名。1910年巡警部易名民政部，后名内务部。民国后，先后担任内务部佥事、土木司科长、警政司科员、职方司科长、署理营缮司司长等职。后辞官执教清华大学。1931年任北平中国大学国学系教授。1937年后不出，于京寓所内为生徒讲《易》。1945年后任南京"国史馆"纂修。象数派易学的代表人物之一，著述颇丰，代表作有《周易尚氏学》《焦氏易林注》《焦氏易诂》等。①

54. 胡炳益（1867—？） 七十四分六厘

字谦仲，号复修。江苏苏州府昭文县人。1903年光绪癸卯科进士二甲第4名。改翰林院庶吉士。进士馆毕业授职编修并赏加侍讲衔。民国后任职法律界。擅书法。②

55. 延昌 七十三分五厘八毫

汉姓赵，字子光。京口驻防镶白旗，蒙古人。1903年光绪癸卯科进士三甲89名。改翰林院庶吉士。进士馆毕业授职检讨并赏加侍讲衔。后官至典礼院直学士。任贵州道尹、贵州巡按使署秘书、广西都督府民政部长。③

56. 陈树勋（1874—1961） 七十三分五厘三毫

字孔言，号竹铭。广西梧州府岑溪县人。1903年光绪癸卯科进士

---

① 参见敷文社编：《最近官绅履历汇编》，台北：文海出版社1970年版，第84页；王永德主编，行唐县地方志编纂委员会编：《行唐县志》，北京：中国对外翻译出版公司1998年版，第697—700页。

② 参见大河鉴宝专家委员会编著：《大河鉴宝精品鉴定录》，北京：中国书店2016年版，第118页；杨培明主编：《南菁书院志》，上海：上海书店出版社2015年版，第621页。

③ 参见敷文社编：《最近官绅履历汇编》，台北：文海出版社1970年版，第158页；(清)朱汝珍辑：《清代翰林名录》，刘建业点校，北京：北京燕山出版社2000年版，第483页。

二甲 84 名。改翰林院庶吉士。进士馆毕业授职编修并赏加侍讲衔。同年赴日本考察。1910 年筹备立宪时任广西咨议局局长。后任云南候补知府,广西民政司长、内务司司长,贵州巡按使龙建章秘书。陆荣廷主政广西时先后担任政务厅厅长、苍梧道尹、梧州中关监督。1940 年到 1943 年,任广西参议会副议长。新中国成立后,任广西文史馆馆员。1961 年病逝于梧州。①

57. 吴璆(1865—1936) 七十一分三厘四毫

字康伯,号公璞。江西南昌府新建县人。1903 年光绪癸卯科进士三甲第 7 名。改翰林院庶吉士。后授江苏候补道,江宁提学史,常与杨仁山居士研究佛典。1914 年任内史,1919 年后改任公府秘书。以居士身份受菩萨戒,开办莲社,早晚礼佛。善骈文,精于诗。著有《优钵罗室骈体文》《复堂诗集》等。②

58. 区大典(1877—1935) 七十分六厘三毫

字慎辉,号徽五。广东广州府南海县人。1903 年光绪癸卯科进士二甲 33 名。改翰林院庶吉士。进士馆毕业授职编修并赏加侍讲衔。民国初年任香港大学经学总教习,中文学会首届会长,是香港"开埠百年,提倡国学,教泽广被之第一人"。③

59. 赵黻鸿(？—1918) 七十分五厘二毫

正白旗汉军人。1895 年光绪乙未科进士二甲 77 名。先后担任工部、礼部主事,进士馆毕业准其留部以原官尽先补用。曾任江苏奉贤县

---

① 参见(清)朱汝珍辑:《清代翰林名录》,刘建业点校,北京:北京燕山出版社 2000 年版,第 481 页;徐东主编:《罗定历代诗选》,广州:花城出版社 1993 年版,第 192 页;黄毅:《闲吟风物见深情——陈树勋〈竹庐诗存〉浅谈》,《广西文史》2000 年第 1 期。
② 进士馆毕业成绩单中误作"吴璆",进士题名录中记载为吴璆。参见(清)朱汝珍辑:《清代翰林名录》,刘建业点校,北京:北京燕山出版社 2000 年版,第 482 页;《江西省人物志》编纂委员会编:《江西省人物志》,北京:方志出版社 2007 年版,第 312 页。
③ 邝倩主编:《西樵文物钩沉》,桂林:广西师范大学出版社 2016 年版,第 190—191 页。

知县。1916 年任常熟县署理知事,后引咎削职。1918 年逝世。①

(三)内班学员中等 16 名

60. **路士桓**　六十九分三厘

字尚卿,号蒲亭。直隶冀州南宫县人。1903 年光绪癸卯科进士二甲 134 名。改翰林院庶吉士。进士馆毕业授职编修。后官至陕西道监察御史。②

61. **华宗智**(1874—1921)　六十八分九厘一毫

字雨岑,号禹勤。四川重庆府长寿县人。1903 年光绪癸卯科进士二甲 129 名。改翰林院庶吉士。进士馆毕业以知县归部即选。后任福建邵武府建宁县知县,四川长寿县参事会第一届参事员。③

62. **蓝文锦**　六十八分四厘四毫

字云屏,号耘瓶。陕西汉中府西乡县人。1903 年光绪癸卯科进士二甲 88 名。改翰林院庶吉士。进士馆毕业授职编修。后任国史馆协修、实录馆协修、湖北知府学务公所总务科科长兼提学使秘书、清史馆名誉纂修、湖北通志局提调公署咨议政事堂存记、湖北候补知府等职。民国期间曾任汪伪政府立法委员。擅书法。④

63. **徐绍熙**　六十八分一厘三毫

安徽池州府石埭县人。1903 年光绪癸卯科进士二甲第 113 名。以主事分部学习,进士馆毕业以知县归部即选。后任户部主事、署外城巡

---

① 参见(清)朱汝珍辑:《清代翰林名录》,刘建业点校,北京:北京燕山出版社 2000 年版,第 469 页;田原天南编:《清末民初中国官绅人名录》,台北:文海出版社 1996 年版,第 642 页。张元卿、顾臻编:《品报学丛》第 1 辑,天津:天津古籍出版社 2014 年版,第 44 页。

② (清)朱汝珍辑:《清代翰林名录》,刘建业点校,北京:北京燕山出版社 2000 年版,第 482 页。

③ 参见(清)朱汝珍辑:《清代翰林名录》,刘建业点校,北京:北京燕山出版社 2000 年版,第 482 页;郑著:《简述华翰林的兴衰》,中国人民政治协商会议四川省长寿县委员会文史资料研究委员会编:《长寿县文史资料》第 2 辑,1986 年,第 8—11 页。

④ (清)朱汝珍辑:《清代翰林名录》,刘建业点校,北京:北京燕山出版社 2000 年版,第 481 页。

警、总厅参事、京师地方审判厅推事、江西金谿县知县、南昌地方检察厅检察官、江西民国银行监理官等职。1920年递补为国会众议院议员,以参加"非常国会"名义到广州进行"护法运动"。①

64. 恭正　六十八分二毫
曾任主事,进士馆毕业后以知县归部即选。②

65. 胡嗣瑗(1869—1946)　六十八分一毫
字琴初、愔仲,别号自玉。贵州贵阳府开州人。1903年光绪癸卯科进士二甲第2名。改翰林院庶吉士。后任翰林院编修、天津北洋法政学堂总办。曾充当直隶总督陈夔龙的幕僚。民国初年,被直隶都督冯国璋聘为督军公署秘书长,继而随冯赴江苏都督任,颇受青睐。1915年任江苏金陵道尹、江苏将军咨议厅厅长。因参与张勋复辟,授予内阁阁丞,被冯免职。1925年同郑孝胥同任溥仪天津办事处总务,后随溥仪前往东北,任伪满洲执政府秘书长、参议府参议等。擅书法。著有《直庐日记》。③

66. 王墫　六十七分九厘四毫
直隶河间府肃宁县人。1903年光绪癸卯科进士二甲65名。授主事。进士馆毕业以知县归部即选。④

67. 程继元　六十七分七厘五毫
安徽徽州府休宁县人。1903年光绪癸卯科进士二甲137名。擅长书法。⑤

---

① 参见敷文社编:《最近官绅履历汇编》,台北:文海出版社1970年版,第99页;嘉兴市政协学习和文史资料委员会编:《褚辅成文存》,北京:中国文史出版社2011年版,第143页。
② 科举出身暂不详。王炜编校:《〈清实录〉科举史料汇编》,武汉:武汉大学出版社2009年版,第1121页。
③ 王鸿宾等主编:《东北人物大辞典·第2卷》上册,沈阳:辽宁古籍出版社1996年版,第1243页。
④ 王炜编校:《〈清实录〉科举史料汇编》,武汉:武汉大学出版社2009年版,第1121页。
⑤ 赵禄祥主编:《中国美术家大辞典》下卷,北京:北京出版社2007年版,第1904页,程继元授官情形不详。

68. 赖际熙（1865—1937）　六十七分四毫

字焕文，号荔垞。广东广州府增城人。1903年光绪癸卯科进士二甲76名。改翰林院庶吉士。进士馆毕业授职翰林院编修，后任国史馆纂修、总纂。辛亥革命后移居香港，专注于教育和国学研究事业。1913年出任香港大学教授兼中文总教习。1915年修《广东通志》，后与陈念典、湛桂芬总纂《增城县志》，1923年，设立学海书楼作为讲学场所。1927年筹组香港大学中文学院，并且先后担任系主任和文学院院长。编有《清史大臣传》《崇正同人系谱》等。后人集其著作编有《荔垞文存》。①

69. 谈道隆　六十五分二厘四毫

字瀛容。广东省广州府新会县人。1903年光绪癸卯科进士二甲69名。任礼部主事。进士馆毕业准其留部。擅长书法。②

70. 吴功溥　六十四分三厘六毫

字用康，号伯庸。广东番禺人。1898年光绪戊戌科进士二甲37名。改翰林院庶吉士。进士馆毕业以知县归部即选。后任四川汶川县知县。民国初任湖南宜章县知事。1912年回故乡后不再复出。工书法。③

71. 周廷干（1852—1936）　六十三分九厘三毫

字孟年，号恪叔。广东广州府顺德县人。1903年光绪癸卯科进士三甲139名，改翰林院庶吉士。进士馆毕业授职检讨。后任清史馆纂修官。④

---

① 何丽芳、方骏：《赖际熙与早期香港中文教育的发展》，《北京师范大学学报（社会科学版）》2012年第6期。
② 王炜编校：《〈清实录〉科举史料汇编》，武汉：武汉大学出版社2009年版，第1121页。
③ 参见（清）朱汝珍辑：《清代翰林录》，刘建业点校，北京：北京燕山出版社2000年版，第473页；佛山市文化局编：《佛山市文化志》，广州：广东科技出版社1991年版，第238页。
④ （清）朱汝珍辑：《清代翰林名录》，刘建业点校，北京：北京燕山出版社2000年版，第483页。

72. 朱德垣　六十三分二厘

广西省桂林府临桂县人。1903年光绪癸卯科进士二甲82名。任度支部学习主事。进士馆毕业以知县即用。①

73. 郑家溉(1873—1944)　六十三分八毫

字从耘,晚号筠园。湖南长沙府长沙县人。1903年光绪癸卯科进士二甲46名。改翰林院庶吉士。进士馆毕业授职编修。1915年因愤慨袁世凯之所为,避居天津。袁世凯死后曾担任吉林伊兰县木税局长,任满后绝意仕途,返乡归隐。1934年,拒绝伪满洲国请求,率家离京返回长沙。1944年日军侵犯湖南,在占领区中成立维持会,郑断然拒绝参加,跳水自尽,被日军发觉后,又遭乱枪射杀,时年71岁。②

74. 罗经权　六十三分一厘六毫

字子衡。甘肃金县人。1895年光绪乙未科进士三甲100名。改翰林院庶吉士。进士馆毕业以知县归部即选。后任山东沂水知县,奉派赴日本考察法政后仍任旧职,清理盐政积弊。1917年后,任甘肃大林区总办,主持拟定《森林保护法》。开办甘肃省立甲种农业学校并任校长。后又改任西宁道尹、甘肃实业厅长、肃州道尹等职。③

75. 刘凤起(1867—1933)　六十分三厘六毫

字未霖,号威定。江西建德府南城县人。1903年光绪癸卯科进士二甲22名。改翰林院庶吉士。进士馆毕业授职编修。奉派赴日本考察法政,归国历任江西省咨议局议员、宪政筹备处咨议、教育总会会长、师范学堂监督。辛亥革命后任江西民政长,大力整顿吏治。1918年回故乡,1922年后定居上海。不再从政,以卖字画自给。著有《味琴仙馆

---

① 王炜编校:《〈清实录〉科举史料汇编》,武汉:武汉大学出版社2009年版,第1126页。
② 澹泊主编:《湖南名人志》第1卷,北京:中国档案出版社1999年版,第641页;长沙市地方志办公室编:《长沙市志》第16卷,长沙:湖南人民出版社2002年版,第98—99页。
③ 参见敷文社编:《最近官绅履历汇编》,台北:文海出版社1970年版,第248页;萧梓英:《翰林罗经权生平事略》,中国人民政治协商会议榆中县委员会学习宣传文史资料委员会编:《榆中纪事》,1990年,第165—166页。

遣诗钞》。①

(四) 内班学员下等 2 名

76. **晋魁** 五十九分二厘九毫

授职情况不详。

77. **曾尔斌** 五十八分一毫

授职情况不详。

(五) 外班学员优等 11 名

78. **栾骏声** 七十九分八毫

字佩实。奉天府海城县人。1903 年光绪癸卯科进士三甲第 3 名。以主事签分刑部。进士馆毕业后改任法部派充筹备处筹办员。1911 年任湖北高等检察厅厅长。辛亥革命后,历任京师审判厅民事厅厅长,湖北高等检察厅检察长,吉林高等审判厅厅长,热河财政厅厅长等职。1930 年任京师警察厅秘书长,因与总监不合辞职归乡。终年 61 岁。②

79. **郭铭鼎** 七十九分九厘九毫

河南省偃师县人。1903 年光绪癸卯科进士二甲 39 名。以主事分部学习。③

80. **徐冕**(1868—1935) 七十四分六厘三毫

字东平、大昕。四川省潼川府遂宁县人。1903 年光绪癸卯科进士二甲 105 名。授吏部主事。进士馆毕业准其留部以原官尽先补用。民国后,历任二十军军长秘书,四川边防军总司令秘书,四川遂宁县男中、师范学校教员。参与编纂《遂宁县志》。④

---

① 成绩单中作刘风起,授职谕中为刘凤起。此处以授职谕为准。参见刘廷銮编著:《兰堂藏:清代百名进士墨迹》,济南:泰山出版社 2011 年版,第 341 页。
② 参见敷文社编:《最近官绅履历汇编》,台北:文海出版社 1970 年版,第 257 页;海城市档案馆编:《海城轶事》,2001 年,第 208 页。
③ 江庆柏编著:《清朝进士题名录》,北京:中华书局 2007 年版,第 1313 页。
④ 鲁小俊:《清代书院课艺总叙录》下,武汉:武汉大学出版社 2015 年版,第 666 页。

81. 何启椿（1868—?） 七十二分九厘二毫

字寿芬。福建福州府侯官县人。1903年光绪癸卯科进士二甲98名。授兵部主事。进士馆毕业留部以原官尽先补用。后任陆军部军乘司销算科科长、邮传部调补路政司主事、路政司司长兼铁路总局计理科科员、会办承政厅会计科、路政司员外郎、铁路局提调、电政司郎中、交通部参事等职。1932年后任伪满洲国"尚书府"秘书官。1937年辞职。①

82. 唐瑞铜 七十二分八厘一毫

字士行。贵州贵阳府贵筑县人。1893年癸巳科举人报捐员外郎签分户部。1903年光绪癸卯科进士二甲第7名。任户部制用司员外郎、副司长。1909年任河南正监理财政官，赏加四品衔。民国后，任中国银行贵阳分行行长、吉林财政厅代理厅长等职。②

83. 刘启瑞（1878—?） 七十二分四厘五毫

字翰臣，号韩斋。江苏扬州府宝应县人。1903年光绪癸卯科举人，1904年光绪甲辰科进士三甲第5名。授内阁中书。进士馆毕业以原官本班尽先补用。宣统年间奉命整理内阁大库藏书，编辑《内阁库存书目》三种。③

84. 任祖澜（1870—1929） 七十二分一厘

字紫溟。山东省莱州府高密县人。1903年光绪癸卯科进士二甲51名。授吏部主事。进士馆毕业准其留部以原官尽先补用。宣统年间任内阁叙官局科长，补一等佥事。民国后，任山西垣曲县知县，山东泗

---

① 参见敷文社编：《最近官绅履历汇编》，台北：文海出版社1970年版，第51页；中国人民政治协商会议吉林委员会文史资料研究委员会编：《吉林文史资料选辑》第19辑，1987年，第124页。

② 参见敷文社编：《最近官绅履历汇编》，台北：文海出版社1970年版，第119页；秦经国主编：《中国第一历史档案馆藏·清代官员履历档案全编8》，上海：华东师范大学出版社1997年版，第435页。

③ 全国高等院校古籍整理研究工作委员会主办，《中国典籍与文化》编辑部编：《中国典籍与文化论丛（第15辑）：中国典籍与文化（增刊）》，南京：凤凰出版社2013年版，第324页。

水、长山县知县。后辞官定居济南。工书擅诗。著有《古本大学说略》《梦觉庐诗草》。①

85. 袁祖光（1867—1930） 七十一分八厘九毫

字骥孙，号晓村。安徽安庆府太湖县人。1894年光绪甲午科举人，1903年光绪癸卯科进士三甲26名。授吏部主事。进士馆毕业准其留部以原官尽先补用。后赴日本考察政治。后任直隶州知州，加知府三品衔，湖北候补道尹。加入同盟会，1917年当选众议院议员。后任豫、鄂、皖三省帑捐局局长。1930年逝世。著有《瞿园诗文集》《缘天香雪簃诗话》《摘星词杂十二种》《古今齐谐》《东游诗草》等。②

86. 何景崧（？—1940） 七十一分六毫

字又叔。顺天府宝坻县人。1904年光绪甲辰科进士二甲15名。授工部主事。进士馆毕业准其留部以原官尽先补用。后任农工商部员外郎、京师崇文门税局总办。民国后在西北军将领鹿钟麟麾下任讲师。全面抗战爆发后隐居天津，拒不与侵华日军合作。1940年病逝。③

87. 田步蟾（1868—1944） 七十一分六毫

字桂舫。江苏淮安府清河县人。1903年光绪癸卯科进士二甲19名。曾任清政府农工商部主事、员外郎，出使各国考察政治大臣随员等职。1912年后，历任中华民国北京政府农林部垦务司司长、农务司司长、农商部渔牧司司长。1917年后历任陕西、山东省实业厅厅长、山东省政务厅厅长等职。1927年任北京政府潘复内阁实业部次长。1928年离职。1939年任北京古学院研究员，参与编辑《古学丛刊》。④

---

① 参见政协高密市文史资料委员会选编：《高密市文史资料选辑·第15辑·明清进士传略》，2001年，第385—387页；刘廷銮、孙家兰编著：《山东明清进士通览·清代卷》，济南：山东文艺出版社2014年版，第477页。
② 中国人民政治协商会议安徽省望江县委员会文史资料委员会：《望江文史资料·第2辑》，1988年，第28—29页。
③ 敷文社编：《最近官绅履历汇编》，台北：文海出版社1970年版，第52页。
④ 参见李盛平主编：《中国近现代人名大辞典》，北京：中国国际广播出版社1989年版，第103页；江苏省档案馆编：《韩国钧朋僚函札名人墨迹》，南京：东南大学出版社2006年版，第59页。

88. 萧丙炎　七十分三厘七毫

字新之。江西吉安府庐陵县人。1897年光绪丁酉科举人,1903年光绪癸卯科进士二甲126名。授内阁中书。进士馆毕业以原官本班尽先补用。后官至御史。①

(六)外班学员中等17名

89. 杜述琮　六十九分九厘七毫

字玉方。江西临江府清江县人。1897年光绪丁酉科举人,1903年光绪癸卯科进士二甲101名。授主事。进士馆毕业准其留部。官至法部额外主事。②

90. 李汉光(？—1927)　六十九分五厘六毫

字春甫。河南光州光山县人。1903年光绪癸卯科进士三甲第8名。授户部主事。进士馆毕业以知县归部即选。后任甘肃文县知县、金县代理知县,期间开办新学,禁止鸦片。辛亥革命后任河南淅川县知事。1915年任陕西省三原县知事,一年后返乡。1927年逝世。③

91. 温肃(1878—1939)　六十八分六厘九毫

原名联玮,字毅夫,号檗庵,晚号清臣。广东省广州府顺德县人。1902年光绪壬寅科举人,1903年光绪癸卯科进士二甲125名。改翰林院庶吉士。进士馆毕业授职编修。历任国史馆、实录馆协修。1910年授湖北道监察御史。民国成立后,游说各地效忠清室。1917年张勋复辟,被授"都察院副都御史",复辟失败后归乡隐居。1922年后追随溥仪,任"南书房行走""进讲官"。1929年受聘在香港大学教授哲学。工书法。著有《陈独漉年谱》《广东通志人物传》《贞观政要讲义》等。④

---

① 毛晓阳:《清代江西进士丛考》,南昌:江西高校出版社2014年版,第397、578页。
② 同上书,第578页。
③ 参见许希之、晏兆平编辑:《光山县志约稿(卷3)》(影印),台北:成文出版社1936年版,第17—18页;敷文社编:《最近官绅履历汇编》,台北:文海出版社1970年版,第48页。
④ 参见周斌主编:《中国近现代书法家辞典》,杭州:浙江人民出版社2009年版,第723页;张解民:《宣统遗老温肃生平述略》,中国人民政治协商会议广东省顺德县委员会文史资料研究组:《顺德文史·第5辑》,1985年,第33—36页。

92. 杨绳藻 六十八分四厘九毫

江西省临江府清江县人。1903年光绪癸卯科进士三甲第2名。以主事分部学习。进士馆毕业以知县归部即选。后任安徽蒙城县知县。1919年任地方检察厅检察官。①

93. 王枚 六十八分四厘一毫

直隶省河间府河间县人。1904年光绪甲辰科进士二甲39名,以主事分部学习,进士馆毕业准其留部。②

94. 鲁藩 六十七分七厘

江西南昌府新建县人。1903年光绪癸卯科进士三甲38名。授主事。进士馆毕业以知县归部即选。后任湖南省清泉县知县。③

95. 白葆端(1874—1955) 六十七分六厘五毫

字叔庄,号澹庐。直隶保定府新城县人。1904年光绪甲辰科进士三甲第6名。签分工部学习主事,进士馆毕业以知县归部即选。后调任吏部主事。曾奉派赴日本考察法政。民国后,历任山西平鲁县、天镇县、代县等县知事,河北丰润县知事,热河平泉县知事。1924年冬辞职回原籍,赋闲不仕。1932年到北平寄居。1952年8月被聘任为中央文史研究馆馆员。著有《文字纂要》。④

96. 张荫椿(1869—1922) 六十七分

浙江省杭州府钱塘县人。妻子章炳芹为章太炎之妹。1903年光绪癸卯科进士二甲41名。授主事。进士馆毕业准其留部。后任度支部福建司主事。⑤

---

① 郑翔主编:《江西历代进士全传·四》,上海:上海古籍出版社2016年版,第1857页。
② 江庆柏编著:《清朝进士题名录》,北京:中华书局2007年版,第1331页。
③ 毛晓阳:《清代江西进士丛考》,南昌:江西高校出版社2014年版,第578页。
④ 中央文史研究馆编:《中央文史研究馆馆员传略》,北京:中华书局2001年版,第98页。
⑤ 《清代硃卷集成·张荫椿会试硃卷》。中共杭州市余杭区委宣传部编:《章太炎》,杭州:西泠印社出版社2007年版,第6页。

97. 蒋尊祎　六十六分三厘四毫

字彬侯。浙江杭州府海宁州人。1894 年光绪甲午科举人,报捐内阁中书,1904 年光绪甲辰科进士二甲 48 名。签分户部奖叙员外郎衔。进士馆毕业准其留部。曾任度支部主事,邮传部秘书、主事。民国后,担任北京政府交通部参事、交通部电政司司长兼电政督办等职。①

98. 黄兆枚（1868—1943）　六十五分六厘六毫

字宇迖,号芥沧。湖南长沙府长沙县人。1903 年光绪癸卯科进士二甲 92 名。授主事。进士馆毕业准其留部。后官至直隶州知州。辛亥革命后不仕。1930 年编辑《湖南历代湘贤事略》一书。曾担任国立武汉大学教授。晚年居于长沙。遗著《芥沧馆诗文集》。②

99. 胡位咸（1875—1942）　六十五分三厘三毫

字泽山,别号黄山懒禅。安徽徽州府绩溪县人。1903 年光绪癸卯科进士二甲 81 名。授主事。进士馆毕业以知县归部即选。曾任浙江桐庐县知县,后调京任户部主事。精通收藏鉴赏,工书画。③

100. 吴建三（1877—1939）　六十五分一厘二毫

号砺贞。湖南长沙府长沙县人。1903 年光绪癸卯科进士二甲 37 名。任刑部主事。进士馆毕业准其留部。后任河南省候补知府。1911 年奔父丧归家。1915 年后,出任陕西渭南道、吉林长春道道署秘书长。又先后在吉林、黑龙江两省的额穆、盘石、五常等县担任知县。1923 年后历任江西省督理署(即督军署)秘书、南丰县知事,1927 年曾担任程潜机要秘书。④

---

① 敷文社编:《最近官绅履历汇编》,台北:文海出版社 1970 年版,第 227 页。
② 长沙市地方志办公室编:《长沙市志》第 16 卷,长沙:湖南人民出版社 2002 年版,第 84 页。
③ 刘延銮编著:《兰堂藏:清代百名进士墨迹》,济南:泰山出版社 2011 年版,第 327 页。
④ 《湖南名人志》编委会编:《湖南名人志·第一卷》,北京:中国档案出版社 1999 年版,第 682 页。

101. 魏元戴　六十四分五厘五毫

字建侯。1897 年中举人,1903 年光绪癸卯科进士二甲 136 名。官至吏部主事。①

102. 绍先　六十四分四厘八毫

江宁驻防镶黄旗满洲人。1903 年光绪癸卯科进士三甲第 4 名。②

103. 石金声　六十三分八厘四毫

字骏卿。山东省青州府博山县人。1903 年光绪癸卯科进士三甲 147 名。授户部主事。曾任职于山东省咨议局、山东省劝业道,担任山东黄河三游河工局局长。1916 年卸职归乡。后被吴大洲革命军监禁,在监狱上吊自杀。③

104. 杨巨川（1873—1954）　六十一分五厘四毫

字楫舟、济舟,号松岩。1904 年光绪甲辰科进士二甲 107 名。授刑部主事。进士馆毕业后以知县归部即选。后奉派赴日本考察法政。1907 年归国后历任湖南省新田、麻阳县知县。辛亥革命后返乡。1922 年当选甘肃省议会议员。此后历任甘肃敦煌县、宁夏固原县县长。晚年主持甘肃五泉图书馆工作,兼任甘肃学院教员。1949 年后仁甘肃省文史研究馆馆长。著有《梦游四吟》。④

105. 王思衍（1866—1938）　六十分一厘六毫

字仲蕃,号源亭、亦嚣子。山东苍山县兰陵镇人。1898 年光绪戊戌科进士三甲第 1 名。授刑部主事。进士馆毕业准其留部。1900 年八国

---

① 毛晓阳:《清代江西进士丛考》,南昌:江西高校出版社 2014 年版,第 578 页。
② 江庆柏编著:《清朝进士题名录》,北京:中华书局 2007 年版,第 1317 页。
③ 刘廷銮、孙家兰编著:《山东明清进士通览・清代卷》,济南:山东文艺出版社 2014 年版,第 478 页;山东省淄博市政协文史资料研究委员会编:《淄博文史资料选辑》第 2 辑,1989 年,第 76—77 页。
④ 参见乔晓军编著:《中国美术家人名辞典（补遗一编）》,西安:三秦出版社 2007 年版,第 253 页;中国人民政治协商会议榆中县委员会学习宣传文史资料委员会编:《榆中纪事》,1990 年,第 131 页。

联军攻陷北京,王思衍对慈禧太后放弃国都的行为深为不满,愤归故乡。事后朝廷征召留任旧职。辛亥革命前告病辞官归乡。擅长书法。①

(七) 出洋游学学员优等 1 名

106. 张鼎　七十四分六厘六毫

授主事,进士馆毕业准其留部以原官尽先补用。

三、甲辰科进士馆赴日游学学员及毕业考试分数②

(一) 最优等 8 名

1. 黎湛枝(1870—1928)　八十六分

字露苑,亦作露庵、璐庵。广东广州府南海县人。1893 年中举人。1903 年光绪癸卯科进士二甲第 1 名,钦点金殿传胪。改翰林院庶吉士。日本法政大学毕业回国后授翰林院编修。历任武英殿协修、国史馆协修、资政院议员兼弼德院秘书、学部右丞等职。1909 年赐礼部尚书、一品衔。③

2. 刘远驹(1875—?)　八十六分

湖北省黄州府黄安县人。1904 年光绪甲辰科进士三甲 22 名,授度支部主事。日本法政大学毕业回国后,准其留部以原官遇缺即补。历任邮传部图书局编辑、司法部佥事等职。1927 年任南京国民政府司法行政部民事司司长。1933 年任司法行政部参事。1934 年复任司法行

---

① 黄忠、韩忠勤主编:《沂蒙大观》,济南:山东大学出版社 2007 年版,第 973 页。
② 光绪三十四年六月初六《学部官报》第 59 期,"学部奏会考进士馆游学及外班各员毕业情形折"中记载,进士馆甲辰科内外班学员派遣出洋游学,在馆肄业的内班学员,送入日本法政大学补修科,外班部分学员有志游学者,选择送入日本法政大学速成科。进士馆未出洋游学的外班学员,将讲义印发给学员自行研究。赴日本游学的学员回京后,在学部分场考试经史大义及所习科学,参加考试者共 57 人,将两场考试分数合计平均作为毕业分数。共计最优等 8 名、优等 18 名、中等 30 名、下等 1 名,其中也存在少量癸卯科进士。参见王炜编校:《〈清实录〉科举史料汇编》,武汉:武汉大学出版社 2009 年版,第 1130—1131 页。
③ 参见张杰龙主编:《南海诗征》下册,广州:岭南美术出版社 2009 年版,第 312 页;李兵、袁建辉:《清代科举图鉴》,长沙:岳麓书社 2015 年版,第 138 页。

政部民事司司长。著有《民事诉讼法》。①

3. 沈秉乾　　八十三分五厘

江苏扬州府泰州人。1904 年光绪甲辰科进士二甲 88 名。授礼部主事。日本法政大学毕业回国后准其留部,以原官遇缺即补。②

4. 熊坤　　八十三分五厘

江西瑞州府高安县人。1904 年光绪甲辰科进士二甲 16 名。授法部主事,日本法政大学毕业后着准其留部,以原官遇缺即补。官至邮传部邮政司主事。③

5. 张则川　　八十三分

字翰溪。湖北汉阳府黄陂县人。1904 年光绪甲辰科进士三甲 16 名。授礼部主事。日本法政大学毕业回国后准其留部,以原官遇缺即补。在北京临时参议院时期以民主党党员身份当选临时参议员。1913 年当选第一届国会众议院议员。后任北京中央法政学校校长。④

6. 龚福焘　　八十二分五厘

字枚长。湖南长沙府善化县人。1904 年光绪甲辰科进士二甲 82 名。授刑部主事。日本法政大学毕业回国后准其留部,以原官遇缺即补。后任职于法部审录司京畿科、直隶科。历任京师地方审判厅民科二厅推事、刑科二庭帮办推事、代理刑科二庭推事、署理刑科二庭预审推事,京师高等审判厅推事、民一庭长等职。编有《商法总则》。⑤

---

① 刘国铭主编:《中国国民党百年人物全书》上册,北京:团结出版社 2005 年版,第 484 页。
② 江庆柏编著:《清朝进士题名录》,北京:中华书局 2007 年版,第 1332 页。
③ 毛晓阳:《清代江西进士丛考》,南昌:江西高校出版社 2014 年版,第 579 页。
④ 参见湖北省地方志编纂委员会编:《湖北省志人物志稿·第 4 卷(传)》,北京:光明日报出版社 1989 年版,第 1676 页;张朋园:《中国民主政治的困境:1909—1949 晚清以来历届议会选举述论》,上海:上海三联书店 2013 年版,第 360 页。
⑤ 敷文社编:《最近官绅履历汇编》,台北:文海出版社 1970 年版,第 256 页。

7. 陈正猷（1876—1930） 八十分

字克轩、克宣。贵州遵义人。清末贡士,因丁忧未参加殿试。日本法政大学毕业回国后,授予同进士出身。后任广西法政学堂教习。民国后回到遵义,参加编写《遵义府志》,先后担任过贵州省高级法院民庭庭长、省政府秘书、安龙县县长等职。①

8. 陈蜚声（1864—1945） 八十分

字翼如,号鹤侪,又号和斋。山东莱州府潍县人。1891年光绪辛卯科举人,1904年光绪甲辰科进士二甲55名。授礼部主事,日本法政大学毕业回国后准其留部,以原官遇缺即补。后升任礼部员外郎,改任典礼院恩恤科科长。辛亥革命后,回山东定居。1921年曾被潍县富绅丁毓庚聘为家塾教师。1931年任《潍县志》总纂。抗日战争时期,拒任日伪政府职务,以鬻字为生,其书法在潍县负有盛名。著有《伏乘》《里居考》等书。②

（二）优等18名

9. 杨允升 七十九分五厘

字迪生。江苏徐州府铜山县人。1903年光绪癸卯科进士三甲28名,授内阁中书。日本法政大学毕业后以原官留原衙门本班,尽先补用。后历任邮传部咨调,邮政司规书科三等科员兼图书馆通译局编译,参议厅法制科二等科员,参议厅学务科科长,京师地方检察厅帮办、检察官,署总检察厅书记官长等职。③

10. 陈熙朝（1871—1929） 七十九分五厘

字觐卿。河南卫辉府获嘉县人。1904年光绪甲辰科进士三甲41名。授吏部文选司主事。日本法政大学毕业回国后准其留部,以原官

---

① 参见王炜编校主编:《〈清实录〉科举史料汇编》,武汉:武汉大学出版社2009年版,第1130页;庞思纯:《明清贵州七百进士》,贵阳:贵州人民出版社2005年版,第233页。

② 参见刘延銮编著:《兰堂藏:清代百名进士墨迹》,济南:泰山出版社2011年版,第348页;刘延銮,孙家兰编著:《山东明清进士通览·清代卷》,济南:山东文艺出版社2014年版,第480页。

③ 敷文社编:《最近官绅履历汇编》,台北:文海出版社1970年版,第196页。

尽先补用。后任学部主事。辛亥革命后归乡不仕。为豫北著名书法家。著有《难乎有斋笔记》。①

11. 张恩寿　　七十九分五厘

字颐伯。江苏镇江府丹徒县人。1904 年光绪甲辰科进士二甲 56 名,授法部主事。日本法政大学毕业回国后准其留部,以原官尽先补用。历任刑部主事,刑部湖广司帮稿、主稿,法部宥恤司及编查处纂修,邮传部科员,邮传部主事科长,交通部办事员科长、佥事科长等职。②

12. 颜楷(1877—1927)　　七十九分五厘

四川成都府华阳县人。1902 年中举人。1904 年光绪甲辰科进士二甲第 3 名。改翰林院庶吉士。日本法政大学毕业回国后授职编修并赏给侍讲衔。1909 年调任广西抚署总文案同时兼办"法政学堂"和"监狱学堂"。曾任四川保路同志会干事长。1914 年担任四川法政学堂校长,1918 年辞职。闲居成都,信佛为居士,担任四川佛教会副会长。擅长书法。③

13. 陈国华(1870—1923)　　七十九分五厘

字重枢。四川成都府温江县人。1904 年光绪甲辰科进士二甲 69 名。改翰林院庶吉士。日本法政大学毕业回国后授职编修赏给侍讲衔。官至广西提学使。辛亥革命后归隐不仕。擅长书法。④

14. 李湛田　　七十九分五厘

字丹孙,号伯愚。顺天府宝坻县人。1904 年光绪甲辰科进士二甲 61 名。改翰林院庶吉士。日本法政大学毕业回国后授职编修并赏给侍

---

① 参见吕友仁主编,查洪德副主编:《中州文献总录(下册)》,郑州:中州古籍出版社 2002 年版,第 1820 页;邢亚平主编,薛祖立、焦林、刘国华副主编:《牧野风·文学艺术卷》,郑州:河南美术出版社 2007 年版,第 193 页。
② 敷文社编:《最近官绅履历汇编》,台北:文海出版社 1970 年版,第 135 页。
③ 周斌主编:《中国近现代书法家辞典》,杭州:浙江人民出版社 2009 年版,第 782 页。
④ 上海书画出版社编:《近代字画市场辞典(修订版)》,上海:上海书画出版社 2005 年版,第 178 页。

讲衔。工于书法。①

15. 沈泽生（1873—1943）　七十九分

江西省瑞州府高安县人。1903 年光绪癸卯科进士二甲 117 名。任吏部主事。日本法政大学毕业回国后准其留部，以原官尽先补用。②

16. 彭运斌（1865—1919）　七十七分五厘

字佑文。河南南阳府邓州人。1904 年光绪甲辰科进士三甲 32 名。授法部主事。日本法政大学毕业回国后准其留部，以原官尽先补用。后任职刑部。1908 年后曾任洛潼铁路协理，开封师范、法政学堂监督，资政院议员。民国后，担任河南水利会会长、众议院议员。1919 年为解决水灾，废寝忘食，不久病故。③

17. 随勤礼　七十七分

江苏省江宁府江宁县人。1904 年光绪甲辰科进士三甲第 8 名。授吏部主事。日本法政大学毕业回国后准其留部，以原官尽先补用。④

18. 岑光樾（1876—1960）　七十六分

原名孝宪，字敏仲，号鹤禅。广东广州府顺德县人。1904 年光绪甲辰科进士二甲 24 名。授翰林院庶吉士。日本法政大学毕业回国后授职编修并赏给侍讲衔。历任国史馆协修、纂修，实录馆协修。辛亥革命后返乡，授学子侄。后赴香港讲学，任香港官立中学、汉文师范日夜校教员。1923 年与赖际熙等人创立国学讲堂。1947 年创立香港成达中学。擅长书法、诗文。著有《鹤禅集》等。⑤

---

① 赵禄祥主编：《中国美术家大辞典（上卷）》，北京：北京出版社 2007 年版，第 732 页。
② 参见郑翔主编，李宁宁、吴国富副主编：《江西历代进士全传 3》，上海：上海古籍出版社 2016 年版，第 1690 页；毛晓阳：《清代江西进士丛考》，南昌：江西高校出版社 2014 年版，第 578 页。
③ 邓州市地方史志编纂委员会编：《邓州市志》，郑州：中州古籍出版社 1996 年版，第 722—723 页。
④ 王炜编校：《〈清实录〉科举史料汇编》，武汉：武汉大学出版社 2009 年版，第 1131 页。
⑤ 顺德市博物馆编：《顺德书画人物录》，广州：中山大学出版社 2001 年版，第 67 页。

19. **范振绪**（1872—1960） 七十五分五厘

字禹勤,晚号东雪老人。甘肃兰州府靖远县人。1903年光绪癸卯科进士三甲132名。授法部主事。日本法政大学大学毕业回国后准其留部,以原官尽先补用。民国后,当选第一届国会参议院议员、北京参政院议员。1939年后历任甘肃省参议会副会长,西北军政委员会监察委员等职。新中国成立后,曾任甘肃省政协副主席。①

20. **甘鹏云**（1862—1940） 七十五分

字药樵,号冀父,晚号耐翁。福建福州府侯官县人。1903年光绪癸卯科进士二甲31名。授工部主事。日本法政大学毕业回国后准其留部,以原官尽先补用。历任度支部主事,黑龙江、吉林财政监理官、杀虎关监督,吉林国税厅筹备处处长等职。1932年任湖北省通志馆筹备处副主任,通志馆正式成立后,指导修志工作,撰写了《修志问答》等论文,合编为《方志商》一书。此外还撰写《湖北文征》《湖北金石略》《湖北先圣传》等地方文献多种。②

21. **舒伟俊** 七十四分五厘

江西南昌府丰城县人。1904年光绪甲辰科进士三甲21名。改翰林院庶吉士。日本法政大学毕业回国后授职检讨并赏给侍讲衔。③

22. **程宗尹**（？—1942） 七十四分五厘

字学川,又字沅甫,号昂程。浙江嘉兴府海盐县人。1904年光绪甲辰科进士二甲77名。日本法政大学毕业回国后以主事分部补用。擅长书法。④

23. **田树棪** 七十四分五厘

甘肃兰州人。日本法政大学毕业回国后,于1908年作为游学毕

---

① 林焕文、徐景学主编:《世界名人辞典》,牡丹江:黑龙江朝鲜民族出版社1987年版,第317页。
② 林正秋主编:《中国地方志名家传》,合肥:黄山书社1990年版,第234—236页。
③ 毛晓阳:《清代江西进士丛考》,南昌:江西高校出版社2014年版,第579页。
④ 邹德忠、徐福山编:《中国历代书法家人名大辞典》,北京:新世界出版社1998年版,第453页。

业贡士,给予进士出身,着以主事分部补用。曾在清政府民政部疆理司任科员、主事。①

24. 郑言　七十四分

字符谠,号九鼎,一字佽忱。四川成都府华阳县人。1904年光绪甲辰科进士二甲9名。授法部主事。日本法政大学毕业回国后准其留部,以原官尽先补用。民国后,担任北洋政府平政院第二庭评事。②

25. 竺麟祥　七十三分五厘

字静甫,一字浔赋。浙江宁波府奉化县人。1904年光绪癸卯科进士三甲2名。日本法政大学毕业回国后授职检讨并赏给侍讲衔。辛亥革命后,归隐不仕。卒年62岁。工诗擅书法。著有《毓秀草堂诗钞》。③

26. 曹典初　七十分

湖南长沙府长沙县人。1903年光绪癸卯科进士二甲第6名。改翰林院庶吉士。日本法政大学毕业回国后授职编修并赏给侍讲衔。1910年后在江苏白马湖一带创办"长湖垦殖公司",大规模进行水稻种植,并开设农垦讲习所、农家识字学塾。全面抗战爆发后,公司遭受水灾,加之战乱影响,被迫卖田赴上海,以鬻字为生。④

(三) 中等30名:

27. 朱点衣　六十九分五厘

字葆斋,号性园。安徽颍州府霍邱县人。1904年光绪甲辰科进士

---

① 王炜编校:《〈清实录〉科举史料汇编》,武汉:武汉大学出版社2009年版,第1130页。《四合院:金城老去的居民记忆》,《兰州晨报》2010年4月8日。

② 参见成岳冲主编:《明清两朝实录所见宁波史料集(下编)》,北京:商务印书馆2015年版,第516页;邱之岫:《民国初期行政法院发展史研究》,北京:知识产权出版社2014年版,第75页。

③ 参见乔晓军编著:《中国美术家人名辞典(补遗一编)》,西安:三秦出版社2007年版,第339页;王炜编校:《〈清实录〉科举史料汇编》,武汉:武汉大学出版社2009年版,第1130页。

④ 《进士馆出洋游学及外班学院毕业考试分数单》中作曹典福,《清朝进士题名录》中作曹典初。江苏省地方志编纂委员会编:《江苏省志90·人物志(三)》,南京:凤凰出版社2008年版,第1272页。

二甲 58 名。改翰林院庶吉士。日本法政大学毕业回国后授职编修。①

28. **陈赓虞**　六十九分五厘

直隶保定府安州人。1904 年光绪甲辰科进士三甲第 3 名。授法部主事。日本法政大学毕业回国后以知县照散馆班次即选。②

29. **李言蔼**（1878—1959）　六十九分五厘

山东青州府安邱县人。1904 年光绪甲辰科进士二甲 64 名。授度支部主事。日本法政大学毕业回国后准其留部。民国后,被任命为山东郓城县鏊务局局长,未赴任,次年解职。从此倦于仕途,未再任公职。1914 年至 1917 年参加安丘县志编纂工作。后担任私塾教师。1926 年后闭门家居,钻研史书、碑帖等。新中国成立后,1954 年被聘为山东省文史馆馆员,因年事已高未能到任。③

30. **欧阳绍祁**　六十九分五厘

江西袁州府分宜县人。1904 年光绪甲辰科进士三甲 27 名。授工部主事。日本法政大学毕业回国后准其留部。后任工部屯田司主事、萍乡县知事兼检察长。民国后,参与编纂《分宜县志》十六卷。④

31. **段国垣**　六十九分五厘

山西绛州稷山县人。1904 年光绪甲辰科进士二甲 96 名。授度支部主事。日本法政大学毕业回国后准其留部。⑤

32. **孙智敏**（1881—1961）　六十九分

字廑才。浙江杭州府钱塘县人。1903 年光绪癸卯科进士二甲 42

---

① 严懋功纂:《清代征献类编》,台北:台湾中华书局 1968 年版,第 577 页。
② 王炜编校:《〈清实录〉科举史料汇编》,武汉:武汉大学出版社 2009 年版,第 1131 页。
③ 孙松一:《李言蔼先生事略》,中国人民政治协商会议山东省安丘县委员会:《安丘文史资料·第 4 辑》(内部资料),1987 年,第 244—248 页。
④ 黎传记、易平:《江西方志通考》上册,合肥:黄山书社 1998 年版,第 157 页。
⑤ 王炜编校主编:《〈清实录〉科举史料汇编》,武汉:武汉大学出版社 2009 年版,第 1131 页。

名。改翰林院庶吉士。日本法政大学毕业回国授职编修。1909 年任浙江图书馆会办。辛亥革命后,历任浙江建德、龙游两县知县,杭州高等学校监督,浙江两级师范学堂监督,之江大学文理学院教授,青岛市政府秘书等职。20 世纪 30 年代后,主要从事教育工作,或以卖文鬻字为生。工书法,喜藏书。著有《知足居文存》《知足居诗存》《知足居联语录存》(室名知足居)等。①

33. 李景纲　六十九分

字式忠。直隶冀州枣强县人。1904 年光绪甲辰科进士二甲 63 名。以主事分吏部文选司。日本法政大学毕业回国后准其留部。后任内阁叙官局行走。民国后,1912 年当选顺直省议会议员。后历任湖南省公署秘书,山西襄垣县知事,直隶延庆县知事,直隶督办公署秘书、省议会议员,直隶第二师范教员等职。②

34. 钟刚中(1885—1968)　六十八分五厘

字子年,号桦堂,晚年又号桦公,柔翁。广西南宁府宣化人。1904 年光绪甲辰科进士二甲 89 名。授吏部主事。日本法政大学毕业回国后着以知县,照散馆班次即选。历任湖北通山县知县,直隶成安、宁晋县知事,后退隐不仕。曾参加北京稊园诗社和蛰园诗社。新中国成立后,1951 年被聘为中央文史研究馆馆员。擅长诗、书、画、篆刻等,被誉为文坛奇人。③

35. 方贞　六十八分

字翰周。河南广州商城县人。1904 年光绪甲辰科进士三甲 15 名。授工部主事。日本法政大学毕业回国后准其留部。历任吏部主事,河南咨议局副议长、议长。民国后,曾任国会众议院议员、北京政府肃政

---

① 参见刘廷銮编著:《兰堂藏:清代百名进士墨迹》,济南:泰山出版社 2011 年版,第 323 页;周斌主编:《中国近现代书法家辞典》,杭州:浙江人民出版社 2009 年版,第 213 页。
② 刘建军编著:《你所不识的民国面相:直隶地方议会政治 1912—1928》,桂林:广西师范大学出版社 2009 年版,第 303 页。
③ 乔晓军编著:《中国美术家人名辞典(补遗一编)》,西安:三秦出版社 2007 年版,第 397 页;中央文史研究馆编:《中央文史研究馆馆员传略》,北京:中华书局 2001 年版,第 60—61 页。

厅肃政史、山西河东道道尹等职。①

36. 狄楼海（1874—1938） 六十八分

字观沧。山西蒲州府猗氏县人。1903 年光绪癸卯科进士三甲 171 名。授刑部主事。日本法政大学留学期间加入同盟会。回国后准其留部。后曾任教于京师大学堂。1909 年与柳亚子等人组织"南社"。辛亥革命时期，以山西代表身份参加各党派在上海召开的讨论组建临时政府的会议。南京中华民国临时政府成后，任特别宣慰使调处山西问题。1912 年任山西教育司司长，当选国会众议员。1913 年因父丧返乡，受聘为陕西大学文学院教授。后南下参加"护法运动"，任国会非常会议议员。1928 年受聘为山西大学文学院教授。1930 年前后辞去教职，与赵戴文等成立"道德学社"山西分社，任山西支社社长。继又担任太原绥靖公署参议、山西文献委员会委员等职。1937 年返乡，次年于家中病逝。山西文献委员会于 1936 年出版《山西献征》，书中《中丞卫伯严先生事略》《中丞荆南溪先生事略》等 7 篇本邑人物传略大多出自狄楼海手笔。②

37. 李德鉴 六十七分五厘

字葆诚，号朗侯。安徽省安庆府太湖县人。1904 年光绪甲辰科三甲 104 名。日本法政大学毕业回国后授职翰林院检讨。③

38. 赛沙敦 六十七分五厘

镶白旗满洲青州驻防人。1904 年甲辰科进士三甲 101 名。授礼部主事。日本法政大学毕业回国后准其留部。④

39. 季龙图（1872—1950） 六十七分五厘

江苏淮安府盐城县人。1904 年光绪甲辰科进士二甲 52 名。授以

---

① 淡泊：《中华万姓谱（上）》，北京：中国档案出版社 2006 年版，第 334 页。
② 参见谢克昌主编：《孙中山与山西》，北京：团结出版社 2011 年版，第 720 页；王万旭主编：《郇阳巨贾临猗人》，北京：中国社会出版社 2008 年版，第 33 页。
③ 王炜编校：《〈清实录〉科举史料汇编》，武汉：武汉大学出版社 2009 年版，第 1130 页。
④ 同上书，第 1131 页。

主事分法部学习。日本法政大学毕业回国后准其留部,曾任京师法政学堂教习。后返乡从事地方教育,与马为珑等人创立"盐城学会"(后更名盐城县教育会),担任会长。将原养正女塾扩增改办为盐城模范女子小学。组织"同声社",推广国语和白话文。创建盐城贫儿教养院,收容贫苦儿童,试行半工半读。①

40. 张国溶(1878—?)　六十七分

字海若。湖北武昌府蒲圻县人。1904年光绪甲辰科进士二甲95名。改翰林院庶吉士。日本法政大学毕业回国后授职编修。后返回湖北,任汉口商业学堂学监。1909年任湖北省咨议局副议长,与议长汤化龙等发起成立"汉口宪政同志会",三次进京请愿,要求君主立宪。辛亥革命后,出任湖北军政府政事部编制局局长。1912年任中华民国临时政府政事堂参议、礼制馆评议员。1914年后担任袁世凯政府"约法会议"议员,北洋政府国务院参议,获嘉禾勋章。五四运动后,离开政界,在北京以卖书画为生。抗日战争期间,为拒任日伪职务,乃于报纸上刊发讣告,佯称逝世。真实卒年不详。②

41. 张诒　六十七分

直隶定州直隶州人。1904年光绪甲辰科登进士二甲104名。授度支部主事。日本法政大学毕业回国后准其留部。③

42. 陈畲(1867—1930)　六十六分

原名得心,字德馨,又字宇襄,自号沧浪词人。浙江省宁波府象山县人。1903年光绪癸卯科进士三甲124名。授吏部主事。日本法政大学毕业回国后准其留部。后历任吏部文选司主稿、考功司分核、稽勋司副掌印、艺学馆监学、学治馆副提调、实录正校官等,后升员外郎、丞参上

---

① 顾明远总主编:《中国教育大系·历代教育名人志》,武汉:湖北教育出版社1994年版,第479页。
② 湖北省地方志编纂委员会编:《湖北省志人物志稿(第一至四卷)》,北京:光明日报出版社1989年版,第1086页。
③ 王炜编校:《〈清实录〉科举史料汇编》,武汉:武汉大学出版社2009年版,第1131页。

行走。民国后,1920年曾应聘主纂《新昌县志》。1926年曾开办米厂,5年后经营不善关闭。一直以前清遗老自居,留蓄发辫19年。①

43. 张履谦　六十五分五厘

直隶承德府人。1904年光绪甲辰科进士三甲49名。授法部主事。日本法政大学毕业回国后准其留部。民国后曾担任西安高等法院院长。②

44. 陈度(1864—1941)　六十五分

字古逸,号琴禅居士。云南广西直隶州人,原籍江西临川县。1894年中举人。1904年光绪甲辰科进士二甲76名。授吏部主事。日本法政大学毕业回国后准其留部。后任云南造币厂厂长。辛亥革命后,任云南省府外交司副司长。1916年参加蔡锷领导的护国运动,出任军政府政务厅第一曹参事,获二等嘉禾章。后辞官隐退,致力于诗、书、画、篆刻等,有较深造诣。晚年潜心佛学,组织"净业社"。著有《泡影集》十卷,《泡影续集》二卷。③

45. 郭寿清　六十五分

江西吉安府吉水县人。1904年光绪甲辰科进士二甲29名。改翰林院庶吉士。日本法政大学毕业回国后授职编修。曾于云南担任知县,不久逝世,年38岁。④

46. 许叶笏　六十四分五厘

字子晋,号子和。江西九江府彭泽县人。1904年光绪甲辰科进士二甲114名。改翰林院庶吉士。日本法政大学毕业回国后授职编修。⑤

---

①　象山县政协文史资料委员会编:《象山文史资料·历代人物专辑》,1991年,第60页。
②　《光绪三十年甲辰恩科进士题名碑录》中,张履谦籍贯为直隶承德府人。《清末进士张履谦生平探秘》中,张履谦为赤峰敖汉旗人。参见石柏令:《清末进士张履谦生平探秘》,中国人民政治协商会议敖汉旗委员会,2005年。
③　云南省地方志纂委员会办公室人物志编辑组撰:《云南省志·卷八十·人物志》,昆明:云南人民出版社2002年版,第645—646页。
④　肖玉兰主编:《名人故里寻踪》,南昌:江西高校出版社2007年版,第176页。
⑤　陈政主编:《中文传媒·艺术5(综合卷)》,南昌:江西美术出版社2012年版,第84页。

47. 陈世昌　六十四分

字凤五，号绳孙。山东莱州府潍县人。1891年光绪辛卯科举人，1904年光绪甲辰科进士二甲115名。由工部候补主事调吏部文选司主事。日本法政大学毕业回国后准其留部。[①]

48. 马步瀛（1872—1939）　六十三分五厘

字海峰。陕西同州府大荔县人。1904年光绪甲辰科进士二甲51名。任刑部主事。辛亥革命后，于陕西稽征局任职。1919年任甘肃财政厅征榷科长。1921年返回陕西，历任长武县长、省印花烟酒局秘书。晚年加入陕西省文教会，从事慈善事业。[②]

49. 王慧澜　六十二分五厘

河南南阳府内乡县人。1904年光绪甲辰科进士三甲43名。授度支部主事。日本法政大学毕业回国后准其留部。[③]

50. 李泽兰　六十二分

江西宁都直隶州人。1903年光绪癸卯科进士二甲71名。授度支部主事。日本法政大学毕业回国后准其留部。[④]

51. 张介孚　六十二分

山东青州府安丘县人。1904年光绪甲辰科进士二甲119名。授法部主事。日本法政大学毕业回国后准其留部。[⑤]

52. 叶大华（1860—1923）　六十一分五厘

字赦恭，号淑璹。1893年光绪癸巳科举人，1904年光绪甲辰科进

[①] 刘廷銮、孙家兰编著：《山东明清进士通览·清代卷》，济南：山东文艺出版社2014年版，第481页；政协山东省潍坊市潍城区委员会文史外事委员会编：《潍城区文史资料》第23辑，北京：中国文史出版社2006年版，第307页。

[②] 大荔县志编纂委员会编：《大荔县志》，西安：陕西人民出版社1994年版，第1095页。

[③] 江庆柏编著：《清朝进士题名录》，北京：中华书局2007年版，第1335页。

[④] 郑翔主编，李宁宁、吴国富副主编：《江西历代进士全传·五》，上海：上海古籍出版社2016年版，第2826页。

[⑤] 刘廷銮、孙家兰编著：《山东明清进士通览·清代卷》，济南：山东文艺出版社2014年版，第481页。

士三甲 38 名。授法部主事。日本法政大学毕业回国后以知县照散馆班次即选。历任刑部直隶司主事、审录司主稿,广东茂名县知县、高州知府。辛亥革命后离职。①

53. 万宝成(1873—1943) 六十一分五厘

字玉田。甘肃巩昌府会宁县人。1904 年光绪甲辰科进士三甲 146 名。授归部铨选知县。日本法政大学毕业着以知县分省即用。民国后,任山西定襄县知县。1913 年当选为第一届国会参议院议员。晚年不仕,以收藏鉴赏书画古玩自娱。②

54. 史之选 六十一分五厘

江苏常州府荆溪县人。1904 年光绪甲辰科进士三甲 115 名。任礼部主事。日本法政大学毕业回国后以知县,照散馆班次即选。③

55. 何毓璋 六十分

字达夫。山西兴安府石泉县人。1904 年光绪甲辰科进士二甲 54 名。授法部主事。日本法政大学毕业回国后准其留部。后历任河南通许县知县,陕西都督府机要科科长、郃阳县知事,国会参议员议员等职。④

56. 胡家钰(1872—1936) 六十分

字式如。直隶承德府人。1894 年光绪甲午科举人,1904 年光绪甲辰科进士二甲 113 名。授礼部主事。日本法政大学毕业回国后准其留部后升任员外郎。民国后,担任热河省教育厅长兼都统公署总务长。1913 年担任热河清理旗地官产处处长。1918 年后辞官家居。1929 年被各界人士代表推举为承德县修志局纂修,翌年《承德县志》全书告竣。

---

① 参见鲁小俊:《清代书院课艺总集叙录(下)》,武汉:武汉大学出版社 2015 年版,第 593 页;梅孝斌,叶恕兵:《为正义敲响法槌:审判日本战犯的军事法官叶在增》,南京:南京出版社 2007 年版,第 319 页。
② 乔晓军编著:《中国美术家人名辞典(补遗一编)》,西安:三秦出版社 2007 年版,第 6 页。
③ 王炜校:《〈清实录〉科举史料汇编》,武汉:武汉大学出版社 2009 年版,第 1131 页。
④ 敷文社编:《最近官绅履历汇编》,台北:文海出版社 1970 年版,第 52 页。

晚年移居北京养病。工诗词,擅书法。著有《伴雪簃随笔》。①

(四)下等 1 名
57. 张世畸　五十九分五厘
江西九江府德化县人。1904 年光绪甲辰科进士二甲 87 名。任法部主事。②

四、甲辰科进士馆陆续回国学员及成绩③
光绪三十四年九月
(一)考列最优等
翰林院庶吉士叶先圻,授职编修并赏加侍讲衔。
法部主事周之桢,原官留部,遇缺即补。
(二)考列中等
度支部主事楼思诰,以员外郎留部补用。
翰林院庶吉士吴德镇,授职编修。
翰林院庶吉士周杰,授职编修。
翰林院庶吉士张成栋,授职编修。
法部主事萧湘,以原官留部补用。
内阁中书曲卓新,以主事分部补用。

宣统元年
优等
度支部学习主事李景铭,游学日本,习法政科毕业。以员外郎留原

---

① 冬伟、汉民:《胡家钰事略》,河北省政协文史资料委员会编:《河北文史资料全书·承德卷(下)》,北京:中国文史出版社 2012 年版,第 1312—1316 页。
② 毛晓阳:《清代江西进士丛考》,江西高校出版社 2014 年版,第 579 页。
③ 甲辰科进士馆游学人员,除赴日本法政大学学习法政外,还有进入各国各项专门学校及陆军学校之人,毕业时间迟速各异,难以实现同时赴京应考,所以礼部会同国子监随时奏请,在学部进行考试,分别核定名次进呈。参见《为进士馆游学毕业学员给奖谕》《奏进士馆游学毕业学员续行回国者随时补考折》,北京大学校史研究室编:《北京大学史料》第 1 卷,北京:北京大学出版社 1993 年版,第 408—409 页。因回国时间各不相同,难以确切统计,此处名单统计尚不完全。如甲辰科状元刘春霖、榜眼朱汝珍、探花商衍鎏等也都经由进士馆后入日本法政大学留学。

衙门补用。

陆军部学习主事方兆鳌,游学日本,习法政科毕业。以员外郎留原衙门补用。

河南即用知县黄为基,游学日本,习法政科毕业。以直隶州知州仍留省补用。

宣统元年十二月

优等

吏部学习主事王世澄,游学英国林肯大学,习法律专门学四年毕业。

楼思诰,日本早稻田大学本科毕业。

曲卓新,日本早稻田大学本科毕业。①

宣统二年八月

优等

翰林院庶吉士宋育德,日本早稻田大学政治经济完全科毕业。考试分数②:七十五分。

翰林院庶吉士钱崇威,日本法政大学法律速成科毕业。考试分数:七十七分五厘。

度支部主事章圭瓃,日本法政大学法律速成科毕业。考试分数:七十八分七厘五毫。

宣统二年十月

(一) 最优等

进士馆毕业游学学员、庶吉士陆光熙。考试分数:八十一分二厘五毫。

(二) 优等

法政学堂补习学员、庶吉士贺维翰。考试分数:七十六分二厘五毫。

进士馆外班学院、吏部主事施尧章。考试分数:七十三分七厘五毫。

---

① 楼思诰、曲卓新二人在日本早稻田大学本科毕业,期限在二年以上,与速成或补习科毕业者不同,因此在原官基础上的给予升阶。

② 此分数为进士馆学员游学回国后参加学部分场考试所得之分数,下同。

附录3 北京大学法科政治学系任课教员简介（1912—1929）

（按照姓氏拼音顺序排列）

1. 鲍明钤（1894—1961）　号朝禧，浙江余姚人。1910年考入北京清华学堂，1914年参加"庚子赔款"公费留学生考试，被录取后赴美国留学，先后在耶鲁大学、哥伦比亚大学、霍普金斯大学学习，获霍普金斯大学政治学博士学位。1924年回国，先后担任北京师范大学英文系教授兼主任、国立北京政法专门学校教授、京师大学教授、国立北平大学政治系教授兼系主任、交通大学铁道管理学院院长等。1929年任北京大学政治学教授，讲授政治史及外交史等课程。1932年任菲律宾大学教授，翌年回国担任东北大学政治学系教授。1938年，被逼任长春伪满"建国大学"政治学教授，后称病辞职，回到北平。1947年到1949年在朝阳大学、辅仁大学等校兼课。著有《中国民治论》《中国现代政治》《英美门户开放主义》《在华外侨之地位》《中国与世界和平：中国国际关系的研究》等。①

2. 陈长乐（1886—1961）　祖籍广东台山，生于新加坡。1903年毕业于新加坡英华中学，后赴美国留学，在伊利诺伊州西北大学、耶鲁大学、芝加哥大学攻读，获哲学博士及法学博士学位。毕业后返回中国，执教北京大学，在北大法科讲授美国宪法等课程。1918年赴新加坡探亲。与友人李云龙（李光耀之祖父）等合营史丹福汽车公司，同时在新加坡南洋华侨中学任英文主任。1922年回国，先在上海执教，后主持英文日报《广东宪报》，任广东大学英文系主任，1925年任广东革命政府外交部第二局局长。1927年至1948年曾担任中国驻新加坡、旧金山、加尔各答、渥太华、芝加哥等地总领事。退休后回到新加坡，主持中国

---

①　参见周川主编：《中国近现代高等教育人物辞典》，福州：福建教育出版社2012年版，第629页；《鲍明钤先生学术年表》，鲍明钤：《中国民治论》，周馥昌译，北京：商务印书馆2010年版，第320—324页。

银行新加坡分行工作。1961年在新加坡逝世。①

3. 陈翰笙（1897—2004） 原名陈枢，江苏无锡人。1915年赴美国留学，1920年毕业于美国波莫纳大学历史专业，同年考入芝加哥大学研究生院专修美国宪法史，1921年获硕士学位（论文题目《五口通商与茶叶贸易的关系》）。1922年到德国柏林大学东欧史地研究所研究东欧史，1924年夏获得博士学位。1924年秋回国任北京大学历史系和政治系教授，讲授英国现代史、现代政治等课程，开始接受马克思主义理论。1925年加入中国共产党。1927年前往苏联，在莫斯科第三国际开办的国际农民运动研究所任研究员。1929年至1934年在南京担任中央研究院社会科学研究所副所长，进行广泛的社会调查。1933年在上海发起成立中国农村经济研究会。1935年再度前往苏联，任莫斯科东方劳动大学研究员。1939年按照中国共产党的指示，在香港与国际进步人士发起成立"工业合作国际委员会"，担任该会秘书，并协助宋庆龄进行工业合作社运动，主编英文半月刊《远东通讯》，宣传抗战。1944年遭到蒋介石通缉，后赴美国，在华盛顿州立大学任特约教授。1950年应周恩来总理邀请回国，历任外交部顾问、中国科学院社会科学学部委员、中国社会科学院世界历史研究所所长、北京大学国际政治系教授、《中国大百科全书》总编委会副主任等职。著有《中国农村经济研究之发轫》《广东农村经济问题》《中国的地主和农民》《当代中国的土地问题》《工业资本和中国农民》《陈翰笙文集》等，研究涵盖历史学、经济学、社会学、政治学、法学等多种学科，撰写专著和论文400多种。②

4. 陈介（1885—1951） 字蔗青、蔗清，籍贯湖南湘乡，出生地浙江

---

① 《华侨华人百科全书·人物卷》编辑委员会编：《华侨华人百科全书·人物卷》，北京：中国华侨出版社2001年版，第28页。
② 参见中国史学会《中国历史学年鉴》编委会编：《中国历史学年鉴（2002—2012）》，北京：社会科学文献出版社2014年版，第476—481页；陆学艺、王处辉主编：《中国社会思想史资料选辑·民国卷》上册，南宁：广西人民出版社2007年版，第442页；施正一主编：《当代中国著名经济学家百人小传》，北京：中央民族大学出版社2004年版，第1—2页；中华人民共和国年鉴编辑部编辑：《中华人民共和国年鉴2005（总第25期）》，北京：中华人民共和国年鉴社2005年版，第1069页。

仁和。1905年由浙江省官费资送日本东京帝国大学法科,1908年转学德国柏林大学,攻读法政、经济。1912年回国,任北洋政府工商部商务司司长,后历任关税改良委员会委员、农商部工商司司长、文官高等甄别委员会委员、国务院参议、农商部秘书兼财政部参事、国务院军机讨论处处员等职。期间兼任北京大学法科讲师,讲授民法债权等课程,同时担任明德大学、北京法政专门学校兼职教员。1918年当选第二届国会议员。1920年后十余年内,先后担任武汉江汉关监督兼外交部特派湖北交涉员、全国水利局副总裁、上海公共租界工部局华董、国际问题研究会理事长等职。1935年12月,任南京国民政府外交部常务次长,参与对日外交,"七七事变"后草拟以外交部名义向日本驻华大使馆提出的书面抗议,未得蒋介石批准。1938年任驻德国特命全权大使,因德国拟承认汪伪政权,1941年12月陈介请准关闭驻德大使馆,转往美国。1943年后,历任驻巴西、墨西哥、阿根廷大使。1951年病逝于布宜诺斯艾利斯。[①]

5. **陈启修**(1888—1960) 又名陈豹隐,四川中江人。1900年入广州丕崇书院学习。1905年东渡日本,1913年入东京帝国大学法科大学政治科学习。1916年在东京与留日学生杨栋林等47人发起成立"丙辰学社"(1923年改组为"中华学艺社")。1917年毕业回国担任北京大学法科教授兼政治学门研究所主任,主要讲授统计学、政治学和国家学等课程。1922年任北大马克思学说研究会《资本论》研究组导师。1926年任广州黄埔军校政治教官、国立中山大学法科教务主任、武汉《中央日报》总编辑等。1927年大革命失败后流亡日本,易名陈豹隐。1930年重返北京大学任教授。1932年在苏联莫斯科东方大学学习。1946年与马哲民合作创办西南学院。1947年受聘为重庆大学商学院院长。1949年到四川财经学院任学院筹备委员会委员兼教务长。1956年当选第三届全国政协常委。主要译作有《财政学提要》《经济学大纲》《资本论》(第一卷第一分册是我国最早的《资本论》中译本,1930年

[①] 参见刘国铭主编:《中国国民党百年人物全书》下册,北京:团结出版社2005年版,第1296页;刘绍唐主编:《民国人物小传》第五册,上海:上海三联书店2015年版,第255—257页;湖南省地方志编纂委员会编:《湖南省志·第三十卷·人物志》下册,长沙:湖南出版社1995年版,第119—121页。

由上海昆仑书店正式出版发行）、《最新经济学》等，著有《财政学总论》《地方财政学》《经济现象的体系》《新经济学》《经济学原理》《经济学原理十讲》《经济学讲话》等。①

6. **陈廷均**（1893—?）　字少云，广东新会人。早年就读于唐山路矿学堂，后官费出国留学，获美国康斯威星大学政治学学士学位、普林斯顿大学硕士学位。1918年担任北京大学文预科讲师兼法预科讲师，1919年到1923年担任政治系教员，讲授政治史等课程。后担任京奉铁路总稽核，对从英国人手里收回管理权作出了积极贡献。②

7. **陈源**（1896—1970）　字伯通，笔名西滢。江苏无锡人。早年就读于上海文明小学、南洋公学。1912年留学英国，先入爱丁堡大学，后考入伦敦大学师从拉斯基攻读政治经济学，获博士学位。1922年回国，在北京大学英文系主讲英国小说、戏剧、英汉对译，在政治系讲授政治及外交史等课程，兼任《北京大学季刊》社会科学组编辑员。1923年与徐志摩等成立新月社。次年与胡适等创办《现代评论》周刊，兼任文艺部主任。1929年受聘为武汉大学教授兼文学院院长。抗日战争时期，任国民参政会参政员。1943年后，长期居留伦敦，从事著述和讲学。1946年11月受命为出席联合国教科文组织第一届大会中国代表团成员。后任中国驻联合国教科文组织巴黎总部首任常驻代表。次年11月，赴墨西哥出席教科文组织第二届大会。1948年8月代表中国出席在荷兰举行的国际大学会议。1966年退休，侨居伦敦。著有《西滢闲语》《西滢后话》等，译有《父与子》《少年维特之烦恼》《梅寺直小说集》等。③

---

① 参见李绪蒖、徐东林主编：《简明经济学百科辞典》，北京：中国青年出版社1991年版，第955页；杨志勇：《陈启修先生学术年表》，陈启修：《财政学总论》，北京：商务印书馆2015年版（重印本），第603—606页；刘会军：《陈豹隐传》，长春：吉林大学出版社2009年版。

② 参见蔡元培：《蔡元培全集》第18卷，中国蔡元培研究会编，杭州：浙江教育出版社1998年版，第311页；胡光麃：《大世纪观变集》第2册，台北：联经出版事业公司1992年版，第242页；朱有瓛主编：《中国近代学制史料》第3辑下册，上海：华东师范大学出版社1992年版，第78页。

③ 参见顾明远总主编：《中国教育大系·历代教育名人志》，武汉：湖北教育出版社2015年版，第661页；大陆杂志社编：《中国近代学人象传初辑》，台北：大陆杂志社1971年版，第192页。

8. 陈兆焜　原名奎照,字希尧,广东番禺人。1903年光绪癸卯科举人,京师大学堂毕业。1909年赴美国留学,1914年获哥伦比亚大学哲学博士学位。回国后任北京大学教授,讲授财政学总论、财政学各论等课程。著有论文集《读马尔瑟斯人口论感言》。[①]

9. 杜国庠（1889—1961）　又名守素,广东澄海人。1907年赴日本留学,期间曾于1916年参加陈启修等47人发起组织的"丙辰学社",1919年毕业于日本京都帝国大学。回国后在北京大学法科任教,讲授市政论、工业政策及社会政策、内外商业政策等课程,还曾担任过北京中国大学和朝阳大学等校教授。1925年回到广东澄海任县立中学校长、国民党澄海县党部执行委员会主席。1928年在上海加入中国共产党。发起组织中国社会科学家联盟,领导中国左翼作家联盟,主编《中国文化》和《正路》杂志,从事马克思主义著作的翻译工作。1935年被国民党逮捕,"西安事变"后获释。抗日战争时期,受中国共产党委派担任国民政府军事委员会政治部第三厅对外宣传第一科科长等职。抗战胜利后,在民主人士和工商界上层人士中开展统战工作。新中国成立后,历任中南军政委员会委员、广东省文教委员会主任、中国科学院广州分院院长、中共中央华南分局宣传部副部长等职,被选为第一、二届全国人民代表大会代表。著有《先秦诸子思想概要》《便侨集》《先秦诸子的若干研究》,与侯外庐合著《中国思想通史》。译有《辩证法的唯物论入门》《史的一元论》《金融资本论》《艺术论》《无产阶级文学论》等。遗著收入《杜国庠文集》。[②]

10. 高一涵（1885—1968）　原名永浩,别名涵庐、梦弼,安徽六安

[①] 参见樊荫南编纂:《当代中国名人录》,上海:良友图书印刷公司1931年版,第277页;北京图书馆编:《民国时期总书目（1911—1949）·社会科学（总类部分）》,北京:书目文献出版社1995年版,第256页;李喜所:《近代留学生与中外文化》,天津:天津教育出版社2006年版,第260页;林子勋:《中国留学教育史（1847—1975年）》,台北:华冈印刷厂1976年版,第78页;房兆楹辑:《清末民初洋学学生题名录初辑》,台北:精华印书馆1962年版,第129页。

[②] 参见顾明远总主编:《中国教育大系·历代教育名人志》,武汉:湖北教育出版社2015年版,第598页;刘国新等主编:《中华人民共和国史长编·第七卷·人物卷》,天津:天津人民出版社2010年版,第68页;金应熙:《金应熙史学论文集·古代史卷》,广州:广东人民出版社2006年版,第298—301页。

人。十四岁考中秀才。1910年毕业于安徽高等学堂。1911年留学日本,就读于明治大学法政系。期间曾出任留日学生总会的评议员,并担任《甲寅》《新青年》杂志编辑。1916年毕业回国担任《晨钟报》编辑。1918年经陈独秀介绍入北京大学,先后担任北大丛书编译委员会委员、法科讲师、教授,讲授政治史、政治学原理等课程。还兼任中国大学教授、政治系主任。在北大任教期间,与李大钊等人发起成立马克思学说研究会,在《每周评论》上撰稿宣传"五四"精神。1924年加入中国国民党。1926年后曾经李大钊、高语罕介绍加入中国共产党,担任武昌中华大学教授、政治系主任,兼任国民革命军总政治部编译委员会主任等职。1927年脱离共产党,从武汉转移到上海,担任上海法政大学教授、政治系主任,上海吴淞中国公学大学部社会科学院院长等职。1931年后步入政界,先后担任国民政府监察院委员、两湖监察使、甘宁青监察使、国民大会代表等。1949年被国民党政府委任为考试院院长,欲挟其去台湾,高一涵坚辞未就,并为迎接人民解放军渡过长江做了大量工作。新中国成立后,历任南京大学教授、政治系主任、法学院院长,南京市监察委员,江苏省司法厅厅长、江苏省政协副主席等职。1950年加入中国民主同盟,任民盟江苏省副主任、民盟中央委员、全国政协委员等职。主要著作有《政治学大纲》《政治学纲要》《欧洲政治思想史》,译著有《杜威的实用哲学》和《杜威哲学》等。①

11. 耿丹(1892—1927) 字仲钊,湖北安陆人。1910年考入武昌陆军第三中学,加入共进会,1911年辛亥革命时率本校学生参加起义,任禁卫军团长、革命军总司令部参谋。1912年任第五师团长。1913年参加"二次革命",参与组织湖北倒袁团体"改进团"从而遭到通缉。同年冬,由北京政府资助入英国伦敦大学学习政治经济,获经济学博士学位。1919年6月回国,任北京大学法科讲师,讲授社会政策等课程。为抗议北洋军阀镇压五四运动,断然拒绝担任法制局参事。1920年年底

---

① 参见高晓初:《高一涵传略》,安徽省六安县政协委员会编:《六安县文史资料》第1辑,1986年,第19—24页;姜文、姜淑红编:《民国思想文丛:现代评论派、新月人权派》,长春:长春出版社2013年版,第185页;张耀杰:《北大教授与〈新青年〉》,北京:新星出版社2014年版,第286页。

回到武汉任武昌高等师范学校教务长,兼武昌商业专科学校教授。1921年3月加入湖北共产主义小组领导的马克思学说研究会,领导成立武汉地区学生自治会。1923年,京汉铁路大罢工期间,组织学生罢课,策动弹劾湖北督军。1924年任武昌大学(原高师)代理校长。1925年组织进步师生声援上海"五卅"运动。1926年9月,说服军阀吴佩孚部刘佐龙师起义,该部协助北伐军攻占汉阳等地,后改编为国民革命军第十五军,耿丹任十五军党代表兼政治部主任。同年10月,被选为国民党湖北省党部执行委员,兼汉口特别市党部青年部部长。同年11月加入中国共产党。1927年5月,任国民革命军第十五军副军长。"四一二"反革命政变后,向党的领导人汇报了刘佐龙部的异常情况,同时为击败十四师夏斗寅部的叛变做出了重要贡献。同年8月11日,唐生智唆使刘佐龙以"议事"为名诱捕,将其当即杀害。1957年中央人民政府追认耿丹为革命烈士。著有《国际投资论》。①

12. **顾孟馀**(1888—1972)　名兆熊,字梦渔、孟馀,出生于北京,祖籍浙江上虞。1905年入北京编译馆。1906年赴德国柏林大学学习政治经济学。后加入中国同盟会,并于1911年回国参加武昌起义。1916年12月被聘为北京大学教授,在法科讲授经济学原理等课程,并先后兼任德文系和经济系主任。1924年后,历任中国国民党中央政治委员会北京分会委员、国立中山大学校长、中央执行委员会委员、中央宣传部代理部长、中央政治会议委员等职。1927年当选为国民党中央常务委员会委员、中央政治会议委员、中央军事委员会委员和国民政府委员,并任中央宣传部部长、汉口《中央日报》社社长和国民政府教育部部长等职,后又任黄埔陆军军官学校武汉分校校务委员会委员,并代行党代表职务。后随汪精卫赴武汉和广州,担任中央政治会议武汉分会和广州分会委员。1928年夏,与陈公博等在上海发起成立"中国国民党改组同志会",公开反蒋反共。1929年遭到开除国民党籍三年的处分。

---

① 参见陈日朋主编:《中华英烈辞典》,长春:北方妇女儿童出版社1991年版,第608页;廖盖隆主编:《中国共产党历史大辞典(增订本)总论·人物》,北京:中共中央党校出版社2001年版,第407页;中华人民共和国民政部编:《中华著名烈士》第3卷,北京:中央文献出版社2000年版,第406页。

此后,他和高一涵在上海创办《前进》半月刊,宣传拥汪反蒋。1931年中国国民党第四次全国代表大会上,被恢复党籍,并当选中央执行委员会委员、常务委员和中央政治会议委员。1932年任铁道部部长,并兼任国民政府全国经济委员会委员。1935年当选第五届中央执行委员和中央政治委员会委员,并兼任中央政治委员会秘书长。同年12月任交通部部长。1938年4月任第五届国民党中央宣传部部长,同年被聘任国民参政会参政员。同年12月曾劝阻汪精卫组织汉奸政府,后与汪分道扬镳。1941年后历任中央大学校长、三民主义青年团筹备时期中央监察、中国国民党中央常务委员等职。1949年移居香港、美国加利福尼亚州等地。1969年到台湾定居,1972年6月病逝于台北。遗作收入《顾孟馀先生文存》。①

13. **郭汝熙** 字怀康,福建惠安人。1917年前后任北京大学英文门兼政治学门教授,讲授政治学、政治史等课程。②

14. **黄右昌**(1885—1970) 字黼馨,号溁江子,湖南临澧人,清代诗人黄道让嫡孙。12岁中秀才,17岁中举人,1899年就读于湖南时务学堂,1902年选送日本留学,初入岩仓铁道学校,后转入法政大学。1908年毕业归国后参加留学生考试,授法政科举人。后任湖南省立及私立法政学校民法教授。民国后,任湖南省立第二法政学校校长,兼授民法。1913年被选为湖南省议会议长。1915年起任北京大学法科教授兼法律系系主任,讲授民法、罗马法等课程,1920年至1930年任北京大学法科研究所主任,主编《北大社会科学季刊》。同时兼任清华大学(政治系)、法政大学、朝阳大学、中国大学、民国大学及天津法商学院教授。1930年至1947年任南京国民政府立法院立法委员。1948年9月至11月任国民政府司法院大法官、训练所教授。1948年年底回长沙任湖南

---

① 参见刘国铭主编:《中国国民党百年人物全书》下册,北京:团结出版社2005年版,第1926页;温源宁:《不够知己》,江枫译,长沙:岳麓书社2004年版,第87页。
② 参见樊荫南编纂:《当代中国名人录》,上海:良友图书印刷公司1931年版,第270页;陈媛:《中国大学教授研究——近代教授、大学与社会的互动史(1895—1949)》,太原:山西教育出版社2012年版,第198页。

大学法律系教授。1949年8月,参加程潜、陈明仁和平起义宣言签名。新中国成立后,继续在湖南大学任教。1955年受聘任为中央文史研究馆馆员。著有《罗马法与现代》《拉丁文纲》《民法诠解总则编》《民法诠解物权编》《民法释义亲属论》《民法诠解继承论》《溇江诗选》等。①

15. 康宝忠(1885—1919) 字心孚,又字连窠,号蝶庵,籍贯陕西城固,出生于四川。1904年留学日本东京经纬学校,期间任陕西留日学生同乡会干事长、留日中国学生总会干事。1905年同盟会成立时加入,任总部评议员及陕西主盟人。1906年奉同盟会派遣赴四川策划革命,因党人接连被捕而难以进行,同年夏返回日本,跟随章太炎学习国学,又考入早稻田大学政治经济科。1909年毕业回国,参加清廷留学生考试,被授予法政科举人,先后任大清银行学堂教习、监学、教务长。民国后,任临时大总统府秘书,并被推举为临时参议院议员,后通电辞去参议员职务,组织图书公司,普及社会教育,兼任《民主报》记者,与章士钊创办《独立周报》。1913年任上海吴淞中国公学教务长,在经费极端困难的情况下坚持办学,1915年学生毕业后辞职赴北京,任北京大学法科教授,讲授商业政策等课程,兼任北京法政专门学校教员。1916年,北京大学首设社会学班,请康宝忠讲授社会学,被誉为国内第一位社会学家。五四运动中支持进步学生的爱国行动,被推举为北京大学教职员干事会干事,北京教职员联合会总务干事、主席。1919年11月1日赴北京法政专门学校授课时,突发疾病去世。著有《社会学讲义》《社会政策》《伦理学》《中国法制史》等。②

16. 李大钊(1889—1927) 字守常,号奄年,河北乐亭人。1905年考中秀才,1907年入北洋法政专门学校。1913年夏赴日本留学,翌年考入早稻田大学政治经济本科学习。1916年回国,先后主编《民彝》杂

---

① 参见中央文史研究馆编:《中央文史研究馆馆员传略(增订版)》,北京:中华书局2001年版,第139—140页;王存诚编:《韵藻清华:清华百年诗词辑录》上册,北京:清华大学出版社2011年版,第60页。

② 参见西安市档案馆编:《西安:辛亥记忆——西安辛亥革命百年纪念文集》,西安:三秦出版社2011年版,第433页;周川主编:《中国近现代高等教育人物辞典》,福州:福建教育出版社2012年版,第580页。

志,担任《晨钟报》总编辑,创办《甲寅》日刊。1918年11月接任北京大学图书馆主任,参加《新青年》的编辑工作,担任北大评议会评议员。1920年被聘为史学系教授,政治学系兼任教授,讲授唯物史观、现代政治等课程。同年发起并组建"少年中国学会",与陈独秀等人创办《每周评论》。组织北京大学马克思学说研究会,和陈独秀酝酿组建中国共产党。1920年10月成立北京共产党早期组织,后更名中国共产党北京支部,任书记,负责党在北方的全面工作。1921年任中国劳动组合书记部北方分部主任,先后领导了开滦五矿大罢工和京汉铁路大罢工。1923年中共三大以后,曾多次代表共产党与孙中山会谈,帮助改组国民党,确立联俄、联共、扶助农工的三大政策。1924年1月出席国民党第一次全国代表大会,当选国民党中央执行委员;同年6月率中共代表团赴莫斯科出席共产国际的第五次代表大会;同年12月担任中共中央北方局书记。1925年至1926年,积极参加和领导了"首都革命"和"三一八"运动,被北洋军阀政府通缉。1927年4月6日,李大钊被军阀张作霖逮捕,4月28日慷慨就义。著作收入《李大钊全集》。①

17. 李傥(1884—1965) 名文生,号倜君,湖南湘潭人。1903年以湖南官费留学日本,入东京弘文书院研习日文和普通学科。1905年夏回国,在长沙明德学校佐理教务兼日语翻译。翌年再赴日本,入早稻田大学政治经济科,期间加入杨度等组织的"宪政研究会"。1909年赴德国柏林大学法学院、哲学院学习经济学。毕业回国后,1913年任明德大学校长。后在北京大学法科讲授财政学、农林政策等课程。在此期间,兼任北洋政府国务院法制局参事、司法部参事,分管财经法规的起草和审查工作。1928年10月担任农矿部秘书,负责法令审编。1931年5月任实业部秘书。次年任天津渤海化学公司上海分公司经理。1932年"一·二八"事变后,随孔祥熙赴美、英、荷、意等国考察实业。回国后历任中国银行经济研究事务处处长、国民政府财政部主任秘书、财政部国库司司长。1940年改任财政部国库署署长。1946年7

---

① 参见张妙弟主编:《中国国家地理百科全书》第2册,北京:北京联合出版公司2016年版,第25—26页;曹子西主编:《北京历史人物传》下册,北京:北京燕山出版社2014年版,第723—728页。

月任财政部常务次长。抗日战争结束后,仍任财政部常务次长,管理日常事务。因对国民党滥发金元券等"自杀政策"不满,于1948年秋离职回到家乡,并拒绝国民政府关于要他担任副主计长的任命,脱离国民党政权。1949年参加程潜起义和迎接解放的活动。次年任中南军政委员会参事室参事。1954年任湖北省参事室副主任。撰有《中国财政问题》等文。①

18. **林彬**(1893—1958) 字佛性、复性,浙江乐清人。1919年毕业于北京大学,毕业后曾留校任助教。此后历任地方法院检察官、推事,高等法院庭长、推事及最高法院审判官等职,曾先后主办曹锟贿选总统案和段祺瑞政府高级官员杀伤请愿学生案,守正不阿,不畏权势。1927年,任南京国民政府法制局编审。次年冬,立法院成立后,任第一至第四届立法委员,并兼任法制委员会委员长,参与起草《中华民国宪法草案》《民事诉讼法》《刑事诉讼法》《土地法》等数百种法律。其间任教于北京大学法科,教授刑法总则、刑法分则等课程,还担任政法大学、中央大学等校法律系教授。1937年因病回家乡疗养,后随国民政府入川。1942年4月,任考试院法规委员会委员。1945年任国民党第六届中央监察委员。1946年当选国民代表大会代表。1948年当选行宪国民大会代表,同年7月被选任司法院大法官。1949年春移居台湾,历任台湾当局"司法行政部部长"、台湾大学教授、"总统府国策顾问"等。著有《民法总则》《民法物权》《刑法各论》《民刑法概要》等。②

19. **罗鼎**(1887—1979) 字重民,湖南攸县人。1902年考取秀才,1905年官费留学日本,于东京帝国大学获法学学士学位。1911年在日

---

① 参见湖南省地方志编纂委员会编:《湖南省志·第三十卷·人物志》下册,长沙:湖南出版社1995年版,第121—122页;刘国铭主编:《中国国民党百年人物全书》上册,北京:团结出版社2005年版,第814页;陈玉堂编著:《中国近现代人物名号大辞典(续编)》,杭州:浙江古籍出版社2001年版,第110页。

② 参见周斌主编:《中国近现代书法家辞典》,杭州:浙江人民出版社2009年版,第455页;吴斌:《法苑撷英——近代浙籍法律人述评》,武汉:华中师范大学出版社2012年版,第158页;陈玉堂编著:《中国近现代人物名号大辞典(全编增订本)》,杭州:浙江古籍出版社2005年版,第759页;陈明远:《文化人的经济生活》,西安:陕西人民出版社2013年版,第166页。

本加入同盟会,并回国响应武昌起义,担任攸县禁烟局长等职,后再度赴日。1918年回国后,担任北京大学法科教授,北京法政专门学校教授,讲授财政史等课程。后历任北洋政府国务院战后经济调查委员会委员、京师高等审判所民事推事、北京修订法律馆纂修。1926年任江苏司法所民事兼刑事科科长、国民政府司法部民事第一科科长。1927年任国民政府法制局编审。1928年任国民政府立法院第一届立法委员,兼任国立中央大学法学院政治学系副教授及法制、商法起草委员会委员。1929年加入国民党。1930年到1935年连续担任立法院第二届、第三届、第四届立法委员。1946年11月当选制宪国民大会代表。1947年后,历任安徽大学、湖南大学、武汉大学教授。1948年竞选立法委员失败,回湘任湖南大学法律教授。1949年被聘为武汉大学法律系教授。著有《亲属法纲要》《继承法要论》《民法继承实用》等。[①]

20. **皮宗石**(1887—1976) 字皓白,号海帆、海环,湖南长沙人。早年曾在武备学堂、城南书院学习。1903年留学日本,先读中学,后入东京帝国大学攻读政治经济学。1905年加入同盟会。1912年回国,与任凯南、周鲠生等人筹办《民国日报》。1913年元旦该报于汉口创刊,同年因为从事反对袁世凯活动被通缉,赴英国留学。五四运动期间,与留英同学渡海至巴黎,包围中国代表住所,使其无法出席会议。1920年回国后,在湖南法政专门学校、湖南商业专门学校任教。后被聘请担任北京大学法科教授,讲授财政学、现代政治等课程,兼任图书馆馆长。与李大钊、王世杰等人发起组织民权运动大同盟。1924年与胡适等人创办《现代评论》。1927年蔡元培担任南京国民政府大学院院长,他应邀到大学院工作。1928年蔡元培兼代司法部长,他任秘书长。同年3月赴湖北筹建武汉大学,拒绝在国民政府任职。1936年回湘任湖南大学校长,主张兼容并包的办学方针。1941年拒绝教育部长陈立夫加入CC派的邀约与调任西北大学的命令。1949年湖南和平解放后,任中南军

---

① 参见万里主编:《湖湘文化辞典》第2册,长沙:湖南人民出版社2011年版,第268页;罗训森主编,中华罗氏通谱编纂委员会编:《中华罗氏通谱》第2册,北京:中国文史出版社2007年版,第697页;湖南省地方志编纂委员会编:《湖南省志·第三十卷·人物志》下册,长沙:湖南出版社1995年版,第190页。

政委员会财政经济委员会委员。1954年,将珍藏的图书捐赠湖南师范学院。①

21. 陶履恭(1889—1960)　又名陶孟和,出生于天津,祖籍浙江绍兴。1906年以南开学校首届师范班毕业生的资格被送往日本留学,在东京高等师范学校攻读教育学专业。1910年赴英国伦敦大学攻读经济学和社会学,1913年获经济学博士学位。毕业学成回国后,担任商务印书馆编辑。1914年开始任教于北京大学,其中1917年至1919年任北京大学政治学门主任,1919年至1920年、1931年至1932年任北京大学政治学系主任。在政治学系讲授现代政治、社会问题、社会学等课程。1924年兼任燕京大学教授。1926年受中华教育文化基金董事会之托,筹建社会调查部,任秘书。1929年社会调查部改称北平社会调查所,任所长,并创办《社会科学杂志》。1934年该所与中央研究院社会科学研究所合并,仍任所长,并任中央研究院评议会评议员。抗日战争期间曾当选第一、二、三、四届国民参政会参政员。1939年9月任三民主义青年团中央监察委员会监察。1948年,蒋介石密令中央研究院各所搬迁台湾,与该所多数人共同抵制。新中国成立后,担任中国科学院副院长,为第一届全国人大代表,全国政协第一届常委。著有《北平生活费之分析》《中国社会之研究》《欧洲和议后之经济》《中国劳工生活程度》《社会与教育》《公民教育》《社会问题》《中国之县地方财政》《孟和文存》等。②

22. 万兆芷(1891—?)　字元甫,1920年更名万兆芝,江西南昌人。早年就读南昌洪都中学,毕业后奏奖拔贡。后入京师大学堂,1912年北京大学(1912年更名)预科毕业。毕业后任洪都中学校长。1914年获

---

① 参见长沙市地方志办公室编:《长沙市志》第16卷,长沙:湖南人民出版社2002年版,第188—189页;湖南省地方志编纂委员会编:《湖南省志·第三十卷·人物志》下册,长沙:湖南出版社1995年版,第173—174页;陈小滢、高艳华编著:《乐山纪念册1936—1946》,北京:商务印书馆2012年版,第283页;许康主编:《湖南大学校长评传(1897—1949)》,海口:海南出版社2006年版,第206页。

② 姜文、姜淑红编:《民国思想文丛:现代评论派、新月人权派》,长春:长春出版社2013年版,第117页。

得北洋政府八等嘉禾章,同年考取江西省官费留学美国,获霍普金斯大学学士、哈佛大学政治学硕士学位。1919年回国后担任北京大学、国立师范大学教授,讲授政治史、政治学史等课程,兼任《政治学报》编辑干事。后步入政界,1923年任北洋政府国务院秘书,因泄露秘密被免职。1925年担任国民会议组织法研究委员会委员。南京国民政府成立后,历任司法部秘书,法制局编译,外交部参事,盐务署顾问,财政善后委员会委员,交通部编审委员等职。1940年8月代理汪伪政府实业总署劳工局局长。1943年3月任汪伪实业总署合作局局长。1944年4月任汪伪农务总署合作局局长。1945年任汪伪特别法庭华北分庭庭长。译著有《中华宪法平议》。[①]

23. 王建祖（1877—?） 字长信,广东番禺人。毕业于香港皇仁学院,天津北洋大学,后赴日本留学,又转学至美国加利福尼亚大学,获得硕士学位。回国后,任江苏财政临理官,并任北京大学法科学长讲授财政学等课程。后担任北京法政专门学校、燕京大学经济学教授。1930年5月任南京国民政府司法院秘书。1932年9月任最高法院推事。1933年8月任行政法院第二庭评事等职。译著有《基特经济学》《经济学史》《银行学原理》等。[②]

24. 王景歧（1882—1941） 字石荪、石孙,号流星,福建闽侯人。早年就读于武昌方言学堂法文班。1900年赴法国学习政治学。1903年回国,任京汉铁路秘书。1908年再次留学法国,就读巴黎政治大学,期间兼任驻法使馆翻译,精通法、英、德、俄四国语言。1910年毕业后考入

---

① 参见刘国铭主编:《中国国民党百年人物全书》上册,北京:团结出版社2005年版,第31页;樊荫南编纂:《当代中国名人录》,上海:良友图书印刷公司1931年版,第351页;《政府公报》第1533号,1920年5月21日;《江西府中学并归省办》,《教育杂志》1913年第5卷第3期,第22页;《政府公报》第678号,1914年3月28日,第373页;孙宏云:《中国现代政治学的展开:清华政治学系的早期发展(一九二六至一九三七)》,北京:生活·读书·新知三联书店2005年版,第65页;中国社会科学院近代史研究所中华民国史研究室编:《胡适来往书信选》上册,北京:社会科学文献出版社2013年版,第228页;林白水:《林白水文集》下册,林伟功主编,福建省历史名人研究会林白水分会编印,2006年,第604页。

② 参见刘国铭主编:《中国国民党百年人物全书》上册,北京:团结出版社2005年版,第193页;林煌天主编:《中国翻译词典》,武汉:湖北教育出版社1997年版,第686页。

英国牛津大学专攻国际法。1912年回国,历任农林部编纂,外交部主事,华洋诉讼会委员,外交部参事等职。1916年兼任北京大学法科讲师,讲授中国国际关系及各种条约等课程。1918年赴法国任出席巴黎和会中国代表团参事。1921年后,历任驻比利时全权公使,中国国民党驻法总支部部长,力主废除不平等条约。1928年任中国出席国联行政院代表。1929年任国立劳动大学校长,兼任外交部顾问、华北政治委员会顾问等职。1936年后,任驻瑞典兼驻挪威全权公使、驻波兰全权公使。1941年病逝于日内瓦。著有《战争史》《流星集》《不平之鸣》《波德战争日记》等。①

25. **王世杰**(1891—1981) 字雪艇,湖北崇阳人。1910年就读于天津北洋大学采矿冶金科,辛亥革命爆发后辍学,任黎元洪都督府秘书。1913年留学英国,1917年获英国伦敦大学政治经济学学士学位,同年赴法国,于巴黎大学研究公法,1920年获法学博士学位。毕业后回国担任北京大学法科教授,讲授行政法总论等课程。北大任教期间,与周鲠生等人创办《现代评论》。1927年后转入政界,先后担任南京国民政府法制局局长、立法院首任委员。1929年担任武汉大学校长。1933年改任教育部部长。全面抗战爆发后,历任国民党军事委员会参事室主任、国民党中央宣传部部长、中央设计局秘书长,成为蒋介石的高级幕僚,国共谈判期间曾作为国民党的谈判代表。1945年兼任国民政府外交部长。国民党退败台湾后,曾出任"总统府"秘书长,"中央研究院"院长等职。1981年病逝台北。著有《比较宪法》(与钱端升合著)、《中国不平等条约之废除》《中国奴婢制度》等。②

26. **王徵**(1891—?) 字文伯,吉林宁安人。美国哥伦比亚大学经济系硕士毕业。1919年至1923年担任北京大学教授,在法科讲授移民

---

① 参见周川主编:《中国近现代高等教育人物辞典》,福州:福建教育出版社2012年版,第55页;刘绍唐主编:《民国人物小传》第7册,上海:上海三联书店2015年版,第8—11页。
② 参见大辞海编辑委员会编纂:《大辞海·中国近现代史卷》,上海:上海辞书出版社2013年版,第652页;姜文、姜淑红编:《民国思想文丛:现代评论派、新月人权派》,长春:长春出版社2013年版,第17页。

政策等课程。后任交通银行经理。1927年8月至1928年12月任国民政府财政部钱币司司长兼中央银行行长。1928年11月至1929年9月受孙科之邀任铁道部常任次长兼理财司司长、建设委员会委员。1935年1月至1937年2月任立法院立法委员。1936年12月至1937年11月任浙江省政府委员兼建设厅厅长。抗日战争时期曾任军事委员会侍从室参事。1947年12月任中国长春铁路公司监事会副监事长。1948年6月任行政院政务委员。①

27. **伍朝枢**(1887—1934) 字梯云,广东新会人。幼年随父伍廷芳赴美国,先后在华盛顿福尔斯小学、西方高等小学、大西洋城高等学校学习。1905年回国,1908年官费留学英国,在伦敦大学、林肯法律研究院分别获法学学士和大律师资格。民国后,先后担任湖北都督府外交司司长、众议院议员、国务院参议兼外交部参事。1914年前后曾兼任北京大学法科教授,讲授宪法、罗马法等课程。1917年随伍廷芳(代总理)南下广州参加护法运动,任护法军政府外交部次长。1919年春代表广州政府赴法国参加巴黎和会。1923年任广州大元帅府外交部长。1924年国民党改组后,任国民党中央党部商民部长。1925年任广州国民政府委员、军事委员会委员、司法委员会委员兼广州市政厅委员长。1926年当选为国民党第二届中央执行委员。1927年南京国民政府成立后,曾任外交部长、驻美全权代表(后任驻美公使)。1930年以中国首席全权代表身份,出席国际联盟第十一届代表大会,当选为国联行政院理事。1931年5月起任反蒋派的广州国民政府委员、最高法院院长、广东省政府主席兼琼崖特别行政区长官。宁粤合流后,任南京国民政府司法院院长。1934年1月病逝于香港。②

---

① 参见张宪文等主编:《中华民国史大辞典》,南京:江苏古籍出版社2001年版,第167页;黄华平:《国民政府铁道部研究》,合肥:合肥工业大学出版社2011年版,第37页;王中平:《留学生群体分化与社会思潮演变:1915—1928》,长春:吉林人民出版社2011年版,第50页。
② 法科宪法教员陈治安辞职,由伍朝枢担任。参见《1914年5月北京大学分科周年概况报告》,朱有瓛主编:《中国近代学制史料》第3辑下册,上海:华东师范大学出版社1992年版,第32页;王宗华主编:《中国现代史辞典》,郑州:河南人民出版社1991年版,第299—300页;高占祥等主编:《中国文化大百科全书·历史卷》下册,长春:长春出版社1994年版,第414页;广州市地方志编纂委员会编:《广州市志(1991—2000)》第9册,广州:广州出版社2010年版,第715页。

28. **夏勤**（1892—1950） 原名惟勤,字敬民、竞民,江苏泰州人。1908年考入北京国立京师法律学堂。1912年东渡日本,入日本中央大学深造,毕业后在东京帝国大学刑事法学研究室研究刑法。1917年从日本回国,担任大理院推事,并兼任北京大学、朝阳大学教授,讲授刑事政策等课程。1924年后,任北洋政府总检察厅检察官、首席检察官等职。1927年后历任南京国民政府法制局编审,国民政府最高法院刑庭庭长、法官惩戒委员会委员,兼任北京朝阳大学副校长,北京大学、北京法政大学、中央大学、中央政治学校、陆军大学等校教授,高等文官考试、司法官考试、江苏省县长考试典试委员,最高法院推事,江泰轮船公司创办人。1938年8月,任司法行政部常务次长。1945年2月,任最高法院院长兼刑庭庭长,1948年因没有按照蒋介石的意愿组建"特种刑庭"而主动辞职。1949年3月,重新被任命为司法院大法官。1950年前往香港,同年因病逝世。著有《刑法总论》《刑法各论》《刑事诉讼法》《法学通论》《指纹法》《刑事诉讼法释疑》等。[①]

29. **路熊社** 1925年至1926年在北京大学法科教授工业政策及社会政策等课程。

30. **燕树棠**（1891—1984） 字召亭,河北定县人。1914年毕业于天津北洋大学法律系,获法学学士学位。1915年官费赴美国哥伦比亚大学留学,1917年获法学硕士学位,旋入耶鲁大学攻读法律学,1920年获耶鲁大学法学博士学位。次年回国,应北京大学校长蔡元培聘请,任法科教授兼法律系主任,同时兼授清华大学法律课程。后任南京国民政府法制局编审。1928年至1931年、1937年至1938年年底任国立武汉大学法学院教授,兼法律系主任、训育委员会主席、出版委员会主席等职。抗日战争期间,任国立西南联合大学法律系教授、系主任,兼任

[①] 参见《夏勤年谱》,夏勤:《刑事诉讼法要论》,郭恒点校,北京:中国政法大学出版社2012年版,第220—221页;江苏省档案馆编:《韩国钧朋僚函札名人墨迹》,南京:东南大学出版社2006年版,第335页;周家珍编:《20世纪中华人物名字号辞典》,北京:法律出版社2000年版,第901页;程波:《中国近代法理学(1895—1949)》,北京:商务印书馆2012年版,第190页。

国民政府宪政实施促进委员会委员、国民参政员、监察委员等职。1945年后,任北京大学法律系教授。1947年任武汉大学法律系教授兼系主任。1948年7月,任国民政府司法院大法官。新中国成立后,任武汉大学法律系教授,后在武汉大学法律系编译室、武汉大学图书馆工作。曾被选为湖北省政协委员、中国对外文化协会武汉分会理事、中国政治学会理事。著有《公道、自由与法》。①

31. 杨栋林　字适夷,贵州毕节人。北京大学毕业,留校任史学系助教、讲师。后留学日本,于日本大学政治学系毕业。在日本期间,曾与陈启修等47人于1916年12月在东京发起组织"丙辰学社",担任副理事。1923年"丙辰学社"改组为"中国学艺社",杨栋林为该社第三号社员。回国后担任北京大学历史系教授,讲授欧洲社会变迁史、中国近世史等课程,同时兼任政治学系教员,讲授现代政治等课程。1924年因与北大女学生韩权华之间的书信事件被刊载于《晨报副刊》而辞职,所兼职的其他学校也将其革职处分。著有《缩小省区问题》(又名《中华民国地方制度商榷书》)。②

32. 姚憾(1875—1924)　字恨吾,安徽桐城人。早年留学日本早稻田大学,学习法政。1912年加入国民共进会,是该组织的主要成员之一,同年担任北京国民大学专门部主任。1914年出任上海吴淞中国公学校长。1915年国民大学与吴淞中国公学合并为中国公学大学部(1917年该校改名中国大学),出任第六任校长。兼任北京大学教授,在法科讲授外交史等课程。1920年与胡适等人发起成立北京大学教职员会,担任总务会议总主席,为主要负责人。1921年中国大学校长任期

---

①　参见姜文、姜淑红编:《民国思想文丛:现代评论派、新月人权派》,长春:长春出版社2013年版;周川主编:《中国近现代高等教育人物辞典》,福州:福建教育出版社2012年版,第658页。

②　参见蔡元培:《蔡元培全集》第18卷,中国蔡元培研究会编,杭州:浙江教育出版社1998年版,第339页;《学艺》第1卷第1号,1917年4月;蔡元培:《蔡元培书信集》上册,高平叔、王世儒编注,杭州:浙江教育出版社2000年版,第312页;王应宪编校:《现代大学史学系概览:1912—1949》上册,上海:上海古籍出版社2016年版,第20页;余华林:《女性的"重塑"——民国城市妇女婚姻问题研究》,北京:商务印书馆2009年版,第100页。

届满后辞职。①

33. 余棨昌（1882—1949） 字戟门，籍贯浙江绍兴，出生地北京。1902年以京师大学堂优秀学生的身份选派留学日本，1911年获日本东京帝国大学法学学士。回国后任法制局行走。民国成立后，历任法制局参事兼文官甄别委员会、文官惩戒委员会委员，大理院推事兼厅长，司法讲习所讲师、所长，大理院院长兼司法惩戒委员会委员长等职，曾获"一等嘉禾章"多枚。同时，兼任北京大学法科教授，讲授民法等课程，同时担任朝阳大学、法政大学法律系教授。"七七事变"后，拒任伪职，以律师职业维持生活。抗战胜利后，仍以教书和律师为业。著有《民法要编总则》《民法要论物权》《票据法》等。②

34. 张慰慈（1893—1976） 又名张祖训，江苏吴江人。早年就读于上海澄衷学堂、复旦公学。1912年赴美国爱荷华大学攻读政治学专业，1917年获哲学博士学位（论文题目为"A Study of the Commission and Citymanager Plan of Municipal Government in the United States"）。毕业回国后担任北京大学政治系教授，讲授政治学或国家学、政治学原理等课程。后担任北京法政大学、上海东吴大学教授，安徽大学图书馆馆长等职。1931年，弃教从政，先后担任南京国民政府财政部秘书，沪宁、沪杭甬铁路管理局运输科副科长，北宁铁路管理局总务处长。1933年12月到1937年国民政府迁都重庆之前担任铁道部参事。1938年后任职于重庆国民政府资源委员会。新中国成立后，1955年被聘为上海文史研究馆馆员。译有《现代民治政体》《妇女论》，著有《英国选举制度史》

---

① 参见尚小明：《北大史学系早期发展史研究（1899—1937）》，北京：北京大学出版社2010年版，第36、43页；卢礼阳：《马叙伦》，北京：群言出版社2014年版，第126—127页；徐友春主编：《民国人物大辞典（增订版）》上册，石家庄：河北人民出版社2007年版，第1075页；邱钱牧主编：《中国政党史（1894—1949）》，太原：山西人民出版社1991年版，第271页。

② 参见余樾：《余棨昌先生简况》，熊先觉、徐葵主编：《法学摇篮：朝阳大学》，北京：北京燕山出版社1997年版，第85—86页；浙江省政协文史资料委员会编：《浙江近现代人物录》，杭州：浙江人民出版社1992年版，第172页。

《市政制度》《政治学大纲》《政治制度说》《政治概论》《政治学》《宪法》等。①

35. **张孝栘**（1881—1949） 字棣生，号逊省。湖北武昌人。日本早稻田大学法科毕业。1906年京师法律学堂成立时，担任该校教员。后任清朝大理院五品推事、修订法律馆纂修。1915年任北洋政府京师总检察厅首席检察官，兼任北京大学法科教授，讲授刑法等课程。此后担任河北大学、河北省立法商学院法律系教授。1940年5月，出任汪伪政权"最高法院"华北分院院长。②

36. **张耀曾**（1885—1938） 号镕西，出生于北京，籍贯云南大理。早年考入京师大学堂，1904年被选送日本留学，入东京帝国大学攻读法律。留日期间，于1905年加入同盟会，并创办《云南》杂志。1911年中断学业，回国参加辛亥革命，先后担任同盟会评议部部长，中华民国临时参议院参议员。1913年返回日本复学，获得东京帝国大学法学学士学位。1914年回国在北京大学法科任教，翌年为避袁世凯搜捕离开北京。此后参加过护国运动，多次出任北洋政府的司法总长，并参与创立"政学会"。兼任北京大学法科研究所教授，讲授政治学等课程。1927年不满军阀当政，辞去政治职务，于上海执律师业，曾担任救国会"七君子"辩护律师，同时兼任上海法学院等校教授。"九一八"事变后被聘为国防参议会参议员、国民政府参政会参政员，"七七事变"后忧愤而卒。著有《考察司法记》《外国在华领事裁判权志要》《知非集》等。③

37. **钟赓言** 浙江人。1906年9月到1911年6月，受官费资助留

---

① 参见周川主编：《中国近现代高等教育人物辞典》，福州：福建教育出版社2012年版，第338页；李中原等主编：《东吴法学先贤文录·商法、经济法、社会法卷》，北京：中国政法大学出版社2015年版，第419页；李敖：《胡适研究》，长春：时代文艺出版社2012年版，第393页；苏华、何远编：《民国山西读本·政闻录》，太原：三晋出版社2013年版，第22页。

② 参见周家珍编著：《20世纪中华人物名字号辞典》，北京：法律出版社2000年版，第1127页；李贵连：《沈家本评传》，南京：南京大学出版社2005年版，第330页。

③ 参见寸丽香编著：《白族人物简志》，北京：中国民族摄影艺术出版社2009年版，第96页；董彦斌：《追寻稳健宪政：民国法律家张耀曾的法政世界》，北京：清华大学出版社2013年版，第154页；张惠珠：《张耀曾先生年谱简编》（梁培宽先生修正并补充），张耀曾：《宪政救国之梦：张耀曾先生文存》，杨琥编，北京：法律出版社2004年版，第514—525页。

学于日本东京帝国大学。1919年到1923年任教北京大学法科,讲授宪法、政党论等课程,同时兼任朝阳大学法科教授、清华大学政治学系讲师、国务院法制局参事等职。其著作有《行政法》(第1—3编)、《宪法讲义大纲》《现行地方自治法令讲义》等。①

38. 周鲠生(1889—1971) 原名周览,湖南长沙人。十四岁考中秀才,1906年官费留学日本,入早稻田大学攻读法政、经济,并加入中国同盟会。辛亥革命前毕业回国,秘密从事革命工作。1912年与李剑农等人在汉口参与创办《民国日报》,宣传民主革命。1913年遭到袁世凯当局通缉,逃脱后遁往上海,获湖南官费留学英国,入英国爱丁堡大学攻读法律、政治、经济。1917年与王世杰等人创办政论刊物《太平洋》。1919年获爱丁堡大学硕士学位,毕业成绩为全系之冠。后入巴黎大学深造,与留法同学组织"国际和平促进会"。1921年获巴黎大学法学博士学位,同年返回国内,任商务印书馆编辑、法制经济部主任。1922年任北京大学法科教授,后任政治系主任,讲授国际法、政治及外交史等课程。1926年夏辞去北大教职,南下广州任中山大学筹备委员。1927年任东南大学(中央大学前身)政治系主任,兼上海党务训练所党务班教员。1928年与王星拱、李四光等人筹建武汉大学。1929年后,历任国民政府中央法政委员会委员,训政实施方案委员会委员,武汉大学教授兼政治系主任,"国难会议"会员,中央研究院第一届聘任评议员,武汉大学教务长等职。1937年6月任国民参政会第一届参政员(此后又连任三届)。1939年赴美国讲学,担任出席"太平洋学会"的中国代表团代表。1945年任中国出席联合国会议代表团顾问。1946年任国立武汉大学校长。1948年当选中央研究院第一届院士,隶人文组政治学。1949年拒绝何应钦内阁任命的教育部长一职。新中国成立后,历任中南军政委员会委员、外交部顾问、中国人民外交学会副会长、第一届至第三届全国人大代表及人大常委会法案委员会副主任委员、中国红十字会执行委员等职。1956年加入中国共产党。主要著作有《国际法》《现代国际法问题》《万国联盟》《国际法新趋势》《国际法概论》《近代

---

① 参见何勤华等主编:《"清末民国法律史料丛刊"辑要》,上海:上海人民出版社2015年版,第146页;李万青、郭钦编著:《大结局:43名国民党"战犯"纪实》下册,长沙:湖南人民出版社2010年版,第417页。

欧洲外交史》《革命外交论》《近代国际政治小史》《现代英美国际法的思想动向》等。①

39. **周龙光**（1885—?）　字二为，安徽定远人。早年留学日本，于东京帝国大学法学部学习。毕业回国后担任北京大学法科教授，讲授商法等课程，期间曾于1922年担任督办鲁案事宜公署秘书。1925年后转入政界，任北洋政府司法部参事，特别关税会议专门委员。1926年7月复任司法部参事，同年6月任国民政府外交部第二司司长（后改为亚洲司），参与议定《日支条约》，兼任北京中国大学副校长。1930年在沈阳办理中俄事件交涉时有违外交部意图，被免去司长职务。1931年任北平市政府参事。1931年11月到1933年春，任天津市市长。1935年任冀察政务委员会参议兼外交委员会委员。全面抗战爆发后，任伪中日经济协议会秘书长，兼任汪伪政府"华北政委会"情报处处长。②

40. **邹宗孟**　湖北人，1905年留学日本，在京都帝国大学读政治经济科。1916年留日期间，与陈启修等47人发起成立"丙辰学社"（1923年改组为"中华学艺社"）。1920年后任教于北京大学，在历史学系讲授日本近世史等课程，在政治学系讲授商业政策等课程。1935年12月，邹宗孟由于投敌叛国被中华学艺社开除。③

---

①　参见姜文、姜淑红编：《民国思想文丛：现代评论派、新月人权派》，长春：长春出版社2013年版，第45页；刘国新等主编：《中华人民共和国史长编·第七卷·人物卷》，天津：天津人民出版社2010年版，第423页；刘绍唐主编：《民国人物小传》第8册，上海：上海三联书店2015年版，第112—118页。

②　参见《安徽历史名人词典》编辑委员会编：《安徽历史名人词典》下卷，合肥：安徽教育出版社2008年版，第995页；周龙光：《我主持天津市政之回忆》，中国人民政治协商会议天津市委员会文史资料研究委员会编：《天津文史资料选辑》第32辑，天津：天津人民出版社1985年版，第35—44页；樊荫南编纂：《当代中国名人录》，上海：良友图书印刷公司1931年版，第136页；安徽省地方志编纂委员会编：《安徽省志·人物志》，北京：方志出版社1999年版，第548页；中国人民政治协商会议广东省委员会文史资料研究委员会编：《广东文史资料》第7辑，1962年，第97页。

③　参见徐勇、王晓秋主编：《中日文化交流两千年：回顾与展望》，北京：社会科学文献出版社2013年版，第336页；林子勋：《中国留学教育史（1847—1975年）》，台北：华冈印刷厂1976年版，第395页；王应宪校：《现代大学史学系概览：1912—1949》上册，上海：上海古籍出版社2016年版，第12页；谢清果等：《中国视域下的新闻传播研究》，厦门：厦门大学出版社2010年版，第154页；熊月之主编：《上海名人名事名物大观》，上海：上海人民出版社2005年版，第467页；何炳松：《何炳松文集》第4卷，刘寅生、房鑫亮编，北京：商务印书馆1997年版，第760页。

附录4　北京大学政治学系历届毕业生简介（1913—1929）

（按毕业年限顺序）

- 1913年法科政治学门毕业学生①

1. **钱天任**（1888—1917）　字云鹏。② 浙江钱塘人。京师大学堂预科毕业考入法政科分科大学。毕业后公派留学英国爱丁堡大学，曾为《太平洋》杂志社员之一，曾在该刊发表《德意志东方问题》等文章。留英期间溺水，英年早逝。③

2. **张辉曾**（1892—1915）　字宽熙，云南大理人，白族。著名法学家张耀曾胞弟。1904年，12岁考入北京译学馆法文班，17岁译学馆毕业，授予举人出身，并分派学部任七品官。其后不久考入北京大学政治学门，因多病请假毕业成绩由第一降为第二。1914年春，公派赴英国爱丁堡大学留学。1915年病逝于英国。④

3. **谢宗陶**　字菊农，河南商丘人。直隶高等学校毕业后考入京师大学堂法政科分科大学，毕业时年27岁。曾在直系军阀政权中任中央盐务署长。1917年张勋复辟，谢宗陶担任"讨逆军"总司令部财政组主任参议。撰写有《徐世昌出任总统之前前后后》《第二次直奉战争随军

---

① 1913年北京大学法科政治学门毕业学生，入学时为"京师大学堂法政科分科大学政治学门"学生。毕业名单参见《教育杂志》第五卷第三号，1913年，毕业生姓名、籍贯、开学信息等参见北京大学：《北京大学校分科同学录》，1912年出版。

② 《北京大学校分科同学录》中所录年龄为1912年时年龄，毕业年龄在此基础上增加1岁。若个人简历中可查年龄则不再标注毕业年龄。

③ 参见陈友良：《民初留英学人的思想世界——从〈甲寅〉到〈太平洋〉的政论研究》，北京：社会科学文献出版社2013年版，第49页；陈友良：《民初留英学人的思想世界——从〈甲寅〉到〈太平洋〉的政论研究》，北京：社会科学文献出版社2013年版，第49页；《为呈教育部分科学生禀请毕业后筹派出洋事》，王学珍、张万仓编：《北京高等教育文献资料选编1861—1948》，北京：首都师范大学出版社2004年版，第323页。

④ 张耀曾：《宪政救国之梦：张耀曾先生文存》，杨琥编，北京：法律出版社2004年版，第36页。

见闻》等文。①

4. **张振海** 字镜寰,直隶清苑人。1907年日本法政大学法政速成科第三班毕业,回国后考入京师大学堂法政分科大学,毕业时年32岁。1926年任天津县知事。②

5. **刘秉鉴** 字镜湖,直隶保定人。由直隶高等学校毕业考入京师大学堂法政科分科大学,毕业时年31岁。毕业后公派出国留学。③

6. **陈恩普**(1892—?) 字志豪,江苏吴县人。由江苏高等学校毕业考入京师大学堂法政科分科大学。1944年3月,任汪伪政府"特别法庭"庭长、"最高法院"检察长、刑务署长兼保护司司长;7月,任汪伪"司法行政部"部长。1945年1月,任汪伪政府政务参赞。④

7. **裘毓麟** 字匡庐,浙江慈溪人。1904年参加光绪甲辰科省试舆地科考(文题为《论准回蒙古逼近俄罗斯今日关系孰重》),考取正科十三名。后由浙江慈溪译学馆毕业考入京师大学堂译学馆英文科,毕业后升入京师大学堂法政科分科大学。毕业时年26岁。后赴美国留学,在加利福尼亚大学学习政治经济学,五年后毕业回国。1923年曾对胡适开列的一份共计185种"最低限度的国学书目"进行强烈批评。著有

---

① 参见中国人民政治协商会议全国委员会文史和学习委员会编:《文史资料选辑(合订本)第十四卷·总第40—42辑》,北京:中国文史出版社2011年版,第270页;全国政协文史资料委员会编:《文史资料精华丛书·民国风云人物》第2册,合肥:安徽人民出版社2000年版,第237页;中国人民政治协商会议全国委员会文史资料委员会编:《文史资料存稿选编·晚清、北洋》下册,北京:中国文史出版社2002年版,第394页。
② 参见〔日〕法政大学史资料委员会编:《法政大学史资料集第11集——清国留学生法政速成科特集》,法政大学,1988年,第140—150页;《天津县知事张镜寰为奉委到任视事事致津教养院函》,天津市档案馆编辑:《北洋军阀天津档案史料选编》,天津:天津古籍出版社1990年版,第119页。
③ 《为呈教育部分科学生禀请毕业后筹派出洋事》,王学珍、张万仓编:《北京高等教育文献资料选编1861—1948》,北京:首都师范大学出版社2004年版,第323页。
④ 徐友春主编:《民国人物大辞典》,石家庄:河北人民出版社1991年版,第1042页。

《思辨广录》《清代轶闻》等著作。①

8. 黄文浚 字喆甡,直隶天津人。由京师大学堂预科毕业考入法政科分科大学,毕业时年37岁。

9. 彭望邺 字仰侯,江苏吴县人。由江苏吴县高等学校毕业考入京师大学堂法政科分科大学。毕业时年26岁。毕业后在上海开设平章律师事务所。1928年任江苏江宁地方法院院长。1931年至1932年担任江苏高等法院第三分院检察处首席检察官。1933年曾与章士钊等人一同担任陈独秀"危害国民案"的辩护律师。著有《民法债编总论》。②

10. 伦哲同 字绰如,又名伦绰,广东东莞人。由京师大学堂师范馆毕业考入法政科分科大学,毕业时年27岁。1915年任东莞县立中学校长、东莞县县长等职。③

11. 张承枢 字幼春,浙江宁波人。由浙江宁波慈溪译学馆毕业考入京师大学堂法政科分科大学。毕业时年28岁。

12. 王廷襄 字弼臣,直隶沙河人。由直隶高等学校毕业考入京师大学堂法政科分科大学。毕业时年30岁。

---

① 裴毓麟言"余见胡适所开《国学书目》,标曰最低限度,而所列之书,广博无限:经学小学,清代名家之大部著述,以及汉、魏、唐、宋、诸儒之名著,无不列入。……论其数量,则已逾万卷;论其类别,则昔人所谓专门之学者,亦已逾十门。凡古来宏博之士,能深通其一门者,已为翘然杰出之才,若能兼通数门,则一代数百年中,不过数人。……"裴毓麟又对这种开出目录的心理和如此引导而学的后果进行了分析,最后愤然说:"学术之放废,一至于此,尚何言哉!"方东主编:《快船江风情》,北京:大众文艺出版社2010年版,第60页。

② 奚金芳、伍玲玲主编:《陈独秀南京狱中资料汇编》上卷,上海:上海人民出版社2016年版,第12页;南京图书馆主编:《国民政府司法公报》第4册,南京:南京大学出版社2011年版,第234页;中国政法大学图书馆编:《中国法律图书总目》,北京:中国政法大学出版社1991年版,第206页。

③ 杨宝霖编:《东莞中学前五十年史料编年》上册,2002年版,第310页。

- 1914 年无毕业学生。

- 1915 年无毕业学生。

- 1916 年无毕业学生。

- 1917 年法科政治学门毕业学生①

1. **盛世煜**　毕业成绩为 96.9 分。毕业论文题目为《国会论》，1917 年北京大学出版。1918 年任北京大学法科研究所研究员，研究方向为宪法。②

2. **余国桢**　毕业成绩为 93.7 分。毕业论文题目为《行政首长论》。

3. **梁元芳**　毕业成绩为 90.9 分。毕业论文题目为《国家之作用》。1917 年 10 月通过司法部律师资格审查，获得律师证。1925 年任广州属巡回厅检察官。1933 年任海南琼山县法院院长。③

4. **尹克任**　毕业成绩为 90.9 分。毕业论文题目为《论莫伦宪法》。

5. **陶黉兆**　奉天（辽宁）人。毕业成绩为 90.9 分。毕业论文题目为《国家概论》。1917 年毕业后作为北京高等学校奉天籍（辽宁省籍）毕业生，被辽宁省公署录用。④

6. **崔允恭**　字敬之，山东人。毕业成绩为 89.6 分。毕业论文题目为《国会权限考》。1918 年任北京大学法科研究所研究员，研究方向为刑法。1923 年任奉天锦县地方检察厅检察官。1925 年任京师地方检

---

① 参见《政府公报》第 577 号，1917 年 8 月 24 日，第 18 页。
② 《法科研究所研究员一览表》，《北京大学日刊》第九十六号，1918 年 3 月 20 日。
③ 参见《政府公报》，1917 年 10 月 20 日。第 632 号；中国人民政治协商会议海口市委员会文史资料研究委员会编：《海口文史资料》第 5 辑，1989 年，第 146 页。
④ 辽宁省人民政府地方志办公室主编：《辽宁省志·人事志》，沈阳：辽宁民族出版社 2005 年版，第 66 页。

察厅检察官。1935年任江苏无锡地方法院院长。①

7. **卢起炤** 毕业成绩为89.4分。毕业论文题目为《宪法论》。1917年10月通过北洋政府司法部律师资格审查,获得律师证。②

8. **吴景超** 广东开平人,毕业成绩为88.9分。毕业论文题目为《国会组织论》。1917年10月通过北洋政府司法部律师资格审查,获得律师证。其后,历任广东澄海、南雄等地方厅推事,德庆地方法院院长等职。1937年7月到1939年4月任广东省新兴县知事、县长。后赴香港。③

9. **吴景尧** 字侠夫,吴景超之弟,广东开平人,毕业成绩为88.2分。毕业论文题目为《论古今国体之变迁》。毕业后曾任广东乳源、鹤山分庭推事。1925年曾任广州属巡回厅检察官。后任广东高等法院曲江分院院长、私立广州法学院院长等职。后赴香港。④

10. **冯中玺** 毕业成绩为87.9分。毕业论文题目为《国会权限论》。

11. **范铠** 毕业成绩为87分。毕业论文题目为《国会论》。1919年任北京大学预科补习教员,曾参与谋划打击北大学生干事会等活动。⑤

---

① 参见《法科研究所研究员一览表》,《北京大学日刊》第九十六号,1918年3月20日;《政府公报》第3465号,1925年11月26日;《政府公报》第4185号,1927年12月18日。
② 《政府公报》第632号,1917年10月20日。
③ 《政府公报》第632号,1917年10月20日。参见司徒星:《开平县志(全)》,台北:成文出版社1966年版,第239页;新兴县地方志编纂委员会编:《新兴县志》,广州:广东人民出版社1993年版,第448页;北京大学五十周年筹备委员会编:《国立北京大学历届同学录》,国立北京大学出版部1948年版,第71页;《国立北京大学台湾同学会同学录》,1963年编印,第29页。
④ 司徒星:《开平县志(全)》,台北:成文出版社1966年版,第239页;欧阳湘:《近代中国法院普设研究——以广东为个案的历史考察》,北京:知识产权出版社2007年版,第193页;政协广东省广州市委员会文史资料研究委员会编:《广州文史资料》第3辑,1961年,第122页。
⑤ 北京市档案馆编:《档案中的北京五四——北京档案史料(2009.2)》,北京:新华出版社2009年版,第327页。

12. **萧秉良** 广东云浮人。毕业成绩为 86.8 分。毕业论文题目为《内阁论》。1916 年参加北洋政府高等文官考试(政治科目),以政治科中等及格生的(成绩为 60.0 分)身份派分交通部任职。1917 年 10 月通过司法部律师资格审查,获得律师证。1919 年 7 月 1 日到 1920 年 10 月 2 日,任广东番禺县知事、县长。①

13. **赵之秋** 毕业成绩为 86 分。毕业论文题目为《中国国会选举制度概论》。

14. **胡富振** 山东益都人。毕业成绩为 85.3 分。毕业论文题目为《论租借地》。1916 年参加北洋政府高等文官考试(政治科目),以优等人员(分数为 71.7 分)身份被录取,调派外交部通商司学习,1918 年改调政务司学习。1922 年任外交部主事。1939 年 1 月到 1940 年 5 月任山东费县知事、县长。②

15. **钱应玶** 毕业成绩为 84.8 分。毕业论文题目为《空中及海陆战争》。

16. **朱锡诒** 毕业成绩为 83.1 分。毕业论文题目为《政府组织论》。

- **1918 年法科政治学门毕业学生**③

1. **刘丽**(1881—?) 广东番禺人,毕业成绩为 84.2 分。

2. **廖书仓**(1891—1955) 字大酉,湖南永兴人。毕业成绩为 83.3

---

① 参见李俊清:《现代文官制度在中国的创构》,北京:生活·读书·新知三联书店 2007 年版,第 316 页;《政府公报》第 275 号,1916 年 10 月 9 日;《政府公报》第 632 号,1917 年 10 月 20 日;番禺市地方志编纂委员会编:《番禺县志》,广州:广东人民出版社 1995 年版,第 585 页。
② 参见李俊清:《现代文官制度在中国的创构》,北京:生活·读书·新知三联书店 2007 年版,第 316 页;《政府公报》第 872 号,1917 年 6 月 28 日;《政府公报》第 872 号,1918 年 6 月 28 日;《政府公报》第 2280 号,1922 年 7 月 9 日;临沂地区人事局编:《临沂地区人事志》,北京:中国广播电视出版社 1992 年版,第 164 页。
③ 毕业生名单参见《教育公报》第 5 年第 3 期,1919 年 3 月 20 日,第 61 页;《政府公报》第 1059 号,1919 年 1 月 14 日。

分。毕业论文题目为《三权分立论》。1914年长沙广益大学预科毕业考入北大政治学门。1917年在校就读期间,参与发起成立平民教育讲演团,与邓中夏一起被选为总务干事。1918年毕业后在北京大学教英文,1919年聘为法科讲师,又兼平民大学教授。1919年与许德珩等一起发起五四运动,任临时学生会主席。其后历任国民代表会议筹备处秘书、北京高等补习学校校长,在中国大学、民国大学、平民大学等高校任教。1927年冬返回湖南永兴,任城步县县长,因放行红军部队过境而被撤职。1939年任永兴私立安陵中学校长。1945年后任湖南省立三师教员及衡阳新京中学教务主任。新中国成立后曾任中学教员,被选为省人大代表。①

3. **刘耀洲**(1892—?) 奉天柳河人。毕业成绩为83.1分。

4. **杨健霄**(1888—?) 江苏无锡人。毕业成绩为78.4分。

5. **孙维藩**(1892—?) 山东武城人。毕业成绩为76.2分。1921年任山东省第三届省议会议员。②

6. **徐文纬**(1888—?) 浙江诸暨人。毕业成绩为70.9分。毕业论文题目为《宪法论》。毕业后任浙江一中教师。著有《孟子外书》。③

- **1919年法科政治学系毕业学生**④

1. **张涛**(1890—1965) 又名张伯秋,山东沂水人。毕业成绩83.1。1911年直隶省高等学堂预科毕业考入北洋大学法律班,后转入北京大

---

① 参见徐辰编著:《宪制道路与中国命运:中国近代宪法文献选编(1840—1949)》下卷,北京:中央编译出版社2017年版,第482页;《廖书仓自述》,政协永兴县文史委员会编:《永兴文史》第3辑,1989年,第72页。
② 《民国山东通志》编辑委员会编:《民国山东通志》第2册,台北:山东文献杂志社2002年版,第709页。
③ 参见徐辰编著:《宪制道路与中国命运:中国近代宪法文献选编(1840—1949)》下卷,北京:中央编译出版社2017年版,第482页;何炳松:《何炳松文集》第2卷,刘寅生、房鑫亮编,北京:商务印书馆1997年版,第736、739页。
④ 参见《教育公报》第七年第六期,1919年12月20日,第9页。

学政治学门。1919年毕业后,历任济南《大东日报》编辑,山东省教育厅第一科科长、实业厅第一科科长,河务局秘书长,邹平实验县政府秘书、代理县长等职。1939年参加中国国民党同志抗敌协会,任鲁南动员委员会委员。1940年当选沂水县参议员及山东省第一届临时参议会驻会委员、战时工作推行委员会常务委员兼高级审判处长、动员委员会秘书长、行政委员会常委兼司法处处长。1945年7月,作为山东代表出席在延安召开的中国解放区人民代表会议筹备会。同年8月任山东省政府委员、司法厅厅长。1948年任山东省政府委员兼山东省法院院长。新中国成立后,历任山东省法院院长兼山东省政治法律委员会副主任、山东省人民代表大会代表、全国人民代表大会代表、政协山东省委员会副主席。①

2. **陈达材**(1890—?) 广东东莞人。毕业成绩为83.1分。由广东公立法政大学考入北大政治学门。毕业后任教于广东公立法政专业学校(中山大学前身),并担任过校长。后加入广东粤军"八属联军"邓本殷部,1925年年底被国民革命军陈济棠师收编,任营长、团参谋主任。1927年至1928年任黄埔军校第六期秘书处上校秘书长。1929年至1930年任国民革命军第八路军总部政训处副处长、第一集团军总部军法处长、少将高参。1931年1月25日至12月30日任广东东莞县县长,兼东莞明伦堂副会长。1933年任广州市地方法院院长。抗战胜利前夕,被国民党当局委任为广东先遣军第一旅参谋长,国民党军事委员会桂林办公厅少将高参。后移民香港匿居。发表过《我国的联邦问题》《社会改制问题》等文章。②

3. **夏治范** 字叙斋,河南新乡人。毕业时年29岁。毕业成绩为80.0分。1932年到1934年任河南省新乡县静泉中学校长。全面抗战爆发后,在家乡教私塾。1944年任抗日政府的新乡县党部书记长,兼新乡县立中学校长。由于国民党政府命令公务人员不能兼任其他职务,

---

① 山东省地方史志编纂委员会编:《山东年鉴1987》,济南:山东人民出版社1988年版,第537页。
② 《东莞市望牛墩镇志》,广州:广东人民出版社2013年版,第650页。

遂毅然辞去了党部书记长,专任中学校长。1947年被选举为县参议员,根据规定,公立中学校长不能兼当参议员,他认为参议员虽无薪金,但体现乡亲们的信任,因此辞去了校长职务。①

4. **孙学鲁**(1892—1956)　河南巩县人。毕业成绩为78.6分。

5. **杨景汶**　直隶行唐人。毕业时年30岁。毕业成绩为76.7分。

6. **段大成**　陕西华县人,毕业时年29岁。毕业成绩为75.9分。北大就读期间曾担任旅京陕西学生联合会会长。1918年至1920年受李大钊、陈独秀等人的进步思想影响,与李子洲等陕籍旅京学生组织"共进社",创办《共进》杂志,"共进社"成员在五四运动和"六三"工人大罢工等爱国运动中发挥了重要作用。②

- **1920年法科政治学系毕业学生**③

1. **韩寿晋**　字元逊,号原生,浙江绍兴人。毕业时年26岁。北大预科毕业考入政治学系。1917年在校期间,曾与李宏增、方豪等人发起阅书报社,购阅各种关于法理书报,以补图书馆之缺。1919年参加北洋政府高等文官考试(法律科目),以中等成绩被录取。1928年担任江苏东台县县长7个月。1941年9月任全国水利委员会秘书处处长,11月任该委员会参事。水利委员会改为水利部后,1947年12月26日任该部参事。④

---

① 中国人民政治协商会议新乡市红旗区学习文史委员会编:《新乡市红旗区文史资料·教育专辑》,1995年,第7—9页。
② 中共陕西省委党史资料征集研究委员会编:《共进社和〈共进〉杂志》,西安:陕西人民出版社1985年版,第438、456页。
③ 毕业生名单、照片、年龄、籍贯等参见北京大学档案,全宗号一,案卷号MC192902;《国立北京大学毕业同学录(民国九年)》,北京大学,1920年。
④ 参见李浩泉:《躁动的青春——民国时期北京大学的社团活动(1912—1949)》,武汉:华中科技大学出版社2014年版,第65页;刘国铭主编:《中国国民党百年人物全书》下册,北京:团结出版社2005年版,第2267页;东台市地方志编纂委员会编:《东台市志》,南京:江苏科学技术出版社1994年版,第631页;李俊清:《现代文官制度在中国的创构》,北京:生活·读书·新知三联书店2007年版,第323页。

2. **冯中鉽** 字决柔,浙江宁波鄞县人,毕业时年 25 岁。北京大学预科毕业考入政治学系。

3. **张庆开**(1895—1977) 字心泉,号淡庵,直隶冀县人。北大预科毕业考入政治学系。其父张廷湘为清朝举人。毕业后,曾在冯玉祥麾下当秘书,因目睹军阀混战之黑暗,改学中医。后于北洋大学任教,北洋大学停办后,以张心全之名在天津挂牌行医。1949 年组建辽宁路中医诊所。1954 年,被聘为天津中医学院教授,后该校并入河北新医科大学,他继续担任教授。晚年著书立说,撰写了《医话》《本草注解》等书。1977 年 10 月在天津病逝。①

4. **曲宗邦**(1895—?)② 字之屏,陕西西安人。吴淞中国公学预科毕业考入北大政治学系。在校期间参加北京大学新闻学研究会,并获得"听讲半年之证书"。毕业后留学美国哥伦比亚大学,攻读政治学专业。1925 年 8 月,任国宪起草委员会委员,后任东北边防军秘书厅秘书。③ 译有《近世政治思想史》。

5. **胡庆颐** 字叔午,安徽太平县人。北大预科毕业考入政治学系,毕业时年 27 岁。

6. **宋肇修** 字伯纯,河南沘源县人。武昌中华大学预科毕业考入北大政治学系,毕业时年 28 岁。

7. **张云鹤**(1895—1967) 字腾霄,直隶束鹿县人。北大预科毕业考入政治学系。其父为清末进士并于日本早稻田大学学习政法。张云鹤毕业后,1931 年 6 月被河北省教育厅委派为督学,并以代理校长的名

---

① 陈振胜:《名医张庆开事略》,《冀州时讯》2016 年 1 月 20 日,第 4 版。
② 个人简历中的年龄与同学录中所记载的年龄多有出入,由于难以详查,附录中皆采用简历所记载年龄。
③ 邓绍根:《中国新闻学的筚路蓝缕:北京大学新闻学研究会》,北京:清华大学出版社 2015 年版,第 181、185、365 页。

义管理河北省立第二师范学校。由于他思想开明,对学生的革命活动采取了保护态度,被国民党省教育厅撤职,学校也被"查封",由此引发近代学生运动历史上著名的保定二师学潮"护校拥张运动",在当局残酷镇压下演变成"七·六"惨案。此后,曾任私立天津工商学院(河北大学前身之一)校长、北京第三女子中学地理和英文教员、报社编辑等职。新中国成立前曾协助北京和平解放的工作。1958年从水利科学院水利史研究室退职,其间曾担任过河北省政协委员。①

8. **张步高** 字葵山,陕西华县人。北大预科毕业考入政治学系,毕业时年32岁。

9. **赵其昌** 字庶蕃,直隶束鹿县人。国民大学预科毕业考入北大政治学系,毕业时年28岁。

- **1921年法科政治学系毕业学生**②
1. **王守谦** 字益如,山东历城人,北大预科毕业考入政治系。

2. **王宸章**(1894—1978) 字紫卿,黑龙江龙江人。北大预科毕业考入政治系。就读北大期间曾参加五四运动。毕业后任教于黑龙江省立女子师范学校、黑龙江省立第一中学。1936年,时任齐齐哈尔市两级中学校长的王宸章,由于秘密进行抗日工作,被日伪当局以"反满抗日罪"逮捕,判刑15年。1949年迁居台湾,在台湾省立台南第二高级中学任教二十余年。1978年病故于台湾宜兰。③

---

① 张云鹤之女张树政为中科院院士。参见程光胜:《梦想成真:张树政传》,上海:上海交通大学出版社2013年版,第6—7页;河北省政协文史资料委员会编:《河北文史集粹·革命斗争卷》,石家庄:河北人民出版社1992年版,第66页。
② 毕业生名单见北京大学五十周年筹备委员会编:《国立北京大学历届同学录》,国立北京大学出版部1948年版。
③ 参见中共齐齐哈尔市委宣传部、齐齐哈尔市社会科学界联合会编:《闯关东精神暨关东历史文化研究》,2009年,第213页;齐齐哈尔市政协文史资料委员会编:《龙沙教育史料》,1995年,第85—86页。

3. **方豪**（1894—1955） 字俶新，又名方新，浙江金华澧浦乡人。北大预科毕业考入政治系。五四运动时，任北京学生联合会首任主席、学生谈判全权代表。1919年被捕关押7个月，1920年2月释放，同年由北大派赴日本考察劳工运动。毕业后先后担任安徽省立第一中学、浙江省立第五中学校长，1927年任浙江省立第七中学校长，1948年任浙江省立杭州高级中学校长。期间先后兼任过国民党浙江省部监察委员、三青团浙江支部监察委员、金华县临时参议会议长、浙江省参议会议员、国大代表等职。新中国成立后，经中央人民政府教育部部长马叙伦介绍入华北革命大学政治研究院学习，毕业后分配到杭州惠兰中学任教员。著有《方豪自传》。①

4. **池泽汇**（1887—1948） 字师周，湖北安陆人。北大预科毕业考入政治学系。1919年参加北洋政府文官高等考试（政治科目），成绩优等。毕业后在北洋政府司法部任科员。② 与娄学熙、陈问咸共同编纂《北平市工商业概论》。

5. **李裕基**（1898—1982） 字子宽，江苏武进人。北大毕业后从事新闻工作。曾任《新社会日报》编辑，参与创办国闻通讯社，任该社上海分社主任。1936年任上海《大公报》副经理、经理。抗日战争时期，在重庆任《大公报》董监联合办事处总书记。抗战胜利后，任上海新闻记者公会常务理事及上海报业同业公会理事长。新中国成立后，历任《大公报》副总经理，政协上海市委常委、副秘书长，政协上海市委文史资料工作委员会副主任兼办公室主任等职，全力以赴从事文史资料的抢救征集编辑工作。③

---

① 中国人民政治协商会议浙江省金华市委员会文史资料工作委员会编：《金华文史资料》第2辑，1986年，第70页。

② 参见李俊清：《现代文官制度在中国的创构》，北京：生活·读书·新知三联书店2007年版，第321页；孙建勇：《熊十力——一代狂哲（珍藏版）》，北京：台海出版社2016年版，第206页。

③ 参见陈玉堂编著：《中国近现代人物名号大辞典（续编）》，杭州：浙江古籍出版社2001年版，第99页；瞿秋白纪念馆编：《瞿秋白研究》第7册，上海：学林出版社1995年版，第278页。

6. **李良弼** 山西平定人。北大预科毕业考入政治学系。

7. **李经畬** 字文耕,山东齐东人。由中华大学考入北大政治学系。

8. **季警洲** 字惕凡,江苏崇明人。由北洋大学考入北大政治学系。毕业后曾任职于南京国民政府外交部。1933年任中国科学社社会科学组法政股社员。①

9. **梁文翰** 广西苍梧人。

10. **徐光廉** 字仲白,安徽宣城人。北大预科毕业考入政治学系。1927年,任北伐军支持下的"中国国民党铜陵县筹备委员会"委员,负责宣传等工作。②

11. **梁醴泉** 字子香,山东堂邑人。北大预科毕业考入政治学系。

12. **黄秉礼**(1891—1974) 字镜涵,四川璧山人。中学毕业后考入清华大学,学习期间因与美籍教师冲突,被校方开除。后考入北洋大学,不久又转至北京大学。毕业后,曾留学日本、德国、法国,在德国期间曾与朱德同窗。留学回国后,1927年任璧山县教育局局长、国民革命军21军顾问。1929年在成都任《四川日报》社社长兼总编辑,国民革命军24军顾问。后出四川在上海从事写作,因反对蒋介石,遭国民政府通缉。1933年参加冯玉祥领导的察哈尔民众抗日同盟军,任少将参谋。抗战胜利后,回璧山办学,曾任正义学校董事长、重庆重华学院教授兼训导长。新中国成立后,历任璧山县临时解放委员会副主任、江津县人民代表、四川省文史馆研究员等职。擅长写作古诗,有诗作数

---

① 中国科学社编:《中国科学社社员分股名录》,上海:中国科学社1933年版,第96页。
② 中共铜陵县委党史办公室编:《第一、二次国内革命战争时期》,合肥:安徽人民出版社1993年版,第277页。

百篇。①

13. 娄光汉 字连武,山东安邱人。北洋大学预科毕业,毕业分数为91.10,为预科第一名,预科毕业后考入北大政治学系。②

14. 娄学熙(1890—?) 字穆清,吉林宾县人。北大预科毕业考入政治系。在校期间参加五四爱国运动,参与火烧曹汝霖的住宅。1920年参加吉林省教育厅组织的留学生资格考试(成绩61.04),作为官费留学生留学欧洲,研究政治学。后赴美国求学,1923年获哈佛大学文学硕士学位(M.A,政治学专业)。1927年获哥伦比亚大学政治学院宪法学系哲学博士学位,博士学位论文题目为《美国青少年法庭》("Juvenile courts in the United States")。1927年回国后,历任南京国民政府内务部赴美考察市政委员,陆军第三四方面军军团部秘书,辽宁、通辽、宽甸等县县长。1930年至1932年任北平社会局长。1937年后曾任燕京大学、北京大学、东北大学政治学系教授。1939年1月与臧启芳等人组织中国行政问题研究会。1941年任东北大学法学院院长。与池泽汇、陈问咸共同编纂《北平市工商业概论》。③

15. 杨振武 字悟元,安徽桐城人。北大预科毕业考入政治学系。

16. 翟俊千(1891—1990) 字觉群,广东东莞人。北大预科毕业考入政治系。在校期间参加五四爱国运动。毕业后曾担任铁路职工教育委员会委员,同年(1921年)考取官费留学,于法国里昂大学学习国际政治与经济,1927年获法学博士学位,博士论文题目为《中国国际地位

---

① 中国人民政治协商会议四川省璧山县委员会文史资料委员会编:《璧山县文史资料选辑》第8辑,1994年,第144—145页。
② 王杰编著:《学府探赜——中国近代大学初创之史实考源》,天津:天津大学出版社2015年版,第123页。
③ 参见房俐主编:《档案吉林·省档案馆卷》下卷,长春:吉林出版集团有限责任公司2014年版,第50—51页;《老北大》编辑组编:《老北大》,北京:中国文史出版社2016年版,第226页;樊荫南编纂:《当代中国名人录》,上海:良友图书印刷公司1931年版,第223页;王伟:《中国近代留洋法学博士考(1905—1950)》,上海:上海人民出版社2011年版,第145页。

与不平等条约》。留学归国后,任新创办的国立暨南大学首任副校长兼政治经济学教授,主持实际校务。1932年任汕头市市长,卸任后于中山大学任教授。1941年任中央银行经济研究处专门委员。1947年参加"中国国民党革命委员会"筹备工作,负责起草有关章程。新中国成立后,曾任上海市人民银行高级经济计划员、银行学校教员、苏州第二中学教师等职,兼任民革苏州市委员会委员、苏州市政协委员等。著有《五四前后的北大校园》。①

17. **邓恭海**　字汇东,广西藤县人。北大预科毕业考入政治学系。

18. **蔡毓岱**　字东藩,河南舞阳人。由北洋大学考入北大政治学系。

19. **刘宝智**　字若愚,直隶天津人。北洋大学法科班毕业考入北大政治学系。

20. **严建章**　字子汉,陕西澄县人。北大预科毕业考入政治学系。

- **1922年政治学系毕业生名单**②

1. **陈国絮**　字伯隽,广东东莞人。交通传习所预科毕业后考入北大政治学系。1920年年底北大就读期间,参与创办宣传新文化的杂志《评论之评论》,并担任撰稿人。毕业后曾担任北京高等法政学校教员。翻译美国学者施罢戈所著《布尔什维主义底心理》。发表《第三种民主政治——瑞士之联省制》《苏维埃俄国底新农制度》《苏维埃俄国的经济组织》等文章。③

---

① 参见张玉春主编:《百年暨南人物志》,广州:暨南大学出版社2006年版,第451页;《东莞市南城区志》编纂委员会编:《东莞市南城区志》,广州:广东人民出版社2015年版,第939—941页。
② 学生名单参见《教育公报》第十年第1期,1923年1月28日,第12—14页。
③ 参见田子渝等:《马克思主义在中国初期传播史(1918—1922)》,北京:学习出版社2012年版,第501页;杨春时主编:《中国现代文学思潮史》上册,南京:南京大学出版社2011年版,第405页;易新农、夏和顺:《容庚传》,广州:花城出版社2010年版,第12页。

2. **吴载盛** 字和声,浙江奉化人。北大就读期间参加了著名的进步学生社团"国民社",是一名基尔特社会主义者。①

3. **徐辅德**(1897—1972) 字佐良,江苏昆山人。北大法预科毕业后考入政治系。后留学法国,于1929年获巴黎大学法学博士学位,毕业论文题目《国际联盟有关知识产权的活动》。1929年回国后历任外交部条约委员会委员,国立北平大学、中法大学、北京法政大学、北京大学、中央大学等高校教授,以及金城银行秘书长等职。1949年后任上海公私合营银行联合董事会研究室研究员,中国人民银行上海市分行办公室研究组成员。曾发表文章《国际联盟果无负于我乎?》等。②

4. **石维琼** 广西藤县人。1926年任柳江日报社主任、总编辑。1930年任广西北流县长,同年转任陆川县长。抗日战争时期,曾任第五战区粮食管理处储备科科长。③

5. **费秉铎** 字理钧,又名费觉天,湖北黄梅人。1920年10月在上海《国民》第2卷发表《马克思资本论自叙》,这是关于《资本论》最早的部分中译文字。同年12月,与李大钊等9人发起成立北京大学社会主义研究会,担任《评论之评论》的编辑。译有《社会主义与近世科学》,发表《关于社会主义与资本主义争论的问题》《对于社会主义争论问题提出两大关键》《关于社会主义运动问题致蓝志先生书》等文章。④

6. **郑志熙** 字缉明,江苏靖江人。

---

① 张静如、梁志祥、镡德山主编:《中国共产党通志》第3卷,北京:中央文献出版社2001年版,第472页。
② 王伟:《中国近代留洋法学博士考(1905—1950)》,上海:上海人民出版社2011年版,第215—216页。
③ 刘汉忠:《张汉文友朋题赠书画述录》,《广西地方志》2017年第2期。
④ 参见田子渝等:《马克思主义在中国初期传播史(1918—1922)》,北京:学习出版社2012年版,第61页;韩金:《资本与文明——〈资本论〉在中国研究史》,南京:南京大学出版社2015年版,第21页。

7. **王伯玉**　字爵三,直隶衡水人。

8. **辜孝宽**　字冀平,浙江平湖人。毕业后曾供职于浙江民政厅,主办禁烟事宜。著有《浙江省禁烟史略》。撰写有《浙江二十年禁烟史略》一文,刊载于《浙江民政月刊》1931 年第 39 期。①

9. **任锡祜**　字景周,河南巩县人。毕业后与北大校友共同创立郑州中学,被推任校长并加入校董会。任职期间营私舞弊,挪用公款,开除反对自己的学生,不到一个学期学校即宣告解散。随后,又伪造北洋军阀吴佩孚印章介绍其弟到开封警务处求职,事发被捕押解洛阳。②

10. **劳士英**　字君硕,广东开平人。1926 年前后曾担任广西省立宣传员养成所教师,并在 1926 年 1 月召开的"梧州各界纪念列宁逝世两周年大会演讲会"上发表题为《帝国主义的末日》的演讲。③

11. **黄时杰**　字颖先,湖南长沙人。北大就读期间曾参加五四运动时期的著名社团"国民杂志社",是五四运动积极分子。1922 年 10 月,北京大学成立"北京产儿限制研究会",黄时杰曾发表演讲。④

12. **陈璿宪**　字镜如,河南信阳人。

13. **陶肇武**　字子龙,又名稚俫。江苏淮安人。北大法预科英文丙班毕业考入政治学系。北大就读期间,曾参加五四运动时期的著名社团"国民杂志社"。1920 年 4 月加入平民演讲团。毕业后曾担任江苏

---

①　马寅初:《马寅初全集》第 5 卷,杭州:浙江人民出版社 1999 年版,第 285 页。
②　中国人民政治协商会议河南省开封市委员会文史资料研究委员会编:《开封文史资料》第 3 辑,1986 年,第 67 页。
③　《中国工会运动史料全书》总编辑委员会广西卷编委会编:《中国工会运动史料全书(广西卷)》,南宁:广西人民出版社 1999 年版,第 12 页;中国人民政治协商会议梧州市委员会文史资料组编:《梧州文史资料选辑》第 13 辑,1988 年,第 11 页。
④　参见陈永生编著:《中国近代节制生育史要》,苏州:苏州大学出版社 2013 年版,第 104 页;长春王希天研究会编:《王希天研究文集》,长春:长春出版社 1996 年版,第 420 页。

省教育厅室主任。①

14. **范济臣** 字汝周,河南修武人。

15. **冯嗣贤** 字公赞,直隶天津人。北大就读期间参加北大新闻学研究会,并于1919年获听讲一年证书。②

16. **韦翰荃**(1892—?) 字毓湘,广西桂平人。北大法预科英文乙班毕业后考入政治系。③

17. **李士坊** 字达衢,河南安阳人。

18. **郭书捷** 字凯三,河南巩县人。

- **1923年政治学系毕业生名单**

1. **尚鸿运** 直隶枣强人。北大就读期间,1918年被选任北京大学社团"进德会"纠察员,该组织目的在于增进知识分子德行,改进校风。④

2. **董平舆** 字熙衡,吉林长春人。1922年北大就读期间,经邹鲁介绍加入国民党。1923年夏,参加北大政治学系应届毕业生组织的"北大学生政治考察团",经由天津、上海、浙江、香港抵达广东,沿途考察各地政治,在广州受到孙中山接见。⑤

---

① 参见《政府公报》第1519号,1919年1月14日;朱有瓛等编:《中国近代教育史资料汇编:教育行政机构及教育团体》,上海:上海教育出版社2007年版,第512页;长春王希天研究会编:《王希天研究文集》,长春出版社1996年版,第421页;朱沛莲:《江苏省及六十四县市志略》,新北:国史馆1987年版,第351页。
② 中国革命博物馆党史研究室编:《党史研究资料》(2),成都:四川人民出版社1981年版,第32页。
③ 《政府公报》第1519号,1919年1月14日。
④ 《进德会报告——被举之评议员纠察员题名》,《北京大学日刊》第一百五十三号,1918年6月3日。
⑤ 邹鲁:《邹鲁自述1885—1954》,北京:人民日报出版社2013年版,第118页。

3. **许文国** 字化洲,奉天铁岭人。

4. **苏锡龄** 山西临汾人。1922年经邹鲁介绍加入国民党。1923年夏参加北大政治学系应届毕业生组织的"北大学生政治考察团",在广州受到孙中山接见。①

5. **王和畅**(1899—1927) 字惠卿,山西交城人。1923年加入国民党,同年夏参加北大政治学系应届毕业生组织的"北大学生政治考察团",在广州受到孙中山接见,并受任为国民党山西党务宣传员。北大毕业后,历任国民党在山西宣传机构《太原晓报》编辑、太原平民中学教员、国民军第三军孙岳处军事政治学校教官。1926年,在宁夏一带担任国民联军北路政治特派员。1927年任国民党山西省党部秘书,兼国民党北方军事速成科教官。②

6. **要继志** 字士先,山西榆次人。1923年夏参加北大政治学系应届毕业生组织的"北大学生政治考察团",在广州受到孙中山接见。1932年后担任山西省银行总务处主任。1939年担任山西省银行在成都成立的商业机构"华利号"经理,同时经营私人商号"天亨永"钱庄。③

7. **邓鸿业** 字建癸,山西襄陵人。1922年经邹鲁介绍加入国民党。1922年4月,邓鸿业与苗培成等北大校友,于北大礼堂召开成立"私立太原平民中学"大会。1923年夏参加北大政治学系应届毕业生组织的"北大学生政治考察团",在广州受到孙中山接见。1924年年初,出席在广州召开的国民党第一次全国代表大会,大会上作为山西代表做了

---

① 《北京大学政治考察团启示》,《北大日刊》第一二五三号,1923年5月31日。
② 郭汾阳:《孙中山与王和畅的谈话》,政协山西省委员会文史资料委员会编:《山西文史资料》总第126辑,1999年,第107页。
③ 参见中国人民政治协商会议山西省委员会文史资料研究委员会编:《山西文史资料》总第16辑,太原:山西人民出版社1983年版,第81页;孔祥毅主编:《民国山西金融史料》,北京:中国金融出版社2013年版,第272页。

党务报告。①

8. 姚仰璜（1892—1927） 字德枢,广东平远人。1923年毕业接任平远中学校长,因学校发生"驱姚"罢课事件,最终下台去职。1925年东江国民党组织委任姚仰璜等四人为国民党平远县党部筹备员。1926年春赴广州任黄埔陆军军官学校教官。②

9. 武建康 山西文水人。

10. 熊保丰 湖北天门人。

11. 魏灼华 广东五华人。

12. 张立彬 直隶南宫人。

13. 申保三 字景星,河南确山人。毕业后担任确山第一高中校长多年。③

14. 吕永坤（1896—1928） 又名吕佑乾,河北枣强人。由北京大学预科毕业考入政治学系。北大就读期间参加五四运动,6月在街头演讲时被捕,后经营救获释。参加北京大学演讲团。1923年春在北京大学加入中国共产党。同年夏参加北大政治学系应届毕业生组织的"北大学生政治考察团",在广州受到孙中山接见。之后到陕西省渭南县任帮审。1924夏去西安省立一中、师范和新民中学任教。其间,同雷晋笙一

---

① 参见《山西文史资料》编辑部编:《山西文史资料全编》第6卷,1999年,第452页;政协广东省委员会、广州市委员会文史资料研究委员会,广东革命历史博物馆编:《广东文史资料》第42辑,广州:广东人民出版社1984年版,第57页。
② 参见平远县地方志编纂委员会编:《平远县志》,广州:广东人民出版社1993年版,第749页;中共平远县委党史资料征集研究领导小组办公室编:《中共平远党史大事记——新民主主义革命时期(1925—1949)》第3稿,1986年,第2页。
③ 中国人民政治协商会议确山县委员会文史资料委员会编:《确山文史资料》第1辑,1989年,第49页。

起建立了西安市第二社会主义青年团支部,任支部书记,建立了团的外围组织西北青年社,主编《西北青年》刊物。1925年,曾担任陕西省孙中山先生追悼筹备会宣传股主任及大会书记。"五卅"运动期间募集资金支持上海工人罢工。出任杨虎城筹建的"三民军官学校"政治教官。1926年,中共西安地委成立,成为负责人之一。根据国共合作政策,参加国民党,参与临时省党部和市党部的领导工作。1927年"四一二"政变后,参与领导国民党西安市党部召开讨蒋大会。6月,奉中共陕西省委之命到蓝田和渭南任党的特支负责人,一度被捕,经营救出狱。中共"八七会议"后,作为省委特派员前往旬邑县负责党的地下工作。1928年任特派员期间,着手组织发动农民暴动,组织成立了临时苏维埃工农政府及所属各委员会,建立了县农民协会和各乡农会,改编起义队伍为"红军渭北支队"。同年6月20日国民政府调兵镇压起义队伍后被秘密杀害。[①]

15. **李邦典** 直隶天津人。

16. **詹天觉**(1898—?) 安徽省休宁人。毕业后留学美国,获哥伦比亚大学经济学硕士学位。1940年1月至1941年12月,任淳安县县长。在任期间,开征"山地收益捐"征集余粮,搜刮人民中饱私囊,大肆抓兵,敲诈勒索。后因畏惧农民斗争,逃出淳安。1953年12月,经华东行政委员会公安部批准逮捕。1954年1月,押回淳安判刑10年。[②]

17. **戴岩** 直隶蠡县人。

18. **毕星垣** 字徽岑,山东菏泽人。

19. **贾桂林**(1896—?) 字目森,又名文焕,别号月笙,山西太谷

[①] 河北省衡水市地方志编纂委员会编:《衡水市志》下卷,北京:方志出版社2002年版,第1327—1328页。

[②] 淳安县"三大"纪念活动组委会编:《人物春秋》,杭州:西泠印社出版社2008年版,第60—61页。

人。毕业后历任广东省财政部秘书,北洋政府工商部秘书,芜湖收税处处长,芜湖收税局监督,南京国民政府财政部卷烟局监督、局长。1934年7月任财政部镇江关监督,1936年4月离职,后任南京关监督。1946年出席"制宪国民大会"。[1]

20. 赵庆凯 字捷南,直隶冀县人。

21. 余文铣 字纯生,广东台山人。1923年夏参加北大政治学系应届毕业生组织的"北大学生政治考察团",在广东受到孙中山接见。1927年6月13日到1927年11月任海南省琼山县县长。[2] 1930年前后参加国民党中央训练部的工作。

22. 陈应宝 字青选,广东番禺人。毕业后,1924年于广东政法学堂任教,不久受聘国立广东大学法科,教授政治财政兼英文。[3]

23. 荣珩 字楚珍,直隶枣强人。

24. 孙九录(1898—?) 字鉴秋,江苏无锡人。毕业后曾在北平创设世界通信社,成为一名新闻记者,后改行做律师。1942年任南京国民政府立法委员,抗战胜利后因反对宋子文而离职。新中国成立后任上海市人民政府参事。[4]

25. 邹德高(1897—1979) 字明初,四川长寿人。北大就读期间,

---

[1] 刘国铭主编:《中国国民党百年人物全书》下册,北京:团结出版社2005年版,第1912页。

[2] 参见政协山西省委员会文史资料研究委员会编:《山西文史资料》总第16辑,太原:山西人民出版社1983年版,第81页;何铭文主编,海南省琼山市地方志编纂委员会编:《琼山县志》,北京:中华书局1999年版,第586页。

[3] 参见张紧跟编:《百年历程:1905—2005中山大学的政治学与行政学》,广州:中山大学出版社2005年版,第13页;黄义祥编著:《中山大学史稿(1924—1949)》,广州:中山大学出版社1999年版,第59页。

[4] 中国人民政治协商会议江苏省无锡市委员会文史资料委员会编:《无锡文史资料》第27辑,1993年,第151页。

参加五四爱国运动,与邓中夏等人创办平民夜校。1922年经邹鲁介绍加入国民党。1923年夏,参加北大政治学系应届毕业生组织的"北大学生政治考察团",在广州受到孙中山接见。1924年至1929年历任国民党北京执行部宣传秘书、孙中山北京行辕秘书、北京大中公学教务主任、北京《中国日报》总编辑、四川政法学院教授、国民政府行政院蒙藏委员会专委会主任等职。1930年考入英国伦敦大学经济系,1934年获经济学硕士学位后回国。历任中山大学农学院教授、北大农学院院长、粮食部参事等职。抗日战争期间,在周恩来的领导下组织中国科学工作者协会,支援抗日。抗战胜利后,与王昆仑、柳亚子等发起成立三民主义同志联合会,后来合组为中国国民党革命委员会,被选为民革常委。后又与许德珩筹组九三学社。1946年筹办西南学院,任院长,该校教职工多系中共党员和民主党派人士。新中国成立后,曾任民革旅大支部主任委员,大连市政协委员等职。①

26. 王钟夔　字尧钦,直隶吴桥人。

27. 刘振汉　山西应县人。

28. 陈顾远(1895—1981)　字晴皋,陕西三原人。北京大学预科毕业考入政治学系,参加了五四运动。中学时代曾组织"警钟学社",宣传革命。1911年加入同盟会,1922年经邹鲁介绍加入国民党。1923年夏参加北大政治学系应届毕业生组织的"北大学生政治考察团",在广东受到孙中山接见。后回北方从事革命活动。毕业后留政治学系任助教。1926年在上海法科大学任教。1928年任南京国民政府审计院机要秘书,继任中央民运会特种委员,并筹建上海教职员党团。1935年后历任第四届立法院立法委员,"制宪国民大会"代表,并兼任复旦大学、中央政治学校等校法学教授。1948年5月当选"行宪"第一届立法院立法委员。1949年后迁居台湾,任"立法院"立法委员,并在政治大学、台湾大学、中国文化学院等校任教。著有《中国法制史》《中国古代婚姻

---

① 汤维耕整理:《邹明初先生事略补录》,中国人民政治协商会议四川省长寿县委员会文史资料研究委员会编:《长寿县文史资料》第5辑,1989年,第41—46页。

史》《立法要旨》《政治学概论》《国际私法总沦》和《中国国际法溯源》等。①

  29. **刘培智**　山西代县人。

  30. **郭弼藩**（1898—1925）　字梦良，福建闽侯人。北大就读期间曾参加五四运动，是北大学生自治会骨干。1919年福州发生日本人枪杀学生案后，组织了福建学生联合会，并创办刊物《闽潮》，任总编辑，积极投身爱国运动。1921年参加中国最早的文学团体"文学研究会"，同时研究基尔特社会主义学说，著作散见于《京报·青年之友》《晨报副刊》等。北大毕业后，1923年夏与作家庐隐在上海结婚。1924年患病回闽疗养。1925年赴上海与张君劢等人创办国立自治学院（后更名国立政治大学），并任总教务长，同年病逝于上海。遗作有译著《世界复古》，论文《〈周易〉政窥》《周秦诸子政治思想之研究》等。②

  31. **陶汉**　字铁成，江西进贤人。

  32. **许瑞鍪**（1897—?）　字公遂，广东揭阳人，曾任北洋政府实业部秘书，驻新加坡副领事，驻西贡、仰光、马尼拉领事。③

  33. **陈国梁**　浙江余姚人。毕业后从事律师职业。④

  34. **梅祖芬**（1896—1946）　字思平，浙江永嘉人。北大就读期间参加五四运动。北大毕业后历任上海商务印书馆编辑，国立中央大学、国

---

① 参见刘国铭主编：《中国国民党百年人物全书》下册，北京：团结出版社2005年版，第1397页；唐荣智主编：《世界法学名人词典》，上海：立信会计出版社2002年版，第755页。
② 参见福州市政协文史资料委员会、福州市文物管理阳局：《福州文史资料选辑·第二十三辑·福州名人故居》，北京：中国社会出版社2004年版，第155页；马华新、曹均伟主编：《上海文化源流辞典》，上海：上海社会科学院出版社1992年版，第570页。
③ 周家珍编著：《20世纪中华人物名字号辞典》，北京：法律出版社2000年版，第961页。
④ 北京大学五十周年筹备委员会编：《国立北京大学历届同学录》，北京：国立北京大学出版部1948年版，第260页。

立中央政治学院教授,讲授政治学等课程。1933 年作为国民党 CC 派骨干分子,任江苏"江宁自治实验县"县长。抗日战争爆发后,曾向蒋介石"进言和平"。1938 年奉周佛海之名在香港开设蔚蓝书店,作为"研究国际问题"的机构,主编《国际丛书》。后充当汪伪集团投敌的正式"谈判"官员,任汪伪政府中央"组织部长""实业部长""内务部长"等职。1946 年被处决。①

35. **张金声** 字理元,山东定陶人。

36. **郭懋治** 山西定襄人。

37. **王金鉴**(1893—?) 字镜堂,甘肃永昌人。

- **1924 年政治学系毕业生名单**②

1. **李椿龄** 奉天昌图人,毕业时年 27 岁。③

2. **樊希智** 山西夏县人,毕业时年 30 岁。1929 年至 1930 年任甘肃西和县县长。著有《政府论》。④

3. **潘景周** 奉天沈阳人,毕业时年 26 岁。

4. **赵冠青** 江苏丹徒人,毕业时年 26 岁。北大就读期间曾担任政治学系助教,参加政治研究会,为其刊物《政治周报》撰稿。参与翻译

---

① 周川主编:《中国近现代高等教育人物辞典》,福州:福建教育出版社 2012 年版,第 548 页。
② 毕业生名单、籍贯、毕业年龄等内容参见注册部布告,载于《北京大学日刊》第一五一五号,1924 年 8 月 16 日;北京大学五十周年筹备委员会编:《国立北京大学历届同学录》,北京:国立北京大学出版部 1948 年版;北京大学编:《国立北京大学同学录(民国十三年)》,1924 年。
③ 同学录中所记载年龄为政治学系四年级年龄,由于在同年毕业,故据此推断毕业年龄。
④ 中国人民政治协商会议西和县委员会编:《政协西和县志》,兰州:兰州大学出版社 2009 年版,第 744 页。

《现代民治政体》一书,由商务印书馆 1935 年出版。①

5. **杨荫潭** 山西保德人,毕业时年 29 岁。1947 年,南京国民政府通令山西省在临时参议会的基础上进行参议员的选举,杨荫潭被选举为参议员。1948 年当选第一届"国民大会"代表。②

6. **刘广钧** 江苏铜山人,毕业时年 28 岁。

7. **白濯汉** 山西襄城人,毕业时年 27 岁。

8. **林国棠** 广东连县人,毕业时年 30 岁。

9. **崔学信** 山东平原人,毕业时年 24 岁。

10. **张熙兢** 山东沂水人,毕业时年 28 岁。

11. **张拔超**(？—1951) 广东东莞人。1927 年 5 月出任广东东莞县第 46 任县长,期间因控案累累、劣迹昭著被革职查办。1928 年 1 月再度出任东莞县第 48 任县长,同年 6 月卸任。1938 年,东莞沦陷后曾在香港任东莞明伦堂沙田经理局委员。新中国成立后,在 1951 年开展的"清匪反霸,减租退押"政治运动中被枪决。③

12. **王玳** 字友珊,广东东莞人,毕业时年 26 岁。

---

① 参见吴虞:《吴虞日记》下册,中国革命博物馆整理,荣孟源审校,成都:四川人民出版社 1986 年版,第 139 页;中共"一大"会址纪念馆、上海革命历史博物馆筹备处编:《上海革命史资料与研究》第 6 辑,上海:上海古籍出版社 2006 年版,第 693 页。
② 刘国铭主编:《中国国民党百年人物全书》上册,北京:团结出版社 2005 年版,第 989 页。
③ 参见广东省档案馆编:《民国时期广东省政府档案史料选编》第 11 册,1989 年,第 292 页。《东莞市南城区志》编纂委员会编:《东莞市南城区志》,广州:广东人民出版社 2015 年版,第 929 页;广东省档案馆编:《民国时期广东省政府档案史料选编》第 1 册,1987 年,第 194 页。

13. **欧宗祐** 广东东莞人,毕业时年 29 岁。就读北京大学期间参加五四运动。毕业后公派日本留学,回国后担任上海商务印书馆编辑。1926 年 7 月投笔从戎,参加北伐战争,任国民革命军第三军独立第十六师政治部主任。1927 年反革命政变后,被迫弃官回到故里广东,发展地方交通、教育事业。翻译了日本学者美浓达吉所著的《宪法学原理》,著有《中国盐政小史》。①

14. **何作霖**(1900—1982) 广东东莞人。北大预科毕业考入政治学系。1919 年作为北大预科哲学系的学生,积极投身于五四运动,被北洋军阀政府拘捕,后被释放。1922 年就读北大期间,曾在北京《晨报》任编辑,同年加入中国国民党。北大毕业后历任粤第五军司令部秘书长、南京国民政府秘书。后因参与李济深等人的反蒋活动,被开除国民党籍并遭通缉。1934 年被迫东渡日本,进入早稻田大学攻读研究生,并获得博士学位。1937 年回国,任中山大学教授。曾与伍修权合译苏联的《唯物辩证法》。撰写《我在北京亲历"五四"运动的一些回忆》一文。②

15. **周云溪** 奉天新民人,毕业时年 24 岁。

16. **刘振雄** 广东香山人,毕业时年 28 岁。

17. **周义章** 字焕文,山东泰安人,毕业时年 26 岁。1934 年任山东牟平县县长。1937 年任山东广饶县县长,全面抗战爆发后,搜敛县金库所存现款,弃职潜逃。③

18. **孙万钊** 湖北枣阳人,毕业时年 31 岁。

---

① 傅泽铭等编著:《光辉历程》,广州:广东人民出版社 2002 年版,第 30 页。
② 参见张磊、胡缪芳:《五四运动的红旗手——何作霖》,东莞市政协文史资料委员会编:《东莞文史资料选辑》第 19 期,1991 年,第 35—39 页;杨宝霖编:《东莞中学前五十年史料编年》上册,东莞:东莞中学印行 2002 年版,第 382 页。
③ 参见程焕文等主编:《2014 年中文古籍整理与版本目录学国际学术研讨会论文集》下册,桂林:广西师范大学出版社 2015 年版,第 923 页;山东省广饶县地方史志编纂委员会编:《广饶县志》,北京:中华书局 1995 年版,第 602 页。

19. **潘桃**　广东梅县人,毕业时年 25 岁。1937 年 7 月至 1945 年 6 月任广东高等法院第一分院检察处首席检察官。①

20. **段灏**　江西雩都人,毕业时年 26 岁。后赴台湾,任台湾苗栗县立苑里中学教员。②

21. **刘承祚**　山东郯城人,毕业时年 26 岁。

22. **刘正亨**　陕西长安人,毕业时年 29 岁。

23. **张志俊**　陕西鄠县人,毕业时年 26 岁。1941 年 10 月至 1943 年 11 月任陕西省粮政局局长。③

24. **张法权**　江西宜春人。

25. **邓维华**　广东三水人,毕业时年 27 岁。

26. **徐美煌**　浙江建德人,毕业时年 23 岁。

27. **傅馥桂**　吉林扶余人,毕业时年 26 岁。北京大学文预科英文班毕业考入政治学系。预科就读间曾参加北京大学新闻学研究会。北大毕业后,1925 年参加教育部考选留学生,成绩为 81.25。1945 年 10 月任辽北省政府委员兼财政厅厅长,1947 年 10 月被免职。④

---

① 广东省汕头市地方志编纂委员会编:《汕头市志》第 1 册,北京:新华出版社 1999 年版,第 960 页。
② 参见《国立北京大学台湾同学会同学录》,1963 年编印,第 29 页。
③ 陕西省地方志编纂委员会编:《陕西省志·第三十二卷·粮食志》,西安:陕西旅游出版社 1995 年版,第 33 页。
④ 《民国十四年教育部考选留学生》,转引自杨学为等主编:《中国考试制度史资料选编》,合肥:黄山书社 1992 年版,第 622 页;刘国铭主编:《中国国民党百年人物全书》下册,北京:团结出版社 2005 年版,第 2307 页。

28. **赵宗云** 山东单县人,毕业时年 28 岁。

29. **赵蕴琦** 京兆大兴人,毕业时年 28 岁。编写有《美国政府大纲》《法国政府大纲》;参与翻译英国学者布赖斯(James Bryce)所著《现代民治政体》、美国学者布鲁克(R. C. Brooks)所著《瑞士的政府和政治》。

30. **郑鹤年** 广东东莞人,毕业时年 29 岁。

31. **史记言** 辽宁沈阳人。

32. **容天量** 广东新会人。毕业后,1925 年于广州倡办私立知行初级中学,后任校长。①

- 1925 年政治学系毕业学生名单②

1. **金宝时** 浙江东阳人,毕业时年 23 岁。

2. **刘国增** 奉天昌图人,毕业时年 28 岁。

3. **徐灿生** 江苏武进人,毕业时年 26 岁。

4. **贾莪荪** 山东黄县人,毕业时年 28 岁。

5. **林振声** 湖北汉川人,毕业时年 27 岁。1940 年前后曾任湖北宣

---

① 参见广东省教育厅编:《广东全省教育概况》,广州:广东省教育厅 1933 年版,第 328 页;北京大学五十周年筹备委员会编:《国立北京大学历届同学录》上册,国立北京大学出版部 1948 年版,第 209 页。
② 学生姓名及年龄等内容参见注册部布告,载于《北京大学日刊》第一七五一号,1925 年 9 月 3 日;北京大学:《国立北京大学同学录》,北京大学 1924 年版;北京大学注册部编志课编:《国立北京大学毕业学生一览》,出版者不详,1930 年同学录中所记载为四年级在读年龄,由于同年毕业,据此推断毕业年龄。

鹤联中校长。①

6. 陈赞豪 广东梅县人,毕业时年 31 岁。北大就读期间曾参加五四运动,撰写有《我曾经参加过痛打卖国贼章宗祥》一文。②

7. 王凤桐 浙江嵊县人,毕业时年 28 岁。

8. 苏荫棠 甘肃会宁人,毕业时年 27 岁。1920 年旅京甘肃部分学生创办《新陇》杂志以传播新文化,苏荫棠任该杂志社经理部副主任。③

9. 伍齐益 广东台山人,毕业时年 31 岁。

10. 梁朝霖 广西腾县人,毕业时年 27 岁。

11. 梁炳麟(1893—1938) 字耀南,山东腾县人。北大毕业后参加西北军,任冯玉祥部军法官。1927 年担任洛宁县长,期间改革封建陋习,宣传三民主义。青海建省后,任省政府民政厅吏治视察员。1929 年 12 月,任乐都县县长,到任后兴办教育,创建乐都中学并兼任校长。1932 年年初改任都兰县县长,任职期间深入草原沙漠调查研究,提出"拟开发青海新县建设办法大纲"。1933 年 6 月离开青海,其后曾任陕西省岚皋县县长等职。1938 年病故于西安。撰有《青海内部调查日记》《都兰县风土调查记》等文。④

---

① 宣恩县政协文史资料委员会编:《宣恩文史资料》第 12 辑,2008 年,第 20 页。
② 广东省政协文化和文史资料委员会编:《广东文史资料精编》下篇第 1 卷,北京:中国文史出版社 2008 年版,第 552 页。
③ 参见邓春膏、朱镜堂:《五四运动时期甘肃旅京学生刊物〈新陇〉》,中国人民政治协商会议甘肃省民勤县委员会文史资料工作委员会编:《甘肃文史资料选辑》第 17 辑,兰州:甘肃人民出版社 1984 年版,第 68 页。
④ 参见青海百科全书编纂委员会编:《青海百科全书》,北京:中国大百科全书出版社 1998 年版,第 404 页;洛宁县志编纂委员会编:《洛宁县志》,北京:生活·读书·新知三联书店 1991 年版,第 620 页;梁建华:《先叔梁炳麟轶事》,中国人民政治协商会议河南省洛宁县委员会文史资料委员会编:《洛宁文史资料》第 2—3 辑,1988 年,第 93 页。

12. **周杰人**(1899—1967) 江苏盐城人。北大就读期间,参加五四爱国运动。1926年加入国民党。毕业后曾任《中央日报》编辑。1929年任江苏省党部委员。1933年当选国民党第五次全国代表大会代表。1938年11月任江苏盐城县县长兼三青团盐城筹委会主任,1939年率县部队抗日,1940年辞职。抗战胜利后复出,任国民党江苏省党部委员。1948年被选任国民党立法委员会委员,上海解放后宣布脱离国民党。1949年后赴台湾。1967年3月病逝于美国。①

13. **葛之茎** 江苏溧阳人,毕业时年24岁。1927任中国共产党汉口市委筹办江苏青年训练班(对外宣称国民党江苏省党部驻汉党务训练班)教员,主讲政治经济学概论。撰写《中国国民党第二届中央执行委员会第四次全体会议纪要(李宗仁的提案)》一文,刊载于1928年2月12日《中央日报》。②

14. **阎书绅** 山东濮县人,毕业时年29岁。1934年曾任山东菏泽巨野县初级中学校长。③

15. **贺庆** 山西崞县人,毕业时年29岁。北大毕业后曾任晋绥军无线电信局主任。1926年任山西省立无线电学校庶务。④

16. **王来科** 山西临晋人,毕业时年32岁。

17. **萧桂森**(1902—1978) 字一山,号非宇,江苏铜山人。北大毕业后曾执教于清华、北大、南京中央大学等高校。抗战胜利后,以"部聘

---

① 参见刘国铭主编:《中国国民党百年人物全书》下册,北京:团结出版社2005年版,第1614页;政协建湖县委员会文史资料征集研究委员会编:《建湖文史选辑》第4辑,1991年,第64页。
② 王传厚主编,中共安徽省委党史工作委员会编:《安徽中共党史人物传》第2卷,合肥:安徽人民出版社1993年版,第15页。
③ 政协巨野县委员会文史资料委员会编:《巨野县文史资料》第3辑,1989年,第24页。
④ 政协山西省委员会文史资料委员会编:《山西文史资料》总第114辑,1997年,第89页。

教授"名义兼任国民党北平行辕秘书长,后任台湾"中央研究院"近代史研究所研究员、"中央研究院"院士、"中国史学会"监事等职。1959年与张其昀等人共同主持"清史编纂委员会"。著有《清代学者生卒及著述表》《清代通史》《中国通史大纲》《清史大纲》《太平天国丛书》(第一集)等。[①]

18. **乔国章** 江苏盐城人,毕业时年28岁。

19. **秦秉刚** 山西新绛人,毕业时年24岁。

20. **陈勉云**(1898—1967) 原名陈应钊,广东新会人。北大毕业后返香港省亲,后回广州居住。1930年任浙江省民政厅视察,一年后辞职,返回广州任职于广东造币厂。1932年任国民党元勋陈少白秘书。1936年任国立广东法科学院教授,同年7月任广东财政厅专员。1938年广州沦陷后辞职移居澳门,执教澳门执信中学、澳门蔡高中学等。1967年于澳门病逝。[②]

21. **李云章** 安徽霍邱人,毕业时年32岁。

22. **高逢泰** 奉天沈阳人,毕业时年26岁。

23. **延瑞琪**(1900—1978) 字国符,山东广饶人。1916年加入中华革命党,参加山东"讨袁"战役。1921年加入国民党,主持国民党北京通讯和联络青年工作。就读北大期间,奉校长蔡元培之命,组建北大学生军,担任军长。1924年担任国民党第一次全国代表大会代表、国民党北京执行部组织干事。1925年2月,受孙中山嘱托策动组织国民会议,反对段祺瑞执政,后当选国民会议执行委员。1925年到1937年间,曾先后担任冯玉祥部国民军驻甘少将政治处长、西安中山大学校长、唐

---

① 申畅等编:《中国目录学家辞典》,郑州:河南人民出版社1988年版,第439页。
② 黎细玲编著:《香山人物传略》第1册,北京:中国文史出版社2014年版,第187—188页。

生智军总参议、韩复榘任主席的山东省政府参议。1937年全面抗战爆发后先后担任全国军事运输军法执行监,国民政府立法委员等职。1945年抗战胜利后被授予胜利勋章,二等景星勋章,任国民党立法院副秘书长。1949年移居台湾,1978年病逝。①

24. **侯慕彝** 广东省梅县人。北大毕业后,担任杭州国立艺专教授兼秘书主任。1936年任河南省民政厅第五科科长,掌管禁烟禁毒。1929年起调任河南禹县县长,任职期间曾记大功三次。全面抗战爆发后,1944年兼任城防副司令参加抗日,后辗转赴西安。1945年日本投降后,再任禹县县长。②

25. **陈恒仁** 奉天复县人,毕业时年30岁。

26. **信纲** 奉天法库人,毕业时年28岁。

27. **张阜源** 奉天沈阳人,毕业时年25岁。

28. **秦位铺** 直隶行唐人,毕业时年26岁。

29. **杨兆甲** 别号子江,江苏泰兴人,毕业时年28岁。1928年曾任江苏泰县县长。1937年8月28日任行政法院书记官长,1940年3月14日免职。③

---

① 参见广饶县政协文史委、广饶县旅游局编:《广饶文史资料·第十八辑·广饶风物》,2007年版,第369页;延国符:《延国符回忆录》,萧继宗主编:《革命人物志》第15集,台北:中央文物供应社1976年版,第69页。
② 参见中国人民政治协商会议禹州市委员会文史资料委员会编:《禹州文史资料》第8辑,1995年,第98页;王国谦主编,政协禹州市学习文史委员会编:《禹州文史》第16辑,2006年,第66页;万仁元、方庆秋主编,中国第二历史档案馆整编:《中华民国史史料长编·民国33年》第2册,南京:南京大学出版社1993年版,第1521页。
③ 参见泰州市地方志编纂委员会编著:《泰州志》,南京:江苏古籍出版社1998年版,第519页;刘国铭主编:《中国国民党百年人物全书》上册,北京:团结出版社2005年版,第972页。

30. **马昌民**　湖南衡山人,毕业时年 26 岁。遗存李大钊所授《唯物史观》课程答卷,考题为"试述马克思唯物史观的要义并其及于现代史学的影响"。①

31. **罗敦伟**(1898—1964)　字韶卿,湖南长沙人。1920 年在北京组织"批评社",编辑并创办《批评》半月刊,宣传新村主义。北大毕业后,历任北平大学、中国大学、朝阳大学教授,中国经济年鉴编纂委员会常委,国民政府实业部统计长、行政院秘书等职。担任过《京报》副刊主编、《和平日报》社社长、《益世报》与《时事新报》主编。后赴台湾。著有《中国统制经济论》《中国经济建设问题》《非常时期之经济政策》《现代民治的趋势》《现代国家学》《马克思主义评论之评说》等。②

32. **夏兴武**　山东济宁人,毕业时年 30 岁。

33. **贺廷珊**　直隶宁晋人,毕业时年 24 岁。遗存其北大政治系二年级(1923 年)李大钊所授"唯物史观"课程考卷,该答卷获得 95 分。③

34. **赵玉法**　浙江诸暨人。

35. **田树勋**　直隶天津人,毕业时年 26 岁。

36. **于庆均**　山东莱阳人,毕业时年 26 岁。北大毕业后曾于日本

---

①　马昌民《唯物史观》试题答卷,试题为"试述马克思唯物史观的要义并其及于现代史学的影响"。答卷用毛笔书写,字迹工整清晰,论述正确。李大钊给这份答卷评了 95 分。北京新文化运动纪念馆编:《北京新文化运动纪念馆十年文集》,北京:文物出版社 2012 年版,第 144 页。

②　参见傅国涌主编,许骥编:《给教育燃灯》,北京:清华大学出版社 2013 年版,第 27 页;王德毅:《中国历代名人年谱总目》,台北:华世出版社 1979 年版,第 316 页;李维民主编:《中国年鉴史料》,北京:北京志鉴刊研究院 2003 年版,第 63 页;寻霖、龚笃清编著:《湘人著述表》第 2 册,长沙:岳麓书社 2010 年版,第 711 页;王先明编著:《走近乡村——20 世纪以来中国乡村发展论争的历史追索》,太原:山西人民出版社 2012 年版,第 154 页。

③　康沛竹主编:《中国近现代史前沿问题研究》,合肥:安徽人民出版社 2012 年版,第 94 页。

明治大学留学。①

37. **崔玉成** 江苏盐城人,毕业时年29岁。

38. **邰家珏** 江苏溧水人,毕业时年26岁。

39. **谢先庚** 江西雩都人,毕业时年28岁。

40. **刘占元** 山东曹县人,毕业时年26岁。

41. **车兴富** 四川犍为人,毕业时年29岁。

42. **徐政勤** 山东泰安人,毕业时年28岁。

43. **杨展云**(1897—1994) 字鹏飞,山东城武人。北大预科毕业考入政治学系。毕业后,1926年后历任甘肃岷县、狄道县、天水县县长。1929年辞职后回山东任教,历任青岛胶济铁路中学国文教员、山东省立济南师范教员。1932年任山东教育厅督学,中等教育科长。全面抗战爆发后,负责组织流亡中学生南下。1939年任陕西教育厅主任秘书。1946年派任国民党山东省党部书记长,同年被选举为"制宪国民大会"教育团代表,兼任山东省政府委员。1949年后赴台湾,任"教育部特设员林实验中学"校长。②

44. **余明尊** 湖南醴陵人,毕业时年24岁。

45. **杨道基**(1900—1979) 字香雪,广东梅县人。毕业后,任广东梅县丙镇中学校长,三年后卸任转入湖北武汉市税捐局任职。全面抗

---

① 莱阳市史志编纂委员会办公室编:《莱阳古今杰出人物》,济南:山东省新闻出版局1998年版,第58页。

② 《民国山东通志》编辑委员会编:《民国山东通志》第5册,台北:山东文献杂志社2002年版,第3253—3254页。

战爆发后,返回广东梅县,任丙中图书馆主任。后在松口中学任教员。新中国成立后,任梅县图书馆馆员。杨道基是梅县有名的书法家之一,广益中学、丙镇中学及锦江桥名皆为其所书。①

46. **周国隆**　字孟如,江苏宜黄人,毕业时年28岁。1925年发起成立"宜黄旅京学生会",任该会总务委员。②

47. **刘恒**　贵州郎岱人,毕业时年26岁。

48. **王道彬**　安徽合肥人,毕业时年29岁。

49. **韩树淼**(1897—？)　字海容,甘肃贵德人。就读北大期间,曾参加五四运动,并同甘肃籍部分在京学生创办《新陇》杂志。1925年北大毕业后当选孙中山主持的国民会议代表。1929年返回青海,任省立第一师范学校校长、青海省政府秘书兼教育科科长。1932年,任《青海日报》主编之一。1933年至1934年任青海互助县长,期间创办了20余处"蒙藏小学"。此后。历任青海省乐都县县长、省教育科孔学会会长、省政府顾问等职。新中国成立后,先后担任青海省文物管理委员会委员,省文史研究馆馆员等职。③

50. **谭树槐**　贵州桐梓人,毕业时年26岁。

51. **宾鹤翔**　湖南衡山人,毕业时年25岁。

52. **李天惠**　河南信阳人,毕业时年29岁。

---

① 参见梅县梅江区杨氏族谱编委会编:《杨氏族谱》卷1,梅县梅江区杨氏族谱编委会2003年版,第216页;梅州中学、梅州中学校友会主编:《群星灿烂——梅州中学部分校友业绩介绍》第2册,1999年,第115页。
② 蔡鸿源、徐友春主编:《民国会社党派大辞典》,合肥:黄山书社2012年版,第310页。
③ 逯家寨村志编纂委员会编:《逯家寨村志》,西宁:青海人民出版社2000年版,第29页。

53. 戴朝震（1900—1988） 原名戴奠元，湖南浏阳人。1922年加入国民党。1924年随李大钊赴广州列席国民党第一次代表大会。返京后，由邓中夏介绍加入社会主义青年团。就读北大期间先后担任北大团支部书记，北京学联月刊编辑部主任等。1925年北大毕业，先后任张家口西北银行总行秘书、北京政府财政部总务司帮办、湖南省印花税局局长、重庆国立中央大学秘书等职。1947年春在上海加入"三民主义同志联合会"（简称"民联"）。1948年"民联"合并到"民革"，戴朝震奉"民革"派遣，回湖南任地下特派员，发动"反三征"（征兵、征粮、征税）等活动。湖南和平解放后，先后担任长沙市民革副主任、民革中央团结委员会委员等职。①

54. 李世璋（1900—1983） 字明斋，江西临川人。北大就读期间先后加入了中国社会主义青年团和中国共产党，当选为北大团支部书记。国共第一次合作之初，他以个人资格交叉参加国民党。1925年，赴广州担任黄埔军校政治教官。1926年任国民革命军第六军政治部秘书、代理政治部主任兼十八师党代表，并于上海参加谭平山等组织的中国国民党行动委员会。1930年至1934年间，在上海江南学院、暨南大学任教授，并策动十九路军蔡廷锴等联共反蒋抗日。"七七事变"后，出任第一战区长官司令部秘书长兼政训处长。1943年，与谭平山、王昆仑等在重庆发起组织三民主义同志联合会（简称民联），与中共密切合作。1949年9月，参加第一届全国人民政治协商会议和开国大典。担任中央人民政府监察委员会秘书长、监察部副部长。1959年，任江西省副省长、省政协副主席。作为民革创始人之一，历任民革中央常委、副主席、民革江西省委会主委，全国政协第四、五、六届常务委员等职。1962年重新加入中国共产党。②

55. 范用馀 江苏如皋人，毕业时年26岁。就读北大期间，1922年

---

① 长沙市地方志办公室编：《长沙市志》第16卷，长沙：湖南人民出版社2002年版，第330—331页。
② 《江西省人物志》编纂委员会编：《江西省人物志》，北京：方志出版社2007年版，第461—462页。

与魏建功等人利用暑假在家乡江苏发起成立"如皋平民社",维护农民权益,推广平民教育,宣传马克思主义。翻译浮列尔(Farrel)所著《政治哲学导言》。①

56. 袁世斌(1894—1990)　别号冠新,贵州贵阳人。1922年加入中国国民党。1926年4月被选为国民党西山会议派候补中央执行委员。后随何应钦在军政部任办公室主任。1937年至1941年间留学法国,获巴黎大学法学博士学位。1941年6月任国民政府立法院立法委员,后任考试院辅导委员会委员。1943年9月任甘肃省政府委员兼财政厅厅长。1945年1月任贵州省政府委员,同年10月任贵州民政厅厅长。在贵州期间兼任过贵州大学教授。1946年11月被选为"制宪国大"代表。1949年赴香港,随后移居法国。② 1950年赴台湾,任台湾大学教授。著有《王权宪法与中华民国宪法》。

57. 戴郇　江苏丹徒人,毕业时年24岁。毕业后曾任中国大学、金陵大学教授。③

58. 陈长　广西藤县人,毕业时年33岁。

59. 黄有志　江西石城人,毕业时年26岁。

60. 邓和礼　广东三水人,毕业时年27岁。

61. 龚至仁　四川江津人,毕业时年27岁。

62. 樊弘(1900—1988)　四川江津人。1919年考入北京大学预

---

① 江苏省政协文史资料委员会,南通市政协学习、文史委员会编:《江海春秋》下册,1998年,第83—84页。
② 刘国铭主编:《中国国民党百年人物全书》下册,北京:团结出版社2005年版,第1889页。
③ 高平叔编:《蔡元培语言及文学论著》,石家庄:河北人民出版社1985年版,第253页。

科,1920年入英语系学习,1921年转入政治学系。北大毕业后在《中美晚报》《国民公报》任编辑,1926年进入北平社会调查所任编辑员。1928年任中央研究院社会科学研究所助理研究员,1930年复回北平社会调查所任研究员。1934年任天津河北省立法商学院教授,讲授经济学。1937年赴英国伦敦大学和剑桥大学进修,系统研究凯恩斯经济学说。1940年任中央大学经济系教授、中央研究院社会科学研究所研究员,后任复旦大学经济系主任。1946年起任北京大学经济系教授直至病逝。著有《社会调查方法》《工资理论之发展》《现代货币学》《当代资产阶级经济学说》等著作,发表有《凯恩斯和马克思资本积累、货币和利息》等论文。[1]

63. 翟景卓 河南宜阳人,毕业时年27岁。

64. 赵元恺 陕西咸阳人,毕业时年28岁。

65. 谢祥椿 吉林省吉林市人。

66. 余旭 四川邻水人,毕业时年27岁。1923年就读北大期间,曾与赖振生等邻水籍在京各校学生发起组织邻水旅京同学会"古邻社",出版社刊《古邻新潮》,宣传"五四"新文化。1938年8月赴任四川忠县县长时落江溺亡。[2]

67. 张翼谟 河南渑池人,毕业时年26岁。

68. 廖廷锷(1895—1952) 又名梓芳,广东兴宁人。毕业后,先后担任过广东省龙川县和灵山县县长、广东省立梅县五中校长等职。[3]

---

[1] 《江津县志》编纂委员会编著:《江津县志(1986—1992)》,成都:四川科学技术出版社2015年版,第738页。
[2] 参见邹元模主编:《潾州梦韵》,北京:中国文联出版社2014年版,第16页;忠县志编纂委员会编:《忠县志》,成都:四川辞书出版社1994年版,第16页。
[3] 广东省兴宁市廖氏族谱续编理事会主编:《广东兴宁廖氏族谱(首卷·总谱)》,1998年,第117页。

- **1926 年政治学系毕业学生名单**①

1. **桑义彰**　字灿云,山东濮县人,毕业时年 27 岁。

2. **王本乾**　字位南,云南大姚人,毕业时年 27 岁。

3. **李富善**(1900—?)　字圣五,山东泰安人。北大毕业后,先后就读日本东京帝国大学法学部研究院、英国牛津大学。曾任复旦大学、暨南大学教授,历任国民党中央政治委员会专门委员、行政院参事、外交部总务司长及外交部顾问。全面抗战爆发后,随商务印书馆移居香港,任该馆总编辑及国民参政会参政员。1939 年任伪国民党中央执行委员会委员兼常务委员、伪中央政治委员会委员。1940 年 3 月汪伪国民政府成立后,任伪司法行政部长。1941 年春调任伪教育部长,兼承日本旨意,推行奴化教育。1941 年 8 月兼任伪中央大学校长、伪中国法学会理事长。1945 年 5 月调任伪外交部部长。1945 年 8 月日本投降后,同年 9 月 26 日被军统局拘捕。1947 年 12 月 9 日,被首都高等法院判处有期徒刑 15 年。②

4. **吴江钟**　字君奇,广东琼山人,毕业时年 27 岁。1945 年任琼山中学校长,期间曾压制学生的革命活动。③

5. **刘抡英**　字伯实,山东益都人,毕业时年 29 岁。1935 年任南京政府蒙藏委员会派驻宁夏调查组组长。1943 年 4 月至 1948 年 7 月任

---

① 参见注册部布告,《北京大学日刊》第一九六四号,1926 年 9 月 18 日;北京大学:《国立北京大学同学录(民国十四年)》,北京大学 1925 年毕业生年龄、籍贯等信息参见《国立北京大学同学录(民国十四年)》中所载政治学系三年级在读时年龄。由于毕业时间是 1926 年,故推测其毕业年龄应在此基础上增加 1 岁。

② 万仁元,方庆秋,王奇生编:《中国抗日战争大辞典》,武汉:湖北教育出版社 1995 年版,第 328 页。

③ 参见海南省定安县政协文史资料委员会印:《定安文史·教育专辑》,1999 年,第 30 页。琼崖地下学联史编委会编:《椰岛学海洪波——琼崖地下学联史》,海口:海南出版社 1997 年版,第 73 页。

宁夏省政府委员。①

  6. 赵勤畲 字新甫,山东单县人,毕业时年 27 岁。

  7. 刘广洽 字子阳,山东濮县人,毕业时年 30 岁。

  8. 黄为俊 字彦钦,四川犍为人,毕业时年 32 岁。

  9. 邵光铨 字筑波,贵州贵阳人。

  10. 殷钺 字秉虔,四川西充人,毕业时年 26 岁。1928 年曾任新成立的西康特区政务委员会秘书。②

  11. 薛保恒(1903—1957) 字砺若,安徽霍邱人。1919 年,因声援五四运动,被就读的安庆省立第一中学以"闹学潮"的名义开除。1920 年考入北京大学预科,后升入政治学系。北大毕业后,隅居北京,潜心于词学研究及写作。1929 年回到安徽霍邱,任敷文中学校长,此后一直从事教学工作,曾先后任职于颍上县中、山东大学、霍邱县中、省一临中、鲁苏豫皖边区学院、山东临时政治学院、省立蚌埠中学等学校。新中国成立后,先后担任皖北师范、皖北高级农林学校、安徽大学中文系教授。著有《中国词学史》《宋词通论》《两代词人传略》等著作。③

  12. 曹尚毅 字宝珪,湖南资兴人,毕业时年 30 岁。1933 年主编《资兴曹氏族谱》。④

---

① 参见章鸿钧编著:《阿拉善纪事》,银川:阳光出版社 2012 年版,第 188 页;刘国铭主编:《中国国民党百年人物全书》上册,北京:团结出版社 2005 年版,第 486 页。
② 中国人民政治协商会议甘孜藏族自治州委员会文史办编:《文史资料·西康史拾遗》上卷,1987 年,第 66 页。
③ 王友胜等:《民国间古代文学研究名著导读》,长沙:岳麓书社 2010 年版,第 297—298 页。
④ 汤广全:《教育家蔡元培研究》,济南:山东人民出版社 2016 年版,第 253 页。

13. **朱予觉** 字左吾,河南南阳人,毕业时年 28 岁。

14. **彭宗海** 字象涵,四川宜宾人,毕业时年 29 岁。1924 年春,与宜宾同乡等六人联合主编《益群旬刊》。①

15. **黄利贞** 字公权,广东台山人,毕业时年 28 岁。

16. **张荣福** 字履成,四川新都人,毕业时年 29 岁。

17. **李昌仁** 四川江津人,毕业时年 29 岁。就读北大期间参加四川江津同学会,该会创办会刊《几水声》,任出版委员会委员。②

18. **龙文治** 别号稚云,四川涪陵人,毕业时年 26 岁。1922 年经邹鲁介绍加入国民党。1926 年北京大学毕业后,回四川任国民革命军第二十四军政治部宣传科长、重庆联合中学校长。同年奉派为国民党重庆市党务指导委员。1939 年任重庆市参议会秘书长。1942 年 7 月当选为国民参政会第三届参政员。1944 年兼任国民党重庆市党部组织处长。1946 年升任国民党重庆市党部主任委员。1948 年当选立法委员。1949 年 5 月在广州病故。③

19. **何道智** 广东英德人,毕业时年 31 岁。

20. **罗绍徽**(1902—1951) 字节琴,广西昭平人。1927 年任国民革命军第七军政治部组织科科长,同年秋任南京《国民日报》社社长。1932 年 11 月任国民党广西省党部执行委员。后历任广西恭城、都安、永淳、苍梧县县长。1947 年任华中"剿匪"总部政务委员会专门委员。1949 年 6 月任广西省第十一区(平乐)行政督察专员兼保安司令,10 月

---

① 宜宾市政协文史资料委员会编:《宜宾历代文化人物》,1993 年,第 304 页。
② 王绿萍编:《四川报刊五十年集成:1897—1949》,成都:四川大学出版社 2011 年版,第 120 页。
③ 张宪文等主编:《中华民国史大辞典》,南京:江苏古籍出版社 2001 年版,第 513 页。

兼任新编第十军新编二十九师少将师长,同年底在广西被俘。①

21. **严继畲** 福建闽侯人,毕业时年 26 岁。

22. **陈兆彬**(1897—?) 字君朴,广东省新会人。1922 年,就读北大期间与同校同学王昆仑等共同组建民治主义同志会,宣传三民主义,后经孙中山先生同意,民治主义同志会集体加入国民党。北大毕业后历任广州国民政府交通部秘书、国民党中央党部青年部秘书。1928 年任南京《中央日报》总经理,同年 11 月任国民政府铁道部秘书,翌年兼任财务司司长。1932 年任广九铁路管理局局长。1933 年 1 月任国民政府立法院第三届立法委员,同年任广东省营物产经理处经理。② 后赴台湾,任台湾省立建国中学英文教员。

23. **孟庆祚** 河南巩县人,毕业时年 26 岁。曾任巩县县立中学教员。③

24. **黄琛** 字泽敷,浙江乐清人,毕业时年 29 岁。

- **1927 年政治学系毕业学生名单**④

1. **卢翊** 字亦宝,广东东莞人。北大毕业后曾任广东新会县教育局长兼新会师范学校校长,后任《岭东民国日报》总编辑、东莞县教育局长,1950 年担任东莞中学教员。⑤

2. **刘正华** 字龙章,四川巴县人。在北大学习期间,同时兼任外交

---

① 罗训森主编,中华罗氏通谱编纂委员会编:《中华罗氏通谱》第 2 册,北京:中国文史出版社 2007 年版,第 689 页。
② 刘国铭主编:《中国国民党百年人物全书》下册,北京:团结出版社 2005 年版,第 1359 页。
③ 巩县志编纂委员会总编辑室编:《巩县文史资料·教育专辑》第 5 辑,1983 年,第 16 页。
④ 注册部布告,载于《北京大学日刊》第二一九二号,1929 年 6 月 17 日。
⑤ 杨宝霖编:《东莞中学前五十年史料编年》上册,东莞中学印行,2002 年。

部的工作。1922年经邹鲁、杨沧白等人介绍加入国民党。毕业后,曾任国民党中央通讯社总干事兼编辑部主任,南京《新民报》创刊人之一,历任南京、重庆《新民报》协理和经理,《福建民报》社长,成都市政府秘书长等职。新中国成立后担任民革四川省委委员、顾问,重庆市政协委员等。①

3. **王则鼎**　字丹九,山西赵城人,毕业时年25岁。

4. **索春霖**　字润田,奉天沈阳人。

5. **康选宜**　四川安岳人。曾任暨南大学、上海法学院教授,上海市各大学教职员联合会主要负责人。②

6. **王振武**(1900—?)　湖南祁阳人。1920年考入北大预科,毕业后考入英文系后转入政治学系。本科毕业论文题目为《中国国民党的历史及其三大政策》。在校期间,1924年通过少年建国团的组织加入国民党。北大毕业后,1927年在武汉担任国民革命军第三十五军政治部总务科长。后回乡教书,1929年开始担任船山、成章两校国文教师,任教时间长达11年。后归乡依靠家产成为地方乡绅。1943年任祁阳县立乡师校长,1948年接任私立槐庄小学校长。③

7. **刘仁钺**　字铁夫,吉林伊通人。

8. **余维一**　字致中,四川涪陵人。1922年经邹鲁介绍加入国民党。

---

① 参见刘正华:《怀念杨庶堪》,中国人民政治协商会议重庆市委员会文史资料委员会编:《重庆文史资料》第36辑,重庆:西南师范大学出版社1991年版,第53页;成都市政协文史学习委员会编:《成都文史资料选编·蓉城杂俎卷》,成都:四川人民出版社2007年版,第364页。

② 蔡元培:《蔡元培全集》第14卷,中国蔡元培研究会编,杭州:浙江教育出版社1998年版,第361页。

③ 王振武:《王振武自传》,中国人民政治协商会议湖南祁阳县委员会文史资料研究委员会编:《祁阳文史资料》第6辑,1990年,第130—141页。

曾担任国民党中央通讯社社长,重庆聚兴诚银行高级顾问,著名金融家杨粲三的秘书。①

9. 王名泗　字海涵,山东濮县人。

10. 吴诚颐　字养龄,山东临沂人,毕业时年26岁。其父为临沂的大绅士吴荫曾,曾创办《晨钟报》,就读北大期间,吴诚颐曾利用假期在该报社工作。②

11. 姚光世　字梦更,山西临晋人。

12. 曾集熙　字宪文,广东宝安人。1922年经邹鲁介绍加入国民党。1927年任武汉国民政府交通部秘书。1928年任司法院院部参事。1929年任汉口特别市政府秘书长,1930年被免职。1947年9月任立法院立法委员。后赴台湾,任省立丰原商业职业学校教务主任。③

13. 张克昌(1894—1977)　字炽甫,山西河曲人。北京大学文科预科毕业后升入政治学系,后又转到史学系。历任天津市政府秘书,山西民族革命大学教员,山西大学校务委员会主任兼历史系教授等,主讲辩证法唯物论、中国通史。著有《中国通史》(初稿)、《辩证唯物论》《中外地理大纲》《文学表解》等。④

- **1928年政治学系毕业学生名单**⑤

1. 曾令行　四川合江人。

---

① 参见郑光路:《被遗忘的抗战史:四川大抗战》,成都:四川人民出版社2015年版,第330页;沈醉等:《亲历者讲述·蒋介石1949》,北京:中国文史出版社2013年版,第117页。
② 郑敬之:《解放前临沂报刊述略》,政协山东省临沂市委员会文史资料研究委员会编:《临沂文史资料》第6辑1987年,第147—158页。
③ 刘国铭主编:《中国国民党百年人物全书》下册,北京:团结出版社2005年版,第2185页。
④ 山西省社会科学院情报研究所编:《当代山西社会科学人物综览》,太原:山西人民出版社1990年版,第173页。
⑤ 注册部布告,载于《北京大学日刊》第二一九二号,1929年6月17日。

2. **谢邦钺**　四川开县人。

3. **熊贵义**　四川犍为人。

4. **张景春**　字镜岱,吉林扶余人。

5. **张环玉**　浙江象山人。

6. **周名琯**　字盛楚,湖南茶陵人。

7. **王盛治**　字来苏,福建同安人。

8. **王必寿**　字得皆,四川古蔺人。

9. **沈作乾**(1901—1951)　字连三,浙江丽水人。1918年入浙江省立第十一中学,在五四运动期间,组织丽水学生联合会,举行罢课游行。北大毕业后到国民政府外交部工作。1930年,任驻美国公使馆、纽约总领事馆随习领事,入哥伦比亚大学学习,获博士学位。1936年后,任驻芝加哥总领事馆领事,发表《排斥中国人究竟为什么?》的文章,谴责美国政府排斥华人政治的历史和现状。1946年任驻菲律宾大使馆二等秘书,曾参加国际粮食会议。1951年病逝檀香山。著有《畲民调查记》《论中国之不平等条约》等。①

10. **林炳坤**　字明哲,台湾台北人。1922年就读北大期间与本校台湾青年学生范本梁、刘锦堂、郑明禄以及民国大学台籍学生陈文亮等5人发起成立"北京台湾青年会",这是台胞在京成立的第一个民间社团,创办发行《会报》和其他宣传文件。②

11. **李世尊**　字济生,察哈尔凉城(今内蒙古自治区乌兰察布市凉

---

① 虞文喜主编:《丽水地区人物志》,杭州:浙江人民出版社1995年版,第156页。
② 戚嘉林:《台湾史(增订版)》,北京:华艺出版社2014年版,第326页。

城县)人。

- **1929 年政治学系毕业学生名单**①

1. 朱偰(1907—1968) 字伯商,浙江海盐人。北大预科毕业考入政治学系。1929 年毕业后留学德国柏林大学,攻读经济学,兼修历史、哲学,1932 年获哲学博士学位。毕业后回国任国立中央大学经济系教授。1938 年起,任财政部秘书、关务署署长等职。1949 年回中央大学经济系,任教授、系主任。1952 年任江苏省文化局副局长。后任江苏图书管理委员会副主任。翻译有《漪溟湖》《燕语》,著有《日本侵略满蒙之研究》《元大都宫殿图考》《江浙海塘建筑史》《中国财政问题》《中国货币问题》等著作。②

2. 陈一云 江苏江宁人。北京大学预科毕业考入政治学系,毕业时年 25 岁。

3. 罗诗珍 字聘卿,四川江北人。北京大学预科毕业考入政治学系,毕业时年 26 岁。1935 年前后,曾参加四川省政府县政人员训练所,即所谓"县训"。1941 年 11 月至 1945 年 10 月任四川青神县县长。③

4. 张锡彤(1903—1988) 字廉超,河北青县人。1922 年毕业于天津南开中学,1929 北大政治系毕业后,进入燕京大学研究院深造。历任燕京大学、北京政法学院教授。1956 年后任中央民族学院历史系教授,民族研究所研究员。主要译著有《蒙古入侵以前的突厥斯坦》(巴尔托里德著)、《原始文化史纲》(柯斯文著),曾参与编写了《中国历史地图

---

① 毕业生姓名、籍贯、毕业年龄等内容参见注册部布告,载于《北京大学日刊》第二二七四号,1929 年 11 月 6 日北京大学编:《国立北京大学同学录(民国十八年)》,1929 年,同学录中所记载学生年龄为四年级在在读年龄,由于同年毕业,故据此推断毕业年龄。
② 周川主编:《中国近现代高等教育人物辞典》,福州:福建教育出版社 2012 年版,第 115 页。
③ 参见中国人民政治协商会议江北县委员会文史资料研究委员会编:《江北县文史资料》第 2 辑,1987 年,第 43 页;青神县县志编纂委员会编:《青神县志》,成都:成都科技大学出版社 1994 年版,第 361 页。

集释文汇编·东北卷》。①

5. **张明时** 字历生,河南开封人。北京大学预科毕业考入政治学系,毕业时年 25 岁。北大毕业后留学比利时,获法学博士学位。②

6. **余维明** 广东台山人。北京大学预科毕业考入政治学系,毕业时年 29 岁。

7. **余坦先** 字佑人,广东大埔人。北京大学预科毕业考入政治学系,毕业时年 28 岁。

8. **王以义** 字毅夫,湖南新化人。北京大学预科毕业考入政治学系,毕业时年 29 岁。

9. **巫启圣**(1906—1942) 字玉言,江西玉山县人。北京大学预科毕业考入政治学系。1922 年经邹鲁介绍加入国民党。1927 年受南京国民党中央特派委员会委派,任江西临时省党部执行委员,旋奉派主持赣东党务。1929 年后,历任国民党中央宣传部秘书,军官团政治教官,国民政府考试院编纂,国民党江西省党部第四届执行委员、常务委员等职。1931 年 7 月,出任南昌行营党政委员会党务设计委员兼江西省党部巡视员。同年,赴欧洲入柏林大学,学习经济学,获博士学位。1940 年回国,任国民政府政治部设计委员、经济部专门委员。1942 年,任上海复旦大学教授,创办中山学社中山主义讲习会。1 月,代表国民政府政治部参加全国慰劳总会第五团赴云南劳军,返程时飞机坠毁遇难。③

10. **赵子懋** 字德修,河北唐县人。北京大学预科毕业考入政治学

---

① 中央民族大学历史文化学院知名系友,参见网址:http://history.muc.edu.cn/history/lan_ztlist.asp? ztid=11&subztid=42。
② 王伟:《中国近代留洋法学博士考(1905—1950)》,上海:上海人民出版社 2011 年版,第 316 页。
③ 《江西省人物志》编纂委员会编:《江西省人物志》,北京:方志出版社 2007 年版,第 510—511 页。

系,毕业时年25岁。在北大复校运动期间,曾任复校运动委员会主席,并作为学生代表赴教育部请愿。北大毕业后,由中国国民党中央党部派赴美国留学,学习政治学,回国后在考试院服务。①

11. 贺楚强(1903—1986)　字子谦,湖南溆浦人。1923年加入中国国民党。1925年任中国国民党北京特别市党部执行委员兼工人部部长、农民部部长。1927年任湖南省党部清党委员兼改组委员。后任汉口市党务指导委员、中央党部设计委员、湖南省党部执行委员等职。1939年任湖南省临时参议员。1941年被聘为第二届国民参政会参政员。1943年入中央训练团党政高级班第一期受训,结业后改任国民政府军事委员会委员长侍从室审核股股长。1945年任国民政府秘书。1946年任国民政府文官处秘书,同年当选为"制宪国民大会"②湖南区域代表。1947年调任国民政府参军处军务局副局长,同年11月当选"制宪国民大会"代表。1948年3月当选第一届"国民大会"代表,同年任总统府第三局副局长。后移居台湾,任《民族报》监事人、"总统府"参事等职,仍为"国民大会"代表。③

12. 李相显　字丕之,山东曹县人。北京大学预科毕业考入政治学系,毕业时年27岁。毕业后考入清华大学哲学系,研究生毕业。曾任北平中国大学、兰州师范学院、兰州大学、山西大学等大学教授,讲授"中国哲学史"等相关课程。著有《先秦诸子哲学》《逻辑大纲》。④

13. 吴祥春　字霭堂,广东琼山人。毕业时年29岁。

14. 王德明　字复初,河南渑池人。中州大学预科毕业考入北大政治学系,毕业时年24岁。

---

① 肖卫主编:《北大小品》,海拉尔:内蒙古文化出版社2001年版,第333页。
② 南京国民政府时期名义上代表全国国民行使政权的机关称为"国民大会"。1946年的"国民大会"任务为制定《中华民国宪法》,故称"制宪国大";1948年的"国民大会"任务为旅行宪法,故又称"行宪国大"。
③ 刘国铭主编:《中国国民党百年人物全书》下册,北京:团结出版社2005年版,第1799页。
④ 张元卿:《漫拂书尘》,上海:上海远东出版社2009年版,第33—34页。

15. **杨登纲** 字文库,湖北监利人。北京大学预科毕业考入政治学系,毕业时年 27 岁。1931 年 8 月创办汉口市立中学(1949 年后更名为武汉市第一中学),为首任校长。①

16. **徐公辅** 广东蕉岭人。北京大学预科毕业考入政治学系,毕业时年 30 岁。1949 年 8 月至 1951 年曾任蕉岭中学校长。②

17. **温思恭** 字松龄,山西崞县人。北京大学预科毕业考入政治学系,毕业时年 31 岁。

18. **余晢** 字子明,广东台山人。北京大学预科毕业考入政治学系,毕业时年 28 岁。

19. **焦嘉朋**(1903—1981) 字仲仁,号筱洲,河北东明人。北大毕业后回乡任教,曾任河北东明简师国文教员、校长等职。1942 年后任东明县焦楼乡乡长,曾多次掩护革命干部,被东垣县抗日民主政府聘为参议员。新中国成立后,先后任菏泽师范、东明于寨完小、东明一中教师。1978 年后,担任东明县政协副主席。③

20. **杨湘毓** 河南方城人。中州大学预科毕业考入北大政治学系,毕业时年 24 岁。

21. **梁渡** 四川仁寿人。北京大学预科毕业考入政治学系,毕业时年 26 岁。

22. **傅启学**(1903—1993) 字述之,贵州贵阳人。1919 年在贵阳

---

① 武汉地方志编纂委员会主编:《武汉市志·教育志》,武汉:武汉大学出版社 1991 年版,第 193 页。
② 蕉岭县地方编纂委员会编:《蕉岭县志》,广州:广东人民出版社 1992 年版,第 535 页。
③ 山东省菏泽地区教育局史志办公室编纂:《菏泽地区教育志 1840—1985》,1992 年,第 473—474 页。

参加五四运动,曾带领同学上街宣传演讲。1921年任贵州省学生联合会主席。1922年考入北京大学预科,同年经邹鲁介绍加入国民党。就读北大期间参加学生军,同时任北京大中公学总务长兼代校长。北大毕业后到南京任中央宣传部总务科长、指导科主任。1931年赴美国留学,入加州大学研究院,任旧金山《少年中国时报》主笔。回国后担任南京中山文化教育馆研究员、宣传部秘书。1940年任贵阳大夏大学训导长兼政治系教授。1942年起,任国民党贵州省党部主任委员,昆明陆军总司令部中将秘书长,贵州省政府委员兼教育厅厅长等职。1950年年初去台湾,任台湾大学政治系教授兼训导长。著有《中山思想体系》《国父遗教概要》《中国外交史》《中国古代外交史料汇编》等。①

23. 朱启明(1901—1980) 又名朱虚白,江苏宜兴人。北大毕业后从事新闻工作。历任北平《益世报》主笔、天津《大公报》及北平《晨报》驻京特派员、南京《朝报》总主笔。1937年全面抗战爆发后,担任《中央日报》庐山版主编,后担任《贵州日报》总主笔兼总编辑。1943年至重庆,任上海《时事新报》重庆版总编辑。1945年抗战胜利后被派任上海特别市政府新闻处处长。1949年后移居台湾,任《经济时报》发行人兼总编辑、台湾当局新闻处处长等职。著有《中国报业史》《新闻采访学》《新闻法规与新闻道德》《三十年来的中国新闻事业》《红楼梦人物评传》等。②

---

① 参见侯清泉:《贵州近现代人物资料续集》,中国近现代史史料学学会贵阳市会员联络处2001年版,第273—274页;周川主编:《中国近现代高等教育人物辞典》,福州:福建教育出版社2012年版,第606页。

② 江苏省政协文史资料委员会、宜兴市政协文史资料委员会编:《宜兴人物志》,1997年,第318—319页。

参考文献

史料文献类

1. 《爱辉县志》编委会办公室编:《爱辉县志·外事》,1983年。
2. 《安徽历史名人词典》编辑委员会编:《安徽历史名人词典》下卷,合肥:安徽教育出版社2008年版。
3. 安徽省地方志编纂委员会编:《安徽省志·人物志》,北京:方志出版社1999年版。
4. 安徽省六安县政协委员会编:《六安县文史资料》第1辑,1986年。
5. 政协广东省委员会、广州市委员会文史资料研究委员会,广东革命历史博物馆编:《广东文史资料》第42辑,广州:广东人民出版社1984年版。
6. 北京大学编:《北京大学民国三年同学录》,1914年。
7. 北京大学编:《国立北京大学毕业同学录(民国九年)》,1920年。
8. 北京大学编:《国立北京大学同学录》,1924年。
9. 北京大学编:《国立北京大学同学录》,1925年。
10. 北京大学档案:编号BD1912001。
11. 北京大学档案:编号BD1919029。
12. 北京大学档案·全宗号七·目录号1·案卷号143。
13. 北京大学档案·全宗号一·案卷号MC192902。
14. 《北京大学日刊》。
15. 北京大学堂编:《北京大学堂同学录》,北京:锦合印字馆1903年版。
16. 北京大学五十周年筹备委员会编:《国立北京大学历届同学录》,国立北京大学出版部1948年版。
17. 北京大学校史研究室编:《北京大学史料》第1卷,北京:北京大学出版社1993年版。
18. 北京大学、中国第一历史档案馆编:《京师大学堂档案选编》,北京:北京大学出版社2001年版。

19. 北京大学注册部编志课编:《国立北京大学毕业学生一览》,1930年。
20. 北京大学综合档案·全宗一·卷35。
21. 北京大学综合档案·全宗一·卷36。
22. 北京大学综合档案·全宗一·卷118。
23. 北京市档案馆编:《档案中的北京五四——北京档案史料(2009.2)》,北京:新华出版社2009年版。
24. 《北京日报》。
25. 北京图书馆编:《民国时期总书目(1911—1949)·社会科学(总类部分)》,北京:书目文献出版社1995年版。
26. 蔡鸿源、徐友春主编:《民国会社党派大辞典》,合肥:黄山书社2012年版。
27. 长沙市地方志办公室编:《长沙市志》第16卷,长沙:湖南人民出版社2002年版。
28. 长沙市地方志编纂委员会编:《长沙市志》第3卷,长沙:湖南人民出版社2003年版。
29. 陈翰笙:《四个时代的我·陈翰笙回忆录》,北京:中国文史出版社2011年版。
30. 陈景磐、陈学恂主编:《清代后期教育论著选》下册,北京:人民教育出版社1997年版。
31. 陈琳等编:《大冶县劳动人事志》,北京:中国人事出版社1992年版。
32. 陈日朋主编:《中华英烈辞典》,长春:北方妇女儿童出版社1991年版。
33. 陈小滢、高艳华编著:《乐山纪念册1936—1946》,北京:商务印书馆2012年版。
34. 陈学恂主编:《中国近代教育文选》,北京:人民教育出版社2001年版。
35. 陈玉堂编著:《中国近现代人物名号大辞典(全编增订本)》,杭州:浙江古籍出版社2005年版。
36. 陈玉堂编著:《中国近现代人物名号大辞典(续编)》,杭州:浙江古籍出版社2001年版。
37. 《晨报》。
38. 《晨报七周年增刊》。
39. 成都市政协文史学习委员会编:《成都文史资料选编·蓉城杂俎卷》,成都:四川人民出版社2007年版。
40. 成岳冲主编:《明清两朝实录所见宁波史料集》下编,北京:商务印书馆2015年版。
41. 寸丽香编著:《白族人物简志》,北京:中国民族摄影艺术出版社2009年版。
42. 《大公报》。
43. 大荔县志编纂委员会编:《大荔县志》,西安:陕西人民出版社1994年版。

44. 淡泊:《中华万姓谱》(上),北京:中国档案出版社2006年版。
45. 澹泊主编:《湖南名人志》第1卷,北京:中国档案出版社1999年版。
46. 《德宗实录》。
47. 邓州市地方史志编纂委员会编:《邓州市志》,郑州:中州古籍出版社1996年版。
48. 《东北人物大辞典》编委会编:《东北人物大辞典》,沈阳:辽宁人民出版社、辽宁教育出版社1992年版。
49. 《东方杂志》。
50. 东台市地方志编纂委员会编:《东台市志》,南京:江苏科学技术出版社1994年版。
51. 《东莞市南城区志》编纂委员会编:《东莞市南城区志》,广州:广东人民出版社2015年版。
52. 《东莞市望牛墩镇志》编纂委员会编:《东莞市望牛墩镇志》,广州:广东人民出版社2013年版。
53. 东莞市政协文史资料委员会编:《东莞文史资料选辑》第19期,1991年。
54. 番禺市地方志编纂委员会编:《番禺县志》,广州:广东人民出版社1995年版。
55. 樊荫南编纂:《当代中国名人录》,上海:良友图书印刷公司1931年版。
56. 房俐主编:《档案吉林·省档案馆卷》下卷,长春:吉林出版集团有限责任公司2014年版。
57. 房兆楹辑:《清末民初洋学学生题名录初辑》,台北:精华印书馆1962年版。
58. 冯天瑜等编:《武汉市志》,武汉:武汉大学出版社1999年版。
59. 佛山市文化局编:《佛山市文化志》,广州:广东科技出版社1991年版。
60. 敷文社编:《最近官绅履历汇编》,台北:文海出版社1970年版。
61. 福州市地方志编纂委员会编:《福州人名志》,福州:海潮摄影艺术出版社2007年版。
62. 福州市政协文史资料委员会、福州市文物管理局编:《福州文史资料选辑·第二十三辑·福州名人故居》,北京:中国社会出版社2004年版。
63. 抚顺市社会科学院、抚顺市人民政府地方志办公室编:《抚顺市志·市情要览卷》,沈阳:辽宁民族出版社2005年版。
64. 复旦大学档案馆选编:《抗战时期复旦大学校史史料选编》,上海:复旦大学出版社2008年版。
65. 高丕琨主编:《伪满人物·长春市志资料选编第三辑》,1988年。
66. 南京师范大学古文献整理研究所编著:《江苏艺文志·无锡卷》上册,南京:江苏人民出版社1995年版。
67. 巩县志编纂委员会总编辑室编:《巩县文史资料·教育专辑》第5辑,1983年。

68. 故宫博物院明清档案部汇编:《清末筹备立宪档案史料》上册,北京:中华书局1979年版。

69. 顾明远总主编:《中国教育大系·历代教育名人志》,武汉:湖北教育出版社1994年版。

70. 顾明远总主编:《中国教育大系·历代教育名人志》,武汉:湖北教育出版社2015年版。

71. 《光绪政要》。

72. 广东省档案馆编:《民国时期广东省政府档案史料选编》第1册,1987年。

73. 广东省教育厅编:《广东全省教育概况》,1933年。

74. 广东省汕头市地方志编纂委员会编:《汕头市志》第1册,北京:新华出版社1999年版。

75. 广东省兴宁市廖氏族谱续编理事会主编:《广东兴宁廖氏族谱(首卷·总谱)》,1998年。

76. 广饶县政协文史委、广饶县旅游局编:《广饶文史资料·十八辑·广饶风物》,2007年。

77. 广州市地方志编纂委员会编:《广州市志(1991—2000)》第9册,广州:广州出版社2010年版。

78. 国家档案局明清档案馆编:《戊戌变法档案史料》,北京:中华书局1958年版。

79. 国立北京大学卅一周年纪念会宣传股编印:《国立北京大学卅一周年纪念刊》,1929年。

80. 《国立北京大学社会科学季刊》。

81. 果承刚主编:《齐齐哈尔教育志(1743—1985)》,齐齐哈尔:齐齐哈尔市教育委员会1993年版。

82. 海南省定安县政协文史资料委员会编印:《定安文史·教育专辑》,1999年。

83. 《汉口租界志》编辑委员会编:《汉口租界志》,武汉:武汉出版社2003年版。

84. 何铭文主编,海南省琼山市地方志编纂委员会编:《琼山县志》,北京:中华书局1999年版。

85. 何勤华等主编:《"清末民国法律史料丛刊"辑要》,上海:上海人民出版社2015年版。

86. 河北省地方志编纂委员会编:《河北省志·第83卷·出版志》,石家庄:河北人民出版社1996年版。

87. 河北省衡水市地方志编纂委员会编:《衡水市志》下卷,北京:方志出版社2002年版。

88. 河北省政协文史资料委员会编:《河北文史集粹·革命斗争卷》,石家庄:河北人民出版社 1992 年版。
89. 河北省政协文史资料委员会编:《河北文史资料全书·承德卷》(下),北京:中国文史出版社 2012 年版。
90. 侯清泉:《贵州近现代人物资料续集》,中国近现代史史料学学会,2001 年。
91. 呼景山:《耕野笔录》,北京:中国物资出版社 2007 年版。
92. 胡适:《胡适日记全编》第 4 卷,曹伯言整理,合肥:安徽教育出版社 2001 年版。
93. 湖北省地方志编纂委员会编:《湖北省志人物志稿》(一至四卷),北京:光明日报出版社 1989 年版。
94. 湖北省人民政府文史研究馆、湖北省博物馆整理:《湖北文徵·全本》第 12 卷,武汉:湖北人民出版社 2014 年版。
95. 《湖南名人志》编委会编:《湖南名人志·第一卷》,北京:中国档案出版社 1999 年版。
96. 湖南省地方志编纂委员会编:《湖南省志·第三十卷·人物志》下册,长沙:湖南出版社 1995 年版。
97. 黄荣春主编:《福州十邑摩崖石刻》,福州:福建美术出版社 2008 年版。
98. 嘉兴市政协学习和文史资料委员会编:《褚辅成文存》,北京:中国文史出版社 2011 年版。
99. 《江津县志》编纂委员会编著:《江津县志(1986—1992)》,成都:四川科学技术出版社 2015 年版。
100. 江庆柏编著:《清朝进士题名录》,北京:中华书局 2007 年版。
101. 江苏省档案馆编:《韩国钧朋僚函札名人墨迹》,南京:东南大学出版社 2006 年版。
102. 江苏省地方志编纂委员会编:《江苏省志 90·人物志》(三),南京:凤凰出版社 2008 年版。
103. 江苏省政协文史资料委员会,南通市政协学习、文史委员会编:《江海春秋》下册,1998 年。
104. 《江西省人物志》编纂委员会编:《江西省人物志》,北京:方志出版社 2007 年版。
105. 蒋廷黻:《蒋廷黻回忆录(增补版)》,长沙:岳麓书社 2017 年版。
106. 蕉岭县地方志编纂委员会编:《蕉岭县志》,广州:广东人民出版社 1992 年版。
107. 《教育公报》。
108. 《教育杂志》。
109. 金绍城:《十八国游历日记·十五国审判监狱调查记·藕庐诗草》,谭苦盦整理,北京:社会科学文献出版社 2015 年版。

110. 《京报副刊》。
111. 孔祥毅主编:《民国山西金融史料》,北京:中国金融出版社 2013 年版。
112. 邝倩主编:《西樵文物钩沉》,桂林:广西师范大学出版社 2016 年版。
113. 莱阳市史志编纂委员会办公室编:《莱阳古今杰出人物》,济南:山东省新闻出版局 1998 年版。
114. 黎传记、易平:《江西方志通考》上册,合肥:黄山书社 1998 年版。
115. 黎细玲编著:《香山人物传略》第 1 册,北京:中国文史出版社 2014 年版。
116. 李兵、袁建辉:《清代科举图鉴》,长沙:岳麓书社 2015 年版。
117. 李国钧主编:《中华书法篆刻大辞典》,长沙:湖南教育出版社 1990 年版。
118. 李盛平主编:《中国近现代人名大辞典》,北京:中国国际广播出版社 1989 年版。
119. 李万全主编:《红旗渠畔古今名人录》,北京:大众文艺出版社 2009 年版。
120. 李维民主编:《中国年鉴史料》,北京:北京志鉴书刊研究院 2003 年版。
121. 李绪蔼、徐东林主编:《简明经济学百科辞典》,北京:中国青年出版社 1991 年版。
122. 李玉安、黄正雨编著:《中国藏书家通典》,香港:中国国际文化出版社 2005 年版。
123. 虞文喜主编:《丽水地区人物志》,杭州:浙江人民出版社 1995 年版。
124. 辽宁省档案局(馆)编:《辽宁风物》第 1 册,沈阳:辽宁人民出版社 2012 年版。
125. 辽宁省人民政府地方志办公室主编:《辽宁省志·人事志》,沈阳:辽宁民族出版社 2005 年版。
126. 廖盖隆主编:《中国共产党历史大辞典(增订本)总论·人物》,北京:中共中央党校出版社 2001 年版。
127. 林焕文、徐景学主编:《世界名人辞典》,牡丹江:黑龙江朝鲜民族出版社 1987 年版。
128. 林煌天主编:《中国翻译词典》,武汉:湖北教育出版社 1997 年版。
129. 顺德市博物馆编:《顺德书画人物录》,广州:中山大学出版社 2001 年版。
130. 林正秋主编:《中国地方志名家传》,合肥:黄山书社 1990 年版。
131. 临沂地区人事局编:《临沂地区人事志》,北京:中国广播电视出版社 1992 年版。
132. 刘国铭主编:《中国国民党百年人物全书》上、下册,北京:团结出版社 2005 年版。
133. 刘国新等主编:《中华人民共和国史长编·第七卷·人物卷》,天津:天津人民出版社 2010 年版。

134. 刘锦藻撰:《清朝续文献通考》第 2 册,上海:商务印书馆 1936 年版。
135. 刘寿林等编:《民国职官年表》,北京:中华书局 1995 年版。
136. 刘廷銮编著:《兰堂藏:清代百名进士墨迹》,济南:泰山出版社 2011 年版。
137. 刘廷銮、孙家兰编著:《山东明清进士通览·清代卷》,济南:山东文艺出版社 2014 年版。
138. 卢美松编:《福建北大人》,北京:方志出版社 2002 年版。
139. 庐隐:《庐隐自述》,文明国编,合肥:安徽文艺出版社 2014 年版。
140. 鲁小俊:《清代书院课艺总集叙录》,武汉:武汉大学出版社 2015 年版。
141. 陆学艺、王处辉主编:《中国社会思想史资料选辑·民国卷》上册,南宁:广西人民出版社 2007 年版。
142. 逯家寨村志编纂委员会编:《逯家寨村志》,西宁:青海人民出版社 2000 年版。
143. 吕友仁主编:《中州文献总录》下册,郑州:中州古籍出版社 2002 年版。
144. 罗训森主编,中华罗氏通谱编纂委员会编:《中华罗氏通谱》第 2 册,北京:中国文史出版社 2007 年版。
145. 洛宁县志编纂委员会编:《洛宁县志》,北京:生活·读书·新知三联书店 1991 年版。
146. 马学新、曹均伟主编:《上海文化源流辞典》,上海:上海社会科学院出版社 1992 年版。
147. 梅县梅江区杨氏族谱编委会编:《杨氏族谱》卷 1,2003 年。
148. 梅州市政协文化和文史资料委员会编:《梅州进士录》,2012 年。
149. 《民国日报》。
150. 《民国山东通志》编辑委员会编:《民国山东通志》,台北:山东文献杂志社 2002 年版。
151. 南京图书馆主编:《国民政府司法公报》第 4 册,南京:南京大学出版社 2011 年版。
152. 《努力周报》。
153. 平远县地方志编纂委员会编:《平远县志》,广州:广东人民出版社 1993 年版。
154. 齐齐哈尔市政协文史资料委员会编:《龙沙教育史料》,1995 年。
155. 乔晓军编著:《中国美术家人名辞典(补遗一编)》,西安:三秦出版社 2007 年版。
156. 《钦定大清会典·礼部·学校典》卷 31(光绪二十五年礼部刊本)。
157. 秦国经主编:《中国第一历史档案馆藏·清代官员履历档案全编》,上海:华东师范大学出版社 1997 年版。
158. 青海百科全书编纂委员会编:《青海百科全书》,北京:中国大百科全书出版社

1998年版。

159. 青神县县志编纂委员会编：《青神县志》，成都：成都科技大学出版社1994年版。

160. （清）郭嵩焘：《郭嵩焘：伦敦与巴黎日记》，钟叔河、杨坚整理，长沙：岳麓书社1984年版。

161. 清华大学校史研究室编：《清华大学史料选编》第1卷，北京：清华大学出版社1991年版。

162. 《清华周刊》。

163. （清）绍英：《绍英日记（全二册）》，张剑整理，北京：中华书局2018年版。

164. （清）吴汝纶：《吴汝纶尺牍》，徐寿凯、施培毅校点，合肥：黄山书社1990年版。

165. （清）薛福成：《出使英法义比四国日记》，北京：中国旅游出版社、商务印书馆2016年版。

166. （清）恽毓鼎：《恽毓鼎澄斋日记》，史晓风整理，杭州：浙江古籍出版社2004年版。

167. （清）朱汝珍辑：《清代翰林名录》，刘建业点校，北京：北京燕山出版社2000年版。

168. （清）朱寿朋编：《光绪朝东华录》，张静庐等校点，北京：中华书局1958年版。

169. 琼崖地下学联史编委会编：《椰岛学海洪波——琼崖地下学联史》，海口：海南出版社1997年版。

170. 璩鑫圭、唐良炎编：《中国近代教育史料资料汇编·学制演变》，上海：上海教育出版社1991年版。

171. 中国人民政治协商会议全国委员会文史资料委员会编：《文史资料存稿选编·教育》，北京：中国文史出版社2002年版。

172. 中国人民政治协商会议全国委员会文史资料委员会编：《文史资料存稿选编·晚清、北洋》，北京：中国文史出版社2002年版。

173. 全国政协文史资料委员会编：《文史资料精华丛书·民国风云人物》第2册，合肥：安徽人民出版社2000年版。

174. 〔日〕法政大学史资料委员会编：《法政大学史资料集11集——清国留学生法政速成科特集》，东京：法政大学出版社1988年版。

175. 山东省地方史志编纂委员会《山东年鉴》编辑部编：《山东年鉴1987》，济南：山东人民出版社1988年版。

176. 政协高密市文史资料委员会选编：《高密市文史资料选辑·第15辑·明清进士传略》，2001年。

177. 山东省广饶县地方史志编纂委员会编：《广饶县志》，北京：中华书局1995

年版。

178. 山东省菏泽地区教育局史志办公室编纂:《菏泽地区教育志 1840—1985》,1992 年。

179. 山西省社会科学院情报研究所编:《当代山西社会科学人物综览》,太原:山西人民出版社 1990 年版。

180. 《山西文史资料》编辑部编:《山西文史资料全编》第 6 卷,1999 年。

181. 陕西省地方志编纂委员会编:《陕西省志·第三十二卷·粮食志》,西安:陕西旅游出版社 1995 年版。

182. 《上海测绘志》编纂委员会编:《上海测绘志》,上海:上海社会科学院出版社 1999 年版。

183. 上海市嘉定区政协文史工作委员会编:《嘉定文史资料》第 33 辑,2015 年。

184. 上海市青浦县县志编纂委员会编:《青浦县志》,上海:上海人民出版社 1990 年版。

185. 上海书画出版社编:《近代字画市场辞典(修订版)》,上海:上海书画出版社 2005 年版。

186. 上海图书馆:《上海图书馆馆藏近现代中文期刊总目》,上海:上海科学技术文献出版社 2014 年版。

187. 《申报》。

188. 申畅等编:《中国目录学家辞典》,郑州:河南人民出版社 1988 年版。

189. 沈云龙主编,内阁印铸局编:《近代中国史料丛刊第二十九辑·宣统三年冬季职官录》,台北:文海出版社 1968 年版。

190. 沈醉等:《新历者讲述·蒋介石 1949》,北京:中国文史出版社 2013 年版。

191. 《盛京时报》。

192. 舒新城编:《近代中国教育史料》第 2 册,北京:中国人民大学出版社 2012 年版。

193. 舒新城编:《中国近代史教育资料》上、中册,北京:人民教育出版社 1961 年版。

194. 余荣谋修,张启煌纂:《开平县志(全册)》,台北:成文出版社 1966 年版。

195. 宜宾市政协文史资料委员会编:《宜宾历代文化人物》,1993 年。

196. 宋原放主编:《中国出版史料(近代部分补卷)》,汪家熔辑注,武汉:湖北教育出版社 2011 年版。

197. 《苏报》。

198. 苏华、何远编:《民国山西读本·政闻录》,太原:三晋出版社 2013 年版。

199. 《太平洋》。

200. 泰州市地方志编纂委员会编著:《泰州志》,南京:江苏古籍出版社 1998 年版。

201. 唐荣智主编:《世界法学名人词典》,上海:立信会计出版社2002年版。
202. 天津市档案馆编辑:《北洋军阀天津档案史料选编》,天津:天津古籍出版社1990年版。
203. 田原天南编:《清末民初中国官绅人名录》,台北:文海出版社1996年版。
204. The Chinese Social and Political Science Review.
205. 桐城市政协文史委编:《文史汇编(《桐城文史》1—12辑)》,2002年。
206. 万里主编:《湖湘文化辞典》2册,长沙:湖南人民出版社2011年版。
207. 万仁元、方庆秋主编,中国第二历史档案馆整编:《中华民国史史料长编·民国33年》第2册,南京:南京大学出版社1993年版。
208. 汪林茂主编:《浙江辛亥革命史料集》第1卷,杭州:浙江古籍出版社2014年版。
209. 王传厚主编,中共安徽省委党史工作委员会编:《安徽中共党史人物传》第2卷,合肥:安徽人民出版社1993年版。
210. 王存诚编:《韵藻清华:清华百年诗词辑录》上册,北京:清华大学出版社2011年版。
211. 王德毅编:《中国历代名人年谱总目》,台北:华世出版社1979年版。
212. 王鹆宾等主编:《东北人物大辞典:第2卷》上册,沈阳:辽宁古籍出版社1996年版。
213. 王功仁主编:《山东省科考名录汇编·清代》下册,北京:华文出版社2005年版。
214. 王国谦主编,政协禹州市学习文史委员会编:《禹州文史》第16辑,2006年。
215. 王绿萍编著:《四川报刊五十年集成:1897—1949》,成都:四川大学出版社2011年版。
216. 广东省档案管编:《民国时期广东省政府档案史料选编》第11册,1989年。
217. 王炜编校:《〈清实录〉科举史料汇编》,武汉:武汉大学出版社2009年版。
218. 王效挺、黄文一主编:《战斗在北大的共产党人(1920.10—1949.2北大地下党概况)》,北京:北京大学出版社1991年版。
219. 王学珍等主编:《北京大学纪事(1898—1997)》,北京:北京大学出版社2008年版。
220. 王学珍、郭建荣主编:《北京大学史料》第2卷,北京:北京大学出版社2000年版。
221. 王学珍、张万仓编:《北京高等教育文献资料选编1861—1948》,北京:首都师范大学出版社2004年版。
222. 王应宪编校:《现代大学史学系概览:1912—1949》上册,上海:上海古籍出版社

2016年版。

223. 黄河水利委员会黄河志总编辑室编:《黄河志·卷十一·黄河人文志》,郑州:河南人民出版社1994年版。

224. 王宗华主编:《中国现代史辞典》,郑州:河南人民出版社1991年版。

225. 吴惠龄、李壑编:《北京高等教育史料》第1集,北京:北京师范学院出版社1992年版。

226. 吴明哲编著:《温州历代碑刻二集》上册,上海:上海社会科学院出版社2006年版。

227. 吴汝纶:《桐城吴先生日记》下册,宋开玉整理,石家庄:河北教育出版社1999年版。

228. 吴虞:《吴虞日记》下册,中国革命博物馆整理,荣孟源审校,成都:四川人民出版社1986年版。

229. 武汉地方志编纂委员会主编:《武汉市志·教育志》,武汉:武汉大学出版社1991年版。

230. 奚金芳、伍玲玲主编:《陈独秀南京狱中资料汇编》上卷,上海:上海人民出版社2016年版。

231. 大辞海编辑委员会编纂:《大辞海·中国近现代史卷》,上海:上海辞书出版社2013年版。

232. 《现代评论》。

233. 象山县政协文史资料委员会编:《象山文史资料·历代人物专辑》,1991年。

234. 萧继宗主编:《革命人物志》第15集,台北:中央文物供应社1976年版。

235. 《新民丛报》。

236. 《新青年》。

237. 新兴县地方志编纂委员会编:《新兴县志》,广州:广东人民出版社1993年版。

238. 邢亚平主编:《牧野风·文学艺术卷》,郑州:河南美术出版社2007年版。

239. 王永德主编,行唐县地方志编纂委员会编:《行唐县志》,北京:中国对外翻译出版公司1998年版。

240. 熊月之主编:《上海名人名事名物大观》,上海:上海人民出版社2005年版。

241. 徐辰编著:《宪制道路与中国命运:中国近代宪法文献选编(1840—1949)》下卷,北京:中央编译出版社2017年版。

242. 徐东主编:《罗定历代诗选》,广州:花城出版社1993年版。

243. 徐友春主编:《民国人物大辞典(增订版)》上、下册,石家庄:河北人民出版社2007年版。

244. 徐友春主编:《民国人物大辞典》,石家庄:河北人民出版社1991年版。

245. 许希之、晏兆平编辑：《光山县志约稿（卷3）》（影印），台北：成文出版社1936年版。

246. 宣恩县政协文史资料委员会编：《宣恩文史资料》第12辑，2008年。

247. 薛启亮主编，王中山、牛玉峰本卷主编：《中国民主党派史丛书：中国国民党革命委员会卷》，石家庄：河北人民出版社2001年版。

248. 《学部官报》。

249. 《学艺》。

250. 寻霖、龚笃清编著：《湘人著述表》第2册，长沙：岳麓书社2010年版。

251. 严懋功纂：《清代征献类编》，台北：台湾中华书局1968年版。

252. 杨宝霖编：《东莞中学前五十年史料编年》上册，2002年。

253. 《华侨华人百科全书·人物卷》编辑委员会编：《华侨华人百科全书·人物卷》，北京：中国华侨出版社2001年版。

254. 杨学为等主编：《中国考试制度史资料选编》，合肥：黄山书社1992年版。

255. 江苏省政协文史资料委员会、宜兴市政协文史资料委员会编：《宜兴人物志》，1997年。

256. 袁同礼编著：《袁同礼著书目汇编》第3册，北京：国家图书馆出版社2010年版。

257. 云南省地方志编纂委员会办公室人物志编辑组编撰：《云南省志·卷八十·人物志》，昆明：云南人民出版社2002年版。

258. 云南省志编纂委员会办公室编：《续云南通志长编》下册，1986年。

259. 张㭎撰：《张㭎日记》，俞雄选编，上海：上海社会科学院出版社2003年版。

260. 张静庐辑注：《中国近代出版史料初编》，上海：上杂出版社1953年版。

261. 张静如、梁志祥、镡德山主编：《中国共产党通志》第3卷，北京：中央文献出版社2001年版。

262. 张妙弟主编：《中国国家地理百科全书》第2册，北京：北京联合出版公司2016年版。

263. 张天禄主编，福州市地方志编纂委员会编：《福州姓氏志》，福州：海潮摄影艺术出版社2005年版。

264. 张宪文等主编：《中华民国史大辞典》，南京：江苏古籍出版社2001年版。

265. 张玉春主编：《百年暨南人物志》，广州：暨南大学出版社2006年版。

266. 张耘田、陈巍主编，苏州图书馆编：《苏州民国艺文志》上册，扬州：广陵书社2005年版。

267. 赵尔巽等撰：《清史稿》卷84至卷130，许凯等标点，长春：吉林人民出版社1995年版。

268. 赵禄祥主编:《中国美术家大辞典》上、下卷,北京:北京出版社 2007 年版。
269. 浙江省政协文史资料委员会编:《浙江近现代人物录》,杭州:浙江人民出版社 1992 年版。
270. 郑翔主编:《江西历代进士全传》,上海:上海古籍出版社 2016 年版。
271.《政府公报》。
272. 政协丹徒县文史资料研究委员会编:《丹徒文史资料》第 7 辑,1992 年。
273. 政协广东省广州市委员会文史资料研究委员会编:《广州文史资料》第 3 辑,1961 年。
274. 广东省政协文化和文史资料委员会编:《广东文史资料精编》下编第 1 卷,北京:中国文史出版社 2008 年版。
275. 中国人民政治协商会议黔东南苗族侗族自治州委员会文史资料委员会编:《黔东南文史资料》第 7 辑,1989 年。
276. 政协济南市历城区委员会文史资料研究委员会编:《历城文史资料·第 10 辑·历城名人》第 2 册,1998 年。
277. 政协建湖县委员会文史资料征集研究委员会编:《建湖文史选辑》第 4 辑,1991 年。
278. 政协巨野县委员会文史资料委员会编:《巨野县文史资料》第 3 辑,1989 年。
279. 政协山东省临沂市委员会文史资料研究委员会编:《临沂文史资料》第 6 辑,1987 年。
280. 政协山西省委员会文史资料委员会编:《山西文史资料》总第 16 辑,1983 年;总第 114 辑,1997 年;总第 126 辑,1999 年。
281. 中国人民政治协商会议新乡市红旗区学习文史委员会编:《新乡市红旗区文史资料·教育专辑》,1995 年。
282. 政协永兴县文史委员会编:《永兴文史》第 3 辑,1989 年。
283. 中国人民政治协商会议榆中县委员会学习宣传文史资料委员会编:《榆中纪事》,1990 年。
284.《政治官报》。
285. 中共平远县委党史资料征集研究领导小组办公室编:《中共平远县党史大事记:新民主主义革命时期(1925—1949)》第 3 稿,1986 年。
286. 中共铜陵县委党史办公室编:《第一、二次国内革命战争时期》,合肥:安徽人民出版社 1993 年版。
287. 中共"一大"会址纪念馆、上海革命历史博物馆筹备处编:《上海革命史资料与研究》第 6 辑,上海:上海古籍出版社 2006 年版。
288.《中国工会运动史料全书》总编辑委员会《中国工会运动史料全书》广西卷编

委会编:《中国工会运动史料全书(广西卷)》,南宁:广西人民出版社 1999 年版。

289. 中国人民政治协商会议四川省长寿县委员会文史资料研究委员会编:《长寿县文史资料》第 2 辑,1986 年;第 5 辑,1989 年。
290. 《中和月刊》。
291. 《中华教育界》。
292. 中华人民共和国年鉴编辑部编辑:《中华人民共和国年鉴2005(总第25期)》,北京:中华人民共和国年鉴社 2005 年版。
293. 忠县志编纂委员会编:《忠县志》,成都:四川辞书出版社 1994 年版。
294. 周斌主编:《中国近现代书法家辞典》,杭州:浙江人民出版社 2009 年版。
295. 周川主编:《中国近现代高等教育人物辞典》,福州:福建教育出版社 2012 年版。
296. 周家珍编著:《20 世纪中华人物名字号辞典》,北京:法律出版社 2000 年版。
297. 郑州市上街区地方史志办公室承编:《郑州市上街年鉴 2010》,郑州:中州古籍出版社 2010 年版。
298. 南昌市地方志编纂委员会编:《南昌简志》,北京:方志出版社 2004 年版。
299. 朱沛莲:《江苏省及六十四县市志略》,新北:国史馆 1987 年版。
300. 朱有瓛等编:《中国近代教育史资料汇编:教育行政机构及教育团体》,上海:上海教育出版社 2007 年版。
301. 朱有瓛主编:《中国近代学制史料》第 2 辑上册,上海:华东师范大学出版社 1987 年版。
302. 朱有瓛主编:《中国近代学制史料》第 3 辑下册,上海:华东师范大学出版社 1992 年版。
303. 高占祥等主编:《中国文化大百科全书·历史卷》下册,长春:长春出版社 1994 年版。
304. 邹德忠、徐福山编:《中国历代书法家人名大辞典》,北京:新世界出版社 1998 年版。
305. 邹鲁:《邹鲁回忆录》,北京:东方出版社 2010 年版。

著作类

1. 安树芬、彭诗琅主编:《中华教育通史》第 6 卷,北京:京华出版社 2010 年版。
2. 巴蜀书社编辑:《巴蜀丛书》第 1 辑,成都:巴蜀书社 1988 年版。
3. 宝成关:《西方文化与中国社会——西学东渐史论》,长春:吉林教育出版社 1994 年版。

4. 鲍明钤:《中国民治论》,周馥昌译,北京:商务印书馆2010年版。
5. 《北伐统一六十周年学术讨论集》,台北:中央文物供应社1988年版。
6. 北京新文化运动纪念馆编:《北京新文化运动纪念馆十年文集》,北京:文物出版社2012年版。
7. 毕苑:《建造常识:教科书与近代中国文化转型》,福州:福建教育出版社2010年版。
8. 博山区档案馆编:《博山历代诗选》,马传政选注,2002年。
9. 蔡元培:《蔡元培全集》,高平叔编,北京:中华书局1984年版。
10. 蔡元培:《蔡元培全集》,中国蔡元培研究会编,杭州:浙江教育出版社1998年版。
11. 蔡元培:《蔡元培书信集》上册,高平叔、王世儒编注,杭州:浙江教育出版社2000年版。
12. 曹子西主编:《北京历史人物传》下册,北京:北京燕山出版社2014年版。
13. 昌切:《清末民初的思想主脉》,北京:东方出版社1999年版。
14. 长春王希天研究会编:《王希天研究文集》,长春:长春出版社1996年版。
15. 陈宝泉:《中国近代学制变迁史》,太原:山西人民出版社2014年版。
16. 陈豹隐编:《经济现象的体系》,上海:乐群书店1929年版。
17. 陈豹隐编:《新政治学》,上海:乐群书店1929年版。
18. 陈峰:《民国史学的转折:中国社会史论战研究》,济南:山东大学出版社2010年版。
19. 陈明明主编:《历史与现代国家》,《复旦政治学评论》第19辑,上海:复旦大学出版社2018年版。
20. 陈明远:《文化人的经济生活》,西安:陕西人民出版社2013年版。
21. 陈平原、夏晓虹编:《北大旧事》,北京:生活·读书·新知三联书店1998年版。
22. 陈平原、谢泳等:《民国大学:遥想大学当年》,张竞无编,北京:东方出版社2013年版。
23. 陈平原:《中国现代学术之建立——以章太炎、胡适之为中心》,北京:北京大学出版社2010年版。
24. 陈启修:《财政学总论》(重印本),北京:商务印书馆2015年版。
25. 陈学然:《五四在香港:殖民情境、民族主义及本土意识》,香港:中华书局2014年版。
26. 陈以爱:《中国现代学术研究机构的兴起:以北大研究所国学门为中心的探讨》,南昌:江西教育出版社2002年版。
27. 陈永生编著:《中国近代节制生育史要》,苏州:苏州大学出版社2013年版。

28. 陈友良:《民初留英学人的思想世界——从〈甲寅〉到〈太平洋〉的政论研究》,北京:社会科学文献出版社2013年版。
29. 陈远:《燕京大学1919—1952》,杭州:浙江人民出版社2013年版。
30. 陈媛:《中国大学教授研究——近代教授、大学与社会的互动史(1895—1949)》,太原:山西教育出版社2012年版。
31. 陈政主编:《中文传媒·艺术5(综合卷)》,南昌:江西美术出版社2012年版。
32. 程波:《中国近代法理学(1895—1949)》,北京:商务印书馆2012年版。
33. 程地宇主编:《夔州诗全集》(民国卷上),重庆:重庆出版社2009年版。
34. 程光胜:《梦想成真:张树政传》,上海:上海交通大学出版社2013年版。
35. 程焕文等主编:《2014年中文古籍整理与版本目录学国际学术研讨会论文集》下册,桂林:广西师范大学出版社2015年版。
36. 程树德:《宪法历史及比较研究》,北京:商务印书馆2012年版。
37. 迟玉华等主编:《西南联大研究论文索引》,昆明:云南人民出版社2010年版。
38. 迟云飞:《晚清改革与革命》,北京:北京大百科全书出版社2016年版。
39. 淳安县"三大"纪念活动组委会编:《人物春秋》,杭州:西泠印社出版社2008年版。
40. 崔勇主编:《保定学院史话》,北京:社会科学文献出版社2014年版。
41. 大河鉴宝专家委员会编著:《大河鉴宝精品鉴定录》,北京:中国书店2016年版。
42. 大陆杂志社编:《中国近代学人象传初辑》,台北:大陆杂志社1971年版。
43. 〔德〕郎宓榭、〔德〕阿梅龙、〔德〕顾有信:《新词语新概念:西学译介与晚清汉语词汇之变迁》,赵兴胜等译,郭大松审校,济南:山东画报出版社2012年版。
44. 〔德〕朗宓榭、〔德〕费南山编:《呈现意义:晚清中国新学领域》上、下册,李永胜、李增田译,天津:天津人民出版社2014年版。
45. 邓初民:《新政治学大纲》,北京:商务印书馆2011年版。
46. 邓绍根:《中国新闻学的筚路蓝缕:北京大学新闻学研究会》,北京:清华大学出版社2015年版。
47. 董修甲:《市政学纲要》,上海:商务印书馆1932年版。
48. 董彦斌:《追寻稳健宪政:民国法律家张耀曾的法政世界》,北京:清华大学出版社2013年版。
49. 〔法〕保罗·伯希和:《伯希和北京日记》,萧菁译,桂林:广西师范大学出版社2017年版。
50. 《法国汉学》丛书编辑委员会编:《法国汉学》第8辑,教育史专号,北京:中华书局2003年版。
51. 方东主编:《快船江风情》,北京:大众文艺出版社2010年版。

52. 傅泽铭等编著:《光辉历程》,广州:广东人民出版社2002年版。
53. 高平叔编:《蔡元培语言及文学论著》,石家庄:河北人民出版社1985年版。
54. 高一涵:《中国近代思想家文库·高一涵卷》,郭双林、高波编,北京:中国人民大学出版社2015年版。
55. 庚款筑路期成会编译股编:《铁路协会会报特刊:英庚款筑路问题》,1926年。
56. 《古籍研究》编辑委员会编:《古籍研究》总第59卷,合肥:安徽大学出版社2013年版。
57. 关晓红:《从幕府到职官:清季外官制的转型与困扰》,北京:生活·读书·新知三联书店2014年版。
58. 关晓红:《晚清学部研究》,广州:广东教育出版社2000年版。
59. 郭俊英主编:《北大红楼历史沿革考论》,北京:文物出版社2012年版。
60. 郭卫东、牛大勇主编:《北京大学历史学系简史》,北京大学历史系2004年。
61. 韩金:《资本与文明——〈资本论〉在中国研究史》,南京:南京大学出版社2015年版。
62. 何标:《番薯藤系两岸情》,北京:台海出版社2003年版。
63. 何启、胡礼垣:《新政真诠——何启、胡礼垣集》,郑大华点校,沈阳:辽宁人民出版社1994年版。
64. 胡光麃:《大世纪观变集》第2册,台北:联经出版事业公司1992年版。
65. 胡建华等:《大学制度改革论》,南京:南京师范大学出版社2006年版。
66. 胡适:《胡适全集》第43卷,季维龙编,合肥:安徽教育出版社2003年版。
67. 胡适:《容忍与自由》,北京:作家出版社2016年版。
68. 胡祥雨:《清代法律的常规化:族群与等级》,北京:社会科学文献出版社2016年版。
69. 胡毓达主编:《数学家之乡》,上海:上海科学技术出版社2011年版。
70. 华中师范学院教育科学研究所主编:《陶行知全集》第1卷,长沙:湖南教育出版社1984年版。
71. 《皇朝政治学问答》,天津:北洋官报局1902年版。
72. 黄华平:《国民政府铁道部研究》,合肥:合肥工业大学出版社2011年版。
73. 黄义祥编著:《中山大学史稿(1924—1949)》,广州:中山大学出版社1999年版。
74. 黄源盛:《民初法律变迁与裁判》,台湾政治大学法学图书编辑委员会,2000年。
75. 黄忠,韩忠勤主编:《沂蒙大观》,济南:山东大学出版社2007年版。
76. 季压西、陈伟民:《从"同文三馆"起步》,北京:学苑出版社2007年版。
77. 〔加〕南希·帕特纳、〔英〕萨拉·富特主编:《史学理论手册》,余伟、何立民译,上海:格致出版社、上海人民出版社2017年版。

78. 〔加〕许美德:《中国大学 1895—1995:一个文化冲突的世纪》,许洁英主译,王嘉毅、陆永玲校,北京:教育科学出版社 2000 年版。

79. 姜文、姜淑红编:《民国思想文丛:现代评论派、新月人权派》,长春:长春出版社 2013 年版。

80. 蒋梦麟:《西潮·新潮》,长沙:岳麓书社 2000 年版。

81. 蒋廷黻:《中国近代史》,武汉:武汉出版社 2012 年版。

82. 金以林:《近代中国大学研究:1895—1949》,北京:中央文献出版社 2000 年版。

83. 金应熙:《金应熙史学论文集·古代史卷》,广州:广东人民出版社 2006 年版。

84. 瞿秋白纪念馆编:《瞿秋白研究》第 7 册,上海:学林出版社 1995 年版。

85. 康民、秦生:《西北高原起春雷——西北五四运动与大革命史》,北京:中共党史出版社 2007 年版。

86. 康沛竹主编:《中国近现代史前沿问题研究》,合肥:安徽人民出版社 2012 年版。

87. 孔祥吉:《晚清佚闻丛考——以戊戌维新为中心》,成都:巴蜀书社 1998 年版。

88. 《老北大》编辑组编:《老北大》,北京:中国文史出版社 2016 年版。

89. 李敖:《胡适研究》,长春:时代文艺出版社 2012 年版。

90. 李德林:《最初的国会:晚清精英救国之谋 1910—1911》,北京:九州出版社 2015 年版。

91. 李贵连:《沈家本评传》,南京:南京大学出版社 2005 年版。

92. 李海东主编:《日本刑事法学者》上册,中国法律出版社、日本国成文堂联合出版 1995 年版。

93. 李浩泉:《躁动的青春——民国时期北京大学的社团活动(1912—1949)》,武汉:华中科技大学出版社 2014 年版。

94. 李鸿谷:《国家的中国开始:一场革命》,北京:生活·读书·新知三联书店 2012 年版。

95. 李俊清:《现代文官制度在中国的创构》,北京:生活·读书·新知三联书店 2007 年版。

96. 李廷江主编:《清华日本研究》第 1 辑,北京:社会科学文献出版社 2014 年版。

97. 李万青、郭钦编著:《大结局:43 名国民党"战犯"纪实》下册,长沙:湖南人民出版社 2010 年版。

98. 李喜所:《近代留学生与中外文化》,天津:天津教育出版社 2006 年版。

99. 李亚娟:《晚清小说与政治之关系研究(1902—1911)》,北京:中国法制出版社 2013 年版。

100. 李燕博主编:《李大钊北京十年:教学篇》,北京:中央编译出版社 2016 年版。

101. 李中原等主编:《东吴法学先贤文录·商法、经济法、社会法卷》,北京:中国政法大学出版社 2015 年版。
102. 梁启超:《梁启超文选》上册,夏晓虹编,北京:中国广播电视出版社 1992 年版。
103. 林白水:《林白水文集》下册,林伟功主编,福州:福建省历史名人研究会林白水分会编印,2006 年。
104. 林溪声、张耐冬:《邵飘萍与〈京报〉》,北京:中华书局 2008 年版。
105. 林子勋:《中国留学教育史(1847—1975)》,台北:华冈印刷厂 1976 年版。
106. 刘超:《历史书写与认同建构:清末民国时期中国历史教科书研究》,北京:社会科学文献出版社 2016 年版。
107. 刘复兴:《教育政策的价值分析》,北京:教育科学出版社 2003 年版。
108. 刘会军:《陈豹隐传》,长春:吉林大学出版社 2009 年版。
109. 刘建军:《你所不识的民国面相:直隶地方议会政治 1912—1928》,桂林:广西师范大学出版社 2009 年版。
110. 刘建:《中国近代教育行政体制研究》,上海:上海教育出版社 2014 年版。
111. 刘杰:《中国近代政治学的形成研究》,北京:中国政法大学出版社 2016 年版。
112. 刘龙心:《学术与制度:学科体制与现代中国史学的建立》,北京:新星出版社 2007 年版。
113. 刘萍:《论语与近代日本》,北京:中国青年出版社 2015 年版。
114. 刘绍唐主编:《民国人物小传》,上海:上海三联书店 2015 年版。
115. 刘顺安主编:《开封研究》,郑州:中州古籍出版社 2001 年版。
116. 刘伟:《晚清督抚政治:中央与地方关系研究》,武汉:湖北教育出版社 2003 年版。
117. 刘小云:《学术风气与现代转型:中山大学人文学科述论(1926—1949)》,北京:生活·读书·新知三联书店 2013 年版。
118. 何炳松:《何炳松文集》第 2、4 卷,刘寅生、房鑫亮编,北京:商务印书馆 1997 年版。
119. 刘玉梅:《近代教师群体研究——以直隶为考察中心》,北京:人民出版社 2016 年版。
120. 卢礼阳:《马叙伦》,北京:群言出版社 2014 年版。
121. 罗志田:《激变时代的文化与政治——从新文化运动到北伐》,北京:北京大学出版社 2006 年版。
122. 马平安:《袁世凯的正面与侧面》,北京:民主与建设出版社 2015 年版。
123. 马寅初:《马寅初全集》第 5 卷,杭州:浙江人民出版社 1999 年版。
124. 马宇红编著:《中国大学学报发展简史》,兰州:甘肃科学技术出版社 2013 年版。

125. 毛晓阳:《清代江西进士丛考》,南昌:江西高校出版社 2014 年版。

126. 梅孝斌、叶恕兵:《为正义敲响法槌:审判日本战犯的军事法官叶在增》,南京:南京出版社 2007 年版。

127. 梅州中学、梅州中学校友会主编:《群星灿烂——梅州中学部分校友业绩介绍》第 2 册,1999 年。

128. 〔美〕爱德华·希尔斯:《学术的秩序——当代大学论文集》,李家永译,北京:商务印书馆 2007 年版。

129. 〔美〕丁韪良:《中国觉醒:国家地理、历史与炮火硝烟中的变革》,沈弘译,北京:世界图书出版公司 2010 年版。

130. 〔美〕费正清、〔美〕刘广京编:《剑桥中国晚清史 1800—1911 年》下卷,中国社会科学院历史研究所编译室译,北京:中国社会科学出版社 1985 年版。

131. 〔美〕洪长泰:《到民间去——中国知识分子与民间文学,1918—1937》,董晓萍译,北京:中国人民大学出版社 2015 年版。

132. 〔美〕华勒斯坦等:《学科·知识·权力》,刘健芝等编译,北京:生活·读书·新知三联书店 1999 年版。

133. 〔美〕孔飞力:《中国现代国家的起源》,陈兼、陈之宏译,北京:生活·读书·新知三联书店 2013 年版。

134. 〔美〕路康乐:《满与汉:清末民初的族群关系与政治权力(1861—1928)》,王琴、刘润堂译,北京:中国人民大学出版社 2010 年版。

135. 〔美〕罗伟尔:《公共意见与平民政治》,范用馀译,上海:商务印书馆 1924 年版。

136. 〔美〕米格代尔:《强社会与弱国家:第三世界的国家社会关系及国家能力》,张长东等译,张长东校,南京:江苏人民出版社 2012 年版。

137. 〔美〕帕特里克·格里:《历史、记忆与书写》,罗新译,北京:北京大学出版社 2018 年版。

138. 〔美〕任达:《新政革命与日本:中国,1898—1912》,李仲贤译,南京:江苏人民出版社 2006 年版。

139. 〔美〕塞缪尔·P. 亨廷顿:《变化社会中的政治秩序》,王冠华等译,沈宗美校,上海:上海人民出版社 2008 年版。

140. 〔美〕施罢戈:《布尔什维主义底心理》,陈国桀译,上海:商务印书馆 1921 年版。

141. 〔美〕魏定熙:《权力源自地位:北京大学、知识分子与中国政治文化,1898—1929》,张蒙译,南京:江苏人民出版社 2015 年版。

142. 〔美〕叶维丽:《为中国寻找现代之路:中国留学生在美国(1900—1927)》,周子平译,北京:北京大学出版社 2012 年版。
143. 〔美〕叶文心:《民国时期大学校园文化(1919—1937)》,冯夏根等译,北京:中国人民大学出版社 2012 年版。
144. 〔美〕詹姆斯·G. 马奇、〔挪威〕约翰·奥尔森:《重新发现制度:政治的组织基础》,张伟译,北京:生活·读书·新知三联书店 2011 年版。
145. 〔美〕张灏:《梁启超与中国思想的过渡(1890—1907)》,崔志海、葛夫平译,南京:江苏人民出版社 1995 年版。
146. 〔美〕周永明:《中国网络政治的历史考察:电报与清末时政》,尹松波等译,北京:商务印书馆,2013 年版。
147. 孟繁华:《教育管理决策新论——教育组织决策机制的系统分析》,北京:教育科学出版社 2002 年版。
148. 孟庆澍:《无政府主义与五四新文化——围绕〈新青年〉同人所作的考察》,开封:河南大学出版社 2006 年版。
149. 《孟子》,万丽华、蓝旭译注,北京:中华书局 2006 年版。
150. 南开大学新闻中心编:《永续的学脉——南开大学学科发展历程》,天津:南开大学出版社 2009 年版。
151. 欧阳湘:《近代中国法院普设研究——以广东为个案的历史考察》,北京:知识产权出版社 2007 年版。
152. 欧阳哲生:《古代北京与西方文明》,北京:北京大学出版社 2018 年版。
153. 庞思纯:《明清贵州七百进士》,贵阳:贵州人民出版社 2005 年版。
154. 戚嘉林:《台湾史(增订版)》,北京:华艺出版社 2014 年版。
155. 戚其章:《晚清社会思潮演进史》,北京:中华书局 2012 年版。
156. 邱钱牧主编:《中国政党史(1894—1949)》,太原:山西人民出版社 1991 年版。
157. 邱之岫:《民国初期行政法院发展史研究》,北京:知识产权出版社 2014 年版。
158. 全国高等院校古籍整理研究工作委员会主办、《中国典籍与文化》编辑部编:《中国典籍与文化论丛(15 辑):中国典籍与文化(增刊)》,南京:凤凰出版社 2013 年版。
159. 任剑涛:《拜谒诸神:西方政治理论与方法寻踪》,北京:社会科学文献出版社 2014 年版。
160. 任剑涛:《除旧布新:中国政治发展侧记》,北京:中央编译出版社 2014 年版。
161. 任剑涛:《建国之惑:留学精英与现代政治的误解》,北京:中国政法大学出版社 2012 年版。
162. 〔日〕高田早苗:《国家学原理》,东京:早稻田大学出版部 1903 年版。
163. 〔日〕实藤惠秀:《中国人留学日本史》,谭汝谦、林启彦译,北京:北京大学出版

2012年版。

164. 〔日〕狭间直树、〔日〕石川祯浩编:《近代东亚翻译概念的发生与传播》,袁广泉等译,北京:社会科学文献出版社2015年版。

165. Ron Eyerman, *Between Culture and Politics: Intellectuals in Modern Society*, Cambridge: Polity Press, 1994.

166. 桑兵、张凯、於梅舫编:《近代中国学术思想》,北京:中华书局2008年版。

167. 桑兵:《晚清民国的学人与学术》,北京:中华书局2008年版。

168. 桑兵:《治学的门径与取法——晚清民国研究的史料与史学》,北京:社会科学文献出版社2014年版。

169. 商丽浩等编:《走向一流的历史轨迹·中国卷二·中外著名大学校长治校理念与办学制度文献选编》,杭州:浙江大学出版社2018年版。

170. 商衍鎏:《清代科举考试述录及有关著作》,天津:百花文艺出版社2004年版。

171. 尚小明:《北大史学系早期发展史研究(1899—1937)》,北京:北京大学出版社2010年版。

172. 尚小明:《留日学生与清末新政》,南昌:江西教育出版社2003年版。

173. 沈亦云:《亦云回忆》,长沙:岳麓书社2017年版。

174. 施正一主编:《当代中国著名经济学家百人小传》,北京:中央民族大学出版社2004年版。

175. 石柏令:《清末进士张履谦生平探秘》,中国人民政治协商会议敖汉旗委员会,2005年。

176. 石欧主编:《教科书评论(2013)》,北京:首都师范大学出版社2014年版。

177. 宋宝珍:《迈入现代的门槛——五四新剧》,北京:中国文联出版社2016年版。

178. 苏云峰:《从清华学堂到清华大学1911—1929:近代中国高等教育研究》,北京:生活·读书·新知三联书店2001年版。

179. 苏云峰:《中国新教育的萌芽与成长》,北京:北京大学出版社2007年版。

180. 孙大权、马大成编注:《马寅初全集补编》,上海:上海三联书店2007年版。

181. 孙宏云:《中国现代政治学的展开:清华政治学系的早期发展(一九二六至一九三七)》,北京:生活·读书·新知三联书店2005年版。

182. 孙家洲、杜金鹏主编:《莱州文史要览》,济南:齐鲁书社2013年版。

183. 孙建勇:《熊十力——一代狂哲(珍藏版)》,北京:台海出版社2016年版。

184. 孙青:《晚清之"西政"东渐及本土回应》,上海:上海书店出版社2009年版。

185. 孙向群:《近代旅京山东人研究》,济南:齐鲁书社2013年版。

186. 孙晓楼等:《法律教育》,王健编,北京:中国政法大学出版社1997年版。

187. 汤广全:《教育家蔡元培研究》,济南:山东人民出版社2016年版。

188. 汤一介主编:《中国文化与中国哲学 1988》,北京:生活·读书·新知三联书店 1990 年版。

189. 汤志钧:《戊戌变法史》,北京:人民出版社 1984 年版。

190. 田正平:《世态与心态——晚清、民国士人日记阅读札记》,上海:上海教育出版社 2017 年版。

191. 田子渝等:《马克思主义在中国初期传播史(1918—1922)》,北京:学习出版社 2012 年版。

192. 万合利编:《百年学人》,郑州:河南大学出版社 2012 年版。

193. 万力维:《控制与分等:大学学科制度的权力逻辑》,南京:南京师范大学出版社 2005 年版。

194. 汪耀华:《〈新青年〉广告研究》,上海:上海书店出版社 2016 年版。

195. 王汎森:《傅斯年:中国近代历史与政治中的个体生命》,王晓冰译,北京:生活·读书·新知三联书店 2012 年版。

196. 王汎森:《中国近代思想与学术的系谱》,长春:吉林出版集团有限责任公司 2011 年版。

197. 王杰编著:《学府探赜——中国近代大学初创之史实考源》,天津:天津大学出版社 2015 年版。

198. 王万旭主编:《郧阳巨贾临猗人》,北京:中国社会出版社 2008 年版。

199. 王伟:《中国近代留洋法学博士考(1905—1950)》,上海:上海人民出版社 2011 年版。

200. 王先明编著:《走近乡村——20 世纪以来中国乡村发展论争的历史追索》,太原:山西人民出版社 2012 年版。

201. 王晓秋:《近代中国与世界:互动与比较》,北京:紫禁城出版社 2003 年版。

202. 王友胜等:《民国间古代文学研究名著导读》,长沙:岳麓书社 2010 年版。

203. 王中平:《留学生群体分化与社会思潮演变:1915—1928》,长春:吉林人民出版社 2011 年版。

204. 魏朝勇:《民国时期文学的政治想像》,北京:华夏出版社 2005 年版。

205. 魏继洲:《形式意识的觉醒——五四白话文研究》,北京:民族出版社 2011 年版。

206. 温源宁:《不够知己》,江枫译,长沙:岳麓书社 2004 年版。

207. 吴斌:《法苑撷英——近代浙籍法律人述评》,武汉:华中师范大学出版社 2012 年版。

208. 吴小鸥:《中国近代教科书的启蒙价值》,福州:福建教育出版社 2011 年版。

209. 伍立杨:《烽火智囊:民国幕僚传奇》,沈阳:辽宁教育出版社 2009 年版。

210. 西安市档案馆编：《西安：辛亥记忆——西安辛亥革命百年纪念文集》，西安：三秦出版社 2011 年版。
211. 夏勤：《刑事诉讼法要论》，郭恒点校，北京：中国政法大学出版社 2012 年版。
212. 《宪政初纲》，上海：商务印书馆 1906 年版。
213. 萧超然等主编：《北京大学政治学与行政管理系系史（1898—1998）》（未公开出版），北京大学政治学与行政管理系，1998 年。
214. 萧超然主编：《巍巍上庠 百年星辰——名人与北大》，北京：北京大学出版社 1998 年版。
215. 萧超然：《博雅集》，北京：同心出版社 2011 年版。
216. 萧公权：《中国政治思想史》，沈阳：辽宁教育出版社 1998 年版。
217. 萧一山：《清代通史》（四），上海：华东师范大学出版社 2006 年版。
218. 肖卫主编：《北大小品》，海拉尔：内蒙古文化出版社 2001 年版。
219. 肖玉兰主编：《名人故里寻踪》，南昌：江西高校出版社 2007 年版。
220. 谢克昌主编：《孙中山与山西》，北京：团结出版社 2011 年版。
221. 谢清果等：《中国视域下的新闻传播研究》，厦门：厦门大学出版社 2010 年版。
222. 谢泳：《思想利器——当代中国研究的史料问题》，北京：新星出版社 2013 年版。
223. 谢喆平访问整理：《浮云远志：口述老清华的政法学人》，北京：商务印书馆 2014 年版。
224. 熊先觉、徐葵主编：《法学摇篮：朝阳大学》，北京：北京燕山出版社 1997 年版。
225. 熊月之：《西学东渐与晚清社会（修订版）》，北京：中国人民大学出版社 2011 年版。
226. 徐斌：《天地良知——马寅初传》，杭州：浙江人民出版社 2008 年版。
227. 徐冰：《中国近代教科书中的日本和日本人形象——交流与冲突的轨迹》，北京：商务印书馆 2014 年版。
228. 徐大同：《中国传统政治文化讲录》，南京：江苏人民出版社 2015 年版。
229. 徐兴信主编：《读乐亭》第 10 辑，乐亭：乐亭文化研究会 2006 年版。
230. 徐勇、王晓秋主编：《中日文化交流两千年：回顾与展望》，北京：社会科学文献出版社 2013 年版。
231. 许纪霖：《大时代中的知识人（增订本）》，北京：中华书局 2012 年版。
232. 许骥编：《给教育燃灯》，北京：清华大学出版社 2013 年版。
233. 许康主编：《湖南大学校长评传（1897—1949）》，海口：海南出版社 2006 年版。
234. 雪珥：《国运 1909：晚清帝国的改革突围》，北京：中国青年出版社 2017 年版。
235. 颜浩：《北京的舆论环境与文人团体：1920—1928》，北京：北京大学出版社

2008年版。
236. 杨春时主编:《中国现代文学思潮史》上册,南京:南京大学出版社2011年版。
237. 杨东平主撰:《艰难的日出——中国现代教育的20世纪》,上海:文汇出版社2003年版。
238. 杨妍:《地域主义与国家认同——民国初期省籍意识的政治文化分析》,天津:天津人民出版社2007年版。
239. 杨早:《清末民初北京舆论环境与新文化的登场》,北京:北京大学出版社2008年版。
240.《译书公会报》。
241. 易新农、夏和顺:《容庚传》,广州:花城出版社2010年版。
242.〔意〕G.萨托利:《政党与政党体制》,王明进译,北京:商务印书馆2006年版。
243. 应星:《新教育场域的兴起(1895—1926)》,北京:生活·读书·新知三联书店2017年版。
244.〔英〕安迪·格林:《教育与国家形成:英、法、美教育体系起源之比较》,王春华等译,朱旭东校,北京:教育科学出版社2004年版。
245.〔英〕李提摩太:《七国新学备要》,上海:广学会1892年版。
246.〔英〕斯蒂芬·鲍尔:《政治与教育政策制定——政策社会学探索》,王玉秋、孙益译,袁振国审校,上海:华东师范大学出版社2003年版。
247.〔英〕詹姆斯·布赖斯:《现代民治政体》上、下册,张慰慈等译,郭旭等校,长春:吉林人民出版社2001年版。
248. 余华林:《女性的"重塑"——民国城市妇女婚姻问题研究》,北京:商务印书馆2009年版。
249. 余训培:《民国时期的图书馆与社会阅读》,北京:清华大学出版社2013年版。
250. 余音:《孙家鼐创办京师大学堂风云》,北京:人民出版社2008年版。
251. 爱新觉罗·载沣:《醇亲王载沣日记》,北京:群众出版社2014年版。
252. 翟骏:《天下为学说裂:清末民初的思想革命与文化运动》,北京:社会科学文献出版社2017年版。
253.《山东大学百年史》编委会编:《山东大学百年史(1901—2001)》,济南:山东大学出版社2001年版。
254. 张陈:《我国当代学位制度的传统与变革》,重庆:重庆大学出版社2014年版。
255. 张国刚、乔治忠:《中国学术史》,上海:东方出版中心2002年版。
256. 张杰龙主编:《南海诗征》下册,广州:岭南美术出版社2009年版。
257. 张紧跟编:《百年历程:1905—2005中山大学的政治学与行政学》,广州:中山大学出版社2005年版。

258. 张朋园：《中国民主政治的困境：1909—1949 晚清以来历届议会选举述论》，上海：上海三联书店 2013 年版。

259. 张涛甫：《报纸副刊与中国知识分子的现代转型：以〈晨报副刊〉为例》，桂林：广西师范大学出版社 2007 年版。

260. 张玮瑛、王百强等主编，燕京大学校友校史编写委员会编：《燕京大学史稿（1919—1952）》，北京：人民中国出版社 1999 年版。

261. 张慰慈编：《市政制度》，上海：亚东图书馆 1928 年版。

262. 张慰慈编：《政治学大纲》，上海：商务印书馆 1930 年版。

263. 张耀杰：《北大教授与〈新青年〉》，北京：新星出版社 2014 年版。

264. 张耀曾：《宪政救国之梦：张耀曾先生文存》，杨琥编，北京：法律出版社 2004 年版。

265. 张元卿、顾臻编：《品报学丛》第 1 辑，天津：天津古籍出版社 2014 年版。

266. 张元卿：《漫拂书尘》，上海：上海远东出版社 2009 年版。

267. 张运君：《晚清书报检查制度研究》，北京：社会科学文献出版社 2011 年版。

268. 张忠绂编著：《中华民国外交史》，北京：华文出版社 2011 年版。

269. 章鸿钧编著：《阿拉善纪事》，银川：阳光出版社 2012 年版。

270. 《赵宝煦教授纪念文集》编委会编著：《赵宝煦教授纪念文集——九十华诞暨从教六十五周年》，北京：北京大学出版社 2013 年版。

271. 赵蕴琦编：《美国政府大纲》，张慰慈校，上海：商务印书馆 1921 年版。

272. 郑光路：《被遗忘的抗战史：四川大抗战》，成都：四川人民出版社 2015 年版。

273. 政协遵化市委员会编：《遵化人》，2008 年。

274. 中共杭州市余杭区委宣传部编：《章太炎》，杭州：西泠印社出版社 2007 年版。

275. 中共齐齐哈尔市委宣传部、齐齐哈尔市社会科学界联合会编：《闯关东精神暨关东历史文化研究》，2009 年。

276. 中共陕西省委党史资料征集研究委员会编：《共进社和〈共进〉杂志》，西安：陕西人民出版社 1985 年版。

277. 中国图书馆学会编著：《中国图书馆学学科史》，北京：中国科学技术出版社 2014 年版。

278. 中华人民共和国民政部编：《中华著名烈士》第 3 卷，北京：中央文献出版社 2000 年版。

279. 中央文史研究馆编：《中央文史研究馆馆员传略（增订版）》，北京：中华书局 2001 年版。

280. 周鲠生：《万国联盟》，上海：商务印书馆 1922 年版。

281. 周会蕾：《中国近代法制史学史研究》，上海：上海人民出版社 2013 年版。

282. 周骏富辑:《清代传记丛刊·学林类》第 18 册,台北:明文书局 1985 年版。
283. 周少元:《中国近代刑法的肇端——〈钦定大清刑律〉》,北京:商务印书馆 2012 年版。
284. 周叶中、江国华主编:《中国近代人物宪制思想评论(Ⅱ)·求变》,北京:中国政法大学出版社 2015 年版。
285. 周作人:《知堂乙酉文编》,止庵校订,北京:北京十月文艺出版社 2013 年版。
286. 朱继伟主编:《横泾风情》,苏州:古吴轩出版社 2013 年版。
287. 朱彭寿:《清代大学士部院大臣总督巡抚全录》,朱鳌、宋苓珠改编整理,北京:国家图书馆出版社 2010 年版。
288. 邹元模主编:《潋州梦韵》,北京:中国文联出版社 2014 年版。

报刊文章类

1. 陈振胜:《名医张庆开事略》,《冀州时讯》2016 年 1 月 20 日,第 4 版。
2. 郭道平:《1921 年前后的中国政治学科建设——以高一涵译〈十九世纪政治思想史〉为线索》,《华南师范大学学报(社会科学版)》2018 年第 5 期。
3. 桂运奇:《北京大学政治学系与现代政治学科的建立及初步发展(1898—1937)》,华中师范大学博士学位论文,2018 年。
4. 韩戌:《教会大学的学科设置与分合——以沪江大学政治学科及历史学科为中心》,《民国档案》2018 年第 1 期。
5. 何丽芳、方骏:《赖际熙与早期香港中文教育的发展》,《北京师范大学学报(社会科学版)》2012 年第 6 期。
6. 黄毅:《闲吟风物见深情——陈树勋〈竹庐诗存〉浅谈》,《广西文史》2000 年第 1 期。
7. 暨爱民:《在学术与政治之间——高一涵"社会主义"的概念表述》,《党史研究与教学》2013 年第 5 期。
8. 金梦:《北京大学马克思学说研究会研究述评》,《中共党史研究》2017 年第 12 期。
9. 雷媛等:《四合院:金城老去的居民记忆》,《兰州晨报》2010 年 4 月 8 日。
10. 李丰耀:《北京大学和北平大学的分合》,《澎湃新闻·私家历史》2017 年 3 月 14 日。
11. 李志英:《〈光绪朝东华录〉研究》,《近代史研究》1986 年第 5 期。
12. 连天雄:《记刘龙生及闽中诗坛"三生会"》,《福州晚报》2004 年 4 月 6 日。
13. 刘汉忠:《张汉文友朋题赠书画述录》,《广西地方志》2017 年第 2 期。
14. 吕顺长:《清末中日教育交流之研究——以教育考察记等相关史料为中心》,浙江大学博士学位论文,2007年。
15. 吕顺长:《清末中日教育文化交流之研究》,北京:商务印书馆2012年版。
16. 宁骚:《政治学·政治哲学·政治科学——〈中国现代科学全书·政治学卷〉总序》,《江汉石油学院学报(社会科学版)》2002年第3期。
17. 欧阳哲生:《李大钊史学理论著述管窥》,《史学理论研究》2010年第2期。
18. 〔日〕富田昇、韩一德、刘多田:《李大钊在日本留学时代的事迹和背景》,《齐鲁学刊》1985年第2期。
19. 沈惠瑛:《陆鸿仪档案》,《中国档案》2007年第2期。
20. 孙宏云:《布赖斯政治学著作在近代中国之译介》,《政治思想史》2016年第3期。
21. 田青刚:《陈善同与〈重修信阳县志〉》,《兰台世界》2011年第16期。
22. 王建伟:《逃离北京:1926年前后知识群体的南下潮流》,《广东社会科学》2013年第3期。
23. 王敏:《关于日本法政大学清国留学生法政速成科与辛亥志士的考察》,《徐州师范大学学报(哲学社会科学版)》2012年第2期。
24. 王浦劬:《我国政治学学术发展的基本关系论析——纪念十一届三中全会30周年》,《政治学研究》2008年第6期。
25. 王向民:《高一涵:现代政治学的开拓者》,《中国社会科学报》2015年3月27日,第B01版。
26. 王振良:《徐春羽家世生平初探》,《苏州教育学院学报》2015年第4期。
27. 叶青:《徐谦传略》,《民国档案》1987年第2期。
28. 俞可平:《中国政治学百年回眸》,《人民日报》2000年12月28日,第12版。
29. 张长东:《比较政治学视角下的国家理论发展》,《北大政治学评论》第3辑,北京:商务印书馆2018年版。
30. 张运君:《京师大学堂和近代西方教科书的引进》,《北京大学学报(哲学社会科学版)》2003年第3期。
31. 赵国伟:《民国教育史上最早的高校合并研究——京师大学校改革》,《中国高等教育》2017年第Z1期。
32. 朱腾:《清末日本法政大学速成科研究》,《华东政法大学学报》2012年第6期。
33. 邹姿化、董伟斌:《取友必以端、崇德必以努力》,《中国纪检监察报》2016年5月16日,第6版。

后　记

忝列政治学界多年却对政治学理论研究几无建树,惭愧之中我"求救"于这个学科的本源和历史,希望能从政治学科的发展进程和发展规律中,特别是从中国政治学前辈那里寻求一些启发和灵感,从头学起,从头再来。当然,身处北京大学这个中国近代高等教育和中国近代政治学的诞生之地,也给了我这样一种追根寻源的感情和使命。

当我在收集、整理、研究北京大学早期政治学学科、政治学系发展史的时候,才知道这近乎是一片研究的处女地,几乎没有分类保存的档案材料可利用,经常要从整个北京大学历史资料中筛选有关政治学系和政治学科的信息,这些信息散落在各种档案资料中,需要细致地拼接。本来寻拣材料就很辛苦,还经常是一种材料一种说法、一种统计一个口径,需要仔细鉴别才行,同时还得借助大量的回忆录、新闻报道、官方文件进行比对和佐证,以纠正一些以讹传讹的回忆和传闻。即便这样,也还是有不少遗漏错认之处。

在清末民初的中国,拥有大学本科学历,尤其是北京大学本科学历的人,在中国人口中所占比例稀少,基本可以划为精英一类。因此,我们设计了一个通过对他们的就业去向、职业生涯的考察角度,来研究教育、学术与社会、政治的关系,也通过这一考察来检验北京大学政治学培养目标和专业训练的效果。但当我们准备为1899年到1929年毕业的每一个学生做一个小传时,才发现仅是弄准确学生人数和姓名就已经是很难的一件工作。《北京大学日刊》《校庆周年纪念册》《学部官报》《毕业生名录》《北京大学史料》《中国近代学制史料》等不同材料来源披露的学生数字和姓名经常不一致,旁听的、退学的、转系的、插班的、肄业的学生在这些资料中也常常反映不出来。为了核实这些数字,就要反复考证。而他们毕业后的去向更是不好寻找。比如,1920年政治学系毕业的学生张庆开,据其家属回忆曾有过从军、行医、教育的复杂经历,如果是这样,那就是政治学专业的学生多重选择、命运曲折的一个生动案例。为了获得这些细节,我专门与他的家乡河北冀州文史馆联系调查,走访据说他毕业后曾投考的保定军校以核实时间。而当要研究北京大学政治学系教授的学术训练、学术养成和学术水平对北京大学早期政治学的学术发展和影响时,我们又飘洋过海,踪迹远至万里之外,因为最早的北大政治学教授大多是留学归来的,而关于他们的博士学位论文内容后人知道得很少。

没想到居然还能有一块少有人涉足的角落让我劳作。我惊讶于诞生了中国近现代政治学的北京大学政治学系只在1998年百年校庆时出过一册薄薄的系史未刊稿①,很少有人清楚地知道北大政治学前辈都研究了什么问题、达到了怎样的水平,没有人说得出北京大学政治学系历任系主任是谁,更不了解一百多年来北京大学政治学培养了多少毕业生以及他们的去向如何。虽然,不知道从何而来我们也能走向远方;但如果我们知道过去,我们迈向未来的步伐是不是可以更清晰和坚定?这让我对这项工作的价值有了信心,也有了"底气":即便是水平不够高,也会有筚路蓝缕、以启山林的贡献。

要特别感谢几本著作对我的启发与教益。

2001年,初看到日本学者内满田著、唐亦农翻译的《面向美国政治学的志向性——早稻田政治学的形成与过程》时,我豁然开朗,通过对一个大学和学科的梳理,提炼出对学科发展规律的一种认识,窥视整个社会的现代转型和变迁,这是一个可行的研究角度。那时我的头脑中就冒出了"北大政治学的形成与过程"的这一题目。

2005年出版的孙宏云的《中国现代政治学的展开:清华政治学系的早期发展(一九二六至一九三七)》于我裨益极大。这本书写作十分规范,材料扎实,正是我心中学科史的样子。但也给我很大刺激:作为中国现代政治学"开端"的北京大学政治学还没有写,中国现代政治学

---

① 由萧超然等主编的《北京大学政治学与行政管理系史(1898—1998)》虽然只有94页,也没有公开出版,但这本简史具有开拓性,给本书的帮助极大。

就在清华大学"展开"了！① 因此我们必须要奋起直追。

外国学者研究中国近代知识界及文化转型的著作不少，但专门研究早期北京大学的并不多。在为数不多的研究中，美国科罗拉多大学历史系魏定熙（Timothy B. Weston）副教授的《权力源自地位——北京大学、知识分子与中国政治文化：1898—1929》对我有重要的参考价值。这本书的酝酿和初步研究是在上个世纪末他的博士论文写作期间，当时我为他在北京大学收集资料的工作提供了一些帮助，1998年北大百年校庆时我又组织翻译了他的博士论文。但那时我对北京大学历史还知之不多，英语水平也有限，一直心有惭愧。在经过了修改和充实后，魏定熙的书由北京大学张蒙博士翻译，文笔流畅、表达准确，并于2015年在江苏人民出版社出版。在长时间寝馈于北京大学的历史之后，我再读这本书，仍然能够感到新观点的启发和新材料的斩获。

下面是我更要感谢的一些人。

首先要感谢的是北京大学的王浦劬教授。王浦劬教授身兼多个重要的学术职务，但我最看重的是他作为中国培养和授予的第一批政治学专业博士的这个身份。1935年4月22日国民政府曾颁布过《学位授予法》，但在1949年以前，中国并没有真正授予过任何政治学博士学位，中国的博士学位授予制度是1981年起正式施行，政治学专业博士授予点是1984年才开始设置的。王浦劬教授还是清晰了解20世纪90年代中期以来中国政治学发展脉络和对其有深入研究的人物之一。数年前，我和王教授谈起欲为北京大学政治学和中国政治学发展"作传"的想法。他当即积极鼓励我申报国家社会科学基金项目以完成我当时提出的这个宏大的研究计划。后来，国家项目真的申请成功了。正是在王教授的鼓励和国家社会科学基金的资助下，才有了本书的出版。

我还要特别感谢俞可平教授。俞教授也拥有我最看重的中国第一批政治学专业博士的身份。2015年，俞教授重回北京大学校园，担任政府管理学院院长，领导北京大学政治学的新发展。那时我的书稿早已经开始写作，俞老师非常关心这一有关北京大学政治学发展的研究，和

---

① 孙宏云教授并不是清华大学的教员。对清华大学政治学发展的研究是他在中山大学攻读博士学位的论文。

我分享了他在哈佛大学访问时拍照留存的材料,并对本研究寄予期望。这一期望也时时鼓励着我别停下脚步。

接下来的感谢名单还很长,但每一个人都是我想诚挚感谢的。

感谢邵梓捷博士为我联系了美国哈佛大学费正清中国研究中心图书馆的南希(Nancy Hearst)女士。南希女士不仅给我的研究提供了资料,还在我们一度步入资料陷阱时指点了迷津。

感谢张健副教授为我联系了美国哥伦比亚大学东亚系图书馆中国部的王成志主任,在王主任的帮助下我才得以进入哥伦比亚大学善本图书馆。正在哥伦比亚大学访问的马胜强老师以及读书的欧阳仪瑄、孟星园同学帮助我在哥大时完成资料复制和其他一些工作。

感谢王丽萍教授,她以哈佛大学燕京学社访问学者的身份,帮我预约了所需资料的查阅。

感谢徐湘林教授,他为我提供了赵宝煦先生珍藏的有关北大政治学系早期发展的资料。

感谢学院分管科研的副院长陆军教授,他对本书出版方面的支持让我安心写作。

感谢我的新同事孙明,他的入职让我有了一个可以随时讨论近代史的同事,提高了我使用材料的准确率。

感谢高鹏程、白智立和张长东三位老师在我请教有关问题时提供的帮助;感谢杨小立馆员对查阅资料的慷慨帮助。

感谢我的同事魏明康,我和他关于读书的交谈都是远在我有写这本书念头之前。但在写作过程中,很久之前他给我的某些启发还是能够闪现出来。

感谢北京大学历史系的欧阳哲生教授,他以前对胡适的研究和现在对北京的研究都给了我很多启发。

感谢北京大学新闻与传播学院的张积老朋友,他的古文与史学功底,让我不惧任何文献中的文言文和冷僻字。

感谢北京大学教育学院的蔡磊砢女士。2004年我在柏林自由大学访问时认识了她,友谊至今。她向我提供了几张她祖父收藏的照片复印件,包括1920年蔡元培校长参加政治学系毕业式的照片、1923年北京大学政治学系学生政治考察团送给蔡元培先生的照片以及北京大政治学系教员送给蔡元培先生的婚礼照片等等。这些照片反映了蔡元培校长与北京大学政治学系的关系，弥足珍贵。

感谢钱元强先生，他提供了十分难得的关于钱端升先生的信息和资料。

感谢新文化运动纪念馆和鲁迅博物馆的陈翔馆长，在他的帮助下，我如愿看到1923年北京大学政治学系学生"唯物史观"试卷的原件，这对研究北京大学与马克思主义传播的关系、李大钊与政治学系的关系十分重要。

感谢一直关心北京大学政治学学科史研究的兄弟院校的同行。复旦大学的陈明明教授，一直用夸赞的方式鼓励我的写作，还接纳了我的部分研究内容在《复旦政治学评论》上发表。武汉大学的谭君久教授也很关心我的研究，还把他对政治学在中国恢复以来的六代政治学人的分析文章分享给我。中国政法大学出版社的刘海光总编辑也热心地在他们的网站上推出我搜集海外政治学人博士论文过程中的几个故事。

感谢北京大学出版社的责任编辑孙莹炜，她的鼓励和肯定增强了我的信心，她的勤奋和专业保证了本书的顺利出版。

还必须要感谢几个学生，在这项研究中，我与他们教学相长。

本书的合作者李硕，是我的博士研究生。当年我鼓励她以民国时期北京大学政治学系师生为研究案例做有关精英政治选择和政治行动的博士论文，这次我又邀请她参与本书的写作。她是最能理解我的研究意图的人，并总能在第一时间找到我需要的资料，提供她的意见和思路。她是一位令人满意和愉快的合作者。

我的博士研究生王怀乐，具有强大的搜索和捕捉资料的能力。在一年多的写作过程中，我常常处于不分昼夜、黑白颠倒的状态，因而也多次忘记已是深夜，还随时向他提出关于某些资料查找的要求，他也总能把躲在天涯海角的资料线索提供给我，耐心地帮我核对每一条注释。本书有关张慰慈教授的部分，是我和他合作的成果。

另一名博士研究生唐宇，业余时间在北京大学校史馆做志愿讲解员。借他的工作便利，我可以在最短的时间得到校史馆的资料信息。

李丰耀同学，并不是我直接指导的硕士研究生，但在一个关于"北京大学老校园的空间分布研究"的会议上我发现了他对北京大学历史的熟稔和热爱。他为本书提出了很好的建议,尤其对第五章的写作贡献很多。

还要感谢一个我至今都不认识的人。在孔夫子旧书网买1934年世界书局出版的詹姆斯·高纳(James W. Garner)的《政治学大纲》时,一位匿名网友在我之前抢拍了这本书,我通过孔夫子的客服询问这位网友能否把书转卖给我,理由是我正在写中国政治学发展史。这位网友知道后向客服表示"那就送给她吧(书款他已经付过),书出版后让她送我一本就行!"几天后这部书由孔夫子旧书网的客服寄给了我,可我至今都不知道他是谁。

至于家人,我就不专门在这里感谢了,我做的一切与他们本来就是融为一体的。

最后,我要隆重地感谢我的两位授业导师。

我的硕士研究生导师萧超然教授是中国的五四运动史、马克思主义传播史和北京大学校史研究的专家。今年,在他已经九十高龄的时候,我还打扰老先生,向他请教关于北京大学"亢慕义斋"图书的细节,因为盖有北京大学"亢慕义斋"印章的马克思主义图书,正是萧超然老师首次发现的,这一发现坐实了北京大学是马克思主义的最早传播阵地。本书也是我答应送给萧超然老师九十大寿的生日礼物。

我的博士研究生导师宁骚教授,1963年考入的是北京大学政治学系(北京大学政治学系在1952年取消后,60年代初曾二度恢复),毕业时却是国际政治学系,因为这期间政治学系已经被归入国际政治系,所以宁骚教授是北京大学政治学那一段特殊、复杂变迁的见证者和亲历者。那段历史如果不是宁骚老师亲口讲给我听,我很难搞清楚。

再不交稿恐怕就赶不上出版了。但到了交稿之时,我还在为我的研究不够精深细致而遗憾。虽然如此,能给北京大学政治学系诞生120周年献上一个礼物,同时也有助于后来研究者的前行,已是我的极奢之望了。

金安平

2019年5月4日于北京大学